KB214826

리처드 보컴의 책은 예수 그리스도의 하나님 되심의 주제를 기정사실처럼 취급하는 복음주의 진영과 예수의 신성을 부인하는 자유주의 진영 모두를 대상으로 구약/유대교 문헌, 바울 서신, 히브리서, 마가복음 등의 본문 해석을 근거로 예수의 "신적 정체성"을 설득력 있게 제시한다. 보컴의 논리는 복잡하지 않고 간단명료하지만, 지적인 설득력이 있다는 특징이 있다. 이런 특징을 어김없이 보여주는 이 책은 예수 그리스도의 신성을 기능론적, 존재론적 범주로 설명하는 기존의 식상한 접근방식을 뛰어넘어 하나님으로서의 정체성 (divine identity)이란 범주로 유대교 유일신론이라는 틀 속에서 예수의 신성이 어떻게 설명될 수 있는지를 다시 한번 명쾌하게 보여준다. 주 예수의 하나님 되심을 유대교의 맥락에서 신약신학의 관점으로 정립하고자 하는 이들에게 빼놓을 수 없는 중요한 책이다.

김경식 | 웨스트민스터신학대학원대학교 신약학 교수

우리가 믿는 삼위일체 교리는 초기 교회 시대부터 계속 발전되어 니케아 공의회에서 완성된 교회의 산물인가? 아니면 신약성서 저자들이 본래부터 갖고 있었던 것인가? 기독론이 역사적으로 예수의 인성에 집중한 저(低)기독론에서 예수의 신성에 더 집중한 고(高)기독론으로 발전했다는 가정하에 지금까지 많은 학자들은 삼위일체론을 신약성서 저자들이 말한 것이 아니라 후대 교회의 산물로 보았다. 이에 대해 보컴은 삼위일체론은 구약/유대교의 유일신론을 뒤집는 것이 아니라, 예수를 그 유일신에 포함시켜 그것을 이어가고 있는 것으로 본다. 곧 삼위일체론은 기독론적 유일신론인 것이다. 유대교 문헌과 신구약성서를 넘나들며 이러한 주장을 펼치는 본서는 구약/유대교 배경하에 신약의 기독론을 이해하려는 신학자, 신학생, 목회자에게 필독서다.

김동수 | 평택대학교 신약학 교수, 한국신약학회 직전 회장

제2성전기 유대교 유일신론과 신약성서 기독론 사이의 연속성을 명료하게 입증함으로써 복음서 연구에 신선한 공기를 주입하는 보컴(Richard Bauckham)의 논지는 묵직하면서도 흥미롭다. 저자는 하나님의 유일하신 정체성과 예수를 일치시키는 기독론이야말로 초기 교회 신앙의 중핵으로서 신약성서의 버팀목임을 설득력 있게 제시한다. 새로운 관점으로 예수 연구를 견인하는 저자는 예수의 부활과 승귀뿐 아니라 그의 생애와 십자가상에서도 하나님의 정체성이 드러났음을 다각도로 증명하여 기독론 연구의 방향을 선도한다. 동시에 초기 그리스도인들의 증언과 신약성서의 신빙성을 확언하는 저자의 주석적 검토는 예수 연구의 핵심적 관심사가 무엇인지 되묻는다. 결국 성서 연구자와 설교자의 세밀한 독서만이 본서를 대하는 가장 적절한 태도임에 틀림없다.

윤철원 | 서울신학대학교 신학대학원 신약학 교수

처음에 예수를 따랐던 사람들 거의 모두가 본래 유대인이었다는 사실을 생각하면 그들이 어떻게 예수를 하나님이라고 믿으면서도 쉐마를 암송하는 데 아무런 어려움을 느끼지 않을 수 있었는지는 하나의 미스터리다. 신약성서 저자들과 그 첫 독자들은 야웨 하나님만을 신앙하고 예배하라고 요구하는 구약성서의 명령을 충실히 받들면서도 예수를 한 분 하나님의 정체성 안에 포함시켰다. 답이 이해가 되지 않을 때, 돌이켜 그 답을 이끌어 냈던 물음을 유심히 살피듯, 보컴은 구약성서와 제2성전기 유대교 유일신론을 니케아 신조 이후 우리에게 익숙해진 그리스 철학적 방식이 아닌, 그것 자체의 방식으로 탐구할 것을 제안한다. 하나님의 본질과 기능으로 규정된 유일신론으로는 예수와 이스라엘의 하나님의 관계를 규명할 수 없다. 그것은 하나님의 정체성에 기초한 유일신 개념으로만 가능하며, 이렇게 해명된 유일신론, 그리고 기독론이야말로 어쩌면 인류에게 허락된 지적 유산 중 가장 고귀한 것일지 모른다.

조재천 | 전주대학교 신약학 교수

19세기 이후 독일을 중심으로 구축된 신약학계의 대체적인 중론에 빈틈을 치고 들어가 늘 참신한 대안적 통찰을 보여주면서 다수결의 일방통행을 겸손하게 담금질해온 보컴 교수가 이번에는 기독론을 주제로 전복적인 통찰을 선사하고 있다. 이 책은 초기 유대교의 유일신론과 생성기 기독교의 기독론을 병치시켜 연구함으로써 통상적으로 주장해온 기독론의 전개 방향에 역전적인 흐름을 제시한다. 요컨대, 저기독론의 예수 이해에서 고기독론의 방향으로 신학적 진화가 이루어져 역사적 인간 예수가 신적인 초월성의 위상을 강화해나간 것으로 주장하는 기존의 관점을 뒤집어, 그는 애당초 고기독론에 입각한 예수경배의 전통이 먼저 확립된 연후에 저기독론의 관점을 수렴해나간 것으로 파악한다. 이를 위해 보컴 교수는 신약성서의 관련 본문에 대한 정치한 분석에 머물지 않고 해박한 구약성서학의 지식을 덧대어 세밀하게 이 핵심 논제를 검증해나가고 있다. 그리스도로서 예수는 누구인가라는 지극히 타당한 질문이 1세기뿐 아니라 각종 학설과 주장의 난립으로 논의의 지형이 더 복잡해진 21세기 오늘날의 기독교 세계에서도 여전히 진지하게 탐구하고 각자의 신앙적 실존 가운데 수용해야 할 중차대한 관심사라면 이 책은 이를 위한 가장 치열한 분석과 해석의 성과로서 손색이 없다. 신약성서 학도는 물론 성서의 전통에 진지한 뭇 그리스도인들에게 두루 주목을 받아 마땅한 연구서다.

차정식 | 한일장신대학교 신약학 교수, 한국신약학회 회장

신약의 기독론에 대한 학계의 오랜 논의는 텍스트 해석학적 씨줄과 텍스트 배후 역사적 날줄로 겹겹이 쌓여 있어 자칫 신약학의 미로와도 같다. 『예수와 이스라엘의 하나님』은 신약학에 큰 반향을 일으켰던 보컴 자신의 옛 저서 『십자가에 달리신 하나님』의 터 위에 "유대교 유일신론과 신약의 기독론"의 상호관계성을 더욱 치밀하면서도 지속 가능하게 다루고 있다. "유대교의 유일신 하나님의 독특한 정체성이 십자가에 달리신 예수 안에 드러났다"는 사실에 기초하여 보컴은 예수의 높아지심뿐 아니라 낮아지심 속에도 하나님 자신의 유일한 정체성이 포함되어 있음을 논증한다. 유대교 유일신론의 배타성을 무너뜨리지 않으면서도 신약의 고(高)기독론이 어떻게 일찌감치 초기 교회에 자리 잡았는지를 보여주는, 허를 찌르는 듯한 "역설적 논증"은 이 책의 백미(白眉)다. 이제 국내 독자들에게도 신약 기독론의 "삼위일체적 읽기"(제임스 던, 래리 허타도, 리처드 보컴)가 비로소 가능해졌다! 축하와 함께 한국 신학도에게 추천을 하지 않을 수 없는 이유다.

허주 | 아세아연합신학대학교 신약학 교수

"신약의 신적 정체성 기독론"에 관한 리처드 보컴의 논제는 그가 지금까지 연구해온 것 중에서 가장 흥미진진하고 도전적이며, 오래된 퍼즐들을 풀고(비록 몇몇 새로운 퍼즐을 만들어내기도 하지만) 예수에 대한 기독교의 이해를 새롭고 풍성한 길로 인도하는 잠재력을 갖고 있다.

제임스 D. G. 던 | 더럼 대학교 신약학 명예교수

철저한 증거 수집과 면밀한 본문 주해 및 조사로 이루어진 이 연구의 결과물은 신약학과 초기 교회 기독론을 공부하는 모든 학생들에게 반드시 필요한 필독서다. 이 책은 이 주제에 크게 공헌하는 연구서인 동시에 저자가 신약학계를 통솔하며 신선하고 유익한 통찰력을 제시할 능력이 있음을 증명해주는 또 다른 증거이기도 하다.

고(故) 하워드 마샬 | 前 아버딘 대학교 신약주해학 명예교수

이 훌륭한 논문 모음집에는 지난 15년에 걸쳐 초기 교회의 예수경배에 관해 연구한 저자의 노고와 결실이 축적되어 있다.

마커스 보크뮐 | 옥스퍼드 대학교 성서 및 초기 기독교학 교수

Jesus and the God of Israel

God Crucified and Other Studies
on the New Testament's Christology of Divine Identity

Richard Bauckham

Jesus

and the

God

of

Israel

예수와
이스라엘의 하나님

리처드 보컴 지음
이형일 · 안영미 옮김

"십자가에 달리신 하나님"과
신약에 나타난 신적 정체성 기독론에 관한 연구

새물결플러스

초기 기독론을 연구하는 동료 학자
지미 던과 래리 허타도에게

서론

1998년에 나는 『십자가에 달리신 하나님: 신약에 나타난 유일신론과 기독론』[1]이란 제목의 작은 책을 출간했다. 작은 책치고는 상당히 큰 영향을 미친 것 같다. 그 이유는 유대교 문맥에서 초기 기독론을 이해하는 새로운 이론을 아주 간결하게 제시했기 때문이다. 바로 그 책이 본서의 1장을 구성하고, 나머지 장들은 이 이론의 다른 여러 측면을 보다 더 세부적으로 발전시키는 연구 논문이다.

『십자가에 달리신 하나님』에서 나는 최근 학계에서 이루어지고 있는 제2성전기 유대교 유일신론의 성격에 관한 논의와 초기 기독론의 유대교적 전례를 찾으려는 학문적 시도를 나의 출발점으로 삼고, 최근 초기 유대교에서 자주 등장하는 반(半)신적 중간적 존재들에게서 초기 기독론의 모형을 찾으려는 추세는 대체적으로 잘못되었다는 주장을 펼친다. 나는 이스라엘의 하나님의 **정체성**(identity)이라는 핵심 범주―신성이 무엇인가보다는 하나님은 **누구**신가에 더 중점을 둔―를 가지고 연구하면서 초기 유대교가 한 분 하나님의 독특한 정체성(unique identity)을 묘사하는 분명하고 일관된 방식으로 한 분 하나님과 다른 모든 실체를 절대적으로 구별했다는 사실을 보여준다. 이러한 유대교 신학의 문맥을 따라 신약의 기독론을 해석하면, 초기 그리스도인들은 부활절 이후 기독론이 태동한 가장 이른 시기부터 이스라엘의 한 분 하나님의 독특한 정체성 안에 예수를 확

---

[1] Richard Bauckham, *God Crucifed: Monotheism and Christology in the New Testament* (Carlisle: Paternoster/Grand Rapids: Eerdmans, 1998). 이 책은 1996년 영국 맨체스터 디즈베리에 있는 브리티시 아일즈 나사렛대학에서 했던 「디즈베리 강의」의 원고였다.

실하고도 분명하게 포함시켰다는 사실이 명확해진다. 그들은 유대교 유일신론이 하나님을 유일무이하신 분으로 파악했듯이 이와 동일한 방식으로 그 독특하고도 확실한 특성 안에 예수를 포함시켰다. 그들은 이를 위해 유대교 유일신론과 단절할 필요가 없었다. 왜냐하면 제2성전기 유대교가 이해하고 있던 유일신론은 구조적으로 이미 우리가 신약에서 발견하는 기독론적 유일신론으로 발전할 수 있도록 열려 있었기 때문이다.

최초기 기독론(earliest Christology)은 이미 최고 기독론(highest Christology)이었다. 나는 이것을 신적 정체성 기독론이라고 부른다. 그리고 나는 이것이 "기능적" 기독론(functional Christology)과 "존재적" 기독론(ontic Christology) 간의 표준적인 구별을 뛰어넘는 길이라고 생각한다. 사실 이러한 구별은 하나님에 관한 초기 유대교의 사상과 부합하지 않으며, 그동안 신약의 기독론에 대한 우리의 이해를 심각하게 왜곡시켜온 것이 사실이다. 우리가 하나님의 본질 또는 본성—이것은 유대교 신학의 주요 범주가 아니다—이 아니라 하나님의 정체성의 관점에서 생각한다면 우리는 소위 예수가 수행하신 신적 기능들은 이미 하나님은 누구신가라는 질문에 내포되어 있음을 알 수 있다. 이러한 신적 정체성 기독론은 삼위일체신학이라는 문맥에서 교부들의 존재론적 기독론으로 발전한 과도기의 한 단계가 아니다. 이 기독론은 이미 완전히 발전한 신적 기독론으로서 예수 그리스도가 본질적으로 하나님의 유일하고도 영원한 정체성 안에 포함되어 있다고 주장한다. 교부들은 이 기독론을 자신들이 스스로 발전시킨 것이 아니라 그리스 철학의 본성과 본질이라는 범주에 더 잘 어울리는 개념적 틀로 바꾸어놓은 것이다.

하나님의 독특한 정체성 안에 예수가 포함된 것은 예수가 누구인가뿐 아니라 하나님이 누구신가에도 엄청난 영향을 미쳤다. 이것이 『십자가에 달리신 하나님』에서 전개하는 논증의 후반부를 차지한다. 신약신학에서도 분명하게 자리 잡고 있듯이 우리가 선재하시고 승귀하신 예수뿐만 아니라 이 땅에서 고난과 치욕을 당하시고 십자가에 달리신 예수도 하나님의 독특한 정체성 안에 포함되었다는 사실을 진지하게 받아들인다면, 우리는 예수가 그의 비하와 승귀, 그리고 이 둘이 연계된 상태에서도 신적 정체성—하나님은 진정 누구신가—을 계시하셨다고 말할 수밖에 없을 것이다. 하나님 자신의 정체성은 예수의 승귀에서만큼이나 예수 자신과 그의 삶, 그리고 그의 십자가에서 계시되었다. 이것은 구약과 유대교에서 하나님을 이해하는 방식과 일치하기도 했지만, 동시에 새롭고도 놀라운 것이기도 했다. 교부들은 신약에서 예수를 하나님의 정체성 안에 포함시킨 것을 그들의 고유한 방식으로 니케아 신학에 이식시키는 데는 성공했지만, 예수의 인간적 삶과 수난에서도 하나님의 정체성이 계시되었다는 사실을 인식하는 데는 그리 성공적이지 못했다. 우리는 신약의 기독론의 이 측면이 공정한 평가를 받기를 원한다면 마르틴 루터가 윤곽을 세우고 20세기에 이르러 온전한 모습을 드러낸 일종의 십자가 신학으로 눈을 돌려야 한다.

『십자가에 달리신 하나님』은 세부적인 텍스트 연구 및 유대교 유일신론에 대한 다른 여러 가지 해석, 신약의 기독론, 그리고 (최근에 이루어지고 있는 학문적 논의에서 내 주장이 타당성을 인정받기 위해 필요한) 유대교 및 초기 기독교 문서와의 긴밀한 대화를 제공하지 않는다. 하지만 많은 독자들은 지나치게 상세한 석의와 학문적 용어가 자제된 가운데 나의 주장을 간결하게 소개한 내 책이 상당히 유용하다고 평가했다. 그래서 나의 폭넓은 생각을 담고 있는 이 부분이 본서 맨 앞자리를 차지하고, 내 생각을 보다 더 구체적으로 표현하는 다른 소논문은 이를 보완하는 역할을 하게 될 것이다. 사실 이 소논문들은 본서에 포함되는 과정에서 일부 개정되고 확대되기도 했지만, 본래 특정한 정황과 계기(학회 논문 발표와 다수의 저자가 기고한 책에 포함)를 위해 집필되었던 것이다. 이 논문들은 아직 내가 『십자가에 달리신 하나님』의 서문에서 약속한 바 있는 포괄적인 연구(잠정적으로 "예수와 하나님의 정체성: 초기 유대교 유일신론과 신약의 기독론"이란 제목이 붙은) 수준에 이르지는 못한다. 오히려 그 책이 완성되어가는 과정에서 작성된 연구 보고서에 더 가깝다. 본래 개별적인 논문으로 집필된 것이기 때문에 각 논문은 그 자체로도 이해가 가능하다. 따라서 독자들은 본서의 순서에 구애받지 않고 관심이 가는 것부터 골라 읽어도 사실 무방하다. 비록 현재 내가 이 주제를 계속 연구하는 중에 있고 아직은 이 모든 것을 포괄적으로 보는 수준에 이르지는 못했지만, 이 논문들은 분명히 내가 『십자가에 달리신 하나님』에서 제시한 이론을 뒷받침해주는 많은 증거와 논거를 제공해준다. 히브리 성서와 제2성전기 유대교에 나타난 유일신론의 성격에 관심이 있는 독자는 여기서 새로운 자료를 많이 발견할 것이다. 한편, 신약의 기독론에 관심이 있는 독자는 신적 정체성 기독론이야말로 초기의 모든 기독론이 서로 공유한 것이었다는 나의 이론이 바울 서신, 히브리서, 마가복음 등에 의해 지지를 받는다는 사실을 확인하게 될 것이다. 이 논문 대다수는 『십자가에 달리신 하나님』에서 다루고 있는 내용의 전반부에 초점을 맞춘다. 하지만 마가복음에 나타난 예수의 죽음을 이해하는 데 초점을 맞춘 마지막 논문은 그 책의 후반부(이 책에서는 1장의 후반부)에서 드러난 나의 생각을 한층 심화시켜준다.

　　이 논문들이 집필되고 또 경우에 따라서는 학회 논문이나 강연 원고로 제출되는 10여 년간의 세월 동안 나는 이 연구에 대해 논평해주고 관련 자료를 알려주며 (때로는 아주 예리한) 질문들을 던지고 또 내 논증과 접근 방법에 관해 (때로는 상당히 근본적인) 비판을 제기한 이들에게 많은 빚을 졌다. 나는 이 논문들이 이러한 유용하고 도전적인 대화를 통해 한층 더 나아졌다고 믿는다. 또한 나는 『십자가에 달리신 하나님』을 읽고 나에게 전자메일이나 편지를 보내거나 직접 구두로 책에 대한 감사한 마음과 책을 통해 어떤 유익을 얻었는지를 전해준 많은 독자들로 인해 크나큰 격려를 받았다. 그들은 한동안 계속 지속되어야 할 이 거대한 연구 프로젝트가 앞으로도 최선을 다해 추구할 만한 가치가 있다는 생각을 내가 계속 유지하도록 많은 도움을 주었다. 사람들은 그 세밀하고 완전한 연구서가 언제쯤 나올지 내게 자주 묻는다. 비록 그 연구서가 지연되고 있음에도 불구하고, 나는 그들이 갖고 있는 질문에 대한 답 일부를 이 책에서 발견하기를 소망한다.

예수와 이스라엘의 하나님

1장
십자가에 달리신 하나님

1. 초기 유대교 유일신론에 대한 이해

1.1. 초기 유대교 유일신론과 신약의 기독론에 대한 최근 연구

이 책의 핵심 주제는 유대교 유일신론—기독교 기원의 배경을 제공했던 제2성전기 유대교 유일신론—과 신약의 기독론 간의 관계를 다룬다. 신약의 기독론에 관한 최근 논의는 유대교 유일신론과 초기 기독론의 관계가 초기 기독론의 성격과 발전에 관한 논쟁의 핵심이라는 사실을 아주 분명하게 밝혀준다. 신약 저자들은 예수와 하나님의 관계를 과연 어떻게 이해했고, 예수의 신성을 어느 정도까지 인정했으며, 또 그 예수의 신성은 어떤 종류의 것이었을까? 등의 다양한 질문은 제2성전기 유대교에서 하나님의 독특성(uniqueness)을 어떻게 이해했느냐는 질문과 밀접하게 연관되어 있다. 물론 유대교 유일신론의 성격에 관한 추론은 신약의 기독론에 대한 현대의 학문적 해석에 언제나 영향을 주었다. 최근의 논의에서 비교적 새로운 부분이 있다면 그것은 당시 유대교 유일신론의 성격에 관해 현재 상당히 의미 있는 논의가 이루어지고 있다는 사실이다.[1] 흥미롭게도 이 논쟁에 참여하는 이들의 대다수는 자신이 주장하는 유대교 유일신론에 대한 견해가 신약의 기독론을 해석하는 방식에 미치는 영향에 큰 관심을

---

[1] 이 주제에 관한 훌륭한 개관은 Larry W. Hurtado, "What Do We Mean by 'First-Century Jewish Monotheism'?" *SBLSP* (1993): 348-54를 보라.

보인다. 제2성전기 유대교 유일신론에 관한(또는 실로 "유일신론"이란 용어가 과연 적절한지에 관한) 다양한 견해는 신약 시대의 여러 교회 안에서 예수가 신으로 여겨지게 된 과정과 그가 어떤 의미에서 신으로 여겨졌는지에 관한 다양한 견해와 서로 연관되어 있다.

상당히 다양한 견해가 있음에도 이해를 돕기 위해 약간 단순화시키자면, 우리는 크게 두 가지 접근 방법으로 나눌 수 있다. 첫째는 제2성전기 유대교가 한 분 하나님 외에 그 어떤 존재에게도 참된 신성을 귀속시키는 것을 불가능하게 하는 "엄격한" 유일신론을 표상하고 있었다고 보는 견해다. 이러한 유대교 유일신론에 입각하여 어떤 이들은 유대교의 유일신론의 정황에서는 예수가 결코 참으로 신적인 존재로 간주될 수 없었으며, 따라서 유대교의 유일신론과 완전히 단절하지 않고서는 참된 신성을 예수에게 귀속시키지 못했을 것이라고 주장한다.[2] 최초기 기독교가 당연히 이러한 유대교적 성격을 띠고 있었을 것이라는 견해에 입각하여 이 접근 방법은 신약 텍스트에서 신적 기독론에 가까운 내용이 발견되는 사례를 최소화하는 방식으로 증거자료를 해석하는 경향을 보인다.

두 번째로는 어떤 식으로든 제2성전기 유대교의 엄격한 유일신론을 거부하며 제2성전기 유대교를 새로운 시각에서 보려는 견해들이 있다. 이러한 견해들은 대체적으로 주요한 천사, 승격된 인간, 의인화된 하나님의 속성 또는 기능 등 종속적인 신적 지위 혹은 반(半)신적 지위를 지닌 다양한 종류의 중간적 존재에 초점을 맞추며, 결과적으로 당대 유대교 안에서는 한 분 하나님과 다른 모든 실재 사이에 결코 절대적인 구별

---

2   A. E. Harvey, *Jesus and the Constraints of History* (London: Duckworth, 1982), chap. 7; P. Maurice Casey, *From Jewish Prophet to Gentile God* (Cambridge: J. Clarke/Louisville: WJK, 1991); idem, "The Deification of Jesus," *SBLSP* (1994): 697-714.

이 없었다고 본다. 이 견해들은 초기 기독론에 대한 유대교적 전례 및 상호 유사성을 찾아내려는 시도와 밀접하게 연관되어 있다. 이 학자들은 종종 다수의 신약 텍스트가 실제로 예수를 어느 정도 신적 존재로 취급하며, 또 이 텍스트들이 근본적으로 유대교적 개념이라는 문맥 속에서 작용하고 있음을 인정한다. 이와 같은 고(高)기독론이 어떻게 이런 유대교 운동 안에서 발전할 수 있었는지를 파악하려는 시도는 어떤 방식으로든 신성에 참여하는 제2성전기 유대교의 중간적 존재들에 초점을 맞춘다. 이러한 존재들은 이를테면 초기 그리스도인들이 예수를 승귀하신 분으로 본 것에 버금가는 기존의 유대교 범주에 해당한다고 볼 수 있다. 유대교 유일신론은 엄격하기보다는 유연했고, 또 한 분 하나님과 다른 모든 실재 간의 경계도 중간적 존재들에 대한 관심으로 인해 상대적으로 희미해졌기 때문에, 신약에 나타난 최고 기독론은 충분히 유대교 내에서 발전할 수 있었던 것으로 볼 수 있다.[3]

본장의 처음 두 단원에서 내가 주장하고자 하는 견해는 이 두 접근 방법과 완전히 다르다. 첫 번째 방법과 마찬가지로 나는 제2성전기 유대

---

3   Christopher Rowland, *The Open Heaven* (London: SPCK, 1982), 94-113; Andrew Chester, "Jewish Messianic Expectations and Mediatorial Figures and Pauline Christology," in *Paulus und antike Judentum,* ed. Martin Hengel and U. Heckel (WUNT 58; Tübingen: Mohr [Siebeck], 1991), 17-89; Margaret Barker, *The Great Angel: A Study of Israel's Second God* (London: SPCK, 1992); Charles A. Gieschen, *Angelomorphic Christology* (AGJU 42; Leiden: Brill, 1998). 또한 기독론의 발전에 있어 유대교의 중간적 존재들의 중요성을 강조하는 다양한 관련 견해를 보려면 Martin Hengel, *The Son of God,* trans. J. Bowden (London: SCM, 1976); James D. G. Dunn, *Christology in the Making* (London: SCM, 1980); idem, "Was Christianity a Monotheistic Faith from the Beginning?" *SJT 35 (1982): 303-36;* idem, *"The Making of Christology — Evolution or Unfolding?"* in *Jesus of Nazareth: Lord and Christ,* ed. J.B. Green and M. Turner (Grand Rapids: Eerdmans/Carlisle: Paternoster, 1994), 437-52; Larry W. Hurtado, *One God, One Lord: Early Christian Devotion and Ancient Jewish Monotheism* (Philadelphia: Fortress, 1988)을 보라.

교 유일신론이 실제로 굉장히 "엄격했다"고 주장할 것이다. 나는 당대의 유대인 대다수가 자의식적으로 상당히 투철한 유일신론을 갖고 있었으며 한 분 하나님의 독특성을 어떻게 이해해야 하는지에 관해 굉장히 친숙하면서도 잘 정의된 특정 개념을 갖고 있었다고 주장할 것이다. 다시 말하면 그들은 하나님과 다른 모든 실재 사이에 명확한 선을 그었고, 또 어떤 분명한 기준을 가지고 하나님과 다른 모든 실재를 습관적으로 구별할 줄 알았다. 소위 중간적 존재들은 신과 피조물 간의 경계선을 오가는 모호한 반(半)신적 존재들(semi-divinities)이 아니었다. 그중 일부는 한 분 하나님 자신의 독특한 실재의 여러 가지 속성으로 이해되었다. 그중 대다수는 하나님의 고귀한 일꾼들로서 누가 보나 명백한 피조물로 간주되었고, 관련 문헌은 종종 이들을 유일하신 한 분 하나님의 참된 신적 실재와 분명하게 구별하고자 애쓴다. 따라서 나는, 두 번째 방법과는 대조적으로, 이러한 유대교의 중간적 존재들이 초기 기독론 연구에 있어 그 어떠한 결정적인 역할도 하지 않는다고 생각한다. 비록 나는 이들 가운데 일부가 초기 기독론과 어느 정도 연관이 있음을 부인하지는 않지만, 마치 이들이 초기 기독론의 유대교적 성격을 이해하는 열쇠라도 쥐고 있는 양 이 존재들에게 관심을 집중하는 것은 잘못되었다고 생각한다. 유대교 유일신론과 신약의 기독론 사이에 존재하는 실질적 연속성은 결코 이 중간적 존재들에게서 찾아 볼 수 없다.

내가 여기서 주장하고자 하는 견해는 유대교 유일신론의 배경에서도 고기독론 출현이 가능했다는 것이며, 이는 반신적(semi-divine)인 중간적 존재에게 부여했던 유대교적 범주의 지위를 예수께 적용함으로써가 아니라, 이 한 분 하나님의 독특한 정체성 안에 예수를 포함시키고 그를 직접 이스라엘의 한 분 하나님과 동일시함으로써 가능했다는 것이다.

유대교 유일신론은 한 분 하나님과 다른 모든 실재를 뚜렷하게 구별했다. 하지만 한 분 하나님과 그밖에 모든 것을 구별하던 유일신론은 초기 그리스도인들이 하나님의 이 독특한 정체성에 예수를 포함시키는 것을 저지하지는 못했다. 비록 이것이 유대교 신학 안에서는 거의 전례를 찾아볼 수 없는, 전적으로 새로운 발전이긴 했지만, 유대교 유일신론 본유의 성격은 그동안 유대교 유일신론이 하나님의 유일성을 이해해왔던 방식을 거부하지 않아도 될 정도의 것이었다. 이 문제를 둘러싸고 그동안 진행된 전반적인 논의에서 한 가지 결여된 점이 있었다면 그것은 바로 하나님의 유일성에 대한 제2성전기 유대교의 올바른 이해였다. 따라서 이 문제를 올바르게 이해하게 되면 우리는 그동안 유대교에서 한 분 하나님을 다른 모든 실재와 구별하기 위해 늘 사용해온 방식을 신약 텍스트들이 그 한 분 하나님의 독특한 정체성 안에 예수를 포함시키는 데 동일하게 사용한다는 사실을 보게 될 것이다.

이러한 견해를 계속 논증하기에 앞서 나는 그동안 유대교 유일신론과 초기 기독론이 논의되어온 방식을 놓고 보편적으로 제기되어왔던 두 가지 비판을 간략하게 언급하고자 한다. 하나는 근본적으로 가장 중요한 질문이 좀처럼 명료하게 다루어지지 않고 있다는 점이다. 과연 유대교에서는 무엇이 진정으로 "신적"인 것으로 간주되는가? 유대교 유일신론이 어느 정도로 엄격했고 또는 유연했는지에 관한 논의에서, 그리고 소위 중간적 존재들의 지위에 관한 논의에서 학자들은 아직 검증되지 않은 다양한 기준을 하나님과 하나님이 아닌 것, 혹은 신성(divine)과 비신성(non-divine)을 구별하는 데 활용하려는 경향이 있다.[4] 그 결과, 초기 기독론에서

---

4   이 면에 관한 논의에 대한 이해도를 높여줄 좋은 출발점은 Gieschen, *Angelomorphic*

예수에게 신성을 귀속시키는 것이 실제로 어떤 함의를 내포하고 있는지도 불분명하다. 유대교의 반신적인 혹은 종속된 신성을 가진 중간적 존재들에게서 초기 기독론의 유대교적 전례를 찾는 일부(전부는 아니고) 학자들은 바로 이것이 후대의 정통 기독론(예수 그리스도가 참 신성을 지녔다는 고백)에 호의적인 신약의 기독론을 지지한다고 생각한다. 사실 이러한 주장들은 종종 참된 신도 아니고 참된 인간도 아닌 반신반인적인 아리우스파의 그리스도에 더 가까운 것을 만들어낸다. 유대교 유일신론과 초기 기독론에 대한 전반적인 논의는 이제 우리가 유대교 유일신론이 하나님의 유일성을 어떻게 이해했고 하나님과 하나님이 아닌 것을 어떻게 구별했는지를 분명하게 규명하는 작업을 시급하게 요구한다.

둘째, 나는 초기 기독론을 이해하는 데 소위 중간적 존재들이 가장 유용하리라는 신념 때문에 제2성전기 유대교 유일신론이 지닌 성격에 대한 평가가 지나치게 이들에게 집중됨으로써 상당히 왜곡되었다고 생각한다. 제2성전기 유대교에서 하나님의 유일성을 어떻게 이해했는지에 대한 수많은 명백한 증거는 그동안 논쟁의 여지가 많은 소량의 증거에 의해 크게 등한시되어왔다. 신성에 참여할 수도 있고 참여하지 않을 수도 있는 중간적 존재들은 결코 제2성전기 유대교 문헌에서 두드러지게 나타나지 않는다. 그들은 결코 제2성전기 유대교 유일신론에 관한 연구의 주안점이 되어서는 안 된다. 오히려 우리는 하나님의 유일성이 어떻게 이해되었는지에 대한 보다 폭넓은 증거를 살펴보고, 이러한 폭넓은 증거의 문맥에서 중간적 존재들을 고찰해야 한다.

Christology, 31-3에 있는 "신성의 기준" 목록이다. 다만 나는 그의 목록을 어느 정도는 축소하고 수정하고 싶다.

예수와 이스라엘의 하나님

1.2. 자의식적으로 유일신론이 강한 제2성전기 유대교

율법을 준수하는 제2성전기 말기의 유대인들이 이러한 의미에서 자의식적으로 아주 철저한 유일신론자였다고 볼 만한 이유는 충분하다. 즉 그들은 단 한 분이신 하나님, 곧 이스라엘의 하나님을 예배하고 그분께 순종하는 것을 당대의 다종교적 환경에서 자신들만의 독특한 신앙을 규정하는 것으로 보았다. 이를 뒷받침해주는 가장 좋은 증거는 바로 그들이 성서에서 유일신론을 가장 잘 대변해주는 두 텍스트를 사용했다는 것이다. 하나는 쉐마, 즉 "이스라엘아, 들으라. 우리 하나님 여호와는 오직 유일한 여호와이시니"로 시작해서 "너는 마음을 다하고 뜻을 다하고 힘을 다하여 네 하나님 여호와를 사랑하라"는 말씀으로 이 한 분 하나님께 대한 전적인 헌신을 요구하는 것으로 이어지는 신명기 텍스트다(신 6:4-6). 또 다른 하나는 십계명이다. 십계명의 첫 두 계명은 이스라엘 백성이 야웨(YHWH) 외에 다른 신을 두거나 예배하는 것을 금한다(출 20:2-6; 신 5:6-10). 당시 이 두 구절은 모두 유일하신 한 분 하나님 야웨의 절대적인 유일무이하심을 천명하는 것으로 이해되었다. 토라를 신실하게 이행하기를 원했던 모든 유대인은 날마다 아침과 저녁에 두 차례 쉐마를 낭송했다. 이는 토라 자체가 이 구절을 매일 두 차례 낭송하도록 명령하고 있다고 믿었기 때문이다. 더욱이, 당시 사람들이 암송하던 텍스트에는 쉐마뿐 아니라 십계명도 포함되었다는 증거가 있다. 따라서 율법을 철저히 준수하는 유대인들은 오직 한 분 하나님께 충성을 다해야 한다는 의식을 날마다 가지고 살았다. 그들의 자의식적인 유일신론은 단지 하나님에 대한 지적인 믿음이 아니라, 이 한 분 하나님에 대한 배타적인 경배와 이 한 분 하나님에 대한 배타적인 순종을 수반하는, 믿음과 실천의 통일체였다. 유일신론(오직 한 분 하나님만을 믿는 믿음)의 필연적인 결과로서의 일신숭배 (monolatry, 오직 한 분 하나님만을 숭배하는 믿음)는 우리가 앞으로 다룰 유대 교 유일신론의 아주 중요한 측면으로 작용한다.

1.3. 유대교 유일신론에 나타난 하나님의 독특한 정체성

한 분 하나님에 대한 배타적인 충성으로 이루어진 매일의 삶과 제의적 예 배를 요구하는 이러한 실천적 유일신론은 어떤 식으로든 그 정체를 분명 하게 확인할 수 있는 신을 전제한다. 이스라엘의 하나님이 요구하는 것을 요구하시는 하나님은 단순히 당대의 그리스 사상의 지적 기류가 추구했 던 철학적 관념일 수는 없다. 어떤 의미에서 유대인들은 그들의 하나님이 누구인지 알고 있었다. 이스라엘의 하나님은 독특한 정체성을 갖고 계셨 다. 본장의 전체 논의에서 핵심적으로 다루어질 개념은 하나님의 정체성 이라는 개념이다.[5] 성서의 하나님은 이름과 성품을 갖고 계시고, 또 이 하

---

5   내가 여기서 사용하는 정체성의 개념을 보려면 H. W. Frei, *The Identity of Jesus Christ* (Philadelphia: Fortress, 1975); idem, "Theological Reflections on the Accounts of Jesus' Death and Resurrection," in *Theology and Narrative: Selected Essays*, ed. G. Hunsinger and W. C. Placher (New York/oxford: OUP, 1993), 45-93; D. Patrick, *The Rendering of God in the Old Testament* (Philadelphia: Fortress, 1981); R. W. Jenson, *The Triune Identity* (Philadelphia: Fortress, 1982); R. F. Thiemann, *Revelation and Theology: The Gospel as Narrated Promise* (Notre Dame, Ind.: University of Notre Dame Press, 1985), chaps. 6-7; R. A. Krieg, *Story-Shaped Christology: Identifying Jesus Christ* (New York: Paulist, 1988), chap. 1; K. J. Vanhoozer, "Does the Trinity Belong in a Theology of Religions? On Angling in the Rubicon and the 'Identity' of God," in *The Trinity in a Pluralistic Age*, ed. K. J. Vanhoozer (Grand Rapids: Eerdmans, 1997), 41-71을 보라. Vanhoozer가 지적하듯이, "물론 '정체성'은 숫자상의 단일성, 존재론적 동일성 또는 시간 상의 영속성, 자기 연속성(self-continuity)이 담긴 개인적 정체성 등 여러 가지 의미를 나타낼 수 있다"(47). 마지막 의미가 여기서 사용된 의미다. 하나님의 정체성은 단순히 특 징이 없는 존재론적인 주체로서가 아니라 개성과 개인적인 이야기(후자는 관계를 수반)를

나님은 행동하시고, 말씀하시고, 관계를 맺으시는 분으로서 그분에게 말을 걸 수도 있고, 또 어떤 의미에서는 그분의 정체를 알 수 있는 분이시기 때문에, 인간의 개인적인 정체성이라는 유비는 하나님에 관한 성서적 이해와 유대교적 이해를 종합하는 범주로서 안성맞춤이다. 이것은 성서 문헌과 유대교 문헌에서 하나님을 문학적으로 묘사하는 데 많이 활용되는 유비다. 예를 들어 하나님은 이스라엘 역사 내러티브 안에서 하나의 등장인물로서 행동하시는데, 사실 그분의 정체도 인간 등장인물의 정체와 유사한 방식으로 확인이 가능하다. 하나님은 아브라함과 다윗처럼 개인적인 정체성을 갖고 계신다. 이것은 인간적 유비가 아주 적절하다고 말하는 것과는 다르다. 모든 성서 문헌과 유대교 문헌, 그리고 표면적으로 하나님을 순진하게 신인동형론적(anthropomorphic)으로 묘사하는 텍스트들조차도 하나님의 초월성을 인식하고 있기 때문에 그 언어와 개념들이 하나님께 적용될 때에는 다소 왜곡되거나 과장될 수밖에 없다. 우리가 곧 살펴보겠지만, 유대교에서 이해하는 바에 의하면 하나님의 정체성은 인간적 유비의 범주를 벗어나지만, 그 시작점은 분명히 인간의 개인적인 정체성에 대한 유비다.

정체성이란 용어는 고대 문헌이 사용하는 용어가 아니라 내가 채택한 용어이지만, 나는 이 용어를 내가 그 문헌에서 발견되는 대상을 가리키는 표지(標識)로서 사용한다. 물론 이것은 반드시 현대에서 말하는 개인적인 정체성과 정확하게 일치하는 개념은 아니지만, 그럼에도 **하나님은 누구신지**와 분명히 연관되어 있다. 신적 정체성이란 개념이 지닌 가치는

모두 내포하는 인간의 개인적인 정체성이란 유비를 통해 표현된다. 이 두 가지가 바로 우리가 일반적으로 "누가 누구인지"를 규정하는 방식이다.

그것을 신의 본질 또는 본성의 개념과 대조시킬 때 부분적으로 드러난다. 정체성은 하나님은 누구신지와 관련이 있고, 본성은 하나님은 무엇인지 또는 신성은 무엇인지와 관련이 있다. 그리스 철학은, 이미 우리가 논하고 있는 시대에, 그리고 신약시대 이후 기독교 신학 전통에 중대한 영향을 미치는 방식으로, 자존성(ingenerateness), 불후성(incorruptibility), 불변성 등 일련의 형이상학적인 속성을 통해 신의 본질을 규정했다. 내가 말하고자 하는 요지는 성서적 전통과 유대교 전통이 신의 본질에 관해 그 어떤 진술도 하지 않았다는 것이 아니다. 제2성전기 말기에 활동한 일부 유대 저자들은 그리스 철학의 일부 형이상학적 언어를 의식적으로 차용했다.[6] 그러나 심지어 이들 가운데서도 하나님을 이해하는 지배적인 개념적 틀은 신의 본질에 대한 정의―신성은 무엇인가―가 아니라 신의 정체성이라는 개념이며, 이 개념은 주로 형이상학적인 속성들과는 다른 방식으로 특징지어진다. 예를 들어 하나님은 영원하시다―하나님에 관한 유대교적 사고에서 없어서는 안 될 주장―라는 주장은 신의 본질이 무엇인가에 관한 진술이 아니다. 오히려 이것은 하나님은 홀로 만물을 창조하셨고 또 이를 다스리신다, 하나님은 인자하시고 자비로우시며 공평하시다, 하나님은 이스라엘을 이집트에서 이끌어내시어 자기 백성으로 삼으시고 시내산에서 그 백성에게 자신의 율법을 주셨다 등등의 여러 주장과 함께 하나님의 독특한 정체성을 나타내는 한 가지 요소다. 만약 제2성전기 유대교에서 무엇을 한 분 하나님의 독특성으로 간주했고, 또 이방 신들을 포함하여 다른 모든 실재와 하나님을 어떻게 구별하였는지를 알고자 한다면 우리는 신적 본질에 대한 정의보다는 독특한 신적 정체성을 묘사하는 방식들을

6　예. 요세푸스, 『유대고대사』 1.15, 19; 8:107; 『아피온 반박문』 2.167-8.

주의 깊게 살펴보아야 한다.

1.4. 하나님의 독특한 정체성에 관한 묘사

편의상 나는 이스라엘의 하나님이 어떤 분인지 파악할 수 있는 여러 가지 특징을 두 가지 범주로 구별할 것이다. 하나님과 이스라엘의 관계에서 하나님이 어떤 분인지 파악할 수 있는 특징들이 있고, 하나님과 모든 실재의 관계에서 하나님이 어떤 분인지 파악 수 있는 특징들이 있다. 물론 이두 범주가 서로 전혀 무관한 것은 아니지만, 이 둘의 구분은 나의 논증에 도움이 될 것이다. 하나님은 이스라엘에게 나타나셨고, 야웨(YHWH)라는 이름으로 자신을 알리셨다. 그리고 이 이름은 제2성전기 유대인들에게 매우 중요한 것이었다. 왜냐하면 이 이름은 하나님의 독특한 정체성을 밝혀주기 때문이다. 하나님의 이름과 더불어 그의 정체성은 인류 역사 가운데 행하신 그의 행위를 재연(再演)하고 그의 성품을 계시하심으로써 이스라엘에게 알려진다. 야웨는 히브리 성서의 많은 부분을 통해 이스라엘을 이집트에서 이끌어내시고 출애굽 기간 동안의 놀라운 사건들을 통해 자신을 위해 한 백성을 세우신 하나님으로 알려진다(예. 출 20:2; 신 4:32-39; 사 43:15-17). 그의 활동을 통해 그가 누구인지가 밝혀지는 것 외에도, 하나님은 자기 자신을 모세에게 계시하시면서 "[야웨, 야웨,] 자비롭고 은혜롭고 노하기를 더디하고 인자와 진실이 많은 하나님이라"(출 34:6과 이 외에도 성서문헌과 후대 유대교 문헌에 빈번히 나타남[7])라고 자신의 성품을 묘사하

---

7 민 14:18; 느 9:17; 시 103:8; 욜 2:13; 욘 4:2; 집회서 2:11; 므낫세의 기도 7; 에스라 4서 7:132-40; 요셉과 아스낫 11:10; 1QHᵃ 11:29-30.

신다. 하나님의 행동 및 성품에 관한 묘사는 서로 합하여 그분이 자기 백성을 향하여 자비를 베푸시고, 또 앞으로도 그렇게 하실 것으로 기대되는 일관된 정체성을 가진 분으로 그린다. 그의 일관된 행동과 성품을 통해 야웨라는 분은 자신이 바로 그런 존재임을 보여주신다.

이스라엘과의 언약 관계에서 드러나는 이러한 하나님의 정체성 외에도, 그의 정체성은 하나님과 다른 모든 실재 간의 독특한 관계를 언급하는 가운데 드러나기도 한다. 즉 이것은 특히 그가 만물의 창조주이자 만물의 주권적 통치자라는 사실에서 잘 드러난다. 따라서 우리는 이 시점에서(이것이 나중에 우리에게 중요하게 작용할 것이기에) 하나님이 어떤 분인지 파악할 수 있는 이 두 가지 범주가 이스라엘의 종말론적 기대 사상에서 하나로 결합되어 특별한 의미를 지니게 된다는 사실을 지적할 필요가 있다. 하나님이 자기 백성에게 하신 약속을 미래에 성취하실 때, 즉 하나님이 출애굽 이후 이스라엘 백성들이 역사 속에서 경험했던 그 은혜의 하나님으로 자신을 온전히 드러내실 때, 그는 동시에 그의 우주적 왕국을 세우시고, 자신의 이름을 온 천하에 알리시고, 그동안 이스라엘이 알고 있었던 그 하나님으로 만인에게 알리시면서 자신이 만물의 창조주이자 통치자로서 주권을 행사하시며 자신의 하나님 되심을 모든 민족에게 나타내실 것이다. 우리가 제2이사야서(사 40-55장)라고 부르는 예언서에서 이미 예언한 바와 같이, 미래의 이 새 출애굽 사건은, 이스라엘을 이집트에서 이끌어내신 그 하나님이 또한 만물의 창조주이자 통치자이시기 때문에, 매우 중요한 의미를 지닌 사건이 될 것이다.

그러나 당분간 우리는 하나님이 어떤 분인지 파악할 수 있는 첫 번째 범주에 속한 특징들을 잠깐 차치해둘 것이다. 이 특징들은 유대교에서 하나님의 정체성을 이해하는 데 있어 단 한 번도 중추적인 역할을 하지 않은 적이 없으며, 우리는 본장 마지막 단원에서 이 문제를 다시 언급할 것이다. 그러나 이제 우리는 하나님과 다른 모든 실재의 관계를 나타내는 하나님의 독특한 정체성을 묘사하는 방식들에 먼저 초점을 맞출 것이다. 그렇게 하는 이유는 바로 이것들이 제2성전기 유대교 문헌에서 유대인들이 하나님을 독특한 분으로 표현하고 싶을 때마다 그들이 강조했던 하나님의 정체성에 대한 특징이기 때문이다.

"제2성전기 유대교는 한 분 하나님의 독특성이 어디에 있다고 생각했으며, 하나님은 이방인들이 섬기는 신들을 포함하여 다른 모든 실재와 어떤 면에서 다른 독특하신 분으로 구별했는가?"라는 우리의 질문에 대해 매우 다양한 제2성전기 유대교 문헌에서 거듭 반복하여 제시된 답은, 유일하신 참 하나님, 곧 이스라엘의 하나님 야웨가 만물의 유일한 창조주이며[8] 만물의 유일한 통치자[9]시라는 것이다. 이러한 특성들은 하나님이 어떤 분인지를 파악하기에 결코 **충분하지** 않지만(예를 들어, 이것들은 하나님의 선하심이나 하나님의 정의에 관하여 아무것도 말해주지 않기 때문에), 가장 손쉽게 하나님과 다른 모든 실재를 절대적으로 구별해주는 특징들이다. 하나님 홀로 만물을 창조하셨고, 이방인들이 섬기는 신들을 포함하여 모든 만물이 그에 의해 창조되었다. 하나님 홀로 만물 위에 계신 최고의 권위자로 통치하시고, 이방인들이 섬기는 신들을 포함하여 다른 모든 만물이 그

---

8   사 40:26, 28; 42:5; 44:24; 45:12, 18; 48:13; 51:16; 느 9:6; 호 13:4 LXX; 마카베오2서 1:24; 집회서 43:33; 벨과 용 5; 희년서 12:3-5; 시빌의 신탁 3:20-35; 8:375-76; 시빌의 신탁 단편 1:5-6; 시빌의 신탁 단편 3; 시빌의 신탁 단편 5; 에녹2서 47:3-4; 66:4; 아브라함의 묵시 7:10; 위(僞)소포클레스(Ps-Sophocles); 요셉과 아스낫 12:1-2; 타르굼 욥 2:4.

9   단 4:34-35; 벨과 용 5; 에스더 부록 13:9-11; 16:18, 21; 마카베오3서 2:2-3; 6:2; 지혜서 12:13; 집회서 18:1-3; 시빌의 신탁 3:10, 19; 시빌의 신탁 단편 1:7, 15, 17, 35; 에녹1서 9:5; 84:3; 에녹2서 33:7; 바룩2서 54:13; 요세푸스, 『유대고대사』 1:155-6.

의 지배를 받는다. 하나님을 독특하신 분으로 구별하는 이러한 방식들은 그들이 섬기던 하나님의 이러한 독특성을 가장 파악하기 쉽게 규정하는 방식이었으며, 이 방식은 제2성전기 말기에 모든 회당의 모든 유대인이 확실히 알고 있었던 것이었다. 당대 유대교가 제아무리 다른 여러 측면에서 다양했다 하더라도, 단 한 가지 공통점이 있었다면 그것은 바로 이스라엘의 하나님이 유일한 만물의 창조주이며 유일한 만물의 통치자이기 때문에 오직 그분만이 경배를 받으시기에 합당하다는 신념이었다. 다른 기준으로는 신으로 여겨질 수도 있는 다른 존재들조차도 이 기준에 의해서는 모두 하나님의 피조물이자 피지배자일 수밖에 없다.

창조주와 역사의 최고 통치자로서 하나님의 독특성을 강조하는 내용은 히브리 성서에서, 특히 제2이사야서에서 하나님의 유일한 신성을 대대적으로 선포하는 여러 신적 주장에서 나타난다. 거기서 이 주장들은 하나님이 장차 자신의 유일한 신성을 땅 끝까지 보여줄 것이라는 기대의 기초가 된다. 우리는 본장에서 자주 제2이사야서로 돌아갈 것이다. 이사야서의 이 장들은, 토라를 제외하고는, 제2성전기 유대교 유일신론의 가장 중요한 근원이었다. 하나님의 유일성에 관한 제2이사야서의 표현들은 후기 유대교 문헌에서도 반복적으로 나타난다. 주(主)는 하나님이시며, 그분 외에는 다른 어떤 신도 없다.[10] 그는 모든 만물을 창조하셨고 최고 권위자로서 만물을 통치하신다. 이 주제는 제2이사야서에서부터 제2성전기

---

[10]   이러한 유일신론을 나타내는 문구는 히브리 성서와 제2성전기 유대교 문헌에서 매우 자주 등장한다. 신 4:35, 39; 32:39; 삼상 2:2; 삼하 7:22; 사 43:11; 44:6; 45:5, 6, 14, 18, 21, 22; 46:9; 호 13:4; 욜 2:27; 지혜서 12:13; 유딧서 8:20; 9:14; 벨과 용 41; 집회서 24:24; 36:5; 4Q504 [4QDibHam^a] 5:9; 1Q35 1:6; 바룩 3:36; 에녹2서 33:8; 36:1; 47:3; 시빌의 신탁 3:629, 760; 8:377; 아브라함의 유언 A8:7; 오르피카 16; 필론, *Leg.* 3.4, 82.

유대교 문헌 전반에 걸쳐 나타난다.

하나님의 독특한 정체성의 이 양상들은 모두 만물에 대한 그의 절대적인 통치권의 양상들이며, 당대 문헌에서 빈번히 서로 밀접하게 연결되어 있다. 그런데 다른 양상이 하나 있는데, 본장의 논증에서 중요한 역할을 수행하게 될 것이다. 하나님은 홀로 창조하셨다. "나는…홀로 하늘을 폈으며 나와 함께 한 자 없이 땅을 펼쳤고"(사 44:24). 유일하신 영존자(Eternal One, 제2성전기에 자주 등장하는 하나님에 대한 또 다른 묘사[11])로서 하나님은 홀로 다른 모든 존재를 지으셨다. 하나님께는 그의 창조사역을 돕거나 실행에 옮길 도우미나 보조원 또는 종이 아무도 없었다.[12] 하나님 홀로 창조하셨고, 그밖에 아무도 이 사역에 참여한 이가 없다. 이것은 제2성전기 유대교 내에서 너무나도 자명한 것이었다.

그러나 우주와 역사를 통치하실 때 하나님은 물론 종들, 특히 무수한 천사들을 활용하신다. 여기서 강조되는 가장 지배적인 이미지는 온 우주를 자신의 왕국처럼 다스리시며, 인간 제왕처럼 제국 도처에서 자신의 뜻을 수행하는 무수히 많은 종들을 활용하시는 위대한 제왕으로서의 하나님이다. 그런 의미에서 하나님의 주권을 대신 수행하는 다른 이들의 활동도 중요하지만, 하나님의 총체적 주권이라는 독특성을 강조하려는 유대교 안에서 천사들은 하나님의 뜻에 전적으로 순종하며 그의 뜻을 단순히 수행하는 종들로 묘사된다. 천사들은 하나님의 통치에 참여하지 않는다. 그들은

---

11 토빗서 13:1; 집회서 18:1; 마카베오2서 1:25; 모세의 유언 10:7; 에녹1서 5:1.
12 사 44:24; 에녹2서 33:4; 에스라4서 3:4; 요세푸스, 『아피온 반박문』 2.192. 심지어 *Opif.* 72-75와 *Conf* 179에 나타난 필론의 창세기 1:26 주해조차도 이러한 부정을 약간 수정한 것에 불과하다. 필론은 하나님이 인류를 **제외한** 모든 만물을 창조하실 때 홀로 활동하셨다고 주장한다. 그리고 그는 창 1:26의 복수형이 하나님께 종속된 협력자들을 포함한다고 보고, 따라서 인간의 선한 행동들은 하나님으로 나올 수 있는 반면, 죄는 그럴 수 없다고 주장한다.

다만 섬길 뿐이다. 하나님께서 그의 보좌에 앉아 계실 때 천사들은, 심지어 가장 위대한 천사들까지도, 그의 분부를 떠받들기 위해 종의 자세로 기다리며 서 있다.[13] 하나님의 우월성(supremacy)은 빈번히 높은 위치를 나타내는 강한 이미지로 묘사되곤 한다. 온 우주를 통치하시는 하나님의 큰 보좌는 여러 층의 하늘 위의 하늘에 있고 수많은 하늘의 영역보다 훨씬 높은 곳에 있다.[14] 그리고 그를 섬기는 영광스런 천사들은 거기서 그를 찬양하며 그의 뜻을 수행한다. 심지어 하나님의 국무장관인 최고위급 천사들조차도 우주의 정상에 우뚝 솟아 있는 그 높고 고귀한 보좌에는 다가갈 수 없다.[15]

따라서 그 어떤 존재도 창조사역에 있어 모든 만물보다 뛰어나신 하나님의 우월성에 참여한다는 것을 상상할 수 없으며, 그 누구도 우주를 통치하는 데 있어 하나님과의 철저한 종속 관계 속에서 공동 통치자의 역할을 넘보는 것을 상상할 수 없다.

1.5. 야웨의 독특한 정체성을 시인하는 배타적인 야웨 경배

하나님의 독특한 정체성을 특징짓는 이 두 가지 주요 방식과 더불어, 우리는 유대교 유일신론에서 하나님의 독특한 정체성을 나타내는, 색다르면서도 중요한 표지 하나를 설정해야 한다. 그것이 바로 일신숭배, 즉 한 분 하나님만을 섬기는 배타적인 경배다. 종교적 관습에서 바로 이것이 하나님과 다른 모든 실재 사이를 가장 명확하게 구별하는 요인이었다는 데

---

13   단 7:10; 토빗서 12:15; 4Q530 2.18; 에녹1서 14:22; 39:12; 40:1; 47:3; 60:2; 에녹2서 21:1; 에스라의 질문서 A26, 30; 바룩2서 21:6; 48:10; 에스라4서 8:21; 아브라함의 유언 A7:11; 8:1-4; 9:7-8; 아담의 유언 2:9.

14   사 57:15; 마카베오3서 2:2; 에스라4서 8:20-1; 에녹2서 20:3J.

15   예컨대 에녹1서 14:18-22.

는 의심의 여지가 전혀 없다.[16] 하나님은 경배를 받으셔야만 하고, 다른 존재는 경배를 받을 수 없다.[17] 제2성전기 유대인들이 하나님의 유일성을 지키기 위해 부단히 애쓴 모습은 인간이나 또는 다른 이들이 신으로 여기는 존재들을 숭배하는 것으로 해석될 수 있는 행위에 대한 그들의 거리낌에서 찾아볼 수 있다.[18] 유대인들은 자신들의 일신숭배적인 관습을 통해 비(非)유대인들과 뚜렷이 구별되었다.[19] 비유대인들은 한 고등 신을 믿거나 숭배하면서도 이것이 다른 하등 신들을 숭배하는 것과 양립할 수 없다는 생각은 결코 하지 않았다.

　　최근 학계에서는 한 분 하나님께 대한 배타적인 경배가 제2성전기에 하나님을 유일하신 분으로 규정짓는 중요한 요인이라는 견해가 힘을 얻는 추세다.[20] 내 생각에 이것은 혼동의 결과다. 이는 이스라엘의 하나님

16　Richard Bauckham, "Jesus, Worship of," in *ABD*, ed. David Noel Freedman, 6 vols. (New York: Doubleday, 1992), 3:816("유대교는 로마 세계의 다른 여러 종교 가운데 유일하게 하나님에 대한 **배타적인** 예배를 요구했다. 유대교 유일론은 십계명의 제1계명과 제2계명을 준수하는 것에 따라 좌우되었다고 해도 과언이 아니다"); idem, *The Climax of Prophecy: Studies on the Book of Revelation* (Edinburgh: T&T Clark, 1993), 118; idem, *The Theology of the Book of Revelation* (Cambridge: CUP, 1993), 58-9.

17　유대인들이 일종의 천사 숭배를 했다는 다소 빈약한 증거를 보려면 Loren T. Stuckenbruck, *Angel Veneration and Christology* (WUNT 2/70; Tübingen: Mohr [Siebeck], 1995), 45-203; C. E. Arnold, *The Colossian Syncretism* (Grand Rapids: Baker, 1996), 32-89를 보라. 마술 행위에서 천사를 불러내는 사례가 많이 있듯이, 천사 숭배가 지엽적으로 이루어진 사례가 더러 있을 수는 있지만, 상당수의 유대인들이 하나님께 대한 예배에 견줄 만큼 천사들을 숭배했을지는 매우 의심스럽다. 가끔 가다가 천사에게 기도를 드린 것을 마치 예배인 것처럼 혼동해서는 안 된다.

18　에스더 부록 13:12-14; 필론, *Legat*. 116; 참조. 행 10:25-26.

19　참조. John M. G. Barclay, *Jews in the Mediterranean Diaspora from Alexander to Trajan* (323 BCE-117CE) (Edinburgh: Clark, 1996), 429-34.

20　Hurtado, "What Do We Mean," 348-68. 이 논문은 유대교 유일신론을 정의하는 데 있어 예배가 핵심적인 역할을 한다는 그의 논지를 그의 이전 저서인 *One God*에서보다 한층 더 부각시킨다. 나 역시 이러한 견해를 Bauckham, "Jesus, Worship of," *ABD* 3:816에서 주장했다. "유대교는 로마 세계의 다른 여러 종교 가운데 유일하게 하나님께 대한 **배타적인** 예

께 대한 배타적인 경배가 바로 그가 지니고 있는 독특한 정체성에 대한 **인식과 반응**이기 때문이다. 하나님의 독특한 정체성이 오직 그분만을 경배하도록 요구하는 것이다. 다른 존재를 경배하는 것은 부적절하다. 왜냐하면 이 존재들은 이 하나님의 독특한 정체성에 참여하지 않기 때문이다. 다른 어떤 존재에 대한 숭배를 거부하면서 하나님을 경배하는 것은 하나님과 다른 모든 실재 간의 절대적인 구별을 시인하는 것이다.

제의적 관습의 측면에서 유대인들과 고등 신을 시인하는 다른 사람들 간의 차이는 사실 유일신론적 관념에서 나타나는 차이와 상관관계에 있다. 전형적인 헬레니즘적 견해에 의하면 신성(divinity)은 정도의 문제이기 때문에 경배 역시 정도의 문제다. 더 낮은 신들은 각자에게 적절한 정도의 경배를 받기에 합당하다. 다른 모든 신적 존재는 궁극적으로 한 신적 존재로부터 파생되었다고 주장했던 철학적 유일신론자들은 더 낮은 신들의 파생된 신성도 제의적 경배에서 적절하게 인정을 받아야 한다고 주장했다. 한 분 하나님으로부터 시작해서, 아래로 천체의 신들과 대기와 지상의 악령들을 포함해, 신이나 신격화된 자로 간주되었던 인간에 이르는 신성의 계층구조 또는 다양한 스펙트럼이 모든 비(非)유대 종교와 종교 사상에 만연해 있었고, 다양한 종류의 신을 기리는 복수의 제의적 관습과 불가분의 관계에 있었다. 유대인들은 자신들의 일신숭배적인 관습이 정당하고 당연하다고 생각했다. 이는 야웨의 독특한 정체성이 그분을 단순히 신성의 계층구조의 정점에 놓을 뿐만 아니라 다른 어떤 것과도 비교할 수 없는 절대적으로 유일한 범주에 넣을 수밖에 없다고 믿었기 때문이다. 경

배를 요구했다. 유대교 유일신론은 십계명의 제1계명과 제2계명을 준수하는 것에 따라 좌우되었다고 해도 과언이 아니다."

예수와 이스라엘의 하나님

배는 이러한 한 분 하나님의 절대 비할 수 없는 유일성을 시인하는 것이었으며, 유일하신 창조주이자 만물의 통치자로 자신을 드러내신 야웨의 자기계시에 반응하는 것이었다.

그러므로 제2성전기 유대교에서 일신숭배는 하나님의 유일성이라는 명확한 개념이 없었던 것에 대한 대안이 아니었다. 일신숭배는 하나님의 독특한 정체성이라는 개념의 필연적 결과였으며, 이 개념 자체는 하나님과 다른 모든 실재 간의 절대적인 구별을 나타내기 위해 정교하게 형성된 것이었다. 배타적인 경배의 요구와 하나님의 독특한 정체성을 특징 짓는 공통적인 방식들은 서로 연관되어 있었고 또 서로 상호작용을 했다. 한편으로는 한 분 하나님이 아닌 다른 존재들을 경배하는 것이 부적절하다는 것은 그들이 하나님에 의해 창조되었고 독립적인 선(善)의 원천이 아닌, 하나님의 뜻을 대행하는 자로서 궁극적으로 하나님으로부터 비롯된 방식으로만 인간을 이롭게 한다는 것을 지적함으로써 정당화될 수 있을 것이다.[21] 다시 말하면 그들은 만물의 창조주요 통치자이신 하나님의 독특한 정체성에 참여하지 않으며, 따라서 그들은 경배를 받기에 합당하지 않다. 경배는 그 독특한 정체성을 인정하는 것이기 때문이다.

다른 한편으로는 최고의 한 분 하나님을 다른 모든 존재의 유일한 근원이자 만물의 섭리적인 감독자로 보는 일부 헬레니즘 철학의 설명이 유대교 유일신론과 상당히 밀접하게 상응할 때에는[22] 그러한 설명에 사용되는 언어가 일부 유대인 작가에 의해 차용될 수 있다. 이런 경우, 한 분

---

21 예. 요세푸스, 『유대고대사』 1.155-6; 에녹2서 66:4-5[J]; 시빌의 신탁 3:20-35.

22 예컨대 위(僞)-아리스토텔레스의 논문 *De Mundo*에 나오는 하나님에 관한 교리를 보라. 이 내용은 R. M. Grant, *Gods and the One God* (London: SPCK, 1986), 78-9에 의해 요약되었다.

하나님의 독특한 정체성에 대한 공식적인 정의는 서로 비슷할 수는 있지만, 그 독특한 정체성이 반드시 배타적인 경배를 요구한다는 유대교의 주장은 한 분 하나님과 다른 모든 실재 간에 존재하는 구별이 얼마나 중요한지를 부각시켜준다. 비유대교적 사고는 이러한 신의 독특성에 대한 사상을 최고의 하나님이 신성의 계층구조의 정점 또는 신성의 다양한 스펙트럼의 원천이 되는 여러 사고 패턴과 융합시키는 경향이 있는가 하면, 유대교의 사고는 하나님과 그 밖의 모든 것 사이의 절대적인 구별을 유대교 세계관 전체의 지배적인 특징으로 강조하는 경향이 있다. 하나님의 독특한 정체성이 배타적 경배를 요구했다는 뿌리 깊은 유대인들의 의식이 이러한 차이를 드러내는 데 중요한 역할을 했다.

1.6. 유대교 유일신론과 "중간적" 존재들

사실은 당대의 유대인들이 한 분 하나님과 다른 모든 실재 사이를 명확히 구별하는 확고한 선을 손쉽게 그을 수 있었고 또 그렇게 선을 그어왔다는 증거가 소위 중간적 존재들이 이러한 구별을 모호하게 만들었다고 주장하는 이들이 제시하는 소량의 증거보다 훨씬 더 많다. 방법론적으로 볼 때, 우리는 제2성전기 유일신론에 관한 분명한 합의로부터 시작해서 우리가 이제 곧 다루게 될 소위 중간적 존재들에 관한 보다 더 모호한 증거로 나아가는 것이 더 중요하다. 이러한 존재들과 관련하여 던져야 할 질문은 다음과 같다. 제2성전기 유대교 텍스트 자체가 한 분 하나님과 다른 모든 실재를 구별하기 위해 일관되게 사용한 기준을 따르자면 이 존재들은 과연 하나님의 독특한 정체성 안에 속하는가, 아니면 그 범주 밖에 있는가? 말하자면, 그들은 한 분 하나님으로서의 하나님 자신의 독특한 정

예수와 이스라엘의 하나님

체성에 포함되어 있는가, 아니면 제아무리 높은 지위를 가졌다고 하더라도 하나님의 피조물이며 종에 불과한가? 여기서 중요한 기준은 당시 유대인들이 하나님의 독특한 정체성을 구별한 기준이지, 그들에게 결정적인 기준이 결코 아니었던 다른 신성의 기준이 아니다. 일단 이 기준을 적용하면, 대다수의 경우 내가 방금 던진 질문에 대한 답은 쉽게 얻을 수 있다고 생각한다. 다시 말하면 이러한 존재 중 일부는 하나님의 독특한 정체성 안에 포함되는 것으로 분명하게 묘사되는 반면, 다른 존재들은 그것으로부터 분명하게 배제된다는 것이다. 안타깝게도, 지면관계상 여기서는 관련 텍스트들을 상세히 검토하면서 나의 견해를 철저하게 논증할 수 없다. 현 상황에서 우리가 할 수 있는 것은 그 논증을 폭넓게 개괄하는 것이다.

1.7. 중간적 존재들

우리는 중간적 존재들을 두 가지 범주로 나눌 수 있다. 주요한 천사들과 승격된 족장들은 첫 번째 범주에 속한다.[23] 이들은 하나님이 이 세상을 다스리시는 데 있어 매우 중요한 역할을 감당하는 천상적 또는 인간적 존재다. 그들은 쿰란 문서에 나오는 미가엘 혹은 아브라함의 묵시(Apocalypse of Abraham)에 나오는 야호엘과 같은 매우 지위가 높은 천사들이거나 비극작가 에스겔(Ezekiel the Tragedian)의 작품에 나오는 모세 혹은 에녹의 비유들(Parables of Enoch)에 나오는 인자(이 작품이 인자를 승천한 에녹과 동일시한다는 생각이 옳다면)와 같은 인간적 존재다. 중간적 존재들의 두 번째 범주에는 하나님의 영, 말씀, 지혜와 같이 하나님의 속성들의 의인화

23　Hurtado, *One God*, 17.

(personifications) 또는 위격화(hypostatizations)가 포함된다. (초기 기독론과의 연관성에 따라 나는 본 논의를 말씀과 지혜로 한정할 것이다.) 내 견해로는, 이와 관련된 대다수의 유대교 문헌은 첫 번째 범주에 속한 존재들을 하나님의 독특한 정체성에서 분명히 배제시키는 반면, 두 번째 범주에 속한 존재들은 하나님의 독특한 정체성 안에 분명하게 포함시킨다.

1.7.1. 주요한 천사들과 승격된 족장들

우리의 기준을 적용하면 유대교 문헌 그 어디에도 주요한 천사들이나 승격된 족장들이 창조사역에 동참했다는 암시가 전혀 없다. 그들은 분명히 창조된 존재들이다.[24] 우주를 다스리시는 하나님의 주권과 관련하여 제2성전기 유대교 문헌은 매우 높은 지위를 가진 천사들로 구성된 소수 그룹을 보여준다.[25] 그들은 일종의 수석장관 회의를 구성하고, 각자 하나님의 우주 통치의 일부 주요 부서를 담당한다.[26] 이러한 그림은 유대교 문헌에서 하나님이 자신의 우주 통치 전권을 위임한 일종의 고관 대신 또는 전권 대사인 단 한 명의 천사장(비록 이 천사의 정체가 여러 텍스트에서 다양하게 나타나지만)을 빈번히 상정한다는 최근 학계의 주장에 의해 왜곡되었다.[27] 내 견해로는, 이러한 존재는 극히 한정된 텍스트에만 등장한다.[28] 텍

---

24 피조물로서의 천사에 관하여는 예를 들어 희년서 2:2; *L.A.B.* 60:2; 바룩2서 21:6; 에녹2서 29:3; 33:7을 보라.

25 일곱 천사: 에녹1서 20:1-8; 토빗서 12:15; 8:2; 네 천사: 에녹1서 9:1; 10:1-11; 40:3-10; 54:6; 71:8-9; 1QM 9:15-16; 모세의 묵시 40:3.

26 예. 에녹1서 20:2-8; 40:9.

27 예. Alan F. Segal, *Two Powers in Heaven* (SJLA 25; Leiden: Brill, 1977), 186-200; Hurtado, *One God*, 71-82; P. Hayman, "Monotheism — A Misused Word in Jewish Studies?" *JJS* 42 (1991): 11; Barker, *Great Angel*.

28 나는 오직 다음과 같이 특별히 고려해야 할 대상이 있는 경우에서만 하나님의 단일 대리자 개념을 발견한다. 천상에서의 그의 역할을 이집트에 있던 요셉을 모형으로 삼은 요셉과

스트를 신중하게 읽지 않은 결과가 이러한 왜곡된 인물을 만들어낸 것이다. 예를 들어 일부 작품에서는 이스라엘을 맡은 천상의 수호천사인 천사장 미가엘이 주요한 천사들 가운데 가장 지위가 높은 인물로 등장한다.[29] 이것은 이 세상을 다스리시는 하나님의 통치에서 이스라엘이 차지하는 뛰어난 지위와 일치한다. 하지만 이것은 미가엘이 다른 모든 천사가 맡은 사역을 모두 도맡는다는 것을 의미하지 않는다. 예를 들면 이 세상에서 천사의 사역 가운데 극도로 중요한 부분인 자연의 섭리를 담당하는 천사들이 미가엘의 지휘 아래 일한다는 암시는 그 어디에도 없다. 미가엘은 다른 주요한 천사들보다 더 높은 지위를 갖고 있지만, 다른 천사들의 통치 영역 위에 군림하지 않는다. 따라서 우주에 대한 유대교의 표준적인 생각에 하나님 다음으로 우주를 총괄하는 천상의 총독(heavenly viceroy)이 있다는 개념은 허구에 불과하다. 따라서 이 개념이 기독론 발전의 전례를 제공한다는 주장은 폐기되어야만 한다.

가장 고위급 천사들도 하나님을 섬긴다. 그들은 하나님의 통치에 참여하지는 않는다. 그 무엇보다도 다음 두 가지 특징이 이 사실을 명확하게 해준다. 첫째, 그들은 결코 하나님과 함께 하늘 보좌에 앉지 않는다. 이것은 유대 작가들이 하늘을 묘사하면서 총독 또는 공동 통치자를 묘사하기 위해 사용할 수도 있었던 분명한 상징이었다. 그런데 이와는 정반대로

아스낫의 천사장(아마도 미가엘, 14:8-9; 참조. 창 45:8), 일부 쿰란문서(특히 1QS 3:15-4:1)에서 그의 역할이 쿰란의 이원론의 영향을 받은 진리의 영 또는 빛의 왕자(미가엘과 동일시되기도 함), 그리고 하나님과 세상의 모든 관계를 이어주는 단일 중재자를 상정할 만큼 오직 자기만의 철학적·신학적 이유를 갖고 있었던 필론의 로고스 등이다. 이 외에 다른 소위 중간적 존재들은 훨씬 더 제한된 역할을 수행한다.

29 에녹1서 40:9; 참조. 모세의 유언 10:1; 1QM 17:7-8.

그들은 종의 모습으로 서 있다.[30] 둘째, 그들은 결코 경배를 받을 수 없을 뿐만 아니라 분명하게 경배를 거부한다. 그들은 정형화된 문학 전통을 형성하는 일련의 텍스트에서 그렇게 묘사되는데, 이는 자신들은 단지 하나님의 종에 불과하다고 선언하는 고위급 천사들을 하나님과 분명하게 구별하기 위함이다.[31] 이 텍스트들은 한편으로는 만물을 다스리시고, 따라서 경배를 받으시기에 합당하신 하나님과, 다른 한편으로는 단지 하나님의 종으로서 경배를 받을 수 없는 영광스런 천상의 존재들을 서로 구별하기 위해 주권과 경배라는 기준을 분명하게 활용한다.

이 기준에 어긋나는 한 가지 예외가 있다. 에녹의 비유들에서 하나님은 장차 종말론적인 심판의 날에 인자(人子)를 하나님 자신의 보좌 위에 앉히고 하나님을 대신하여 심판을 수행하도록 할 것이다.[32] 그는 또한 경배도 받을 것이다.[33] 여기서 우리는 하나님의 정체성에 포함된 천상적 존재 혹은 승격된 족장의 유일한 예를 목격한다. 즉 그는 하나님의 고유한 주권에 동참할 뿐 아니라, 이로써 하나님의 주권을 행사한다는 사실을 인

---

30 토빗서 12:15; 아브라함의 유언 A7:11; 8:1-4; 9:7-8; 참조. 눅 1:19.

31 유대교 문헌 중에 가장 명백한 예는 토빗서 12:16-22; 스바냐의 묵시 6:11-15; 에녹3서 16:1-5; Cairo Genizah Hekhalot A/2, 13-18 등이며, 기독교 문헌 중에는 계 19:10; 22:8-9; 이사야 승천기 7:18-23; 8:1-10; 바울의 묵시[콥틱어 말미]; 묵시적 마태복음 3:3 등이 있다. 참조. 에녹2서 1:4-8; 에녹3서 1:7; 야곱의 사다리 3:3-5; 요셉과 아스낫 14:9-12; 15:11-12. 이에 관한 연구는 Richard Bauckham, "The Worship of Jesus in Apocalyptic Christianity," *NTS* 27 (1980-81): 322-41; 이를 약간 수정한 idem, *Climax of Prophecy*, chap. 4; 또한 Loren T. Stuckenbruck, "An Angelic Refusal of Worship: The Tradition and Its Function in the Apocalypse of John," *SBLSP* (1994): 679-96; idem, *Angel Veneration*, 75-103을 보라.

32 에녹1서 61:8; 62:2, 5; 69:27, 29; 참조. 51:3.

33 48:5; 62:6, 9. 인자가 하나님의 보좌 위에 앉아 있기 때문에 이 예배는 단순히 정치적 상관에 대한 복종의 의미로만 이해될 수 없다. 이 문맥에서 이러한 예배는 세상에 대한 하나님의 유일한 주권을 인정하는 것이다.

정받아 경배를 받게 된다. 그가 창조사역에, 또는 장차 심판의 날이 오기까지 하나님의 주권에 참여하지 않기 때문에 그는 단지 부분적으로만 하나님의 정체성 안에 포함될 뿐이며 따라서 그가 하나님의 정체성에 포함되는 문제는 여전히 모호한 채로 남아 있다. 그러나 이 인자의 경우는 단하나 밖에 없는 모호한 사례에 해당하며, 또 이와는 대조적으로 제2성전기 유대인들이 어떤 천상적 존재가 하나님의 정체성을 공유하는지 판단할 때 사용하던 기준에 해당되는 다른 사례가 이 인자 외에는 전혀 없음을 확인해준다.[34]

1.7.2. 의인화 또는 위격화된 하나님의 속성들

중간적 존재들의 두 번째 범주─하나님의 속성들의 의인화 또는 위격화─는 동일한 기준을 적용하더라도 상당히 달리 평가된다. 하나님의 말씀과 지혜는 모두 때로는 서로 구별 가능한 역할을,[35] 또 때로는 상호 교환적인 역할을 하면서[36] 창조사역에 참여한다. 문제의 텍스트들은 이 중간

---

34 비극작가 에스겔의 엑사고게(68-89)에 나오는 모세가 종종 두 번째 사례로 거론되지만, 나는 이 텍스트가 널리 오해를 받아왔다고 생각한다. 모세는 꿈속에서 자기 자신이 우주의 보좌에 앉아 하나님을 대신하는 모습을 본다. 이 꿈에 대한 라구엘의 해석은 이것이 이스라엘의 왕과 선지자로서의 모세의 경력을 상징하는 것으로 간주한다. 하나님과 우주의 관계에서처럼 모세와 이스라엘의 관계도 그러할 것이다. 에스겔은 여기서 하나님이 모세를 "하나님"으로 만드실 것이라는 출 7:1의 진술에 대한 하나의 해석을 제시하고 있다. 이 꿈은 이것을 문자적으로 묘사한다(하나님은 자신의 우주적 보좌를 비우시고 모세를 그 자리에 앉힌다). 그러나 이 꿈의 **의미**는 지상에서 수행할 모세의 역할에 대한 은유로 이 꿈을 해석하는 것이다. 참조. 창세기 37:9-10. 요셉은 꿈속에서 천체들이 하나님께 드리는 경배를 자신이 받지만, 그 꿈은 그의 부모와 형제들이 그를 섬길 것을 의미한다.

35 시 33:9; 에스라4서 6:38; 바룩2서 56:3-4; 에녹2서 33:4.

36 지혜 관련 구절: 렘 10:12; 51:15; 시 104:24; 잠 3:19; 8:30; 집회서 24:3b; 지혜서 7:22; 8:4-6; 참조. 1QH^a 9:7, 14, 20; 지혜서 9:2. 말씀 관련 구절: 시 33:6; 집회서 42:15; 희년서 12:4; 시빌의 신탁3:20; 바룩2서 14:17; 21:4; 48:8; 에스라4서 6:38; 아브라함의 유언 A9:6; 지혜서 9:1.

적 존재들이 하나님이 그 어떤 종류의 도움도 받지 않고 창조하셨다는 표준적인 유일신론의 주장에 위배되지 않는다는 것을 매우 분명히 한다.[37] 에녹2서 33:4는 제2이사야(사 40:13)를 반향하며[38] 하나님은 그의 창조 사역을 위해 그 어떤 조언자도 두지 않았지만, 그의 지혜가 그의 조언자였다고 말한다. 그 의미는 분명히 하나님은 그에게 조언할 사람을 **아무도** 두지 않았다는 것이다. 다른 누군가가 아닌 자신의 정체성에 내재된 그의 지혜가 그에게 조언했다. 또한 지혜는 하나님 곁에서 위대하신 하나님의 보좌에 앉아 왕에게 조언하는 조언자 또는 고문의 역할을 통해 하나님의 주권 행사에 참여하는 것으로 묘사된다(에녹1서 84:2-3; 지혜서 9:4, 10). 유대교 문헌에서 하나님을 시중드는 그 어떤 천사에게도 적용하기를 꺼려했던 이미지가 여기서는 하나님과 다른 모든 실재 간에 존재하는 명확한 구별을 전혀 훼손시키지 않으면서도 지혜에게 적용된다. 왜냐하면 바로 이 상징이 지혜를 결코 비교도 할 수 없을 정도로 높은 보좌 위에서 우주를 다스리시는 한 분 하나님의 독특한 정체성에 포함시키는 역할을 하기 때문이다. 일반적으로 유대교 문헌에서 나타나는 하나님의 말씀과 하나님의 지혜의 의인화는 고위급 천사들을 하나님의 종으로 묘사하는 것과 유사하지 않다. 이러한 의인화는 정확하게 하나님 자신의 지혜와 하나님 자신의 말씀, 즉 하나님의 정체성을 가리키는 속성의 개념으로부터 발전되었다. 이것들은 다양한 방식으로 하나님과 그분의 마음, 그리고 세상에 대한 그분의 뜻을 **표현한다**. 이것들은 창조된 존재들이 아니다. 하지만 또한 이것들은 한 분 하나님과 그 나머지 실재 사이에 존재하는 그 어떤

---

37   사 44:24; 에녹2서 33:4; 에스라4서 3:4; 요세푸스, 『아피온 반박문』 2.192.
38   참조. 집회서 42:21; 에녹1서 14:22; 지혜서 9:13, 17; 1QS 11:18-19.

모호한 위치를 차지하는 반신적 존재들도 아니다. 이것들은 하나님의 독특한 정체성에 속한다.

하나님의 말씀과 지혜는, 유대교 유일신론이 이해한 바와 같이, 하나님의 독특한 정체성에 내재된 것이라는 나의 결론은 관련 문헌에서 이 존재들의 의인화가 단순히 문학적 장치인지 혹은 실제로 어떤 독립된 형태를 지닌 존재인지의 문제(내 견해로는 분명히 이차적인 문제임)를 해결해주지는 못한다. 나는 적어도 지혜에 관한 몇몇 텍스트(예. 지혜서 7:22-8:1)가 후자를 지지한다는 좋은 논증이 있다고 생각한다. 하지만 이것은 지혜가 거기서 한 분 하나님의 정체성에 내재되어 있지 않은 어떤 종속된 신적 존재로 묘사되고 있음을 의미하지 않는다. 이것은 이 유대교 저자들이 한 분 하나님의 독특한 정체성 안에 어떤 실질적인 구별이 존재한다는 것을 상정하고 있음을 의미한다. 그렇다고 해서 그들은 자신들의 유대교 유일신론을 포기하거나 어떤 식으로든 이와 타협하고 있는 것은 아니다. 하나님의 이러한 유일성(uniqueness)을 제2성전기 유대교는 단일성(unitariness)으로 규정하지 않았고, 하나님의 정체성 안에 어떤 구별을 두는 것을 불가능한 것으로 이해하지 않았다. 하나님과 다른 모든 실재 간의 이러한 분명한 구분은 다른 견지에서 이루어지는데, 이 경우에는 하나님의 지혜를 분명하게 하나님의 독특한 정체성 안에 둔다.

2. 신약에 나타난 기독론적 유일신론

2.1. 서론: 신적 정체성 기독론

앞 단원에서 나는 제2성전기 유대교 유일신론의 성격을 개관하면서 이스라엘의 하나님의 독특한 정체성이 당대의 유대인들이 하나님을 어떻게 이해했는지를 파악하는 데 가장 좋은 범주라고 주장했다. 나는 하나님과 다른 모든 실재를 절대적으로 구별하고, 이 구별이 종교적인 관행에도 커다란 영향을 미쳤다는 의미에서 당대의 유대교 안에는 자의식적이며 엄격한 유일신론이 널리 퍼져 있었다고 주장했다. 하나님의 정체성의 독특성은 특히 다음 두 가지로 특징지어졌다. 즉 한 분 하나님은 홀로 만물의 창조주이시며, 한 분 하나님은 홀로 만물의 통치자이시다. 이 독특한 정체성에 상응하는 것이 바로 일신숭배, 즉 한 분 하나님에 대한 배타적인 경배다. 유대 전통에서 경배는 하나님의 독특한 정체성을 시인하는 것이며, 만물을 창조하시고 통치하시는 그 한 분께만 드려져야 하고, 참된 하나님에 의해 창조되고 그에게 예속될 수밖에 없는 다른 존재에게는 결코 허용될 수 없다. 마지막으로, 나는 (상세하게 증거를 제시할 수는 없었지만) 당대의 일부 유대교 텍스트에 등장하는 소위 중간적 존재들은, 일부 학자들이 자주 주장했던 것처럼, 당대의 유대교 유일신론이 하나님과 다른 모든 실재를 구분하던 절대적인 선을 희미하게 하거나 아예 그 선을 이어주는 역할을 하지 않았다고 주장했다. 이와는 정반대로, 만약 우리가 그 텍스트들이 하나님과 다른 모든 실재 사이를 구별하는 유대교의 기준을 따르도록 허용한다면, 우리는 거의 예외 없이 이 존재들이 진정한 유대교적 의미에서 결코 신성을 지닌 존재로 간주될 수 없기에 분명하게 하나님의 독특한 정

예수와 이스라엘의 하나님

체성에서 제외되거나, 혹은 한 분 하나님의 정체성에 내재되어 있기에 분명하게 하나님의 독특한 정체성에 속해 있음을 보게 된다. 주요한 천사들과 승격된 족장들은 하나님의 독특한 창조사역에 참여하지 않으며 하나님의 보좌를 공유하면서 하나님의 주권 행사에 참여하지도 않는다. 그들은 다만 종으로서 하나님의 뜻을 수행할 뿐이며, 따라서 그들은 결코 경배의 대상이 될 수 없다. 하지만 하나님의 말씀과 지혜는 하나님의 창조사역과 그의 주권에 참여하며, 따라서 본질적으로 하나님의 독특한 정체성에 속해 있다. 일단 우리가 유대교 유일신론이 하나님과 다른 모든 실재를 어떻게 구별하는지를 이해하면, 그 어떤 경우에도 이 구별은 결코 희미해지지 않는다.

본 단원은 유대교 유일신론에 대한 이러한 이해를 바탕으로 신약의 기독론에 관한 논증을 개진할 것이다. 재차 강조하지만, 이러한 논증을 견고하게 뒷받침하려면 기독론적으로 중요한 신약의 텍스트를 모두 다루어야 하지만, 여기서는 소량의 견본만 제공할 것이다. 나는 신약의 기독론이 지닌 특성을 전혀 새로운 시각에서 바라볼 수 있게 해주는 텍스트 읽기 방식을 설명하는 데 집중할 것이다. 본 논증에서는 내가 제시한 유대교 유일신론에 대한 이해가 신약의 텍스트들이 예수 그리스도와 유대교 유일신론이 말하는 한 분 하나님을 서로 어떻게 연관 짓는지를 이해하는 데 도움을 줄 해석학적 열쇠로서 기능할 것이다. 이것은 우리로 하여금 그 텍스트들 전반에 걸쳐 신약의 기독론이 의도한 바가 바로 유대교 유일신론이 이해했던 대로 하나님의 독특한 정체성 안에 예수를 포함시키는 것임을 깨닫게 해줄 것이다. 이 텍스트들은 유대교 유일신론이 하나님을 독특하신 분으로 특징지을 때 사용했던 바로 그 하나님의 정체성의 특징들을 이 사실을 드러내는 데 의도적으로, 그리고 광범위하게 활용한다. 이 텍스트들은 예수를 만물에 대한 하나님의 유일한 주권에 포함시키고, 그를 하나님의 만물 창조에 포함시키며, 그를 하나님의 독특한 정체성을 지칭하는 하나님의 이름과 동일시하고, 그를 또한 유대교 유일신론자들의 관점에서 하나님의 독특한 정체성을 십분 인정하는 의미인 경배를 받기에 합당하신 분으로 묘사한다. 이로써 이 텍스트들은 초기 유대교 유일신론과 전적으로 연속선상에 있으면서도 예수 그리스도를 유일하신 하나님의 정체성에 속한 분으로 본다는 의미에서 상당히 특이할 만한 기독론적 유일신론을 발전시킨다.

　　나는 여기서 신약의 기독론 연구에 친숙한 이들에게는 상당히 놀랄 만한 논제(thesis) 하나를 제시할 것이다. 곧 그 당시에 상상할 수 있었던 최고 기독론―예수를 하나님의 독특한 정체성에 포함시키는 것―이 신약의 모든 책에 나타나 있기 때문에, 심지어 신약의 책이 하나라도 기록되기도 전에 이미 초기 교회 신앙의 중심을 차지했다는 것이다. 비록 예수가 하나님의 정체성에 포함되었다는 사고에 어느 정도 발전이 있었다 하더라도, 예수를 결정적으로 거기에 포함시키는 단계는 기독론이 촉발된 초기에 이루어졌다. 우리의 이러한 주장에서 결코 빠질 수 없는 필수적인 요소는 바로 이러한 고기독론이 우리가 이미 개괄한 유대교 유일신론이라는 범주 안에서 얼마든지 일어날 수 있었다는 것을 인정하는 것이다. 이러한 고기독론이 제아무리 새로운 것이라고 하더라도, 이것은 초기 그리스도인들이 다른 모든 유대인과 서로 널리 공유했던 유일신론을 전혀 거부할 필요가 없었다. 유대교 유일신론과 고기독론이 어떤 면에서는 서로 긴장 관계에 있었다는 것은, 비록 이 분야에 널리 퍼져 있지만, 우리가 이 텍스트들을 통해 퇴치시켜야 할 환상 중 하나다. 신약 저자들은 자신들이 물려받은 유대교 유일신론이라는 유산을 예수를 하나님의 정체성 안에 포함시키는 것을 가로막는 장애물로 여기지 않았다. 그들은 예수를 하나님의 정체성 안에 포함시키는 데 이 자원들을 광범위하게 활용했다. 그리고 그들은 예수가 하나님의 정체성 안에 포함된 것을 마침내 모든 이들이 만물을 다스리시는 한 분 하나님의 우주적 통치를 인정할 것이라는 유대교 유일신론의 종말론적 기대에 대한 성취로 보았다.

내가 제1단원 첫머리에서 지적했듯이, 철저하게 유대교적인 정황에서도 고기독론이 얼마든지 발전할 수 있었다고 보려는 최근의 시도들은 고기독론 발전에 전례를 제공하거나 유사한 사례가 된다고 여겨지는 소위 중간적 존재들에 초점을 맞추었다. 이러한 시도는 유대교 유일신론 안에서는 예수와 한 분 하나님이 직접적으로 동일시되는 것이 불가능했던 반면, 모호하거나 반신적 지위를 차지하며 종속적인 방식으로 신성에 참여한다고 여겨지는 다양한 존재들이 유대교 유일신론 안에서 하나님의 속성과 기능을 예수에게 귀속시킬 수 있는 여지를 만들었다는 확신에서 비롯되었다. 나는 이러한 확신은 진실과 거의 정면으로 대치한다고 생각한다. 유대교 유일신론이 수용할 수 없었던 것은 바로 반신적 존재들, 하위급 신들, 그리고 위임이나 참여를 통해 신성을 취득하는 것이었다. 초기 기독교 운동 안에서 유대교 유일신론과 고기독론이 서로 양립할 수 있었던 것을 가장 적절하게 설명하는 길은 유대교 유일신론이 모호한 반신적 존재들을 위한 여지를 남겼다고 주장하는 것이 아니라 바로 이 유일신론이 한 분 하나님의 독특한 정체성 안에 예수를 포함시킬 수 있는 여지를 남겼다는 것을 올바르게 인식하는 것이다. 비록 이것이 사상 유례없는 일이라고 할지라도, 이것은 유대교 유일신론의 성격상 불가능하지만은 않았다. 또한 이것은, 말하자면, 점진적으로 커져가는 기독론적 신념들을 통해 접근할 수 있는 단계가 아니었다. 예를 들어 하나님을 섬기는 최고위급 천사의 위치에 예수를 놓는다고 해서 그것이 예수를 하나님과 대등한 분으로 보는 단계로 가까이 나아가는 것은 아닐 것이다. 왜냐하면 이것은 하나님과 다른 모든 실재 사이를 구분하는 절대적인 선을 여전히 넘어서야 할 것이기 때문이다. 예수를 하나님의 독특한 정체성 안에 포함시키는 결정적인 단계는 사전의 덜 급진적인 단계를 통해 용이하게 될 만한 것이 아니었다. 이것은 언제 이루어졌든지 간에 단순히 그 자체로 인해 그리고 새로운 방식으로 이루어져야만 했던 단계였다. 이것은 기독론적 발전이라는 긴 과정의 말미에 배치한다고 해서 더 쉽게 이해될 수 있는 것이 아니다. 나의 견해로는, 신약의 증거는 이 단계가 다른 모든 기독론적 발전의 근간으로서 매우 이른 시기에 이루어졌다고 볼 때 가장 적절하게 설명된다.

2.2 승귀하신 예수는 만물에 대한 하나님의 고유한 주권에 참여한다

초기 그리스도인들은 매우 이른 시기—신약의 모든 책은 이 시기를 전제하고 반영함—부터 예수가 사후에 가장 높은 하늘에 있는 하나님의 보좌로 높임을 받았다고 이해했다. 거기서 예수는 하나님과 함께 하나님의 보좌에 앉아 전 우주에 대한 하나님의 고유한 주권을 행사하거나 이에 참여한다. 한 인간이 이제 우주에 대한 하나님의 고유한 주권에 참여하는 것으로 이해하는 이러한 결정적인 단계는 전혀 전례가 없는 일이었다. 제2성전기 문헌의 주요한 천사들과 승격된 족장들은 아무런 전례도 제공해주지 않는다. 오히려 이러한 근본적인 새로움이 신약 텍스트에 나타나 있는 다른 모든 고기독론적인 주장을 이끌어냈다. 그러나 새로운 것이긴 했어도, 그 의미는 그것을 믿은 초기 그리스도인들의 유대교 유일신론이라는 개념적 정황에 따라 좌우되었다. 만물에 대한 하나님의 고유한 주권이

다른 모든 실재와 구별되는 바로 그 하나님의 독특한 정체성을 특징짓는 두 가지 주된 특징 중 하나였기 때문에, 예수가 하나님의 보좌 위에서 통치하신다는 이 고백이야말로 예수가 하나님 자신처럼 그분을 시중드는 그 어떤 고위급 천사들과도 분명히 구별되어 하나님의 독특한 정체성 안에 포함되었음을 인정하는 것이다. 우리는 앞으로 계속해서 이에 대한 더 많은 증거를 확보할 것이다.

2.3. 초기 기독론에서의 시편 110:1의 역할

당대의 다른 유대교 신학과 마찬가지로, 초기 기독교 신학은 주로 히브리 성서의 해석을 중심으로 이루어졌다. 창의적인 성서 해석은 초기 그리스도인들이 자신들의 사고 중에서 심지어 가장 획기적인 측면까지도 발전시킨 가장 중요한 매체였다. 이 부분에 관해서는 특별히 본장 후반부에서 다루어질 것이다. 하지만 이 사실은 지금 중요하다. 왜냐하면 예수가 하나님의 고유한 주권에 참여한다는 사실은 대체적으로 구약의 한 핵심 텍스트(시 110:1) 및 이와 석의적 관계에 있는 다른 텍스트들과 연관되어 이해되었기 때문이다. 시편 110:1(LXX 109:1)은 신약에서 가장 자주 암시되는 구약 텍스트다(요한 문헌을 제외하고 신약 거의 전반에 걸쳐 21회 인용 또는 암시되어 있음[39]).

　여호와께서 내 주에게 말씀하시기를

39　마 22:44; 26:64; 막 12:36; 14:62; 16:19; 눅 20:42-43; 22:69; 행 2:33-35; 5:31; 7:55-56; 롬 8:34; 고전 15:25; 엡 1:20; 2:6; 골 3:1; 히 1:3, 13; 8:1; 10:12-13; 12:2; 벧전 3:22; 계 3:21. 개연성이 있는 계 3:21을 제외하고 이 모든 암시는 확실하다.

"내가 네 원수들로 네 발판이 되게 하기까지

너는 내 오른쪽에 앉아 있으라" 하셨도다.[40]

이 구절은 "내 주"(메시아)로 언급된 사람이 하나님의 보좌에 앉아 우주에 대한 신적 주권을 행사하는 것을 반드시 의미하는 것으로 해석될 필요는 없다. 예를 들어 이 구절은 단순히 메시아가 하나님의 보좌 곁에서 은총을 입은 인물로서 명예스러운 지위를 받고 이 땅에서 그의 통치의 시작을 기다리며 피동적으로 앉아 있는 것으로 해석될 수 있다. 이것이 바로 훗날 일부 랍비들이 이 구절을 해석한 방식이다.[41] 하지만 초기 그리스도인들은 분명히 이 구절을 달리 해석했다. 그들은 이 구절을 예수가 하나님의 보좌에 앉아 만물을 다스리시는 하나님 자신의 통치를 행사하는 것으로 해석했다. 그리고 때로는 이러한 사실을 시편 8:6과 결합하여 분명히 드러내기도 했다.

주의 손으로 만드신 것을 다스리게 하시고

만물을 그의 발아래 두셨으니.[42]

이 결정적인 시점에서 드러난 초기 기독론과 제2성전기 유대교 문

---

40 초기 기독교의 이 텍스트 사용에 관해서는 D. H. Hay, *Glory at the Right Hand: Psalm 110 in Early Christianity* (SBLMS 18; Nashville: Abingdon, 1973); Martin Hengel, 'Sit at My Right Hand!' in *Studies in Early Christology* (Edinburgh: T&T Clark, 1995), 119-225를 보라.

41 Hay, *Glory*, 28-31.

42 시 110:1과 시 8:6이 혼합되거나 또는 연결된 구절: 마 22:44; 막 12:36; 고전 15:25-28; 엡 1:20-22; 벧전 3:22; 참조. 히 1:13-2:9.

예수와 이스라엘의 하나님

헌에 나타난 신념 및 기대 간의 불연속성은, 시편 110:1이 신약에서 가장 많이 인용된 구약 텍스트인 반면, 제2성전기 유대교 문헌 전반에 걸쳐서는 단 한 번만 암시된다는 사실을 통해 확인할 수 있다. 이 구절은 욥의 유언(Testament of Job 33:3)[43]에서 초기 그리스도인들이 부여했던 중요한 의미와는 전혀 다르게 사용되었다. 초기 유대교에서 이 구절은 그 어디에서도 현재 또는 장차 하늘에서 중요한 위치를 차지할 천상의 고위급 인물(천사 또는 족장) 중 하나에게 적용되지 않았다. 또한 이 구절은 그 어디에서도 메시아에게 적용되지 않았다. 물론 초기 유대교에서는 하늘에서 온 우주를 통치하는 것이 아니라 지상에서 온 우주를 통치할 메시아를 고대했다. 제왕시들이 일반적으로 메시아적으로 해석되었다는 사실은 우리로 하여금 제2성전기 유대인들이 시편 110편을 해석할 때에도 이를 메시아에게 적용했을 것으로 기대하게 만든다. 하지만 유대교 문헌에서 이러한 해석이 전무하다는 사실은 이 구절이 그들에게 전혀 중요하지 않았던 반면, 초기 그리스도인들에게는 매우 중요했음을 보여준다. 이러한 극명한 차이는 제2성전기 유대교 문헌에서 그 누구에게도 적용하려 하지 않았던 텍스트를 초기 그리스도인들이 예수에 관해 무언가를, 즉 그가 만물에 대한 하나님의 고유한 주권에 참여한다는 것을 전달하는 데 사용했다는 사실을 반영해준다.

---

43   여기서 말하고자 하는 요점은, 이 세상에서 누리는 그의 보좌와 광채(이제는 사라져가고 있는) 대신 욥에게는 자신을 위해 하늘에 영원한 광채가 예비되어 있다는 것이다. 즉 여기서 말하고자 하는 바는 이 세상을 다스리는 하나님의 통치권을 그에게 주는 것이 아니라, 그가 받을 하늘의 상을—비록 이 세상에서의 그의 왕국은 별 볼일 없는 그림자에 불과했지만—영원한 실체로 묘사하는 것이다. 이 구절은 초기 기독교의 이 텍스트 사용에 대한 어떠한 전례도 제공해주지 않는다. 이 텍스트에서 하나님 오른편에 앉는 그리스도의 즉위는 단순히 그의 개인적인 하늘의 상급이 아닌 그의 유일무이한 우주적 지위와 역할을 가리킨다.

내가 주장하고자 하는 바는, 유대교 유일신론자들이었던 초기 그리스도인들에게 있어 예수가 하나님의 하늘 보좌로 높임을 받았다는 것은 오로지 그가 하나님의 독특한 정체성 안에 포함되었다는 것을 의미하며, 더 나아가 이 텍스트들은 그들이 이 사실을 분명히 인식하고 있었을 뿐 아니라 유대교 유일신론의 수사법과 사고를 상당히 의도적으로 활용했다는 것을 의미한다. 이에 대한 증거로서 나는 이 텍스트들이 예수의 승귀를 나타내는 방식 중 다음 네 가지 측면을 추가적으로 언급할 것이다.

2.4. "만물"에 대한 예수의 주권

첫째, 이 텍스트들은 자주 예수의 승귀 또는 "만물"에 대한 주권을 언급한다. 비록 신약학자들이 일반적으로 이 사실을 제대로 인식하지 못하고 개별 텍스트에서 텍스트가 언급하는 "만물"의 범위를 놓고 논쟁을 벌이곤 하지만, 이 어구는 유대교 유일신론의 표준적인 수사법에 속한다. 유대교 유일신론에서 이 어구는 매우 자연스럽게 창조된 실재 전체를 가리키며, 이는 만물의 창조주이자 통치자이신 하나님과 절대적으로 구별된다.[44] 하나님의 종들은 그의 허락하에 이 땅의 통치자들처럼 무언가를 다스린다고 말할 수 있지만, 오직 하나님만이 만물보다 높은 곳에 있는 보좌에서 만물을 통치하신다. 따라서 우리는 신약에서 빈번히 기독론적으로 사용되는 이 어구의 용법을[45] 따로 분리해서 연구해서는 안 되며, 오히려 그동

---

44 예. 사 44:24; 렘 10:16; 51:19; 집회서 43:33; 지혜서 9:6; 12:13; 에스더 부록 13:9; 마카베오2서 1:24; 마카베오3서 2:3; 에녹1서 9:5; 84:3; 에녹2서 66:4; 희년서 12:19; 아브라함의 묵시 7:10; 요셉과 아스낫 12:1; 시빌의 신탁 3:20; 8:376; 시빌의 신탁 단편 1:17; 요세푸스, 『유대고대사』 5.218; 1Qap Gen^ar 20:13; 4QD^b 18:5:9.

45 "만물"에 대한 그리스도의 주되심에 관한 구절: 마 11:27; 눅 10:22; 요 3:35; 13:3;

안 유대교 유일신론에서 하나님의 고유한 주권을 묘사하기 위해 사용한 용어를 이 텍스트들이 어떻게 그리스도의 승귀나 통치를 규정하는 데 사용하는지에 대한 증거로서 이 용법의 누증적 영향력을 평가해야 한다.

2.5. 예수는 모든 천상의 권세보다 뛰어나신 하나님의 탁월성을 공유한다

둘째, 다수의 텍스트는 모든 천상의 권세보다 뛰어난 예수의 승귀와 주권을 강조하며, 때로는 높음을 나타내는 유대교의 강력한 이미지를 사용하기도 한다. 에베소서 1:20-22이 하나의 좋은 예다.

> [하나님은 예수를] 죽은 자들 가운데서 다시 살리시고, 하늘에서 자기의 오른편에 앉히사, 모든 통치와 권세와 능력과 주권과 이 세상뿐 아니라 오는 세상에 일컫는 모든 이름 위에 뛰어나게 하시고, 또 만물을 그의 발아래에 복종하게 하[셨다].

"~위에 뛰어난"이란 표현은 하나님의 종으로서 낮은 하늘에서 다스리는 여러 천상의 권세보다 훨씬 높은 곳에 위치한, 하늘의 정상에 있는 높고도 높은 하나님의 보좌의 심상을 환기시킨다(참조. 엡 4:10).[46] 이 텍스트에서는 예수가 그 어떤 천상적 존재의 위치에 있는 것도 아니며, 또 천상의 권세들이 강등된 것도 아니다. 하나님의 보좌 위에 계신 예수와 천

16:15; 행 10:36; 고전 15:27-28; 엡 1:22; 빌 3:21; 히 1:2; 2:8; 참조. 엡 1:10, 23; 4:10; 골 1:20. 그리스도의 "만물" 창조 및 유지 사역에 참여하는 내용과 관련된 구절: 요 1:3; 고전 8:6; 골 1:16-17; 히 1:3.

46   참조. 특히 레위의 유언 3:4 "모든 [하늘들]의 가장 높은 곳에, 모든 거룩함보다 훨씬 더 지극히 거룩한 곳에 위대한 영광(Great Glory)이 거하신다."

상의 권세들 간의 공간적 관계는 하늘의 영역과 관련하여 유대교에서 하나님의 보좌와 하나님을 시중드는 천상의 권세들 간의 관계를 묘사하던 방식을 그대로 보여준다. 요점은 이제 예수가 바로 모든 천상의 권세보다 뛰어난 하나님의 탁월성과 주권을 공유한다는 것이다. 이와 마찬가지로, 히브리서 1장의 탁월한 기독론적 텍스트─이 텍스트는 시 110:1의 온전한 의미를 설명하기 위해 연속적으로 일곱 개의 성서 텍스트를 인용하는데, 시 110:1이 그중 마지막 인용문이다─는 천사들보다 뛰어나신 예수의 우월성을 입증하면서 예수의 하나님 우편으로의 승귀의 중요성을 설명한다. 이러한 우월성은 공간적 높이를 통해 묘사되기도 하고(1:3-4) 질적인 차이를 통해 설명되기도 한다. 이 텍스트가 주장하는 바에 의하면 천사들은 하나님의 종에 불과한 반면, 하나님의 보좌에 앉으신 그리스도는 하나님의 주권에 참여하며, 이로써 천사들의 섬김을 받는다(1:7-9, 13-14). 이 텍스트의 목적은 천사들이나 천사 기독론을 비판하기 위함이 아니다. 천사에 관하여 말한 것 중 유대인 독자에게 논란을 일으킬 만한 것은 하나도 없다. 이 텍스트에서 천사의 기능은 단지 한 분 하나님을 신학적으로 정의하는 데 도움을 주는 것, 즉 유대교 유일신론이 항상 고유한 주권적 통치자이신 하나님과 다른 모든 실재를 구별하기 위해 견지해왔던 선을 분명하게 긋는 데 있다. 일단 이 선이 그어지면, 최고위급 천사들조차도 하나님의 종에 불과하다. 그러나 예수가 천사들보다 우월해서 하나님의 주권에 참여한다면, 유대교의 유일신론의 관점에서 볼 때 이는 그가 한 분 하나님의 독특한 정체성 안에 포함된다는 것을 의미한다. 히브리서 1장을 면밀히 탐구한다면─비록 여기서는 그렇게 할 공간이 부족하지만─예수를 하나님의 독특한 정체성 안에 포함시키기 위해 이 텍스트가 그동안 유대교 유일신론이 하나님의 독특성을 특징짓기 위해 사용해온 모든 주요 특징을 얼마나 세심하고 정교하게 사용하고 있는지를 분명하게 보게 될 것이다.

2.6. 하나님의 이름이 주어진 예수

셋째, 승귀하신 예수에게는 하나님의 이름, 즉 YHWH(야웨의 신성사문자)라는 이름이 주어진다. 이 이름은 한 분 하나님의 독특한 정체성을 지칭하는 이름이며, '신'처럼 가끔 모호해지는 단어와는 달리 한 분 하나님께만 배타적으로 주어지는 이름이다. 히브리서 1:4은 하나님 우편에 계신 예수는 그가 물려받은 이름이 천사들의 이름보다 훨씬 더 뛰어난 만큼 천사들보다 훨씬 뛰어나게 되었다고 진술한다. 비록 대다수의 주석가들이 동의하지 않을지라도, 이것은 빌립보서 2:9에서 말하는 "모든 이름 위에 있는 이름"인 하나님의 이름을 가리킬 수밖에 없다. 빌립보서 2:9에 의하면 이 이름은 하나님이 예수를 가장 높은 자리에 세우셨을 때 그에게 주어진 이름이다. 승귀하신 예수에게 하나님의 이름이 주어진 것과 관련하여 초기 기독교에서 그리스도인의 신앙고백과 세례에 대한 언급으로 널리 사용된 표현이 바로 "주의 이름을 부르다"였다.[47] 이 구약의 표현은[48] 하나님을 야웨(YHWH)라는 그의 이름으로 부르는 것을 의미하지만,[49] 초기 그리스도인들은 이 이름을 예수에게 적용한다. 이것은 예수를 하나님의 주권을 행사하고 그 하나님의 이름을 지닌 주님으로 부른 것을 의미한다.

---

47   행 2:17-21, 38; 9:14; 22:16; 롬 10:9-13; 고전 1:2; 딤후 2:22.

48   특히 시 80:18; 사 12:4; 욜 2:32; 습 3:9; 슥 13:9에 주목하라.

49   참조. 창 4:26; 왕상 18:24-39.

2.7. 예수경배는 그의 유일한 신적 주권 행사를 인정하는 것이다

넷째, 경배는 승귀하신 그리스도가 하나님의 고유한 주권에 참여한다는 사실을 받아들이는 행위다. 우리가 제1단원에서 살펴본 바와 같이, 유대교 전통에서 경배는 정확히 하나님의 독특한 정체성을 인정하는 것이다. 경배는 특히 만물의 유일한 창조주이자 만물의 유일한 통치자이신 하나님께 올려드리는 것이다. 경배는 유대교 유일신론에서 한 분 하나님과 다른 모든 실재 사이에 두었던 구별을 아주 자연스럽게 종교적인 실천으로 나타내는 것이다. 그러므로 우리가 여기서 주목해야 할 기독론적 증거는, 최근 학계에서 점차적으로 인정받아온 바와 같이, 예수를 경배하는 관습이 초기 유대 기독교로까지 거슬러 올라간다는 것을 보여줄 뿐만 아니라, 그 경배 자체도 그가 하나님의 보좌로 높임 받음으로써 하나님의 독특한 정체성 안에 포함된 것에 대한 반응임을 보여준다. 따라서 빌립보서 2:9-11과 요한계시록 5장에서 묘사하고 있는 우주적 경배는 매우 의미심장하다. 우리는 모든 피조물이 하늘 보좌로 높임 받으신 그리스도를 경배하는 모습을 그리는 이 두 텍스트를 다음 단원에서 더 상세하게 살펴볼 것이다. 우리가 또 주목해야 할 구절은 마태복음 28:17이다. 제자들은 이 복음서의 마지막 장면에서 하늘과 땅의 모든 권세가 자신에게 주어졌다고 선언하는 예수를 경배한다.[50]

50　또한 히 1:6; 요 5:21-23에 주목하라.

2.8. 선재하신 그리스도는 하나님의 고유한 창조활동에 참여하신다

우리가 지금까지 살펴본 내용은 기독론적·종말론적 유일신론으로 일컬음을 받을 만한 것이다. 예수는 장차 하나님 나라가 도래하고 온 만물이 하나님의 유일무이하심을 인정하게 될 날을 내다보며 만물에 대한 하나님의 종말론적 주권을 행사하는 분으로 간주된다. 말하자면 예수는 하나님의 **종말론적** 정체성 안에 포함된 것이다. 초기 기독교의 가장 큰 관심은 분명히 예수가 현재와 미래에 하나님의 주권에 참여한다는 것이었다. 따라서 더욱더 놀라운 사실은 초기 그리스도인들이 종말론적으로뿐만 아니라 **원시론적으로**(protologically), 현재와 미래뿐만 아니라 태초부터 예수를 하나님의 고유한 주권에 포함시켰다는 것이다. 그 이유는 유대교 유일신론의 관점에서는 태초에 일어난 하나님의 창조활동과 현재 만물을 다스리시는 하나님의 섭리, 그리고 장차 만물을 향한 하나님의 계획의 완성을 모두 포함한 그의 영원하신 주권이 결코 나누어질 수 없는 것이기 때문임이 분명하다. 하나님 홀로 만물을 창조하셨기에 하나님 홀로 만물을 다스리시며 또 앞으로도 하나님 홀로 다스리실 것이다. 예수가 단순히 하나님의 종이 아니라 하나님의 고유한 주권에 참여하고, 따라서 하나님의 독특한 정체성 안에 포함된다면 그는 영원까지도 그래야만 한다. 유대교 유일신론의 견지에서 보자면 그리스도가 하나님의 창조사역에 참여한다는 것은, 이러한 참여 없이는 그가 하나님의 정체성 안에 포함되는 것이 불완전할 수밖에 없었던 것을 완성한다는 의미에서 반드시 필요하다. 이것은 또한 이 초기 기독론의 의도가 바로 예수를 하나님의 독특한 정체성 안에 포함시키는 것임을 더욱더 분명히 해준다. 이는 유대교 유일신론자들의 관점에서는 하나님의 종이 하나님의 명령하에 그의 창조사역을 수행하는 것조차도 허용되지 않았기 때문이다. 창조는 당연히 하나님 한 분이 하실 수 있는 사역이다.

예수를 하나님의 종말론적 주권에 포함시키는 내용은 신약의 모든 책에서 발견되는 반면, 그를 하나님의 창조사역에 포함시키는 내용은 그만큼 널리 퍼져 있지는 않지만, 고린도전서, 골로새서, 히브리서, 요한계시록, 요한복음 등에서 발견된다.[51] 이것이 신약 저자들이 갖고 있던 대부분의 관심사와 덜 직접적으로 관련되어 있기 때문에 사실 그리 놀랄 만한 일은 아니다. 우리가 오히려 가장 주목해야 할 것은 그중에서도 고린도전서, 히브리서, 요한복음 등이 의도한 목적이 바로 유대교 유일신론을 기독론적 용어를 통해 표현하는 것이었다는 점이다. 이것이야말로 저자들이 창조사역 자체에 관해 무언가를 말하고 싶어 하거나 그리스도와 창조의 관계 자체에 관해 무언가를 말하고 싶어 한 것이 아니라, 오히려 하나님의 독특한 정체성 안에 예수 그리스도를 포함시키고 싶어 했다는 것을 의미한다. 하나님의 창조사역에 예수 그리스도를 포함시키는 것이 예수를 그 사역에 포함시키는 방식으로 하나님의 독특한 정체성을 새롭게 정의하면서도 유일신론에 대한 위협—마치 예수가 종속된 반신반인(半神半人, demigod)인 것처럼—을 모두 배제시키는 가장 분명한 방법이다. 우리는 이 요점을 설명하기 위해 이 텍스트들 중에서 가장 일찍 쓰인 텍스트(고전 8:6)를 살펴볼 것이다. 이 구절을 그 문맥 안에서 읽으면 다음과 같다.

[4]그러므로 우상의 제물을 먹는 일에 대하여는 우리가 우상은 세상에 아무 것도 아니며, 또한 하나님은 한 분밖에 없는 줄 아노라. [5]비록 하늘에

---

51   요 1:1-5; 고전 8:6; 골 1:15-16; 히 1:2-3, 10-12; 계 3:14.

나 땅에나 신이라 불리는 자가 있어 많은 신과 많은 주가 있으나, [6]그러나 우리에게는 한 하나님 곧 아버지가 계시니, 만물이 그에게서 났고 우리도 그를 위하여 있고, 또한 한 주 예수 그리스도께서 계시니, 만물이 그로 말미암고 우리도 그로 말미암아 있느니라.

이 문맥에서 바울은 명시적으로 유일신론에 관심을 둔다. 우상에게 제물로 바친 고기를 먹는 문제와 신전에서 열리는 연회에 참석하는 문제는 다신교를 숭배하는 이교도적 정황에서도 참 하나님 한 분께만 충성하는 매우 전통적인 유대교 유일신론을 지키려는 노력과 관련이 있다. 여기서 바울의 의도는 유일하신 참 하나님께 대한 충성이 주 예수 그리스도에 대한 충성을 수반한다는 기독교적인 해석을 통해 바로 이 유대교 유일신론이 믿고 있는 바를 지켜내려는 것이다. 그는 고린도 교인들의 편지 (4절 말미)에서 "하나님은 한 분밖에 없다"라는 전형적인 유대교 유일신론을 담은 고정문구를 이끌어내어 이에 동의하고, 보다 더 온전한 유일신론을 담은 자기 자신의 진술을 6절에서 제시한다. 이 진술은 고린도 교인들의 이교도적 환경을 반영하는 "많은 신과 많은 주"(5절)를 그리스도인들의 배타적인 충성을 요구하는 한 하나님 및 한 주(主)와 서로 대비시킨다.

6절은 정교하게 작성된 진술이다.

a 그러나 우리에게는 한 하나님 곧 아버지가 계시니,
b 만물이 그에게서 났고 우리도 그를 위하여 있고,
c 또한 한 주 예수 그리스도께서 계시니,
d 만물이 그로 말미암고 우리도 그로 말미암아 있느니라.

이 진술은 분명하게 식별 가능한 두 자료로 구성되었다. 하나는 하나님의 독특성에 대한 유대교의 고전적인 진술인 쉐마다. 이것은 우리가 제1단원에서 이미 지적한 바와 같이 토라에서 발췌한 것으로서 모든 신실한 유대인들은 이것을 매일 두 번씩 낭송한다. 바울이 여기서 그 쉐마를 수정하고, 그것을 말하자면 기독교 버전으로 만들었다는 것은 이제 학계의 일반적인 통념이다.[52] 이에 비해 그리 널리 인정받지 못하고 있는 것이 바로 이 진술이 담고 있는 온전한 의미다. 바울의 고정문구의 첫 번째 행과 세 번째 행(위에서 a와 c로 표시된)에서 사실상 바울은 쉐마에 들어 있는 야웨(YHWH)에 관한 진술을 단 한 단어도 빠뜨리지 않고 모두 재생하지만(신 6:4: "이스라엘아, 들으라. 우리 하나님 여호와는 오직 유일한 여호와이시니"),[53] 그는 또 한 분 하나님 아버지와 한 분 주 예수 그리스도 모두를 긍정하는 방식으로 이 단어들을 재배열했다. 바울이 주 예수 그리스도를 하나님의 독특한 정체성 안에 포함시키고 있다는 사실은 꽤 분명하다. 그는 유일신론을 기독론적 유일신론으로 재(再)정의하고 있다. 만약 그가 쉐마가 말하는 한 하나님께 한 주(主)를 **추가한** 것이라면, 유대교 유일신론의 관점에서 그는 기독론적 유일신론이 아니라 명백한 이신론(ditheism)을 만들어낸 것이 된다. 쉐마의 유일하신 하나님께 유일하신 주(主)를 **추가한다**

---

52   F. F. Bruce, *1 and 2 Corinthians* (NCB; London: Oliphants, 1971), 80; D. R. de Lacey, "'One Lord' in Pauline Christology," in *Christ the Lord*, ed. Harold H. Rowdon (D. Guthrie FS; Leicester: IVP, 1982), 191-203; Dunn, *Christology*, 180; Hurtado, *One God*, 97; N. Thomas Wright, *The Climax of the Covenant* (Edinburgh: T&T Clark, 1991), 128-9; D. A. Hagner, "Paul's Christology and Jewish Monotheism," in *Perspectives on Christology*, ed. M. Shuster and R. Muller (P. K. Jewett; Grand Rapids: Zondervan, 1991), 28-9; Neil Richardson, *Paul's Language about God* (JSNTSup 99; Sheffield: JSOT Press, 1994), 300; B. Witherington III, *Jesus the Sage* (Edinburgh: T&T Clark, 1994), 316.

53   쉐마에 나오는 "우리"는 바울이 재구성한 진술 첫머리에서 "우리에게는"으로 나타난다.

는 것은 명백히 하나님의 유일성을 전면으로 **반박하는 것**이다. 바울이 여기서 유일신론을 견지하는 것으로 이해할 수 있는 단 한 가지 방법은 그가 쉐마가 긍정하는 한 분 하나님의 독특한 정체성 안에 예수를 포함시키고 있다고 이해하는 것이다. 아무튼 여기서 예수에게 적용된 "한 주"에서 "주"(主)라는 용어가 바로 쉐마 자체에서 발췌된 것이라는 사실은 이를 더욱 뒷받침해준다. 바울은 쉐마의 한 하나님께 쉐마가 언급하지 않는 "주"를 추가한 것이 아니다. 바울은 오히려 예수를 쉐마가 한 분이라고 말하는 "주"라고 밝히고 있는 것이다. 따라서 상당히 유례를 찾아볼 수 없는 바울의 쉐마 재구성에서 한 분 하나님의 독특한 정체성은 한 하나님 곧 아버지 **그리고** 한 주 곧 그의 메시아로 **구성된다.** 제2성전기 유대교에서 하나님의 독특한 정체성을 이해한 방식을 충분히 이해하지 못한 다수의 주석가들이 추정한 바와는 정반대로, 바울은 이 독특한 정체성 안에 예수를 포함시키면서 유대교 유일신론을 거부하고 있는 것이 **아니다.** 만약 그가 예수를 단순히 유일하신 하나님과 연관 지으려고 한 것이라면 그는 분명 유일신론을 **거부했을** 것이다.

이 진술의 첫 번째 행과 세 번째 행이 쉐마의 표현을 하나님과 예수로 나누고 있는가 하면, 두 번째 행과 네 번째 행(앞에서 b와 d로 표시된)은 이와 유사한 방식으로 또 다른 유대교 유일신론을 담고 있는 표현, 즉 창조주이신 한 분 하나님을 만물과 연결시키는 고정문구를 하나님과 예수에게 적용한다. 바울은 다른 본문에서 하나님에 대한 이러한 묘사를 분리되거나 수정되기 이전의 형태로 이미 사용한 바 있다. "만물이 주에게서 나오고 주로 말미암고 주에게로 돌아감이라"(롬 11:36a). 이 텍스트에서는 이 진술이 단순히 하나님을 가리키지만, 고린도전서 8:6에서는 하나님과 그리스도로 나뉜다. 즉 바울은 창조주로서 하나님과 만물 간의 관계를 묘사하는 전치사 중 두 개("~에게서"[from]와 "~를 위하여"[for/to])는 하나님께 적용하고, 세 번째 전치사("~로 말미암고"[through])는 그리스도에게 적용한다. 비록 로마서 11:36에 기록된 바울의 고정문구가 다른 텍스트에서 정확히 이런 형태로 사용된 적이 없지만, 바울이 거기서 단순히 유대교 진술을 그대로 인용하고 있다고 확신하기에 충분한 유대교의 평행 텍스트들이 있다.[54] 하나님이 창조의 동인(agent) 또는 작용인(efficient cause, "만물이 주에게서 나오고")이자 만물의 목적인(final cause) 또는 목표(goal, "주에게로 돌아감이라")일 뿐만 아니라 도구인(instrumental cause)이라는 점은 하나님이 자신의 창조사역을 수행하시기 위해 그 누구도 활용하지 않고 오직 자신의 말씀과/또는 자신의 지혜를 통해 홀로 그 일을 완성하셨다는 전형적인 유대교 유일신론의 핵심을 잘 표현해준다. 고린도전서 8:6에서 재구성된 바울의 진술은 도구인(instrumental cause)의 역할을 그리스도께 부여함으로써 그를 이 하나님의 배타적인 창조사역에 포함시킨다.

이 재구성된 진술에는 그리스도를 하나님의 말씀 또는 지혜와 동일시하거나 혹은 이 둘 모두와 동일시하는 내용이 암시되어 있다. 어느 것과 동일시되어 있느냐는 그리 중요하지 않다. 왜냐하면 하나님이 그의 말씀이나 그의 지혜로 천지를 창조하셨다고 습관적으로 말해온 유대교가 이제는 바울이 그리스도를 하나님의 창조사역에 포함시켜서 그의 창조사역을 설명할 수 있는 기회를 바울에게 제공해주었기 때문이다. 그런데 이제 우리는 유대교에서 그동안 하나님의 말씀 또는 지혜에 관해 말할 때 사용하던 언어로 선재하신 그리스도를 묘사하는 이런저런 신약 텍스트에서 기독론적인 발상을 주도하고 있는 것이 바로 말씀과 지혜에 관한 유대교

---

54 요세푸스, 『유대전쟁사』 5,218; 필론, *Cher.* 127; 참조. 히 2:10.

예수와 이스라엘의 하나님

의 개념이 아니라는 것을 보게 된다. 이제 이 텍스트들의 목적은 종말론적으로뿐만 아니라 원시론적으로도 하나님의 독특한 정체성 안에 예수를 완전히 포함시키는 것이다. 말씀과/또는 지혜는 이 역할을 수행하는 데 매우 적절했다. 왜냐하면, 우리가 제1단원에서 이미 살펴본 바와 같이, 말씀과 지혜는 특히 창조사역과 관련하여 하나님의 독특한 정체성을 유대교식으로 구별하는 대표적인 방식이었기 때문이다. 말씀과 지혜는 본질적으로 하나님의 독특한 정체성 안에 내재되어 있는 것이기 때문에 창조사역에서 이들의 활동은 하나님의 창조활동에 내포되어 있는 유일신론의 특유함을 결코 훼손시키지 않는다. 이것이 바로 바울이 예수에 관해 말하려고 했던 것이다. 이 텍스트에서 바울은 전형적으로 강한 유대교의 유일신론적 자의식을 보여준다. 그는 자신만이 홀로 충성을 받아 마땅하신 한 분 하나님을 신이 아닌 모든 이방 신과 구별한다. 그는 여기서 유일신 신앙을 기술하는 유대교의 고전적인 방식을 활용한다. 그리고 그는 유대교에서 하나님과 다른 모든 실재를 구별하던 방식을 포기하기는커녕 그대로 유지하고, 예수를 하나님의 독특한 정체성 안에 포함시키는 데 이를 활용하여 유일신론을 기독론적으로 표현하기 위해 이를 재구성한다. 바울은 하나님의 독특성에 대한 자신의 유대교적 이해에 예수를 추가한 것이 아니라 그 안에 예수를 포함시킴으로써 유일신론을 그대로 보존한다.

2.9. 결론: 신적 정체성 기독론으로서의 신약의 기독론 – "기능적" 기독론과 "존재적" 기독론을 넘어

바울이 이미 고린도전서 8:6에서 표현한 것보다 더 높은 기독론은 거의 불가능하다. 또한 내가 방금 요약한 내용은 신약 전반에 걸쳐 나타난 기독론 자료를 보다 폭넓게 검토했을 때에도 동일하게 드러날 신약의 공통된 기독론을 요약적으로 반영한다고 할 수 있다. 본 단원에 대한 결론으로서, 나는 최근 수십 년간 신약의 기독론 논의를 지배해왔던 소위 "기능적" 기독론과 "존재적"(또는 "존재론적") 기독론을 일컫는 범주와는 대조적으로 신적 정체성이라는 범주가—내가 여기서 사용한 대로—신약의 기독론을 올바르게 이해하는 열쇠가 된다는 것을 강조하고 싶다. 신적 정체성 기독론은 신약 텍스트를 이해하는 데 있어 그동안 "기능적" 기독론과 "존재적" 기독론으로 분리시켜 생각해왔던 우리의 잘못된 사고를 뛰어넘게 해줄 것이라고 나는 생각한다. 나는 이 두 범주가 이미 텍스트의 의미를 파악하기에는 부적절한 것으로 판명이 났고, 특히 유대교 유일신론이 하나님 자신을 어떤 방식으로 이해해왔는지를 파악하는 데 더더욱 부적절했다고 생각한다.

따라서 예를 들어 예수가 하나님의 고유한 주권에 참여한다는 신약의 묘사에 관해 우리가 본장에서 지적한 것의 많은 부분이 이전에도 이미 밝혀진 바 있겠지만, 이에 대한 온전한 의미는 왜곡된 전제들과 부적절한 범주 사용으로 인해 묻혀버리고 말았다. "기능적" 기독론과 "존재적" 기독론 간의 구분이 지배적인 사고로 부상하면서 초기 기독론과 관련하여 예수가 "존재적으로" 신적 존재로 간주되지 않고도 신적 주권(lordship)의 "기능들"을 행사한다고 말해도 전혀 문제가 되지 않는 듯 보였다. 사실 이러한 구분은 초기 유대교 유일신론의 관점에서 보면 아주 문제가 많다. 하나님의 독특한 정체성을 제대로 이해했다면 하나님의 고유한 주권은 단지 하나님이 다른 이에게 쉽게 위임할 수 있는 그런 단순한 "기능"일 수 없다. 이것은 하나님의 독특한 정체성을 규정하는 주된 특성 중 하나였으며, 한 분 하나님과 다른 모든 실재를 구별해준다. 하나님의 고유한 주권은 **하나님은 누구신가**에 관한 문제다. 따라서 예수가 하나님의 고유한 주권에 참여한다는 것은 단지 예수는 무엇을 하는가에 관한 문제가 아니라 하나님과의 관계 속에서 **예수는 누구인가**에 관한 문제다. 비록 이것은 일차적으로 신적 본질 또는 존재의 문제는 아닐지 몰라도 신적 정체성에 관한 문제임엔 틀림이 없다. 하나님의 주권은 한 분 하나님의 정체성 안에 예수를 포함한다. 예수가 하나님의 창조활동에 포함되고, 또 그가 이로써 하나님의 영원한 초월성에 포함되면 이것은 분명히 예수를 하나님의 독특한 정체성에 **포함된** 분으로 여기는 문제가 된다.

　"기능적" 기독론과 "존재적" 기독론에 대한 일반적인 구분은 크게 유대교 정황에서 발흥한 초기 기독론과, 신적 본성이라는 그리스 철학의 범주를 그리스도에게 적용한 교부시대의 기독론의 구분으로 이해되어왔다. 심지어 존재적 기독론이 신약의 범위 안에서 잘 싹이 텄다고 보는 경우에서도 이것을 그리스도에게 신적 본질을 귀속시킨 교부신학의 시초로 본다. 일반적으로 이런 추론을 가능케 하는 근거는 다음과 같다. 신적 "기능들"을 예수에게 귀속시키는 것이 유대교의 유일신론을 훼손하는 것이 아니었기에 1세기 유대교 유일신론자들은 별 어려움 없이 그렇게 할 수 있었다. 그럼에도 그들이 유일신론에 어려운 문제를 일으키지 않고도 신적 "본성"을 예수에게 귀속시키는 일은 그리 쉽지 않았다. 왜냐하면 이 문제는 훗날 발전한 삼위일체론만이 (성공적으로든 아니든) 적절하게 처리할 수 있었기 때문이다. 하지만 이것은, 마치 유대교 유일신론이 **유일하신 하나님 야웨는 누구신가**(신적 정체성)**보다는 주로** 신성은 무엇인가(신적 본성)에 관심을 두고 있는 것처럼, 유대교 유일신론을 헬레니즘적 관점에서 잘못 오해하는 것이다. 신적 정체성과 그 정체성 안에 예수를 포함시키는 범주 전체가 "기능적" 기독론과 "존재적" 기독론 중 양자택일하는 관점

(마치 두 기독론 중 하나는 예수의 신적 기능이나 예수의 신적 본성만을 언급하는 것처럼)에 의해 애매모호해졌다. 일단 신적 정체성이라는 범주가 유대교 유일신론과 초기 기독론을 이해하는 가장 중요하고도 포괄적인 범주로서 기능과 본성이라는 범주를 대체하면 우리는 신약에서 그리스도의 신적 본성에 큰 관심을 보이지 않는 것이 결단코 그저 기능적 기독론을 의미하는 것이 아님을 알 수 있다. 우리는 신약 텍스트 전반에 걸쳐 예수를 하나님의 독특한 정체성 안에 포함시키기 위해 그 독특한 정체성을 나타내는 특징들이 의도적이고 분명하게 사용되고 있음을 볼 수 있다. 일단 우리가 고기독론은 그리스도의 신적 본성에 관해 말해야 한다는 편견을 버리면 우리는 신약 전체에 공통적으로 나타나는 신적 정체성 기독론이 모든 기독론 가운데 가장 높은 기독론이라는 명백한 사실을 볼 수 있다. 이 신적 정체성 기독론은 예수를 하나님은 누구신가라는 문제와 불가불의 관계에 있는 분으로 이해한다.

3. 십자가에 달리신 하나님: 예수 안에서 계시된 신적 정체성

3.1. 서론: 승귀하시고 선재하신 그리스도에서 지상의 예수로

첫 두 단원에서 나는 만약 우리가 한편으로는 제2성전기 유대교에서 유일하신 한 분 하나님의 독특한 정체성을 특징짓는 방식에 관해 어떻게 말하는지, 그리고 다른 한편으로는 신약 저자들이 예수에 관해 무엇을 말하는지에 대해 세심한 주의를 기울인다면, 신약 저자들이 한 분 하나님의 독특한 정체성 안에 예수를 포함시키고 있다는 사실이 아주 분명해진다고 주장했다. 그들은 제2성전기 유대교에서 한 분 하나님께만 귀속시켰던 바로 그 신적 특성들을 예수에게도 귀속시키면서 아주 세심하고 포괄적이며 의도적이고 일관된 방식으로 이 작업을 수행해나간다. 그런 의미에서 신약의 모든 기독론은 1세기 유대교 신학에서 표현할 수 있는 범위 안에서 가장 높은 용어로 표현된 매우 높은 기독론이다. 확실히 이것은 단순히 기능적 기독론에 그치지 않고, 내가 이미 제안했듯이, 가히 신적 정체성 기독론이라 일컬을 만하다. 신약 저자들은 한결같이 예수는 본유적으로 **하나님은 누구신가**에 속한다고 말한다.

지금까지 나의 주장은 의도적으로 두 가지 측면에 집중했다. 첫째, 나는 제2성전기 유대교에서 통상적으로 강조해왔던 이스라엘의 하나님의 정체성이 지닌 특성에 초점을 맞추었다. 그들은 만물의 창조주이자 만물의 주권적 통치자이신 하나님과 다른 모든 실재를 절대적으로 구별하기 위해 하나님의 독특성을 강조했다. 내가 첫 번째 단원에서 유대인들이 하나님을 어떻게 이해했는지를 파악하는 데 필수적이라고 지적했던 이스라엘의 하나님의 정체성에 대한 또 다른 특징들은 지금까지 의도적으로 다루지 않았다. 왜냐하면 이것들은 한 분 하나님의 독특성을 규정하기 위해 유대인들이 자주 언급했던 측면들이 아니기 때문이다. 둘째, 신약 저자들이 예수를 하나님의 독특한 정체성 안에 포함시키기 위해 그 정체성의 주요 특징들을 활용한 방식을 설명함에 있어 나는 하나님의 창조활동에 참여한 선재하신 그리스도와 하나님의 우편에서 하나님의 종말론적 주권에 참여하는 승귀하신 그리스도에 초점을 맞추었다. 나는 지상의 예수 및 그의 삶과 죽음에 관해서는 언급하지 않았다. 왜냐하면 선재하고 승귀하신 그리스도가 바로 다른 모든 실재를 창조하시고 다스리시는 하나님의 주권에 참여하는 분이기 때문이다. 사실 초기 그리스도인들은 예수가 하나님의 하늘 보좌를 공유하려고 높임을 받았다는 사실에 입각하여 그가 하나님의 정체성 안에 포함되었다는 사실을 시인했던 것이다.

그러나 이제 우리는 나의 논증에서 지상의 예수를 고려하는 것이 적절하다고 할 수 있는 단계에 이르렀다. 또한 우리는 적절한 때에 하나님의 정체성과 관련하여 나의 기독론적 주장에서 아직까지 거론되지 않은 다른 여러 중요한 특징도 검토할 것이다. 그럼에도 지상의 예수에게 주안점을 두면 하나님의 정체성에 관한 문제는 전혀 달리 보인다. 초기 그리스도인들에게는 승귀하신 예수가 하나님의 정체성 안에 포함되었다는 사실이 수태로부터 죽음에 이르기까지 참되고 완전한 인간의 삶을 살았던 바로 그 예수(거절당하고 수치스러운 죽음을 당한 바로 그 사람)가 하나님의 독특한 정체성 안에 포함되었다는 것을 의미했다. 과연 이것은 하나님의 정체성에 관해 무엇을 말해주었을까? 지금까지 우리는 예수와 하나님의 관계에 대한 신약 저자들의 이해가 예수에 관해 무엇을 말하는지에 대해 숙고했다. 이제 우리는 그것이 하나님에 관해 무엇을 말하는지 물어야 한다. 다시 말해 우리는 이제 예수를 하나님의 계시로서 고찰해야 한다. 신약의 기독론에서 가장 심오한 부분은 하나님의 정체성 안에 승귀하신 예수가 포함되었다는 사실이 하나님의 정체성 안에 십자가에 달리신 그리스도가 포함되었다는 사실을 의미하고, 비하 및 승귀의 기독론적인 패턴이 하나님을 드러내는 것, 곧 하나님이 누구신지에 대한 결정적인 계시로서 인식될 때 비로소 나타난다는 것이다. 이러한 계시는 초기 기독교의 하나님 이해에 영향을 미치지 않을 수 없었다. 또한 동시에 신약 저자들이 이제 예수의 역사에 의해 그 정체성이 새롭게 규정되었다고 이해한 그 하나님이 바로 이스라엘의 하나님이었다. 따라서 예수 안에서 드러난 하나님의 정체성은 히브리 성서에서 나타난 그의 정체성과 일치해야 한다. 그러므로

예수와 이스라엘의 하나님

우리는 신약 저자들과 함께 참신성(novelty) 안에서의 연속성, 즉 새로이 계시된 예수의 역사 안에서 드러난 이스라엘의 하나님의 이미 알려진 정체성을 확인해야 한다.

3.2. 기독론적 유일신론: 초기 기독교의 이사야 40-55장 읽기

나는 제한된 공간 안에서 신약 저자들이 하나님의 정체성 안에 예수의 지상의 삶과 죽음이 포함된 것을 이해한 방식 중 한 가지 접근 방법만을 추적할 것이다. 우리가 제2단원에서 주목한 바와 같이 최초기 기독교에서 출현한 창의적인 신학적 사고의 많은 부분은 구약의 주해를 통해 이루어졌다. 초기 그리스도인들은 유대교 전통 안에서 창의적인 신학적 주해를 했다. 물론 그들은 현대 구약학에서 사용하는 역사비평적 방식으로 유대 경전을 읽지 않았다. 그렇다고 해서 그들은, 구약에 대한 신약의 일부 해석 사례가 보여주듯이, 단순히 자신들이 가지고 있던 구약과 무관한 사상들을 마구 구약에 투영하지도 않았다. 그들은 구약 텍스트와 예수의 역사 간의 상호 해석 과정을 통해 서로 연관 지었으며, 그 과정 속에서 그들의 매우 심오한 신학적 통찰 가운데 일부가 출현하게 되었다.

그들에게는 구약 중에서 우리에게 제2이사야(이사야 40-55장)로 알려진 장(章)들보다 더 중요한 텍스트는 없었다. (물론 초기 그리스도인들에게 이 장들은 단지 예언자 이사야의 책 일부에 불과했지만, 제2이사야라는 용어는 이 책의 이 단원을 가리키기에 용이한 칭호로 사용될 수 있다. 그들은 분명히 이 부분을 이사야의 예언 가운데 색다른 단원으로 보았을 것이다.) 초기 그리스도인들에게 있어 이사야서의 이 단원은 그들이 직접 목격하고 또 연루된 종말론적 구원이라는 사건들이 지닌 의미에 대한 하나님의 설명이었다. 이 종말론적 사건들은 이사야의 새 출애굽에 대한 환상으로서 모든 열방이 보는 앞에서, 또한 그 열방 자신을 위해, 그리고 우리가 제3이사야라고 부르는 장들에 언급된 새 예루살렘과 만물의 새 창조로 이어지는 하나님의 이스라엘 속량 행위를 가리킨다. 신약 저자들이 제2이사야에게 광범위하게 빚졌다는 사실은, 비록 정확히 어느 정도 빚졌는지에 대해서는 많은 논쟁이 있었더라도, 널리 인정되어왔다. 최초기 그리스도인들은 "복음"이라는 단어 자체를 제2이사야(사 40:9)로부터 가져왔다. 이 사실은 사복음서 저자들 모두가 복음서 이야기의 시작인 세례 요한의 사역이 새 출애굽에 대한 제2이사야의 예언(사 40:3-4)의 시작을 성취했다는 사실만큼이나 이 장들이 그들에게 매우 중요했음을 말해준다.[55] 충분하게 인정되지 못했던 것은, 많은 신약 텍스트 배후에 이 장들을 하나로 연결하는 통합체로 보는 초기 기독교의 통합적 읽기가 있다는 사실이다. 예를 들어 53장에 나오는 고난 받는 종 이야기에 대한 암시들은 마치 이 한 장에 대한 초기 그리스도인들의 용례가 이 이야기들에 관한 모든 것을 설명해줄 수 있는 것처럼 읽혀서도 안 되고, 오직 제2이사야에 나오는 종에 관한 다른 본문들과 연관시켜 읽혀서도 안 된다. 이 이야기들은 이사야 40-55장을 열방의 구원으로 이끄는 새 출애굽에 대한 예언으로서 통합적 읽기로 읽어야 한다.

본 논의의 목적상, 제2이사야에 나오는 유일신론적 주제가 이 장들 전체를 아우르는 주제들과 어떻게 일치하는지를 주목하는 것은 중요하다. 토라에 포함된 중요한 유일신론 텍스트들을 제외하면 제2이사야에 등장하는 신탁들은 제2성전기 유대교에서 찾아볼 수 있는 고전적인 유일신론의 원천을 이룬다. 신이 아닌 우상들을 향해 자신의 유일성을 선포하

---

55 마 3:3; 막 1:2-3; 눅 3:4-6; 요 1:23.

고 또 자신의 유일성을 만물의 창조주요 역사의 주권적 통치자로 규정하는 하나님의 발언("나는 여호와라. 나 외에 다른 이가 없나니 나밖에 신이 없느니라")은 우리가 제1단원에서 고찰했던 하나님의 독특성을 나타내는 모든 특성을 그 안에 담고 있다. 초기 그리스도인들은 너무나도 분명하면서도 상당히 의도적으로 선재하시고 높임을 받으신 그리스도를 바로 이 제2이사야서에서 드러난 하나님의 독특한 정체성, 즉 하나님의 우주적·역사적 주되심 안에 포함시켰다. 하지만 제2이사야의 유일신론은 또한 종말론적이다. 이것은 이스라엘의 하나님이 모든 민족의 목전에서 자신이 유일하신 한 분 하나님임을 증명해보이시고, 그의 백성을 구원하실 때 자신의 영광과 구원을 드러내셔서 모든 땅 끝이 그를 하나님으로 인정하고 구원을 받기 위해 그에게로 돌아올 날을 기대한다. 유일하신 한 분 하나님은 바로 종말론적 구원이라는 위대한 행위인 새 출애굽을 통해 자신의 고유한 신성을 우주적으로 입증하실 것이다. 이것은 또한 시온을 향하여 "네 하나님이 통치하신다!"(사 52:7; 참조. 40:9)라고 말하면서 구원의 좋은 소식(복음)을 가져오는 메신저가 선포한 그의 나라의 도래다. 한 분 하나님은 모든 민족에게 자신의 신성을 입증할 새 출애굽을 통해 자신의 우주적 주권을 행사하신다. 초기 그리스도인들은 바로 하나님의 이러한 유일성과 이스라엘 및 이 세상을 향한 그의 종말론적 구원 행위 간의 필연적 관계라는 문맥 안에서 주의 종이라는 수수께끼와 같은 인물을 읽어냈다. 이 주의 종은 하나님의 고유한 신성을 증언하는데, 이사야 52-53장에서는 수치와 죽임을 당하고 또 높임을 받고 들림을 받는다.

　내가 입증하고자 하는 것은, 제2이사야에 대한 초기 기독교의 해석에서 주의 종의 증언과 비하와 죽음과 승귀가 바로 하나님이 자신의 영광을 나타내시고 온 세상에 자신의 신성을 드러내 보이시는 방식이라는 것이다. 주의 종의 증언과 비하와 승귀는 다름 아닌 새 출애굽이라는 종말론적 구원 사건이다. 하나님의 고유한 신성은 이 사건을 통해 확인되고, 마침내 온 세상이 주의 종이 높임 받음을 보고 하나님의 하나님 되심을 인정하고 구원을 얻기 위해 그분께로 돌아선다. 나는 초기 그리스도인들이 제2이사야를 이렇게 읽을 수 있었던 가장 중요한 열쇠가 바로 고난받는 종에 관한 핵심 텍스트를 시작하는 이사야 52:13과 이사야서의 다른 텍스트들 간의 연관성에 있다고 본다. 히브리어 원문과 그리스어 역본을 번역한 세 텍스트는 다음과 같다.

> 이사야 52:13(히브리어): 보라! 내 종이 형통하리니 받들어(*yārūm*, exalted) 높이 들려서(*niśśā*', lifted up) 지극히 존귀하게 되리라(*gāvah*).

> 70인역(그리스어): 보라! 나의 종은 이해할 것이며, 높아져(*hypsōthēsetai*) 크게 영광을 받을 것이다(*doxasthēsetai*).

> 이사야 6:1(히브리어): 내가 본즉 주(*adōnāi*)께서 높이 들린(*rām, niśśā*', exalted and lofty) 보좌에 앉으셨는데 그의 옷자락은 성전에 가득하였고.

> 70인역(그리스어): 나는 주께서 높이(*hypsēlou*) 들어 올린(*epērmenou*) 보좌에 앉아 계신 것을 보았다. 그리고 그 집은 그의 영광으로 가득하였다.

> 이사야 57:15(히브리어): 지극히 존귀하며(*rām, niśśā*', exalted and lofty) 영원히 거하시며 거룩하다 이름하는 이가 이와 같이 말씀하시되, "내가 높고(*mārôm*) 거룩한 곳에 있으며 또한 통회하고(*dakkā*'; 참조. 사 53:5,

10) 마음이 겸손한 자와 함께 있나니 이는 겸손한 자의 영을 소생시키며 통회하는 자의 마음을 소생시키려 함이라."

70인역(그리스어): 영원히 높은 곳에(en hypsēlois) 거하시는 지극히 높으신(hypsistos) 주께서 이와 같이 말씀하신다. 그의 이름은 거룩한 자들 가운데(en hagiois) 거룩하시며, 지극히 높으신(hypsistos) 주님은 거룩한 자들 가운데(en hagiois)에서 안식을 누리시며, 마음이 약한 자들에게 인내를 주시고 마음이 상한 자들에게 생명을 주신다.

이사야 52:13은 이어지는 텍스트에 묘사된 종의 비하와 죽음에 이어 종의 승귀를 강조한다. 이에 관하여 주목해야 할 사항은 두 가지다. (1) "받들어"와 "높이 들려서"("내 종이…받들어 높이 들려서")라는 표현은 자신의 보좌 위에 계신 하나님(여기서는 보좌가 "받들어 높이 들려 있다"고 묘사됨)에 대한 이사야의 환상을 시작하는 이사야 6:1과 자기 자신이 "받들어 높이 들려 계신"(개역개정판에서는 "지극히 존귀하며"로 옮겨짐—역자주) 것처럼 하늘 높은 곳에 거하시는 하나님을 묘사하는 이사야 57:15에서도 나타난다. 이 두 히브리어 어근 '룸'(rūm, "높다", "높여지다")과 '나사'(nāśā', "들어 올리다")의 결합은 히브리 성서에서 드물게 등장하며, 이 세 구절에서 동사가 서로 일치한다는 점은 괄목할 만하다. 현대 구약학자들은 이사야 52:13과 57:15은 분명히 이사야 6:1에 의존하고 있다고 생각한다. 초기 그리스도인들은 이러한 일치를 확인하고 '게제라 샤바'(gezērâ šāvâ)라고 하는 유대교 해석 원칙을 적용했을 것이다. 이 원칙에 의하면 동일한 단어가 등장하는 텍스트들은 서로 참고하여 해석해야 한다. (나의 견해에 의하면 구약에 대한 초기 기독교 주해의 대부분은 심지어 그리스어 텍스트가 사용

된 경우에도 히브리어 텍스트를 참고하여 이루어졌다. 이 경우에는 텍스트들이 70인
역의 그리스어 번역을 토대로 서로 연결될 수도 있지만, 히브리어 텍스트에서 더욱 두
드러지게 나타난다.) 따라서 이사야 6:1과 57:15의 연관성에 비추어보면 이
사야 52:13은 종이 하나님의 하늘 보좌에까지 높임을 받았음을 의미한
다. 이러한 이유로 요한복음 12:38-41에서 이사야 53장과 이사야 6장
이 서로 연결되었고, 이사야가 예수의 영광(즉 그가 6장에서 야웨의 영광을 보
았을 때)을 보았다고 말한다. (2) 만약 이사야 52:13이 우주 통치를 위해
좌정해 계시는 하나님의 하늘 보좌를 공유하기 위해 종이 높임을 받았다
는 것을 의미한다면, 이것은 시편 110:1과 쉽게 연결된다. 이 시편 구절
은, 우리가 제2단원에서 이미 살펴보았듯이, 초기 그리스도인들이 예수
를 하나님의 정체성 안에 포함시키는 데 있어 필수적인 구약 텍스트였다.
따라서 예수가 하나님의 우편으로 높임을 받았다는 신약의 두 차례 언급
은 시편 110:1에 대한 암시와 이사야 52:13에 대한 암시를 서로 결합한
것이며(행 2:33; 5:31), 또 다른 언급은 시편 110:1에 대한 암시와 이사야
57:15에 대한 암시를 서로 결합한 것이다(히 1:3).

따라서 종은 자신의 비하와 승귀에서 모두 단순히 하나님과 구별된
인간이 아니라, 자신의 비하와 승귀에서 모두 하나님의 독특한 정체성에
속한다. 이 하나님은 높고 거룩한 곳에 있는 보좌에 앉아 통치하시는 지극
히 높으신 분일 뿐만 아니라 짓밟힌 자와 비천한 자들의 처지로 자신을 낮
추신 분이시다(사 57:15). 열방이 그의 고유한 신성을 인정하고 구원을 얻기
위해 그분께 돌아올 때 그들이 인정하게 될 분은 바로 한때 수치를 당했지
만 이제는 하나님의 보좌에서 통치하시기 위해 높임을 받으신 그 종이다.

3.3. 이사야 40-55장에 관한 기독교 해석의 세 가지 예에 나타난 기독론적 유일신론

우리는 이제 제2이사야에 관한 이러한 해석이 특정한 방식으로 반영되고 발전된 신약의 세 본문, 즉 빌립보서 2:6-11, 요한계시록, 요한복음 등을 살펴보고자 한다.

첫째, 우리는 신약의 이 세 본문에서 제2이사야의 유일신론 모티브가 어떻게 예수에게 적용되는지를 살펴볼 것이다. 이 텍스트들은 제2이사야에 나오는 신탁에서 자신의 유일무이하심을 선포하시는 한 분 하나님의 독특한 정체성에 예수를 포함시키는 내용을 가장 분명하게 드러낸다. 이 텍스트들은 이전에도 주목을 받긴 했지만, 서로 개별적으로 주목을 받았다. 하지만 미처 그리 주목을 받지 못했던 것은 제2이사야의 유일신론 안에 예수를 포함시키는 측면에서 바울과 요한계시록, 그리고 요한복음이 서로 일치한다는 점이다.

3.3.1. 빌립보서 2:6-11

빌립보서 2:6-11은 바울문헌에서 핵심적인 기독론 텍스트 중 하나이며, 따라서 신약에서 찾아볼 수 있는 가장 오래된 기독론적 고찰 중 하나다. 이 텍스트는 예수가 만물에 대한 주권을 행사하는 위치로 높임을 받고 하나님의 독특한 정체성을 나타내는 하나님의 이름을 수여받을 때 비로소 절정에 이른다.

[10]하늘에 있는 자들과 땅에 있는 자들과 땅 아래에 있는 자들로
모든 무릎을 예수의 이름에 **꿇게 하시고**

[11]모든 입으로 예수 그리스도를 주라 시인하여
하나님 아버지께 영광을 돌리게 하셨느니라(빌 2:10-11).

이 텍스트가 암시하는 구절(앞에서 볼드체로 표시함)은 이사야 45:22-
23이다.

> 땅의 모든 끝이여,
> 내게로 돌이켜 구원을 받으라.
> 나는 하나님이라. 다른 이가 없느니라.
> 내가 나를 두고 맹세하기를
> "내 입에서 공의로운 말이 나갔은즉
> 돌아오지 아니하나니,
> 내게 모든 무릎이 꿇겠고
> 모든 혀가 맹세하리라" 하였노라(사 45:22-23).

우리는 여기서 야웨의 절대적인 유일무이하심을 단언하는 구약, 특히 제2이사야서의 특징인 "나는 하나님이라. 다른 이가 없느니라"에 주목할 필요가 있다. 제2이사야에 등장하는 이 구절(사실은 제2이사야에서 가장 대표적인 구절)은 온 세상을 향해 야웨의 고유한 신성을 종말론적으로 보여주는 구절이다. 바로 이 지점에서 야웨는 자신이 만물의 유일한 창조주이자 통치자임을 증명하고 경배와 구원을 위해 자신에게로 돌아오는 온 세상의 유일한 하나님과 유일한 구원자로 인정을 받으신다. 따라서 이 빌립보서 텍스트는 고려되지 않은 구약 텍스트에 대한 반향이 아니라 야웨의 우주적 주권 안에서 야웨로 확인된 예수의 승귀를 통해 이스라엘의 하나님의 고유한 신성이 모든 피조물에 의해 인정되었음을 주장한다. 바로 이 제2이사야의 **유일신론**은 예수가 하나님의 정체성에 참여한다는 사실을 통해 성취된다. 종말론적 유일신론이 마침내 기독론적 유일신론으로 나타난 것이다.[56]

3.3.2. 요한계시록

둘째, 이제 우리는 요한계시록이 하나님과 예수 그리스도에게 모두 적용하는 일련의 칭호를 살펴보고자 한다.[57]

> [하나님이 말씀하시기를] 나는 알파와 오메가라(1:8).
> [그리스도가 말씀하시기를] 나는 처음이요 마지막이니(1:17; 참조. 2:8).
> [하나님이 말씀하시기를] 나는 알파와 오메가요, 시작과 마침이라(21:6).
> [그리스도가 말씀하시기를] 나는 알파와 오메가요, 처음과 마지막이요, 시작과 마침이라(22:13).

이 세 어구―알파와 오메가, 처음과 마지막, 시작과 마침―는 분명히 대등한 의미를 지닌 어구로 취급되며(왜냐하면 알파와 오메가는 그리스어 알파벳의 첫 번째와 마지막 문자이기 때문이다), 전략적으로 하나님의 독특한 정체성을 선언하는 책의 도입부와 종결부에서 하나님(1:8; 21:6)과 그리스도(1:17; 22:13)는 이러한 칭호를 각각 자신에게 적용한다. 이러한 선언은

---

56 나는 빌 2:9-11을 이런 방식으로 해석하는 견해를 Richard Bauckham, "The Worship of Jesus in Philippians 2:9-11," in *Where Christology Began: Essays on Philippians 2*, ed. Ralph P. Martin and Brian J. Dodd (Louisville: WJK, 1998), 128-39에서 보다 더 상세하게 다루었다.

57 보다 더 상세한 논의는 Bauckham, *Theology*, 25-8, 54-8을 보라.

제2이사야에 나오는 야웨의 선언(44:6; 48:12; 참조. 41:4)에 기초한다.

> 나는 처음이요 나는 마지막이라. 나 외에 다른 신이 없느니라(사 44:6).
> 나는 그니, 나는 처음이요 또 나는 마지막이라(사 48:12).

요한계시록에 나오는 이 네 개의 선언은 의도적으로 누적 효과를 노린다. 여기서 처음 세 선언은 비록 대등한 의미를 지니고 있음에도, 서로 다른 어구를 각각 하나님과 그리스도에게 적용하지만, 네 번째 선언은 세 가지 형태의 칭호를 모두 그리스도에게 적용한다. 이 중 한 형태("처음과 마지막")는 오직 그리스도에게만 적용되지만, 다른 두 형태("알파와 오메가", "시작과 마침")는 하나님과 그리스도 모두에게 적용된다. 실제로 요한계시록에서 이 두 칭호는 하나님과 그리스도가 서로 공유한다. 이 칭호들은 하나님의 독특한 정체성 안에 예수를 포함시키는 것에 관해 이 책이 말하고자 하는 중요한 무언가를 우리에게 전달한다.

"처음과 마지막"이라는 칭호는 형태상 제2이사야로부터 유래한 것으로서 제2이사야의 유일신론을 축약하는 용어 중 하나다. 이 용어는 창조주로서 만물보다 앞서시고 역사의 주님으로서 만물이 종말론적 성취에 이르도록 이끄시는 한 분 하나님의 영원한 주권을 나타낸다. 그는 만물의 근원이자 목표이시다. 따라서 요한계시록은 원시론적으로뿐만 아니라 종말론적으로 제2이사야에 나타난 유일신론이 말하는 한 분 하나님의 정체성 안에 그리스도를 포함시킨다. 참으로 요한계시록은 구체적으로 "처음과 마지막"이라는 칭호(나머지 두 형태는 이 칭호의 변형임)에 대한 제2이사야의 형태를 하나님이 아닌 그리스도에게 적용한다. 다시 한번, 제2이사야의 유일신론은 기독론적 유일신론으로 해석된다. 요한계시록 전체가 그리스도의 재림을 통해 하나님 나라가 도래하는 것을 지향한다. 그런데 바로 그 나라가 도래할 때 하나님은 자신이 만물의 처음일 뿐 아니라 만물의 마지막이요 끝이요 오메가이심을 드러내신다.

3.3.3. 요한복음

장차 한 분 하나님이 고유한 주권을 행사하게 될 날을 바라보는 이러한 요한계시록의 종말론적 지향성은 제2이사야의 유일신론 모티브 중에서 "처음과 마지막"이라는 칭호가 이 책의 기독론적 칭호로서 매우 적절함을 말해준다. 하지만 요한복음은 예수의 지상사역 기간 동안 하나님의 독특한 정체성을 나타내는 제2이사야의 다른 표현을 예수의 입술에 두면서 요한계시록과는 다소 다른 선택을 한다. 요한복음의 선택은 "내가 그다"(히브리어로는 '아니 후'['anî hû'])라는 간결한 진술이다. 이는 보통 70인역의 그리스어에서 '에고 에이미'(egō eimi, "나는 ~이다")로 옮겨지며, 요한복음은 이 형태를 채택한다.[58] 이 문장은 히브리 성서에서 하나님의 독특한 정체성을 나타내는 진술로서 일곱 차례 등장한다. 토라의 가장 중요한 유일신론 텍스트 중 하나인 신명기 텍스트에서 한 번 등장하고 나머지 6회는 제2이사야에서 등장한다.[59] 이 문장은 가장 간결한 형태로 하나님의 유일무이하심을 선언하는 역할을 수행하며, 더 일반적인 "나는 야웨다"에 상응한다. 요한복음에서 이 선언은 독특한 신적 자기계시로 인식될 필요가 없는 문맥에서 예수의 입술을 통해 모호하게 나타난다. 사실

---

58 P. B. Harner, *The 'I Am' of the Fourth Gospel* (Facet Books; Philadelphia: Fortress, 1970); D. M. Ball, *'I Am' in John's Gospel* (JSNTSup 124; Sheffield: Sheffield Academic Press, 1996).

59 신 32:39; 사 41:4; 43:10, 13; 46:4; 48:12; 52:6.

이 선언은 요한복음에서조차도 예수의 승귀 이전에는 부적절한 것이었다. 그런데 이러한 모호함은 노골적으로 드러내놓고 말하기보다는 "나는 ~이다"라는 일련의 절대적인 일곱 진술(요 4:26; 6:20; 8:24, 26, 58; 13:19; 18:5, 6, 8)을 통해 점차적으로 명확해지는 방식으로 예수를 하나님과 동일시할 수 있게 해준다. 히브리 성서에서는 '아니 후'('anî hû')가 7회, 강조적 변형 '아노키 아노키 후'('ānokî 'ānokî hû', 사 43:25; 51:12)가 2회 등장하고, 요한복음에서는 "나는 ~이다"(I am)라는 7개의 절대적 진술이 나오고, 일곱 번째 진술에서 강조를 위해 두 번 더 반복되는 것(18:5, 6, 8, 따라서 두 경우 모두 7회 또는 9회)은 분명히 단지 우연은 아니다. 따라서 이러한 일련의 진술은 "내가 그다"라는 선언을 통해 자신의 정체성을 요약하는 이스라엘의 하나님과 예수를 포괄적으로 일치시킨다. 그뿐 아니라 이진술들은 예수를 제1이사야가 예언한 바 있는 하나님의 독특한 정체성의 종말론적 계시로서 인지한다.

따라서 우리는 신약의 기독론을 대표하는 이 세 주요 텍스트(빌 2:6-11, 요한계시록, 요한복음)에서 제2이사야의 종말론적 유일신론을 기독론적 유일신론으로 보는 초기 기독교의 해석을 다양한 형태로 만나본다. 고(高)기독론을 반영하는 이 여러 텍스트에서 제2이사야의 유일신론 모티브들이 사용되었다는 것은 유일신론이 부차적인 것이 아니라 이 텍스트들에 담긴 기독론의 가장 핵심적인 관심사임을 보여준다. 아울러 제2이사야의 유일신론 모티브들을 예수에게 적용한 것은 그를 하나님의 독특한 정체성 안에 포함시키는 것 이상의 의미를 갖는다. 이 사실은 그가 세상을 향한 하나님의 그 독특한 정체성의 계시임을 의미한다. 따라서 예수를 신성에 포함시키는 것이 유일신론에 문제가 되기는커녕, 이 신약 저자들은 오히려 이 사실을 유일하신 하나님이 자신의 고유한 신성을 세상을 향해 드

예수와 이스라엘의 하나님

러내 보이시는 것으로 제시한다.

3.4. 이사야 40-55장에 관한 기독교 해석의 세 가지 예에서 하나님의 정체성을 드러내는 예수의 비하와 승귀

이제 이 세 신약 텍스트와 관련된 우리 논증의 두 번째 단계로서 우리는 이 텍스트들이 제2이사야에 나타난 여러 유일신론 모티브와 밀접하게 연관되어 있는 제2이사야의 용어들을 가지고 예수의 고난과 비하와 죽음을 어떻게 제시하는지를 살펴볼 차례다. 예수는 자신의 비하와 승귀로 한 분 하나님의 정체성을 드러내는 제2이사야의 주의 종이므로 이 예언들에 담긴 종말론적 유일신론을 성취하신다.

3.4.1. 빌립보서 2:6-11

빌립보서 2:6-11은 신약학계에서 가장 복잡한 석의적 논쟁을 벌이는 주제 중 하나다.[60] 나는 여기서 논란이 되고 있는 문제를 모두 논할 수는 없지만, 이 주제를 다루기에 앞서 우리의 논의를 위해 일부 중요한 석의적 쟁점에 관해 나의 입장을 단순히 표명하고자 한다. (1) 이 텍스트가 바울 이전의 찬송시라는 대다수의 견해에 대항하여 나는 바울 자신이 이 찬송시를 작성했다고 생각한다. 따라서 나는 바울이 이 시의 저자라고 말할 것이다. 하지만 그 문제는 나의 해석에 그 어떤 영향도 주지 않는다. (2) 처

---

60 이와 관한 매우 귀중한 개관 연구는 Ralph P. Martin, *Carmen Christi: Philippians 2:5-11 in Recent Interpretation and in the Setting of Early Christian Worship*, rev. ed. (Grand Rapids Eerdmans, 1983)을 보라. 또한 가장 최근의 연구로는 *Where Christology Began*, ed. Martin and Dodd를 보라.

음부터 이 텍스트가 인간 예수에 관심을 보인다고 생각하는 최근의 해석자들과는 대조적으로 나는 여전히 주석가 대다수의 견해이자 가장 최근 논의에서 옹호를 받고 있는 전통적 견해를 지지한다.[61] 전통적 견해에 의하면 이 텍스트는 영원 전부터 선재하신 그리스도에 대해 말하는 것으로 시작하여 그의 성육신에 관해 이야기한다. (3) 나는 이 텍스트가 아담 기독론을 담고 있다고 생각하지 않는다. 만약 아담에 관해 이야기하고 있다면, 아마도 그는 단지 아주 간접적으로 암시되고 있을 것이다. 나의 견해로는, 아담은 이 텍스트 연구에서 엉뚱한 데 관심을 쏟게 한 주범이다. (4) 나는 6b절의 의미에 대한 까다로운 번역 문제와 관련하여 가장 탁월한 언어학적 주장은 이 구절을 "그는 하나님과의 동등됨을 자신의 이익을 위해 사용할 만한 무언가로 여기지 않았다"라고 번역할 것이라고 생각한다. 다시 말하면 이 텍스트의 쟁점은 일부 역본에서처럼 그리스도가 하나님과의 동등됨을 얻느냐 또는 보유하느냐가 아니다. 그는 하나님과의 동등됨을 이미 가지고 있으며 그것을 잃어버렸을 리가 없다. 쟁점은 이에 대한 그의 태도다.[62] (5) 분명 대조를 위해 의도된 "하나님의 본체"(6절)와 "종의 형체"(7절)는 지상의 인간의 형태와 대조를 이루는 하늘에서의 하나님의 영광스런 광채라고 할 수 있는 외적 형태를 가리킨다.[63]

내가 내린 석의적 판단은 아래에서 소개될 6-11절에 대한 석의에

---

61   L. D. Hurst, "Re-Enter the Pre-Existent Christ in Philippians 2:5-11?" *NTS* 32 (1986): 449-57; C. A. Wanamaker, "Philippians 2,6-11: Son of God or Adam Christology," *NTS* 33 (1987): 179-93; N. T. Wright, *Climax of the Covenant*, 56-98(하지만 나는 Wright가 하나님의 성육신 접근법과 아담 기독론 접근법을 서로 결합시킴으로써 두 마리 토끼를 한꺼번에 모두 잡으려고 한다고 생각한다).

62   N. T. Wright, *Climax of the Covenant*, 62-90.

63   Wanamaker, "Philippians 2,6-11," 183-7.

서 그대로 드러난다. 하나님과 동등하신 선재하신 그리스도는 하늘에서 하나님의 영광을 공유하셨다. 하지만 그는 하나님과 동등됨을 자신의 이익을 위해 사용할 만한 무언가로 여기지 않았다. 그는 하나님과의 동등됨을 다른 이들에 의해 섬김을 받는 문제로 이해하지 않고 다른 이들을 위한 섬김과 순종과 자기희생과 자기비하로 표현할 수 있는 무언가로 이해했다. 따라서 그는 지상에서의 인간의 삶, 즉 종의 모습으로 죽임을 당하는 십자가상에서의 수치스러운 죽음에 이르기까지 하나님께 순종하는 자기비하의 삶을 위해 천상의 영광스런 외적 광채를 포기했다. 이러한 급진적인 자기포기는 하나님과의 동등됨을 표현하고 구현하는 그의 방식이었으며, **그러므로**(9절) 그 동등됨은 그에게 만물에 대한 하나님의 고유한 주권을 행사할 수 있는 자격을 부여해주었다. 그가 가장 높은 위치에 있는 하나님의 하늘 보좌로 높임을 받은 것은 하나님과의 동등됨을 얻느냐 또는 재차 다시 얻느냐의 문제가 아니라(그는 하나님과의 동등됨을 항상 가지고 있었고 잃어버린 적이 없다), 하나님의 종말론적 주권을 실행에 옮기는 기능을 얻는 문제였다. 그는 하나님의 고유한 주권을 행사함과 동시에 하나님의 고유한 이름인 신성사문자(YHWH)를 지니고 있을 뿐 아니라 모든 피조물의 경배를 받는다. 그가 그의 하나님과의 동등됨을 하나님을 순종적으로 섬기는 인간의 삶으로 나타내보이셨기 때문에 그의 하나님 주권 행사 또한 그의 아버지의 신성과 경쟁하는 것이 아니라 그의 아버지께 영광을 돌리는 것이었다(11절). 이것이 바로 오직 한 분이신 하나님이 그의 모든 피조물에게 자신의 정체성을 드러내고 자신이 하나님이심을 인정받는 길이다.

이러한 기본적인 석의에 살을 붙이기 위해 나는 세 가지를 추가적으로 주장할 것이다. 첫째, 이 텍스트에서는 제2이사야에 대한 심오한 해석이 이루어지고 있다. 우리는 10-11절이 이사야 45장을 암시하고 있다는 사실을 이미 논증한 바 있다. 비록 이에 대한 온전한 의미가 언제나 긍정적으로 평가받고 있지는 않지만, 보편적으로 모두가 이에 동의한다. 하지만 더 많은 논쟁의 여지가 있는 것은 7-9절이 과연 이사야 52-53장을 암시하느냐의 여부이지만, 나는 이 둘 사이의 어구적 연관성이 그러한 암시를 상정하기에 충분하다고 생각한다.[64] 가장 중요한 연관성은 다음과 같다.

빌립보서 2:6-11	이사야 52-53장, 45장
6 그는 근본 하나님의 본체시나 하나님과 동등됨을 취할 것으로 여기지 아니하시고	
7 오히려 **자기를 비워** 종의 **형체**를 가지사 사람들과 **같이** 되셨고 8 사람의 **모양**으로 나타나사	53:12 그가 자기 영혼을 버려 (52:14; 53:2 모양…모습)
자기를 **낮추시고** **죽기까지** 복종하셨으니 곧 십자가에 죽으심이라.	53:7 (그가 곤욕을 당하여) 53:12 …사망에 이르게 하며
9 **이러므로** 하나님이 **그를 지극히 높여** 모든 이름 위에 뛰어난 이름을 주사	53:12 그러므로… 52:53 내 종이…받들어 높이 들려서 지극히 존귀하게 되리라.
10 하늘에 있는 자들과 땅에 있는 자들과 땅 아래에 있는 자들로 **모든 무릎을 예수의 이름에 꿇게 하시고**	45:22-23 땅의 모든 끝이여 내게로 돌이켜 구원을 받으라. 나는 하나님이라. 다른 이가 없느니라.
11 **모든 입으로** 예수 그리스도를 주라 **시인하여** 하나님 아버지께 영광을 돌리게 하셨느니라.	23 내가 나를 두고 맹세하기를 내 입에서 공의로운 말이 나갔은즉 돌아오지 아니하나니 "내게 모든 무릎이 꿇겠고 모든 혀가 맹세하리라" 하였노라.

---

64 참조. L. Cerfaux, "Hymne au Christ-Serviteur de Dieu (Phil., II, 6-11= Is., Lll, 13-LIII, 12):" in *Receuil Lucien Cerfaux: Études d'Exégèse et d'Histoire Religieuse* (BETL 6-7; Gembloux: Duculot, 1954), 2:425-37.

그러나 바울이 여기서 이사야 53장의 고난받는 종을 염두에 두고 있다고 보는 이들조차도 제대로 주목하지 못했던 부분은 바로 이사야 52-53장에 대한 암시와 이사야 45장에 대한 암시가 서로 일치하는 방식이다. 바울은 제2이사야서를 주의 종의 고난, 비하, 죽음, 승귀가 유일하신 참 하나님의 주권을 모든 열방이 인정하게 되는 길을 의미하는 것으로 해석한다.

이사야 53장의 핵심 구절은 바로 이 단락을 마무리하는 12절이다. "**그러므로** 내가 그에게 존귀한 자와 함께 몫을 받게 하며…**이는**(because) 그가 자기 영혼을 버려 사망에 이르게 하며…." 예언자는 주의 종이 자기 자신을 낮추었기 **때문에, 그러므로** 하나님이 그를 높이셨다고 말한다. 이것이 바로 빌립보서 텍스트의 메시지이며 구조다. 7-8절은 이사야 53:12에 나오는 두 절 중 하반절("이는 그가 자기 영혼을 버려 사망에 이르게 하며")에 대한 바울의 주해다. 바울은 이 절이 죽음으로 끝나는 주의 종의 자기희생과 자기비하의 전 과정을 요약하는 것으로 이해했고, 따라서 그는 "자기를 비워"(이 구문은 바울의 그리스어 문장에서 이사야의 히브리어 원문에 대한 문자적 번역이다[65])와 "사망에" 사이에 추가 설명을 삽입함으로써 이 절을 확대한다. 자신을 비우는 행위는 섬김과 순종을 통해 자기 자신을 포기하는 것인데, 이는 성육신으로 시작해서 가차 없이 죽음에 이르게 한다. 바울은 (이사야서의) "죽음"이란 단어에 "십자가에 죽음"이란 어구를 덧붙이는데, 이는 그 죽음의 형태가 이미 이사야 53장에서 묘사된 바와 같이 자기비하로 끝나는 수치스러운 결말이었음을 나타내기 위함이다. 그러나 이사야는 주의 종이 자기 자신을 비웠기 때문에 하나님께서 그를 높여주

---

65   J. Jeremias, "Zu Phil. 2,7: EAYTON EKENΩΣEN," *NovT* 6 (1963): 182-8.

실 것("내가 그에게 존귀한 자와 함께 몫을 받게 하며")이라고 말한다. 그런데 이 주제는 이사야서의 텍스트 첫머리에서 이미 선포된 것이다. "내 종이 형통하리니 받들어 높이 들려서 지극히 존귀하게 되리라"(52:13). 바울은 이 절을 9절에서 반향하고("이러므로 하나님이 그를 지극히 높여"), 우리가 이미 논의한 방식(주의 종이 하나님의 보좌에까지 높임을 받았음을 의미하는 방식)으로 이해하면서 그가 하나님의 이름을 수여받았다고 덧붙인다. 이사야 45장에 의하면 이렇게 하나님의 보좌까지 높임을 받은 종은 땅 끝으로부터 그의 독특한 신적 정체성을 인정받는다.

둘째, 이 텍스트의 핵심 주제는 높은 지위와 낮은 지위 간의 관계와 섬김과 주되심 간의 관계를 다룬다. 확실히 하나님의 독특한 정체성("하나님과 동등됨")에 속한 분이 인간이 되긴 했지만, 문제는 신성과 인성의 대비에 있지 않다. 여기서는 어떻게 무한하신 하나님이 유한한 피조물이 될 수 있는가, 전지전능하시고 편재하신 하나님이 어떻게 인간의 한계를 지닐 수 있는가, 불멸의 하나님이 어떻게 죽을 수 있는가가 문제의 핵심이 아니다. 이러한 질문은 교부시대에서도 그랬던 것처럼 신성과 인성 간의 대조가 표면화될 때 제기된다. 빌립보서 2장에서 제기되는 문제는 오히려 지위에 관한 문제다. 과연 하늘의 높은 곳, 즉 모든 피조물보다 높은 보좌에 거하시는 이가 단순히 인간의 수준으로 내려오시는 것을 넘어 심지어 십자가상에서의 죽음을 맞이하는 궁극적인 격하의 단계에까지 내려갈 수 있는가? 과연 그는 십자가상에서 인생이 끝나는, 불명예와 모든 지위 상실을 의미하는 종의 형체를 위해 하늘 궁전에서 신적 지위를 나타내는 영예와 영광, 즉 하나님의 본체를 포기할 수 있는가? 8절이 말하는 자기비하와 순종은 단순히 어떤 윤리적인 태도가 아니라 지위를 거부하고, 종이라는 하찮은 지위를 받아들이고, 자발적으로 하늘 보좌를 떠나 가장 먼

예수와 이스라엘의 하나님

곳까지 내려오는 것을 의미한다(그는 다시 그곳으로 높임을 받는데, 바울은 여기서 "이러므로"라는 접속사를 사용한다). 이것은 신성과 인성이라는 두 본성의 대조가 아니라, 하나님을 우주적 제왕으로 묘사하는 1세기 유대교 신학에서 찾아볼 수 있는 훨씬 더 강력한 대조에 속한다. 과연 예수 그리스도의 십자가는 실제로 이 하나님의 정체성 안에 포함될 수 있을까?

과연 주(主)는 종이 될 수도 있는가? 제2이사야와 그리스도 사건에 영감을 받은 이 텍스트는 이렇게 대답한다. 오직 주의 종만이 주(主)가 될 수 있다.

셋째, 이 텍스트는 하나님의 정체성에 대한 기독론적 진술에 해당한다. 하나님의 고유한 주권에 참여하는 그리스도의 승귀는 그가 하나님의 독특한 정체성 안에 포함되었음을 보여준다. 그러나 높임을 받으신 그리스도는 먼저 수치를 당하신 그리스도이기 때문에, 그리고 실제로 그가 높임을 받으신 것도 바로 자기희생**으로 말미암았기** 때문에 그의 비하 역시 그의 승귀와 마찬가지로 하나님의 정체성 안에 포함된다. 하나님의 정체성(하나님은 누구신가)은 그의 승귀와 통치에서만큼이나 자기비하와 섬김에서도 많이 드러난다. 높은 곳에 계신 하나님은 또한 낮아지실 수 있다. 왜냐하면 하나님은 자기 자신의 이익을 추구하지 않고 자기 자신을 내어주실 때 비로소 진정한 하나님이 되시기 때문이다. 비하와 섬김 가운데 자기 자신을 내어주는 희생은 만물을 다스리는 그의 통치도 자기희생의 한 형태임을 보증한다. 오직 주의 종만이 주(主)가 될 수 있다. 오직 주(主)도 되시는 종만이 온 피조물로부터 그의 주되심(그의 고유한 신성을 인정받는 것)을 인정받는다.

3.4.2. 요한계시록

이제 우리는 요한계시록을 살펴볼 터인데, 이 책은 예수의 비하 및 승귀와 관련하여 이사야 40-50장을 해석하는 신약의 세 가지 예 중 두 번째에 해당한다. 요한계시록 4장은 다른 많은 묵시문학에서처럼 만물을 창조하신 분이 좌정해 계신 하늘의 커다란 보좌를 묘사한다. 요한계시록의 나머지 부분은 현재 다툼이 일고 있는 피조물에 대한 종말론적 주권을 획득하기 위한 하나님의 목적을 드러낸다. 하늘에 있는 하나님의 보좌에 관한 환상이 계속 이어지는 5장은 이 목적이 어떻게 실천되고 또 그 결과(모든 피조물이 온 창조세계에서 하나님을 예배함)는 어떠한지를 예기적으로 보여준다. 이 장면은 빌립보서 2장과도 매우 유사하다. 요한은 하나님의 보좌 위에 앉으신 승귀하신 그리스도를 본다. 그가 본 환상에서 그리스도는 마치 도살당한 것처럼 서 있는 어린양으로 묘사된다. 이 어린양은 4장에서 하나님이 받았던 것과 똑같이 하늘의 수많은 수행원들의 경배를 받지만, 이제 그 경배하는 이들의 모임은 하늘과 땅 위와 땅 아래와 바다에 있는 모든 피조물이 "보좌에 앉으신 이와 어린양"(13절)을 경배할 수 있을 만큼 커진다. 따라서 온 우주가 하나님을 전적으로 인정하게 만드는 것은 바로 이 도살당한 어린양의 즉위, 곧 그의 신적 주권 행사다. 이 어린양은 분명히 유월절 어린양이며, 이 책의 가장 대표적인 이미지 중 하나인 새 출애굽이라는 종말론적 구원의 이미지에 해당한다. 그러나 마치 도살당한 것처럼 서 있는 어린양의 그림은 또한 이사야 53:7을 암시한다. 새 출애굽을 강조하는 제2이사야의 문맥에서 어린양으로 그려지는 주의 종의 모습은 이제 새 출애굽에서 주의 종이 쉽게 유월절 어린양의 역할을 하게 만든다. 따라서 비록 요한계시록이 그리스도의 승귀로부터 장차 그가 재림하실 때 하나님의 주권(lordship)을 다시 성취하실 그때를 고대하는 데 많은 관심을 가지고 있지만, 여전히 이 책은 우주의 보좌 위에 앉아 있는 도살당한 어린양의 이미지를 가지고 하나님의 정체성과 통치에 관해 이야기하는 빌립보서 2장의 취지와 본질적으로 동일한 주장을 펼친다. 그리스도의 희생적 죽음은 그의 즉위 및 그의 재림과 마찬가지로 하나님의 정체성 안에 포함되며, 그가 하나님의 주권을 행사한다는 사실은 심지어 그가 죽음에 이르러 하나님의 진리를 증언한 자로 알려지기 이전에는 온전히 이해되지 못했다. 요한계시록의 그리스도는 오직 도살당한 어린양으로서만 처음이자 마지막, 알파와 오메가다.[66] 다시 말하지만, 지상의 예수와 그의 죽음이 하나님의 정체성 안에 포함되었다는 것은 십자가가 하나님이 누구신지를 드러낸다는 것을 의미한다.

3.4.3. 요한복음

이제 이사야 40-55장에 대한 초기 기독교의 해석에 관한 논의를 마무리하는 차원에서 우리는 다시 요한복음으로 되돌아가고자 한다. 우리는 앞에서 이미 어떻게 요한이 제2이사야에 나타난 하나님의 중대한 유일신론적 자기선언("내가 그다")을 일곱 개로 이루어진 일련의 절대적인 "나는 ~이다"라는 진술로서 예수의 입술에 두었는지를 살펴보았다. 우리는 이제 요한이 예수 안에서 하나님의 독특한 정체성이 널리 드러나게 된 것과 예수의 비하와 수난을 서로 어떻게 연결시키는지를 살펴보아야 한다. 제2이사야에 대한 요한의 해석을 통해 이 주제에 접근한다면 우리는 이미 많은 논쟁의 대상이 되었던 요한복음의 십자가를 새로운 각도에서 이해할 수 있는 계기를 얻게 될 것이다.

---

66   참조. Bauckham, *Theology*, 64, 70-1.

이사야서의 고난받는 주의 종에 관한 도입 구절(사 52:13)은 다음과 같다.

보라! 내 종이 형통하리니,
받들어 높이 들려서 지극히 존귀하게 되리라.

한편 70인역의 그리스어역본은 다음과 같다.

보라! 나의 종은 이해할 것이며,
그는 **높임을 받을 것이며**(*hypsōthēsetai*) 크게 **영광을 받을 것이다**
(*doxasthēsetai*).

고난받는 종에 관한 본문을 읽는 대다수의 독자들은, 빌립보서 2장의 바울과 신약의 다른 저자들을 포함하여, 이 첫 번째 구절을 이 단락이 계속해서 묘사할 주의 종의 비하와 고난과 죽음에 이어 그의 승귀에 관한 예기적인 진술로 간주한다. 이사야 52:13은 이 단락 말미(53:12)에 가서야 선포될 주의 종의 승귀에 관한 내용을 미리 앞당겨 선포한다. 나는 요한이 이 구절을 다르게 해석했다고 믿는다. 그는 이 구절을 이 단락 전체의 주제를 요약하는 진술로 이해했다. 다시 말하면 이 구절이 말하고 있는 주의 종의 승귀는 53장이 묘사하는 비하, 고난, 죽음, 죽음 이후의 신원(伸冤, 옳다 인정받음, vindication)으로 이루어진 전 과정을 모두 아우른다. 주의 종은 그의 비하와 고난 가운데, 그리고 그것들을 통해 높임을 받고 영화롭게 된다. 이것이 십자가를 예수의 승귀와 영화로 이해하는 요한의 심오한 신학적 해석의 석의적 원천이다.

요한복음에서는 예수가 십자가를 장차 다가올 자신의 운명으로 언급하는 방식이 크게 두 가지로 나타난다. 이 두 가지 방식은 모두 내러티브 문맥 안에서는 상당히 수수께끼와도 같다. 하지만 지각 능력이 뛰어난 독자에게는 이 두 가지가 모두 신학적으로 상당한 호소력을 갖는다. 이 두 가지는 각각 이사야 52:13의 70인역에서 주의 종의 승귀를 묘사하는 두 개의 동사, '휩소오'(hypsoō, "들어 올리다", "높이 올리다", "높이다")와 '독사조'(doxazō, "영광을 돌리다", "영화롭게 하다") 중 하나를 사용한다. 우리는 이 두 가지를 차례로 검토할 것이다.

인자의 거부와 죽음을 구체적으로 상술하는 내용과 이사야 53장에 대한 개연적 언급을 통해 인자가 짊어져야 할 예언자적 운명을 제시하는 내용과 함께 인자가 고난을 받아야만 한다고 서술하는 공관복음의 수난예고 대신,[67] 요한복음은 인자가 "들려야"(hypsoō) 한다고 말하는 세 개의 수난예고를 포함하고 있다.

모세가 광야에서 뱀을 든(hypsōsen) 것 같이 인자도 들려야 하리니(hypsōsen), 이는 그를 믿는 자마다 영생을 얻게 하려 하심이니라(요 3:14-15).

이에 예수께서 이르시되 "너희가 인자를 든(hypsōsēte) 후에 내가 그인 줄을 알고, 또 내가 스스로 아무것도 하지 아니하고, 오직 아버지께서 가르치신 대로 이런 것을 말하는 줄도 알리라"(요 8:28).

---

67   마 16:21; 17:23; 20:19; 막 8:31; 9:31; 10:33-34; 눅 9:22; 18:33.

"내가 땅에서 들리면(hypsōthō) 모든 사람을 내게로 이끌겠노라" 하시니 이렇게 말씀하심은 자기가 어떠한 죽음으로 죽을 것을 보이심이러라. 이에 무리가 대답하되 "우리는 율법에서 그리스도가 영원히 계신다 함을 들었거늘, 너는 어찌하여 인자가 들려야(hypsōthēnai) 하리라 하느냐? 이 인자는 누구냐?"(요 12:32-34)

공관복음의 수난예고와 비교하면 이 요한복음 진술의 고난받는 종에 대한 암시는 보다 더 직접적이고, 그 특유의 간결함("들리다"라는 한 단어)에 있어서도 의도적으로 수수께끼 같다. 이러한 요한복음의 수수께끼들은 독자로 하여금 신학적 깨우침으로 나아가도록 돕는다. 여기서 가장 중요한 핵심은 단어의 이중적 의미다. 이 단어는 문자적으로는 예수를 지상에서 들어 올린다는 의미에서 십자가의 처형을 가리키고(12:33이 분명히 밝혀주듯이), 또 비유적으로는 예수가 우주에 대한 신적 통치를 행사하는 지위로 승귀하셨다는 의미에서 동일한 사건을 가리킨다. 십자가는 이미 그의 승귀를 의미한다. 문자 그대로 지상에서 들려진다는 의미에서 이 사건의 물리적 성격은 신적 통치의 장소인 하늘을 향해 올라가는 결정적인 이동으로서 이 사건의 신학적 성격을 상징적으로 보여준다. 예수를 십자가에 못 박은 이들은 수치를 불러일으키기 위해 의도적으로 모든 사람이 볼 수 있도록 문자적으로 예수를 들어 올렸지만, 요한복음의 독자들은 제2이사야의 눈을 통해 이 사건이 바로 예수가 자신의 신적 정체성을 모든 이들에게 알리고, 또 그들을 자신에게로 이끄는 사건이었음을 보게 된다(12:32). 하지만 제2이사야의 유일신론의 관점에서 볼 때 이 사건의 온전한 의미는 오직 우리가 요한복음 8:28에서 이사야 52:13에 대한 암시(인자의 들림)와 "내가 그다"라는 하나님의 자기선언(이것 또한 제2이사야에서 온 것임)이 서로 결합된 것임을 확인할 때에만—하지만 지금까지 거의 누구도 하지 못한—깨달을 수 있다. 이 진술은 인자의 들림에 관한 세 개의 진술 중 가장 핵심적인 진술이며(3:14-15; 8:28; 12:32-34), "나는 ~이다"라는 7개의 절대적인 진술 중에서 가장 핵심적인 진술이다.[68] 이 진술은 의도적으로 이 두 세트의 진술을 서로 신학적으로 연관시킨다. 예수가 높이 들릴 때, 그러니까 수난 가운데 십자가에 높이 들릴 **때**, 그의 특특한 신적 정체성("내가 그다")이 **비로소** 모든 사람이 볼 수 있도록 드러난다. 제2이사야의 소망은 참된 한 분 하나님이 자신의 신성을 온 세계에 널리 보여주심으로써 모든 땅의 끝이 그에게로 돌아와 구원을 받는 것인데, 이 소망은 하나님의 정체성이 예수의 죽음 안에서 드러날 때 비로소 성취된다. 인자에 관한 이 세 말씀은 단순히 반복을 통해서가 아니라 서로 보완하는 가운데 다음과 같은 포괄적인 주장을 펼친다. 즉 십자가는 예수 안에 있는 하나님의 정체성을 드러내며(8:28), 모든 사람들은 이를 통해 구원을 위해(3:14-15) 그분께로 나오게 된다(12:32).

예수의 죽음을 그의 영화로 표현하는 말씀들(다른 몇몇 말씀들과 더불어 인자에 관한 다른 두 말씀)은 이사야 52:13로부터 두 번째 핵심 동사(*doxazō*)를 취하고, 인자의 들림을 가리키는 말씀들과 동일한 주장을 다소 다른 방식으로 전개해나간다.

인자가 영광을 얻을(*doxasthē*) 때가 왔도다(12:23).

지금 인자가 영광을 받았고, 하나님도 인자로 말미암아 영광을 받으

---

68   요 4:26; 6:20; 8:24, 26, 58; 13:19; 18:5-8.

셨도다(edoxasthē). 만일 하나님이 그로 말미암아 영광을 받으셨으면 (edoxasthē), 하나님도 자기로 말미암아 그에게 영광을 주시리니(doxasei) 곧 주시리라(13:31-32).

이 동사(doxazō)는 "영광을 주다"를 의미할 수 있으며, 이 의미는 요한복음이 말하는 동일한 십자가의 역설을 가리킨다. 예수의 비하가 동시에 그의 승귀인 것과 마찬가지로, 그가 이러한 특정한 형태의 수치스러운 죽음을 통해 거부와 수치와 치욕을 당한 것도 역설적으로는 하나님께로부터 영광을 받는 것이다. 이 영광 안에서 예수도 하나님께 영광을 돌리고 하나님도 그 안에서 영광을 받으신다. 그러나 요한이 사용한 이 동사는 "영광을 주다" 이상의 의미를 지니고 있다. 이 동사는 다른 신약 텍스트에서 하나님의 주권을 행사하는 승귀하신 그리스도와 연관된 하늘의 광채(영광)와 관련이 있다. 요한복음도 서문에서 "우리가 그의 영광을 보니 아버지의 독생자의 영광이요"(1:14)라고 말할 때 하나님의 모습, 하나님의 본성의 계시인 그 영광(하늘의 광채)을 크게 부각시킨다. 이 영광은 하나님이 누구신지를 가시적으로 보여주며, 이는 (마치) 아버지를 꼭 닮은 아들인 예수의 지상의 삶에서 나타난다. 이 영광은 예수가 행한 기적에서 나타나며, 그 기적들은 그의 영광을 드러내며 마침내 하나님의 정체성이 하늘에서처럼 이 땅에서도 나타날 때, 즉 그가 영화롭게 될 때에 비로소 가장 극명하게 나타난다. 물론 "인자가 영광을 받는다"는 표현이 문자적으로 "그가 하나님의 영광을 드러낸다"라는 의미를 지닐 수 있는 것은 아니다. 이것은 언어유희로서, 주의 종의 영화(사 52:13)와 제2이사야의 주제인 주(主)의 영광의 계시를 서로 연결시키는 역할을 한다.

여호와의 영광이 나타나고,

모든 육체가 그것을 함께 보리라(사 40:5).

이 세상을 향한 하나님의 영광의 이러한 종말론적 현현(하나님이 누구신지에 대한 계시)은 바로 예수의 죽음에서 나타난다.

이 두 세트의 말씀(십자가를 예수의 들림으로 지칭하는 말씀과 십자가를 그의 영화로 지칭하는 말씀) 안에서 하나님의 정체성은 예수의 죽음이라는 역설에서 드러난다. 즉 이 역설은 신적 실재(divine reality)에서는 그의 승귀인 그의 비하에서, 신적 실재에서는 그의 영광인 그의 수치에서 드러난다. 어떤 의미에서 이것은 빌립보서 2:6-11의 주제를 한층 강화시킨 것이다. 거기서 하나님의 정체성은 먼저 십자가에서 궁극적인 비하에 이르기까지 자기 자신을 내어드린 후 가장 높은 위치에까지 높임을 받으신 분 안에서, 즉 이러한 비하와 승귀라는 연속성 안에서 드러난다. 승귀의 의미를 완전히 바꾸어버리는 빌립보서의 역설은 바로 가장 낮은 곳까지 자기 자신을 비하하신 분이 **그 결과로** 가장 높은 곳으로 높임을 받았다는 것이다. 그러나 요한복음에서는 이 역설이 한층 더 강화된다. 즉 예수의 자기비하는 실제로 하나님에 의해 높임을 받은 그의 승귀라는 것이다. 이와 동일한 모습이 주와 종의 대비에서도 나타나는데, 이것이 빌립보서 2장에서는 순차적으로 일어난다. 종의 모습으로 죽음에 이르기까지 순종하신 분이 그 결과로 전 우주적 주권을 행사하는 주(主)로 높임을 받으신다. 예수는 순차적으로 종이자 주님이시다. 하지만 요한복음의 수난 내러티브 전체는 이러한 주와 종 되심이라는 두 개의 주제를 서로 융합시킨다. 예수는 겸손하신 왕(예루살렘 입성 때)이며 치욕을 당하신 왕(빌라도 앞에서와 십자가상에서)이자 죽임을 당하신 왕(그의 왕적 매장)이시다. 예수는 자신이 제자들의 발을 씻으시면서(오직 종들에게만 부여되는 아주 천한 일) 죽음의 의미를 몸소 실천하신 섬기는 주님이시다. 그의 왕권(kingship)은 죽음에 이르기까지 자기 자신을 비하하는 섬김에서 나온다. 그가 자신의 치욕 가운데 높임을 받고 자신의 불명예 가운데 영광을 받으신 것처럼, 그는 또한 종 되심 가운데 통치하신다. 이로써 그는 하나님이 누구신지를 드러내신다. 즉 하나님의 주권과 영광 가운데 하나님이 되신다는 것이 무엇을 의미하는지가 섬기시는 분의 자기비하에서 나타난다. 다시 한번 요한복음의 서문은 "은혜"라는 단어를 사용하여 이 의미를 이해하는 데 필요한 강령적인 열쇠를 제공한다(1:14, 17). 하나님은 자비로운 자기희생(self-giving)을 통해 자신의 하나님 되심을 드러내기 때문에, 하나님의 정체성은 자신의 아들이 죽음에까지 이르는 사랑의 섬김과 자기희생에서 나타난다. 하나님은 자비로운 자기희생을 통해 자신의 하나님 되심을 드러내기 때문에, 하나님의 정체성은 단순히 드러나는 것이 아니라 그의 아들의 섬김과 자기비하가 이루어내는, 온 세상을 구원하는 사건을 통해 구현된다고 말할 수 있다.

3.5. 이사야 40-55장에 관한 기독교 해석의 세 가지 예에서 하나님의 정체성을 드러내는 예수의 비하와 승귀: 요약

우리는 지금까지 우리의 연구를 통해 십자가에 못 박히신 예수가 하나님의 정체성 안에 포함된다는 사실을 제시한 신약의 세 가지 증언을 간략히 요약하고자 한다. 이 연구에서 하나님은 인간의 가장 비참한 상태까지 내려가는 급진적인 자기희생을 통해, 그리고 인간적 순종과 수치와 고난과 죽음을 통해 자신이 진정 하나님 되심을 보여주신다. 그는 하늘 보좌 위에서 영광 가운데 온 우주를 통치하시는 진정한 하나님임에도 불구하고 말이다. 하나님은 하늘의 영광 속에서만 나타나시고 십자가의 인간적 수모 가운데서는 감추어져 계신 분이 아니다. 후자는 전자 못지않게 하나님이 누구신지를 알게 한다. 하나님의 정체성은 승귀와 비하의 급진적인 대비와 결합을 통해 드러난다. 이 하나님은 만물의 창조주로서뿐만 아니라 예수의 인간적 삶 가운데서도 자신이 참 하나님이심을 드러내신다. 이 하나님은 만물의 주권자로서뿐만 아니라 예수의 인간적 순종과 섬김 가운데서도 자신이 참 하나님이심을 드러내신다. 이 하나님은 십자가의 비참한 치욕 가운데서도 자신이 초월적인 위엄을 지니신 참 하나님이심을 드러내신다. 이것은 서로 모순이 되지 않는다. 왜냐하면 하나님은 자신의 성육신과 죽음에서만큼이나 자신의 만물 창조 및 통치에서도 자기 자신을 내어주시는 사랑이기 때문이다. 비하와 승귀의 급진적인 대비야말로 자기 자신을 전적으로 내어주시는 사랑 안에서 하나님이 누구신지를 진정으로 드러내 보이시는 계시다. 그는 오직 섬기는 자로서만 다스리신다. 그는 오직 낮은 자들 가운데서 가장 낮은 자들과 함께 하시는 이로서만 모든 것 위에 높이 계신다. 바로 이것이 빌립보서 2장의 "이러므로"의 의미다(예수가 가장 낮은 위치에까지 자신을 낮추었기 **때문에, 그 결과** 그는 가장 높은 위치에까지 높임을 받으셨다). 이것이 요한계시록 5장에서 도살당한 어린양이 하나님의 하늘 보좌 위에 서 있는 것이 의미하는 바다. 이것이 바로 예수가 십자가상에서 높임을 받고 영광을 받으셨다는 요한의 역설이 의미하는 바다.

　　마지막으로, 우리가 다음 단계로 넘어가기 이전에 한 가지 짚고 넘어가야 할 것이 있다. 신약 저자들은 하나님의 정체성이 십자가에서 드러난 것을 예수의 삶과 죽음이 단지 하나님에 관한 보편적 진리를 보여주는 하나의 예증(例證, illustration)에 불과하다고, 다시 말하면 예수가 하나님은 언제나 이러한 분이라는 사실을 계시하신다고 보지 않았다. 우리가 곧 살펴보겠지만, 어떤 의미에서 이것은 이미 이스라엘에게 알려져 있던 사실이다. 예수의 이야기는 단순히 하나님의 정체성을 보여주는 하나의 예증이 아니다. 예수 자신과 그의 이야기는 이미 하나님의 정체성에 내포되어 있다. 예수의 역사, 즉 그의 비하와 승귀는 하나님의 자기희생(self-giving)이라는 매우 독특한 행위이며, 그 행위 안에서 그는 세상을 구원하시는 사역을 성취함으로써 세상에 자신의 신성을 보여주신다. 요한복음 서문에 의하면 예수 그리스도를 통해 은혜와 진리가 **나타났고**(하나님의 자기희생이 현실에서 온전히 일어났다), 이로써 아무도 아직 보지 못했던 하나님의 영광이 드러났다(요 1:14-18). 하나님은 이러한 자기희생이라는 행위를 자기 자신을 가장 진실되게 드러내시고 세상을 향해 자기 자신을 드러내신다.

3.6. 십자가에 달리신 하나님과 이스라엘의 하나님: 참신성과 일관성

이제는 지금까지 논의한 내용의 결론을 우리의 출발점, 즉 히브리 성서에 계시된 이스라엘의 하나님의 정체성과 연결시킬 차례다. 만약 예수가 하나님이 누구신지를 계시한다면, 그리고 하나님의 정체성이 십자가에 달리신 하나님이라면, 이 계시가 어떻게 이스라엘의 하나님과 관련되는가? 이 하나님은 동일한 하나님이신가? 예수 안에서 드러난 하나님의 정체성은 구약에서 계시된 그의 정체성과 일치하는가? 예수 안에서의 그의 정체성 계시는 이미 이스라엘에게 온전히 알려진 그의 정체성을 보편적으로 세상에 드러낸 계시에 불과한가? 아니면 그의 정체성은 예수 안에서 더 온전히 드러난 것인가?

이러한 질문에 답하기 위해 우리는 내가 성서 시대와 그 이후의 이스라엘이 자신들의 하나님의 정체성을 어떻게 이해했는지를 설명한 제 1단원의 내용을 상기할 필요가 있다. 나는 거기서 하나님의 정체성이 지닌 두 가지 특징(하나님의 창조 및 통치 사역)을 따로 구분하여 이 두 특징에 입각하여 첫 두 단원에서 나의 나머지 논증을 개진했다. 내가 이 두 가지 특징을 부각시킨 이유는 유대인들이 바로 이 한 분 하나님의 독특성을 그분이 만물의 창조주이자 주권자라는 사실에서 찾았기 때문이다. 이것들은 하나님과 다른 모든 실재를 가장 확실하게 구별하고 하나님을 유일하신 창조주와 통치자로서 다른 모든 만물과 관계하시는 유일무이하신 분으로 밝혀주는 하나님의 정체성의 가장 두드러지는 두 가지 특징이다. 따라서 이 특징들은 또한 신약 저자들이 예수를 하나님의 독특한 정체성 안에 포함시킨 사실을 가장 분명하게 보여주는 역할을 수행한다. 비록 이 두 특징은 하나님과 다른 모든 실재를 서로 가장 확실하게 구별하는 역할을 수행하긴 하지만, 결코 하나님과 그의 창조세계와의 관계를 충분히 특징짓지 못할 뿐 아니라, 하나님이 자기계시를 통해 이스라엘에게 자신을 드러내신 것만큼 하나님을 충분히 드러내지 못한다. 이스라엘은 이외에도 하나님의 정체성에 관해 할 말이 많았다. 이와 관련하여 나는 제1단원에서 하나님과 그의 언약 백성의 관계와 관련된 두 가지 핵심 주장을 펼쳤다. 첫째, 하나님은 이스라엘 역사에서, 특히 출애굽 사건에서 자신의 행위를 통해 자신을 드러내셨다. 둘째, 하나님은 모세에게 말씀하신 자신의 성품 묘사를 통해 자신을 드러내신다. "자비롭고 은혜롭고 노하기를 더디 하고 인자와 진실이 많은 하나님이라"(출 34:6). 이스라엘의 역사에서 드러난 하나님의 행위와 그분의 성품 묘사는 하나님을 자기 백성에게 은혜롭게 행하시는 분으로 나타내며 이스라엘로 하여금 하나님이 누구신지 규정할 수 있도록 돕는다.

그런데 이러한 분으로 밝혀지신 하나님은 바로 이 정체성에 기초하여 앞으로도 이미 알려진 자신의 정체성에 부합하는 방식으로 다시 행하시리라는 기대가 있었다. 따라서 제2이사야는 초기 그리스도인들에게 특히 중요한 방식으로 첫 번째 출애굽의 모형을 따르면서도 이를 크게 초월하는 새로운 출애굽 사건을 고대한다. 하나님은 이스라엘과 온 땅에 자신의 신성을 나타내시고, 이스라엘뿐 아니라 모든 민족의 구원을 위해 행하실 것이다. 제2이사야의 하나님이 출애굽을 인도하신 언약의 하나님일 뿐 아니라 만물의 창조주요 통치자이신 것은 결코 우연이 아니다. 종말론적 출애굽 사건에서도 그는 자기 백성 이스라엘의 은혜로운 하나님으로서의 정체성에 부합하는 방식으로 모든 민족의 하나님, 만물의 통치자와 구원자가 되심을 증명하실 것이다. 그가 이스라엘과 세상의 구원을 위해 은혜롭게 행하실 바로 그때 비로소 모든 이들이 만물의 창조주이자 통치자로서의 그의 유일무이하심을 보편적으로 시인하게 될 것이다.

결과적으로, 이 새 출애굽을 경험한 초기 그리스도인들에게 있어 하나님의 행위를 서술하는 새로운 내러티브는 그의 정체성을 드러내는 데 결정적인 역할을 한다. 이스라엘이 자신들과 함께하신 하나님의 역사 이야기를 전함으로써 그 하나님을 자신들을 이집트로부터 이끌어내신 하나님으로 인식한 것처럼, 신약도 그 하나님을 예수 그리스도의 하나님으로 드러내고 예수의 이야기를 이 세상을 구원하는 이야기로 전함으로써 하나님을 예수 그리스도의 하나님으로 인식한다. 이 새로운 이야기는 이미 알려진 이스라엘의 하나님의 정체성에 부합하지만, 이제는 그가 최종적으로 그리고 우주적으로 예수 그리스도 안에서 모두를 구원하시는 은혜로운 구세주가 되신 만물의 창조주요 통치자로 드러나신다는 점에서는 새롭다고 할 수 있다. 지금까지 새로운 것이라고 할 수 있는 부분은 이스라엘에게 알려진 하나님에 관해 이미 예상할 수 있었던 것들이었다. 하지만 예기치 못했기 때문에 보다 무언가 더 근본적으로 새로운 것은 없을까? 초기 그리스도인들이 치욕을 당한 후 높임을 받은 인간 예수를 하나님의 정체성 안에 포함시켰을 때, 그들이 빌립보서 2:6-11의 요약된 형태로든 혹은 요한복음의 길고 상세한 형태로든 예수의 이야기를 하나님의 인간적 순종과 겸손과 비하와 죽음의 이야기로 전했을 때 그들은 하나님의 정체성에 관해 근본적으로 무언가 새로운 것을 말하고 있었던 것은 아닐까? 만약 그렇다면 우리는 이 새로운 정체성이 이미 알려진 이스라엘의 하나님의 정체성과 일치하는지 여부의 문제를 제기해야 한다. 이와 관련하여 한 가지 중요한 점을 지적한다면 그것은 바로 이스라엘의 하나님의 정체성이 뜻밖의 일과 예기치 못했던 것을 내포할 수 있음을 결코 배제하지 않는다는 것이다. 오히려 이와는 정반대로, 하나님께서는 인간의 모든 기대, 심지어 이미 드러난 그의 정체성에 기초한 기대라 할지라도 그로부터 자유하기를 요구하시듯이, 이것은 전적으로 하나님의 자유다. 하나님은 새롭고 놀라운 방식으로 행동하실 수 있다. 그는 이러한 방식을 통해 자기 자신이 그의 계시된 정체성에 부합하는, 동일한 하나님임을 보여줄 수도 있지만, 또한 예기치 못한 방법을 동원하실 수도 있다. 하나님은 자유롭게 행하시며 또한 신실하신 분이시다. 그는 변덕스러운 분도 아니지만, 예측 가능하신 분도 아니다. 그는 자신의 성품에 부합하는 신뢰할 만한 분이지만, 또한 자신의 성품에 부합하는 방식으로 우리를 놀라게 하실 수도 있다. 이러한 일관된 행동은 시간이 지나서 사후(事後)에야(with hindsight) 비로소 제대로 평가될 수 있다.

그렇다면 여기서 한 가지 중요한 질문이 제기된다. 초기 그리스도인들은 과연 어떻게 이러한 새로운 이해 속에서 일관된 깨달음을 얻을 수 있었을까? 만약 십자가에 달리신 하나님이 하나님의 정체성에 근본적으로 새로운 이해를 도입했다면 과연 이 정체성의 본유적인 일관성은 어디에 있는가? 여기서 우리가 제시할 첫 번째 요점은 단순히 우리가 본장 앞부분에서 이미 확립한 것, 즉 유대교 유일신론은 초기 기독교에서 예수를 하나님의 독특한 정체성 안에 포함시키는 것은 마치 상상조차 할 수 없는 것처럼 그 하나님의 독특성을 주장하지 않았다는 사실을 거듭해서 반복하는 것이다. 다수의 신약학자들을 포함하여, 유대교의 유일신론을 포기하지 않고서는 결코 예수를 하나님의 정체성 안에 포함시키는 신적 기독론을 받아들일 수 있는 유대인들은 없었을 것으로 추정하는 학자들은 유대교 유일신론을 제대로 이해하지 못했다. 그럼에도 이러한 (말하자면) 부정적 일관성(negative consistency)은 분명 초기 그리스도인들에게는 충분하지 않았다. 우리가 연구한 자료 중에서 괄목할 만한 것은 바로 그들이 히브리 성서에 대한 창의적인 해석을 **통해** 하나님의 기독론적 정체성을 새롭게 이해하는 방식을 계발했다는 것이다. 나는 이 사실을 설명하기 위해 (분명히 이것은 다른 방법으로도 얼마든지 설명될 수 있었지만 말이다) 초기 그리스도인들의 제2이사야서 해석에 초점을 맞추었다. 예수 안에 나타난 하나님의 새로운 정체성을 그들이 가장 완벽하게 이해할 수 있는 바로 그 지점에서 그들은 히브리 성서 텍스트들과 예수의 역사를 서로 해석하는 과정을 통해 석의 작업을 펼쳐나갔다. 만약 우리가 이 과정을 마치 아무것도 예기치 못한 것이 없었던 것처럼 생각하는 것으로 본다면 우리는 이 과정을 오해하는 것이다. 최초기 그리스도인들은 자신들이 제2이사야에서 발견한 여러 핵심 통찰이 그 이전에는 미처 발견하지 못했던 것이라는 사실을 우리들보다 더 잘 알고 있었다. 그러나 그들의 창의적인 석의 작업은 그들로 하여금 참신성 속에서도 일관성을 발견할 수 있도록 도와주

예수와 이스라엘의 하나님

었다. 그들은 이미 계시된 것들과의 연속성을 이해하는 과정에서 가장 근본적으로 참신한 것을 깨닫게 된다. 그들은 미처 깨닫지 못했던 것을 의도적으로 되돌아보며 예수 그리스도의 하나님이라는 새로운 정체성의 관점에서 이스라엘의 하나님의 정체성을 새롭게 이해한다. 그들은 미리 예견 가능했던 방식으로가 아니라 새롭게 깨닫게 된 새 관점에서 그분이 바로 그 동일한 하나님임을 발견한다.

따라서 나는 여기서 하나님의 정체성의 일관성과 참신성에 대해 세 가지 주장을 추가적으로 펼치고자 한다. 첫째, 우리는 빌립보서 2장의 높은 지위와 낮은 지위, 승귀와 비하, 명예와 수치 간의 대비로 되돌아갈 필요가 있다. 이러한 대비는 제2성전기 유대교의 하나님 이해에 있어 하나님의 정체성 안에 예수의 인간적 삶과 수치스러운 죽음을 포함시킨 것이 가장 특이할 만하게 여겨졌을 것으로 보인다. 하늘 최고 지점에 있는 그의 장엄한 보좌 위에 앉아 계신 최고의 통치자로서의 하나님 이미지가 제2성전기 유대교에서 가장 지배적이었기 때문에 신적 존재가 가장 낮은 인간의 위치로 자기 자신을 비하했다는 개념은 그리 쉽게 상상할 수 있는 것이 아니었다. 이러한 신적 지위와 인간적 지위에 관한 문제는 후대에 기독교가 직면해야 했던 성육신 교리가 제기했던 문제들—내적으로 구별 불가능한 하나님의 단일 본성이나 또는 양립할 수 없는 것으로 보이는 신성과 인성을 정의하는 문제—이기보다는 오히려 가장 중요한 걸림돌이었을 것이다. 이러한 문제들은 신약에서는 거의 나타나지 않지만, 하나님의 높음과 인간의 낮음, 주권자의 승귀와 종의 모습으로의 비하의 대비는 그들의 관심사였다. 그러나 성서 시대 이후의 일부 유대교 문헌이 어떤 인상을 주었든지 간에, 이스라엘의 하나님의 정체성은 어떤 의미에서는 이미 그의 승귀뿐 아니라 그의 비하를 내포하고 있다. 빌립보서 2:6-11과 관련하여 우리가 이미 만나본 적이 있는 이사야 57:15은 다음과 같다.

> 지극히 존귀하며 영원히 거하시며
> 거룩하다 이름하는 이가 이와 같이 말씀하시되
> "내가 높고 거룩한 곳에 있으며
> **또한** 통회하고 마음이 겸손한 자와 함께 있나니…."

참으로 이스라엘의 하나님은 특성상 비천하고 수치를 당하는 자들의 하나님, 압제 당하는 자들의 부르짖음을 들으시는 하나님, 가난한 자들을 먼지로부터 일으키시는 하나님, 높은 보좌 위에서 낮고 낮은 자들과 공감하시는 하나님, 여기 아래에 있는 가장 낮은 신분의 사람들과 연대하여 높은 곳에서 그의 주권을 행사하시는 하나님이시다. 낮아졌다가 높임을 받은 이사야 53장의 주의 종에 관한 내러티브에 의존하여 바울은 빌립보서 2:6-11에서 이스라엘의 하나님의 정체성이 지닌 이러한 특징을 환기시킨다. 빌립보서 2장에 나타난 것 중에 가장 참신한 것은 하나님이 예수 그리스도 안에서 가장 낮고 낮은 자들과 함께 하실 뿐만 아니라 가장 낮고 낮은 **자로서** 가장 밑바닥에 거하신다는 데 있다. 가장 낮은 자들을 높이시는 하나님의 모습은 자기 자신이 직접 동참하는 것의 패턴이 된다. 이것은 예기치 못했던 것이기도 하지만, 그분의 특성과 전혀 무관한 것도 아니다. 이것은 참신한 것이면서도 이스라엘의 하나님의 정체성을 잘 드러낸다.

둘째, 요한복음 서문이 성육신을 통해 드러난 하나님의 계시를 이스라엘의 하나님의 정체성과 관련시키는 방식은 상당히 유익하다. 서문 끝부분(요 1:14-18)은 인간의 눈으로 결코 본 적이 없던 하나님이 그의 아버지의 영광을 반영하고 은혜와 진리가 충만한 예수 그리스도의 인간적 삶

예수와 이스라엘의 하나님

안에서 계시되었다고 주장한다. 이 모든 용어는 출애굽기 33-34장에서 하나님이 모세에게 자신을 계시하시는 이야기를 암시한다. 이 텍스트는 구약에서 하나님의 가장 핵심적인 성품을 묘사하는 것으로 유명하다. 거기서 모세는 하나님의 영광을 보여 달라고 요구하지만(33:18), 그는 하나님의 얼굴은 볼 수 없다는 답변을 듣는다. 그런데 하나님이 그의 눈을 가리고 그의 곁을 지나가실 때, 모세는 하나님이 자신의 이름과 성품을 선포하시는 것을 듣는다. "여호와라, 여호와라, 자비롭고 은혜롭고 노하기를 더디 하고 인자와 진실이 많은 하나님이라"(출 34:6), 혹은 요한의 번역으로 하면 "은혜와 진리가 충만하더라"(요 1:14).[69] 모세는 하나님은 은혜와 진리가 충만하다고 선포하시는 하나님의 말씀만을 들을 수 있었지만 하나님의 영광은 볼 수 없었다. 그러나 육신이 된 말씀 안에서 하나님의 영광은 인간의 형태로 나타나셨고 (요 1:17에 의하면) 은혜와 진리로 나타났다 (*egeneto*). 따라서 이스라엘의 하나님의 정체성의 핵심이라고 할 수 있는 하나님의 은혜로운 사랑은 이제 전적으로 새로운 형태의 **인간적 삶**을 취하고, 바로 거기서 신적 자기희생이 발생한다. 이것은 예상치 못했던 것이긴 하지만, 그렇다고 해서 그분의 성품과 전혀 무관한 것도 아니다. 이것은 참신한 것이긴 하지만, 이스라엘의 하나님의 정체성을 잘 드러내준다.

셋째, 나는 예수 안에 나타난 하나님의 새로운 정체성이 우리에게는 아주 놀랍도록 새로울 수 있다는 주장을 지금까지 의도적으로 분명하게 밝히지 않았다. 그러니까 예수를 하나님의 정체성 안에 포함시키는 것은 하나님 안에 예수와 그의 아버지 간의 인격적 관계를 포함시키는 것을 의미한다는 점 말이다. 하나님의 정체성은 이제 더 이상 단순히 한 인간에

---

69   참조. A. T. Hanson, *Grace and Truth* (London: SPCK, 1975), chap. 1.

관한 유비로 끝날 수 없다. 또한 히브리 성서의 하나님 묘사가 대부분 인간대리인(human agent)의 유비를 활용하기 때문에 하나님의 정체성이 지닌 일관성에 의구심을 제기할 만큼 급진적인 혁신으로 보일 수 있다. 하지만 만약 우리가 그렇게 생각한다면, 어쩌면 우리는 너무 쉽게 성서 저자들이 신인동형론적인 사고방식을 가진 것으로 간주하는지도 모른다. 비록 인간의 정체성이 하나님의 정체성을 논하기 위한 유비일 수 있지만, 이스라엘의 하나님은 인간의 정체성의 범주들을 명백하게 뛰어넘으신다. 이 범주들은 하나님이 이것들을 뛰어넘으신다는 것을 의식하는 가운데 사용된다. 만물의 창조주요 만물의 주권적 통치자로서의 하나님과 다른 모든 실재 간의 유일한 관계에서 인간적 유비들이 제아무리 필수 불가결한 것이라 하더라도 분명히 인간의 속성을 초월하는 하나님의 정체성을 가리킨다는 데에는 의심의 여지가 없다. 하나님의 정체성에 대한 제2성전기 유대교의 이해 가운데 그 어떤 것도 하나님의 정체성 안에서 드러나는 인격적 관계와 상반되지 않지만, 그것을 예견할 수 있는 것은 거의 없다.

나는 하나님의 정체성 안에 존재하는 대내적 관계(intra-divine relationship)가 새롭게 드러났다는 사실을 신약의 한 텍스트가 하나님의 정체성을 이해하는 성서적 전통에 가장 어울리는 방식으로 분명하게 보여주었다고 생각한다. 이 텍스트에서 하나님은 새로운 이름을 얻게 되는데, 이 이름은 그분을 새롭게 드러난 형태로 계시한다. 이 텍스트를 올바로 이해하기 위해서는 우선 하나님이 그 이전에는 알려지지 않았던 자신의 이름 야웨(YHWH)를 처음으로 계시하신 구약 내러티브로 돌아가는 것이 도움이 될 것이다. 출애굽기 3장에서 하나님은 불타는 떨기나무에서 자기 자신을 모세에게 족장들의 하나님, 즉 아브라함과 이삭과 야곱의 하나님으로 계시하시지만(출 3:6), 이 정체성은 그가 이스라엘을 이집트 밖

예수와 이스라엘의 하나님

으로 이끌어내시어 자기 백성으로 삼으실 일련의 사건을 위해서는 충분하지 않았다. 그의 백성이 이제부터 그의 새로운 정체성을 깨닫기 위해서는 그의 이름이 공개되는 것이 필요했는데, 거기서 족장들의 하나님이라는 그의 옛 정체성은 결코 거부된 것이 아니라 이를 분명히 능가했다. 족장 이야기들이 "구약의 구약"이라는 이름으로 적절하게 불렸기 때문에,[70] 족장들의 하나님에서 이스라엘의 하나님 야웨로 전환된 것은 이스라엘의 하나님에서 예수 그리스도의 하나님으로 전환된 것에 대한 전례라고도 할 수 있다. 거듭 반복하지만, 새로운 이름은 새롭게 드러난 정체성을 나타낸다. 비록 이것이 단지 신약의 단 한 텍스트, 곧 마태복음 28:19에서만 나타날지라도 말이다.

이 텍스트는 비록 유일한 텍스트임에도 불구하고 매우 중요한 텍스트이며, 또 우리는 그 문맥에 주의를 기울일 필요가 있다. 물론 하나님이 반복적으로 이스라엘의 하나님으로 밝혀졌음에도 예수가 그 하나님의 정체성 안에 포함되었다는 사실을 반복적으로 밝히고 있는 이 마지막 다섯 절은 이 복음서의 절정에 해당한다.[71] 부활하신 예수는 경배를 받으시고 만물에 대한 신적 통치권을 행사하기 위한 자신의 승귀를 선포하신다(마 28:18, "하늘과 땅의 모든 권세"). 하나님의 정체성 안에 예수가 포함되었다는 사실은 이제 너무나도 명백하다. 이 장면은 복음서 중에서 빌립보서 2:6-11 마지막 부분에 상응한다. 하지만 이 텍스트에서는 승귀하신 그리스도가 수여받은 것이 구약의 하나님 이름인 야웨(YHWH)인 반면, 여기서는 제자들이 "아버지와 아들과 성령의 이름으로"(19절) 세례를 베풀 것을 주

---

70   R. W. Moberly, *The Old Testament of the Old Testament* (OBT; Minneapolis: Fortress, 1992).

71   참조. D. D. Kupp, *Matthew's Emmanuel: Divine Presence and God's People in the First Gospel* (SNTSMS 90; Cambridge: CUP, 1996).

문받는다. 이 문구는, 신약에서 세례와 신앙고백에서 구약의 "주의 이름을 부르는"이라는 문구를 차용한 것처럼, 바로 이 하나님의 이름을 필요로 한다. "아버지와 아들과 성령"은 이 복음서가 소개한 예수의 이야기에서 새롭게 드러난 하나님의 새로운 정체성을 지칭한다.

따라서 결론적으로 우리는 신약에서 새롭게 드러난 하나님의 정체성의 일관성과 참신성에 관한 논의와 관련하여 하나님은 그리스도 안에서 자기 백성 이스라엘이 늘 알고 있었던 유일하면서도 동일한 하나님으로 자신의 신성을 이 세상에 널리 증명해 보이실 뿐만 아니라 그렇게 하심으로써 자기 자신을 새롭게 계시하신다고 말할 수 있다. 자신의 정체성안에 굴욕 당하셨다가 높임 받으신 예수를 포함시킨 하나님으로서 그분은 아버지와 아들과 성령, 즉 예수 그리스도의 아버지와 아들 예수 그리스도, 그리고 아들에게 주어진 아버지의 영이시다.

3.7. 후대에 일어난 기독론적·신학적 발전에 대한 평가

정말로 간결한 이 결론 단락은 교부시대와 그 이후에 일어난 후대의 신학적 발전을 평가하는 차원에서 신약의 기독론에 관한 나의 주장이 어떤 함의를 내포하고 있는지를 보여줄 것이다. 여기서는 유일신론과 신약에 나타난 기독론 간의 관계에 관한 나의 논증에서 내가 주장한 두 가지 요점을 마지막으로 반복하는 것이 도움이 될 것이다. (1) 신약 저자들은 분명하면서도 의도적으로 예수를 이스라엘의 하나님의 독특한 정체성 안에 포함시킨다. (2) 예수의 승귀뿐만 아니라 그의 인간적 삶과 치욕적인 죽음을 하나님의 정체성 안에 포함시킨 것은 그 하나님의 정체성—하나님은 누구신가—을 아주 새로운 방식으로 계시한다.

예수와 이스라엘의 하나님

만약 우리가 신약 너머를 바라본다면 신약의 기독론에 대한 이러한 해석은 신약과 교부시대의 교리 발전, 특히 4세기에 확립된 니케아 정통교리(Nicene orthodoxy) 간의 연속성을 새롭게 평가할 수 있도록 도와준다. 대체적으로, 신약의 기독론에서부터 니케아 공의회 및 그 이후에 일어난 발전 단계를 해석하는 데에는 크게 두 가지 방식이 있다고 할 수 있다. 첫 번째 방식은 신약이 4세기 니케아 공의회에서 절정을 이룬 신학적 발전의 원천을 배아의 형태로 담고 있는 것으로 본다. 다시 말하면 신약의 기독론이 예수 그리스도를 참되고 완전한 하나님으로 인정하는 방향으로 움직이고 있는 것은 사실이지만, 이러한 온전한 신적 기독론을 풍부하게 표현하고 하나님의 삼위일체 교리라는 문맥 안에서 이 기독론을 적절하게 서술하는 방법을 강구하는 과제는 4세기 신학자들의 몫으로 남겨졌다는 것이다. 이 첫 번째 해석과는 달리 나는 일단 우리가 유대교 유일신론을 올바르게 이해한다면 우리는 신약 저자들이 제2성전기 유대교에서 규정한 하나님의 독특한 정체성 안에 예수를 포함시키는, 의도적이면서도 정교한 방식을 통해 이미 완전한 신적 기독론을 표현하고 있다고 볼 수 있다는 주장을 펼쳤다. 일단 우리가 그들이 사용하고 있는 신학적 범주들을 인식하면, 이와 관련하여 배아적이거나 잠정적인 것이 결코 있을 수 없다는 것이 분명해진다. 신약의 기독론은 그 자체로 완전한 신적 기독론을 적절하게 표현한다. 이 기독론은 내가 명명한 바와 같이 신적 정체성 기독론이다. 따라서 신약에서 시작해서 마침내 4세기에 이르러서야 비로소 완성되었다고 보는 이 기독론적 발전 모델은 심각한 결함을 안고 있다.

두 번째 해석은 유대교 유일신론의 문맥에서는 예수가 참된 신성을 지니고 있다고 보는 기독론이 결코 생겨날 수 없었을 것이라고 가정한다. 이 관점에 의하면 신적 기독론은 우선 유대교의 범주에서 헬레니즘의 종교적 범주로 전환하고, 이어서 헬레니즘의 철학적 범주로 전환한 결과다. 니케아 공의회는 기독교 교리 확립 과정에서 그리스 철학이 승리했음을 의미한다. 사실 나는 역사를 이렇게 해석하는 것은 사실과 정반대라고 생각한다. 다시 말하면 예수가 진정하고 완전한 신성을 지니고 있다고 보기 어렵게 만든 것은 사실 유대교 범주들이 아니라 그리스 철학의 범주들이었다는 것이다. 하나님의 정체성에 대한 유대교의 이해는 하나님의 정체성 안에 예수를 포함시키는 가능성을 열어놓고 있었다. 하지만 신적 본질 또는 본성에 대한 그리스 철학적(플라톤적) 정의와 하나님과 세상의 관계에 대한 플라톤적 이해는 예수를 온전한 하나님도 아니고 온전한 인간도 아닌, 반신(半神)적 존재 이상으로 보기 매우 어렵게 만들었다. 아리우스와의 논쟁 정황에서 니케아 신학은 본질적으로 신성에 대한 그리스 철학적 이해의 영향에 저항하고 신약이 예수를 하나님의 독특한 정체성 안에 포함시킨 것을 새로운 개념적 문맥 안에서 다시 전유(re-appropriate)하려는 시도였다.

이렇게 유대교 범주에서 그리스 범주로의 개념적인 전환은 신적 정체성—하나님은 누구신가(who God is)—에 중점을 둔 범주에서 신적 존재 또는 본성—하나님은 무엇인가(what God is)—에 중점을 둔 범주로의 전환을 의미했다. 니케아신학의 대표적인 신조—'호모우시온'(homoousion, 그리스도는 성부와 동일한 본질이라는 의미)—는 처음에는 그리스 범주에 완전히 항복한 것처럼 보일 수 있다. 그러나 우리가 이 신조의 기능을 예를 들어 니케아 신조와 니케아-콘스탄티노플 신조라는 삼위일체적·내러티브적 정황 안에서 이해할 때에는 이러한 인상은 완전히 달라진다. 이러한 정황에서 하나님은 아버지와 아들과 성령으로 인식되고, 예수의 역사의 내러티브 안에서 인식된다. 이러한 정황에서 '호모우시온'은 바로 이러한 하나님의 정체성이 진정으로 오직 한 분 하나님의 정체성임을 보증하는 기능을 수

　　　　　　　　　　　　　　　　　예수와 이스라엘의 하나님

행한다. 이 용어는 신약의 기독론적 유일신론을 그 나름대로 표현해준다.

그러나 만약 교부시대에 나타난 교리적 발전이 예수를 하나님의 독특한 정체성 안에 포함시킨 신약의 가르침을 새로운 개념적 정황에 맞게 담아낼 수 있었다면, 교부들은 내가 주목한 신약의 기독론에 담긴 두 번째 주요 특징, 즉 예수의 인간적 삶과 그의 십자가에서 드러난 하나님의 정체성의 계시를 전유하는 데에는 훨씬 덜 성공적이었다고 볼 수 있다. 여기서 교부들이 당연하게 받아들였던 신적 본성의 범주로의 전환과 신적 본성에 대한 플라톤적 정의는 한 인간이 겪었던 치욕과 고통과 죽음을 하나님의 정체성 안에 정식으로 포함시키는 것을 넘어서는 데 심각한 장애물로 작용했다. 하나님이 십자가에 달리셨다는 것은 진정 교부시대에 나온 진술이긴 하지만, 교부들은 하나님에 관한 교리에 담긴 함의에는 대체적으로 저항했다. 우리가 빌립보서 2:6-11과 요한복음에서 살펴본 것과 같은 신약의 기독론에 대한 매우 심오한 통찰력을 가지고 신학적으로 매우 적절하게 전유한 사례는 마르틴 루터와 칼 바르트를 비롯해 가장 최근에 나타난 다양한 십자가신학이 등장하기 전까지는 전혀 나타나지 않았다고 해도 과언이 아니다.[72]

---

72 Richard Bauckham, *Moltmann: Messianic Theology in the Making* (Basingstoke: Marshall Pickering, 1987), 65-72; idem, "Cross, Theology of the," in *New Dictionary of Theology*, ed. S. B. Ferguson and D. F. Wright (Leicester: IVP, 1988), 181-3; idem, "Jesus the Revelation of God," in *Divine Revelation*, ed. P. Avis (London: Darton, Longman & Todd/Grand Rapids: Eerdmans, 1997), 182-7; W. von Loewenich, *Luther's Theology of the Cross*, trans. H. J. A. Bouman (Belfast: Christian Journals, 1976); A. E. McGrath, *Luther's Theology of the Cross* (Oxford: Blackwell, 1985); D. K. P. Ngien, *The Suffering of God According to Martin Luther's 'Theologia Crucis'* (Bern/New York: Peter Lang, 1995); Jürgen Moltmann, *The Crucified God*, trans. R. A. Wilson & J. Bowden (London: SCM, 1974); E. Jüngel, *God as the Mystery of the World*, trans. D. L. Guder (Edinburgh: T&T Clark, 1983)를 보라.

2장
성서신학과 유일신론의 문제들[1]

1   이 논문은 *Out of Egypt: Biblical Theology and Biblical Interpretation*, ed. Craig
     Bartholomew et al. (Scripture and Hermeneutics Series 5; Milton Keynes: Paternoster/
     Grand Rapids: Zondervan, 2004), 187-232에 처음으로 실린 바 있다.

1. 서론

"유일신론"의 문제가 성서신학에서 핵심적인 문제라는 데에는 논쟁의 여지가 없다. 하지만 최근의 성서 연구에서 "유일신론"을 구체적으로 문제화한 방식은 매우 다양하다(그런 의미에서 이 논문에 "유일신론의 문제들"이란 제목이 붙게 되었다). 고대 근동이라는 문맥 안에서 고대 이스라엘에서 발전한 "유일신론"의 역사적 기원과 발전에 관한 주요 연구들은 지금까지 구약이 전해온 이스라엘의 이야기에 대한 전통적인 이해에 지속적으로 이의를 제기해왔다. 구약성서의 가장 마지막 단층이 형성되기 이전에 고대이스라엘이 과연 얼마나 "유일신론적"이었는지는 여전히 많은 논쟁의 대상이기에 구약 텍스트를 얼마만큼이나 "유일신론적"으로 읽어야 할지 역시 많은 논쟁의 대상이다. 성서신학자들은 재구성된 고대 이스라엘의 역사가 얼마나 많은 비중을 차지해야 하는지를 놓고 많은 논쟁을 벌인다. 따라서 만약 성서신학자들이 이러한 역사적 논쟁을 진지하게 여긴다면 이에 대한 방법론적 질문은 필히 대두될 수밖에 없다.

하지만 "유일신론"의 문제들은 구약에만 국한된 것이 아니다. 최근의 일부 연구는 초기 유대교(신약이 기록된 시기를 포함해서 그때까지의 모든 시기를 포함한 유대교)를 "유일신론적"이라고 말하는 것이 얼마만큼 정확한 것인지에 대해 이의를 제기해왔다. 또한 초기 유대교의 "유일신론"에 관한 이러한 이의 제기는 최근에 활발히 진행 중인 초기 기독론의 기원과 성격에 관한 논쟁과도 상당히 밀접하게 연관되어 있다. 과연 신약 저자들은 유일신론을 거부하지 않고 자신들이 새롭게 깨달은 예수를 그 유일신론 안에 포함시키면서 그 "유일신론"이 구약과 유대교 신앙을 대변하는 것으로 전제했을까? 아니면 그들의 고(高)기독론은 "유일신론"에 바탕을 두지 않은 유대교 전통으로부터 비롯된 것일까? 유대교 "유일신론"의 후계자들이 어떻게 한 분 하나님의 신성에 예수를 포함시킬 수 있었는지에 대한 오래된 질문은 구약과 초기 유대교에 나타난 "유일신론"에 관한 논쟁의 관점에서 매우 다양하고 새로운 방식으로 제기되기도 하고 이에 답변이 제시되기도 했다. 이제 우리에게는 신약이나 구약 중 어느 한쪽에 국한되지 않고 진실로 범성서적(pan-biblical) 문제로 "유일신론"을 고찰할 새로운 기회가 주어졌다.

나는 만약 우리가 "유일신론"이란 용어를 어떻게 사용하고 있는지를 분명히 하지 않는다면 이 용어 자체가 문제가 되고 오해의 소지가 있다는 사실을 분명하게 드러내기 위해 앞 단락 전반에 걸쳐 "유일신론"과 "유일신론적"이란 단어를 따옴표 안에 집어넣었다. 이 분야 연구에 크게 기여한 최근의 한 연구는 이 용어가 상당히 현대적 용어일 뿐만 아니라 이 용어가 환기시키는 일련의 개념이 매우 계몽주의에 바탕을 둔 것으로서 우리로 하여금 계몽주의에 영향을 받았을 뿐 아니라 텍스트에 적절하지도 않은 종교관을 가지고 성서 텍스트를 읽도록 유도한다고 강하게 주장했다. 이러한 주장은 본 논문에서 우리가 고찰하게 될 "유일신론의 문제들"이 안고 있는 복잡한 이슈들을 개관할 수 있는 훌륭한 진입점을 제공한다.

유감스럽게도 지면관계상 이번 장에서 모두 다룰 수는 없지만, 그래도 우리가 중요하게 다루어야 할 크고 중요한 영역이 하나 있다. 이것은 "유일신론은 사람들에게 나쁜 것인가?"라는 질문으로 요약될 수 있다. 최

예수와 이스라엘의 하나님

근 몇 년 사이에는 유일신론이 절대 군주제 형태의 정부(국가뿐 아니라 교회에서), 사회의 계층적 구조들, 여성에 비해 남성을 이원론적으로 높임, 타인 배제 및 타인에 대한 폭력 등을 야기한다는 비판이 지속적으로 늘어나고 있다.[2] 이러한 비판은 성서신학의 관점에서 볼 때 매우 날카로운 질문들이며 이번 장에서 깊은 관심을 보이고 있는 보다 더 편협한 역사적·석의적인 쟁점들과도 무관하지 않다. 그러나 이러한 비판도 후기 성서 시대의 사상사와 진지한 대화를 나눌 필요가 있다. 현 상황에서 이러한 비판을 중점적으로 다루지 못한다는 사실이 결코 이 비판의 중요성을 인식하지 못하는 것으로 오해되어서는 안 된다.

2. 오해의 소지가 있는 범주로서의 유일신론

우리 주제에 크게 기여한 학자는 최근 『신명기와 "유일신론"의 의미』(*Deuteronomy and the Meaning of "Monotheism"*)란 책을 출간한 네이선 맥도널드(Nathan MacDonald)다.[3] 맥도널드는 "유일신론"이란 개념은("다신론"처

---

2   예. P. Ciholas, "Monothéisme et violence," *RSR* 69 (1981): 325-54; J. Ochshorn, *The Female Experience and the Nature of the Divine* (Bloomington: Indiana University Press, 1981); G. Ruggieri, "God and Power: A Political Function of Monotheism?" in *Monotheism*, ed. C. Geffré and J.-P. Jossua (*Concilium* 177 [1/1985]; Edinburgh: T&T Clark, 1985), 16-27; Christian Duquoc, "Monotheism and Unitary Ideology," in *Monotheism*, ed. Geffré and Jossua, 59-66; Jürgen Moltmann, *The Trinity and the Kingdom of God*, trans. M. Kohl (London: SCM, 1981), 191-202; Daphne Hampson, "Monotheism," in *Dictionary of Ethics, Theology and Society*, ed. P. B. Clarke and A. Linzey (London/New York: Routledge, 1996), 582-5; R. M. Schwartz, *The Curse of Cain: The Violent Legacy of Monotheism* (Chicago: University of Chicago Press, 1997).

3   FAT 2/1; Tübingen: Mohr Siebeck, 2003. 이 책은 그의 더럼 대학교 박사 학위논문인 *One God or One Lord?: Deuteronomy and the Meaning of 'Monotheism'* (2001)을 수정한 것이다.

럼) 사실 계몽주의가 발명한 개념으로서, 구약을 이해하는 데 부적절할 뿐 아니라 이스라엘의 야웨 신앙에 대한 구약학계의 설명을 심각하게 왜곡시켰다고 주장한다. 그는 "유일신론"이란 단어가 어떻게 17세기 케임브리지 플라톤 학자들에 의해 발명되고 사용되었는지를 추적하면서 종교를 마치 어떤 이론적인 지식의 집합체와 동일시하고 한 종교의 진위 여부를 그 종교를 구성하고 있는 명제들의 진위 여부에 따라 합리적으로 판단하곤 했던, 17세기 영국 사상사에 나타났던 종교의 지성화(intellectualization)와 연관시킨다. "유일신론"은 각 종교의 지성적 주장에 따라 종교를 분류하는 일종의 구성 원리였고, 신의 숫자를 각 종교를 분류하고 평가하는 최고 기준으로 삼았다. "유일신론"이란 용어는—특히 후대에 이신론자들이 이어받은—계몽주의에서 나타난 이성적·윤리적·보편적으로 명백한 종교의 철학적인 사고체계와 연관이 있었다. 따라서 고대 이스라엘에서 처음 나타났다고 보는 "유일신론"은 단순히 계몽주의의 신념과 가치가 투영된 것에 불과한 것으로 간주될 위험과, 인류는 여러 단계를 거쳐 윤리적 유일신론으로 진보할 수밖에 없다는 사고의 테두리 안에서 이해될 소지가 다분히 남아 있었고, 모든 영역에서 합리적으로 설득력을 얻을 만큼 위력적이었다.

맥도널드는 유일신론이라는 이러한 계몽주의 개념이 벨하우젠(Wellhausen) 이후 이스라엘 종교에 대한 주요 연구에 어떠한 영향을 미쳤는지를 보여준다. 그는 폰 라트(von Rad)가 이스라엘의 "유일신론"과 (그가 지적한 바와 같이) 계몽주의에서 파생된 현대적 개념을 의도적으로 구분했다는 점에서 예외임을 인정한다. 나는 예헤즈켈 카우프만(Yehezkel Kaufmann)도 맥도널드가 생각하는 것 이상으로 예외적이라고 생각한다. "이스라엘 종교의 기본 사상은 하나님이 모든 것 위에 뛰어나신 분이시라는 것"⁴이라는 카우프만의 주장에 대해서는 다른 어떤 비판이 가해질수 있지만, 그의 주장에는 특별히 현대적인 내용이 전혀 없다(이에 비해 계몽주의 이신론은 결코 카우프만의 야웨와 같이 **적극적으로** 주권을 행사하시는 하나님에 절대 만족할 수 없었다). 그것은 전통적인 유대교와 기독교, 그리고 이슬람교의 가르침이다.⁵ 카우프만이 이해하는 보편구원론(universalism)은 계몽주의 개념이 아니라는 것을 인정하면서도⁶ 맥도널드는 카우프만이 자신의 생각을 계몽주의 개념과 일치시키려고 이스라엘의 유일신론을 **어떤** 의미에서든 보편구원론적으로 이해한다는 사실을 받아들인다. 초월성에 관한 문제도 마찬가지라고 생각한다.⁷ 카우프만에 대한 맥도널드의 논의는 그에게 구체적으로 계몽주의의 유일신론 개념이 필요하다는 사실을 잘 보여준다. 그의 관점에서 보면 그는 분명히 구약 연구에 대한 계몽주의 유일신론의 영향뿐만 아니라 한 분 하나님의 초월성과 주권과 신성을 주장하는 "유일신론적" 종교(유대교, 기독교, 이슬람교)가 갖고 있는, 전적으로 전통적이며 전근대적 신앙의 영향을 비판적으로 이해할 필요가 있다. 그럼에도 불구하고 그가 최근 학계의 두 대표주자인 로버트 그누스(Robert Gnuse)와 발터 디트리히(Walter Dietrich)가 제시한 이스라엘의 다신숭배(polytheism)에 대한 새로운 고고학적 증거를 바탕으로 계몽주의 개념이 이스라엘 종교에 적용된 발전 모델들에 지속적인 영향을 미쳤다는 사

---

4   MacDonald, *Deuteronomy*, 36, 37에 의해 인용되었다. MacDonald는 Kaufmann의 주
     장을 비판하는 Jon D. Levenson, *Creation and the Persistence of Evil*, new ed. (Princeton:
     Princeton University Press, 1994, 『하나님의 창조와 악의 잔존』, 새물결플러스 역간)을 언
     급한다.

5   MacDonald는 "야웨의 우주적 통제가 선택의 배경을 제공해준다"고 말한다
     (*Deuteronomy*, 167).

6   MacDonald, *Deuteronomy*, 39.

7   MacDonald, *Deuteronomy*, 40.

실을 적시했다는 점은 높이 평가 받아 마땅하다.

사실 이러한 문제들은 맥도널드의 신명기 연구에 있어서는 상당히 기초적인 것이다. 그는 "신명기는 '유일신론'으로 간주될 수 있는 하나님에 관한 교리를 그 어디에서도 제시하지 않지만", "신명기의 메시지를 '유일신론적'으로 묘사하는 것은 적어도 그 메시지의 의미를 밝혀주는 만큼이나 그 의미를 모호하게 만든다"라고 주장한다.[8] 나는 아래의 요약 내용이 그가 신명기의 "하나님 교리"와 계몽주의의 유일신론을 구별하는 가장 좋은 방법을 제시해준다고 생각한다.

(1) 신명기는 다른 신들의 존재를 부정하지 않는다. 맥도널드는 다른 많은 학자들과 함께 쉐마와 십계명의 제1계명이 일신숭배(monolatry, 즉 이스라엘이 오직 야웨만을 위한 배타적인 헌신)를 요구하지만, 다른 신들의 존재를 부정하지는 않는다고 말한다. 쉐마와 제1계명은 심지어 다른 신들이 이스라엘의 헌신의 대상의 진정한 경쟁자로도 간주될 수 있다.[9] 신명기 자체가 야웨가 유일한 신이라고 가르치지 않는다는 맥도널드의 주장은 비록 전례가 없는 것은 아니지만[10] 그리 흔치만은 않다. (맥도널드는 자신의 논지에 맞게 '엘로힘'['elōhîm]을, 정관사가 붙어서 "하나님"[God]으로 번역하는 소수의 경우를 제외하고는, 모두 '신'[god]으로 옮긴다.) 그는 신명기 4장에 등장하는 두 핵심 진술—"이것을 네게 나타내심은 여호와는 하나님

---

8   MacDonald, *Deuteronomy*, 209-10.

9   MacDonald, *Deuteronomy*, 77, 210.

10   참조. Robert K. Gnuse, *No Other Gods: Emergent Monotheism in Israel* (JSOTSup 241; Sheffeld: Sheffeld Academic Press, 1997), 206(다른 학자들에 대한 언급은 n.47을 보라).

(hā'elōhîm)이시요 그 외에는 다른 신이 없음을 네게 알게 하려 하심이니라"(4:35)와 "그런즉 너는 오늘 위로 하늘에나 아래로 땅에 오직 여호와는 하나님(hā'elōhîm)이시요 다른 신이 없는 줄을 알아 명심하고"(신 4:39)—를 야웨는 유일무이하시며(유일하게 하나님이신 단한 신) **이스라엘을 위한** 유일한 신임을 의미하는 것으로 이해한다.[11]

(2) "유일신론"에 암시되어 있는 종교의 '지성화'(intellectualization)는 신명기에서 발견되지 않는다. "유일신론"은 "형이상학적 사안의 객관적인 상태를 인정하라는 요구를 나타낸다." 오직 한 분 하나님만 계시다는 것이 "사람이 반드시 받아들여야만 하는 사실", 즉 합리적으로 이해할 수 있는 세계에 대한 객관적인 지식 집합체의 일부로서 제시된다. "그러나 신명기에서는 야웨의 단일성(oneness)을 인정하는 것이 순종과 예배로 표현되는 야웨에 대한 사랑을 촉구하는 것이다."[12] 이것은 맥도널드가 신명기가 야웨에 대한 인지적인 진리주장(truth-claims)을 하고 있음을 부인하는 것을 의미하는 것이 아니라, 그가 이러한 진리주장을 야웨께 대한 헌신의 관계적 요구와 불가분의 관계에 있다고 보는 것을 의미한다.

(3) 유일신론을 지성적으로 안이하게 어떤 하나의 사실로 받아들이는 것과는 대조적으로, 신명기—여기서는 '쉐마'에 예시되어 있음—는 이스라엘(다른 사람들이 아닌)에게 "비교할 수 없이 강렬하고 힘든"[13] 야웨께 대한 사랑 또는 헌신을 요구한다. 여기서는 수행하기가 극도로 어려운 요구에 방점이 찍힌다. 게다가 계몽주의

---

11   MacDonald, *Deuteronomy*, 79-85.
12   MacDonald, *Deuteronomy*, 210.
13   MacDonald, *Deuteronomy*, 210.

의 "윤리적 유일신론"과는 달리, 그 의무가 무엇을 수반하는지가 자명하지 않다. 왜냐하면 이것은 일반적인 윤리적 가치의 문제가 아니라 야웨가 자기 백성 이스라엘에게 요구하시는 구체적인 순종의 행위에 관한 것이기 때문이다.

(4) 신명기는 야웨께 대한 헌신이 신명기가 요구하는 것만큼이나 어렵고 힘든 만큼, 이스라엘이 쉽게 야웨를 잊어버릴 것이며 세심한 기억 훈련을 필요로 할 것을 전제한다. 이 사실은 유일신론을 인류 역사에 나타난 하나의 지적 단계로 보는 계몽주의적 관점과 구별된다. 계몽주의의 관점에 따르면 유일신론은 일단 한 발을 내디디면 쉽게 되돌리기 어렵고, 다신론보다 지적으로 훨씬 뛰어난 것도 사실이다. 맥도널드는 슐라이어마허(Schleiermacher)를 다음과 같이 인용한다. "모든 것 위에 뛰어나신 한 분 하나님에 대한 믿음이 생길 정도로 경건이 발전하는 순간, 우리는 감히 이 땅의 그 어느 지역에서도 사람이 더 낮은 수준에 정지된 채 머물러 있지 않으리라는 것은 예측할 수 있다.…제아무리 역사를 되돌아보아도, 엄격한 의미에서 유일신론으로부터 후퇴했다는 흔적은 그 어디에서도 찾아볼 수 없다."[14] 유일신론을 필수적인 단계로 보는 현대의 역사 발전 개념은 유일신론이 이스라엘에서 발전했거나 또는 급작스럽게 출현했다고 추정하는 구약학자들의 생각에 커다란 영향을 미쳤다.

(5) 마지막으로, 계몽주의 유일신론의 보편구원론(universalism, 이것의 의미는 이것을 특정구원론[particularism]과 정반대되는 것으로 볼 때 특히

---

14   MacDonald, *Deuteronomy*, 124.

명확해진다)과 신명기에서 볼 수 있는 이스라엘의 선택의 중심적 위치(centrality)는 서로 크게 대조를 이룬다. 계몽주의적 접근방법에 의하면 진정한 유일신론은 이스라엘에 대한 그 어떠한 특별한 애착으로부터조차도 자유로운 한 분 하나님을 요구한다(이 접근방법은 구약뿐 아니라 신약 연구에도 커다란 영향을 미쳤다). 정반대로, 신명기의 관점에서는 야웨의 "독특성은 그가 이스라엘을 선택하신 것과 별개로 따로 생각할 수 없다. 신명기의 관점에서는 이러한 관계를 떠나서는 야웨께로 나아갈 수 있는 길이 전혀 없다.… 이것은 이스라엘뿐만 아니라 이방 민족들에게도 마찬가지다. 이방 민족들이 이스라엘에게 어떻게 반응하느냐가 그들이 야웨께 어떻게 반응할지를 결정한다."[15]

맥도널드가 내놓은 이 주장들은 매우 중요하며, 내 견해로는 대체적으로 상당히 설득력이 있다. 내게 가장 커다란 의구심을 불러일으킨 내용은 항목 (1)이며, 나는 곧이어 이에 대해 설명할 것이다. 물론 맥도널드의 연구가 신명기에 국한된 것이긴 하지만, 내 생각에는 항목 (2)-(5)는 구약의 많은 부분에도 광범위하게 적용되며(비록 지혜문헌과 창세기에 관해서는 다소 다른 견해가 있을 수 있지만 말이다), 확실히 이 항목들은 유일신론에 대한 계몽주의적 개념들이 구약 연구를 얼마나 왜곡시켰는지를 매우 예리하면서도 유용하게 드러내준다.

한편 맥도널드의 연구 가운데 실망스러운 점은 그가 다른 신들에 비해 야웨의 유일성의 문제를 체계적으로 다루지 못했다는 것이다. 신명기

---

15   MacDonald, *Deuteronomy*, 180.

가 다른 신들의 존재를 부정하지 않으면서도 야웨의 유일성(홀로 하나님으로서[4:35, 39; 7:9] 그리고 홀로 "신들 가운데 신"으로서[10:17])을 확증한다는 사실을 감안하면, 그 유일성은 무엇을 의미할까? 이에 관한 그의 결론은 다음과 같다.

> "유일신론"은 신명기에서 "야웨는 하나님(hāʼelōhîm)이시다"라고 말하는 것이 무엇을 의미하는지를 포착하지 못한다. 올브라이트(Albright)와 같은 예외도 있지만, "유일신론"은 일반적으로 한 신을 제외하고는 다른 신들의 존재를 부정하는 것으로 이해되어왔다. 신명기에서 다른 신들의 존재는 부정되지 않는다. 그럼에도 신명기는 여전히 "야웨는 하나님이시다"든가 또는 "신들 가운데 신"이라고 주장한다. 이러한 유일한 신(divinity)이라는 주장은 창조나 또는 이방 민족들을 다른 신들에게 분배하는 야웨의 역할에 근거한 것이 아니라 그가 이스라엘을 선택함으로써 입증된 야웨의 신실하심과 자비와 질투심에 근거한다. 자기 백성을 위해 행한 그의 특별한 행동들에서 야웨는 자신이 하나님임을 보여주신다. 신학적 담론의 언어를 사용하자면, 우리는 자신이 하나님이라고 하는 야웨의 주장은 주로 존재론적 주장이 아니라 오히려 구원론적 주장이라고 말할 수 있다(비록 그러한 주장은 존재론적 함의도 함께 지니고 있지만 말이다).[16]

이 단락에 관해 던지고 싶은 질문이 여럿 있다.

---

16   MacDonald, *Deuteronomy*, 215.

(1) 마지막 문장의 "주로"의 의미는 무엇인가?[17] 우리는 어쩌면 이 주
장이 **지식의 체계**에서는 **주로** 구원론적이라고 말할 수 있지만, 존
재(being)의 체계에서는 그렇지 않다고 말할 수 있을 것이다. 다
시 말하면 야웨는 유일하시지만(심지어 그가 이스라엘을 선택하신 것
과는 별개로), 이스라엘은 오직 그가 이스라엘을 위해 행하신 것을
통해서만 이 유일하심을 인지한다. 이것은 4세기의 삼위일체 논
쟁에서 볼 수 있었던 "니케아식" 논증과 평행을 이룬다. 니케아식
논증은 (아리우스에 대항하여) 만약 그리스도가 완전한 신성을 지니
신 분이라면, 그는 오직 기독교 구원론이 주창하는 의미로만 구원
할 수 있다고 제안했다. 또 다른 한편으로, 맥도널드의 진술은 야
웨가 자신이 하나님이라고 하는 주장이 **존재의 체계**에서 **주로** 구
원론적 주장이라는 것을 의미할 수도 있다. 다시 말하면 그는 자
신이 이스라엘을 위해 행하신 것에 대한 결과로서 유일하신 분이
시다. 이 경우 그의 이스라엘 선택은 그의 유일하심을 구성한다.
앞 단락의 끝에서 두 번째 문장("자기 백성을 위해 행한 그의 특별한 행
동들에서 야웨는 자신이 하나님임을 보여주신다")은[18] 내가 보기에, 만약

---

17 Bernhard Lang, *Monotheism and the Prophetic Minority* (Sheffield: Almond Press, 1983),
55는 유일신론은 유배지의 정치적인 환경에 대한 반응이었다는 그의 견해와 관련하여 이
와 피상적으로 비슷한 주장을 펼친다. "유일신론이라는 사상에는 교리의 측면이 있다. 물
론 사실이다. 하지만 후대의 스콜라 철학의 사변과는 달리, 야웨 유일신주의자들(Yahweh-
aloneists)과 유대교 유일신론자들은 주로 교의와 교리에 관심을 두지 않는다. 그들의 신학
은 희망 신학이다.…신학 전문용어로 혹자는 구원론적 유일신론이 유일신론적 도그마보다
더 오래되었다거나 또는 희망은 믿음에 선행한다고 말할 수 있을 것이다." Lang은 두 가지
를 지적하는 듯하다. 하나는 유대교 유일신론자들의 주요 관심사에 관한 것이고("주로 교
의에 관심을 두지 않는"), 다른 하나는 연대기에 관한 문제다("구원론적 유일신론이 유일
신론적 도그마보다 더 오래되었다").

18 또한 예를 들어 MacDonald, *Deuteronomy*, 195도 참조하라. "야웨의 독특성은 이스라엘
을 선택하신 그의 행동을 통해 **나타났다**"(강조는 덧붙여진 것임).

맥도널드가 이 "주로"를 가능한 두 의미 중 첫 번째 의미로 썼을 때 그 의미가 가장 잘 통한다. 그러나 그의 연구에서 신명기가 야웨의 유일하심을 어떻게 이해하고 있는지에 관한 질문에 대한 답을 찾는다면 그의 불분명한 진술은 상당히 방해 요소가 된다.

(2) 자신이 하나님이라고 하는 야웨의 독특한 주장은 자신이 이스라엘의 민족 신이며(그리고 그는 너무도 과도할 정도로 자기 백성인 이스라엘에게 집중하셨기 때문에 이스라엘은 그분만을 예배해야 한다), 이에 비해 다른 신들은 이와 같이 각 민족의 민족 신이라는 주장(비록 그들이 야웨가 이스라엘을 이롭게 한 것만큼 뛰어난 방식으로 각 백성들을 이롭게 했다고 주장할 수는 없더라도)과 어떻게 다른가? 말하자면 야웨는 오직 다른 민족의 신들보다 더 진지하게 자기 백성을 위해 헌신했다는 점에서만 유일한 분이 되고, 따라서 다른 민족의 신들보다 더 배타적인 충성을 요구하시는가?[19] 나는 맥도널드가 이것을 말하려고 한다고 생각하지는 않지만(그리고 나는 신명기도 그런 의도가 없다고 확신한다), 그는 그의 결론에서 우리로 하여금 이보다 더 풍부하게 야웨의 독특성에 대해 말할 수 있게 해줄 만한 내용을 전혀 제시해주지 않는다.

(3) 다른 신들과 비교하여 야웨의 독특성을 이해한다는 것은 우리가 단순히 신명기가 다른 신들의 존재를 부정하지 않는다는 것을 넘어서 그들에 관하여 더 많은 것을 알아야 함을 상기시켜준

---

19   참조. Morton Smith, "The Common Theology of the Ancient Near East," in *Studies in the Cult of Yahweh*, ed. S. J. D. Cohen (Religions in the Graeco-Roman World 130/1; Leiden: Brill, 1996), 1:15-27, 관련 내용은 26. Morton Smith에 의하면 구약신학은 일반적으로 "고대 근동의 공통된 신학"이며 설명을 정말로 필요로 하는 것은 "야웨의 이례적인 질투"에 관한 것이다.

예수와 이스라엘의 하나님

다. 만약 이스라엘이 그 다른 신들을 섬겨서는 안 된다는 것만이 가장 중요하다면, 우리는 야웨의 독특성이 단지 그가 이스라엘을 선택했다는 것에 불과하다는 생각으로 되돌아온 것과 같다. 그렇다면 그가 다른 신들과 다른 점은 오직 그가 그들보다 자기 백성에게 더 집중한다는 것밖에 없을 것이다. 맥도널드는 신명기가 이것 외에도 야웨와 다른 신들 사이에 존재하는 차이점을 더 잘 알고 있음에도,[20] 그 통찰들을 야웨의 독특성의 본질을 체계적으로 서술하는 데 적절하게 활용하지 못한다.

앞에서 인용한 그의 결론 부분에서 맥도널드가 야웨의 독특성에 관해 한 걸음 더 나아가는 결론을 내지 못한 이유는 아마도 유일하신 하나님의 독특성은 단순히 수용할 수밖에 없는 사실이라는 계몽주의적 유일신론의 추론으로부터 신명기를 구별하려는 그의 관심사 때문일 것이다. 그는 오직 이스라엘과 야웨의 관계 속에서만 야웨의 독특성이 이스라엘에게(그리고 다른 누구에게도) 드러날 수 있다는 것을 강조하기를 원한다. 하지만 문제는 이러한 관심사가 그로 하여금 야웨의 독특성을 바로 그 관계로 축소시키도록 만드는 것 같다는 것이다. 하지만 반드시 그런 것은 아니다. 이스라엘은 오직 야웨가 이스라엘을 위해 행하시는 것만을 가지고 야웨의 독특성을 **인지할** 수 있음을 감안하면, 심지어 이스라엘과 아무런 상관없이 이러한 독특성은 야웨의 객관적 본질을 포함할 수 없다는 결론에 도달하지 않는다.

내가 보기에 신명기는 다음과 같은 텍스트를 충분히 고려하여 야웨의 독특성을 설명할 필요가 있다. "위로 하늘에나 아래로 땅에 오직 여호

---

20   MacDonald, *Deuteronomy*, 92, 195-7.

와는 하나님(*hā' elōhîm*)이시요"(4:39); "하늘과 모든 하늘의 하늘과 땅과 그 위의 만물은 본래 네 하나님 여호와께 속한 것이로되"(10:14); "너희의 하나님 여호와는 신 가운데 신이시며 주 가운데 주시요 크고 능하시며 두려우신 하나님이시라"(10:17); 그리고 모세의 노래에서 신들에 관해 이야기하는 것과 관련된 신명기 32:39의 하나님의 자기선언. 그러나 나의 주장을 입증하기 위해 나는 극도로 중요한 텍스트인 신명기 4:32-40에 관한 맥도널드의 석의와 대화하기를 원한다.

야웨의 독특성에 관한 두 개의 핵심 진술(35, 39절)은 두 단락, 즉 32-35절과 36-39절의 절정에서 나타난다.

³²네가 있기 전 하나님이 사람을 세상에 창조하신 날부터 지금까지 지나간 날을 상고하여 보라. 하늘 이 끝에서 저 끝까지 이런 큰 일이 있었느냐? 이런 일을 들은 적이 있었느냐? ³³어떤 국민이 불 가운데에서 말씀하시는 하나님의 음성을 너처럼 듣고 생존하였느냐? ³⁴어떤 신이 와서 시험과 이적과 기사와 전쟁과 강한 손과 편 팔과 크게 두려운 일로 한 민족을 다른 민족에게서 인도하여 낸 일이 있느냐? 이는 다 너희의 하나님 여호와께서 애굽에서 너희를 위하여 너희의 목전에서 행하신 일이라. ³⁵이것을 네게 나타내심은 여호와는 하나님(*hā' elōhîm*)이시요 그 외에는 다른 신이 없음을(*'ên 'ôd milebadô*) 네게 알게 하려 하심이니라.

³⁶여호와께서 너를 교훈하시려고 하늘에서부터 그의 음성을 네게 듣게 하시며, 땅에서는 그의 큰 불을 네게 보이시고 네가 불 가운데서 나오는 그의 말씀을 듣게 하셨느니라. ³⁷여호와께서 네 조상들을 사랑하신 고로 그 후손인 너를 택하시고 큰 권능으로 친히 인도하여 애굽에서 나오게

하시며, [38]너보다 강대한 여러 민족을 네 앞에서 쫓아내고 너를 그들의 땅으로 인도하여 들어서 그것을 네게 기업으로 주려 하심이 오늘과 같으니라. [39]그런즉 너는 오늘 위로 하늘에나 아래로 땅에 오직 여호와는 하나님(*hāʾelōhim*)이시요 다른 신이 없는(*ʾên ʿôd*) 줄을 알아 명심하고.

[40]오늘 내가 네게 명령하는 여호와의 규례와 명령을 지키라. 너와 네 후손이 복을 받아 네 하나님 여호와께서 네게 주시는 땅에서 한 없이 오래 살리라.

맥도널드는 35절에서 이스라엘이 야웨를 '하엘로힘'(*hāʾelōhim*)으로 인정하는 것을 그가 이스라엘을 선택하신 것에 대한 결과로 보지만, 39절에서는 그가 호렙에서 자신을 계시하신 결과로 간주한다.[21] 나는 이것이 적절하지 않다고 생각한다. 나는 이 텍스트들은 모두 야웨의 최고 능력을 강조하며, 야웨가 이스라엘을 위해 능력을 행사하셨기 때문에 그들은 하나님을 '하엘로힘'(*hāʾelōhim*)으로 인정해야 하는 것이라고 생각한다. 두 번째의 경우(맥도널드가 36절의 하늘과 땅과 39절의 하늘과 땅 사이에는 어떤 연관성이 있다고 보는 것은 타당하지만), 야웨가 "위로 하늘과 아래로 땅에서 하나님"이시라고 인정하는 것은 단지 그가 하늘과 땅에 현존하신다는 것뿐만 아니라(맥도널드가 주장하는 것처럼), 하늘과 땅 도처에서 행하시는 그의 능력도 암시한다. 여호수아 2:11의 평행 본문도 분명 이 해석을 강하게 지지해준다.[22] 다른 민족들의 신들과 비교하여 야웨를 다름 아닌 "하나님"(또는 신 10:17의 표현대로 "신 가운데 신이시며 주 가운데 주시요 크고 능하시

---

21   MacDonald, *Deuteronomy*, 191-6.
22   특히 MacDonald가 제시하는 전 5:1(개역개정 5:2)은 상당히 동떨어진 평행구절이다.

며 두려우신 하나님")되게 하는 것은 바로 그의 비할 데 없는 능력이다. 따라서 비록 야웨가 이스라엘을 위해 행하시는 것을 보고 이스라엘이 야웨를 "하나님"으로 인정한다 하더라도, 이 지위는 단순히 이스라엘과의 관계에서 그가 어떠한 분이신지를 나타낼 뿐 아니라 그 어떤 경우에서도, 그리고 특히 다른 신들과의 관계에서도 그가 어떠한 분이신지를 나타내준다. 물론 야웨가 이스라엘을 선택하시고 은총을 베푸심에 있어서 그들을 향한 사랑으로 그의 능력을 행사하시는 것은 이스라엘과 야웨 간의 관계에서는 필수적이지만, 만약 그가 다른 신들의 능력을 능가하는 방식으로 자신의 선택과 은총을 효과적으로 드러낼 만큼 강하지 않다면, 그는 진정 "그 하나님"이 되지 못하실 것이다.

35절과 39절을 끝맺는 어구—"(그 외에는) 다른 신이 없음"(*'ên 'ôd milebadô*)—는 이런저런 형태로 다른 곳에서 매우 자주 등장하며 일반적으로 "유일신론적 고정문구"로 간주된다. 맥도널드는 여기서 이 어구는 야웨가 이스라엘을 위한 유일한 신임을 의미하긴 하지만 절대적인 의미는 아니라고 주장한다. 개인적으로 '엔 오드'(*'ên 'ôd*)의 용례에 관한 그의 언어학적 주장은[23] 설득력이 없다. 왜냐하면 그의 주장이 야웨가 주어로 나오는 이 어구의 다른 몇몇 용례에는 적용될 수 없기 때문이다(왕상 8:60; 사 45:5, 6, 14, 18, 22). 그가 입증한 것은 단지 '엔 오드'(*'ên 'ôd*)가 사용될 경우 그 의미가 문맥에 의해 제한될 수 있다는 것일 뿐, 그 어구 자체가 그 의미를 제한하지 않는다는 것이다. 열왕기상 8:60이 신명기 4:35, 39과 가장 유사한 평행본문이다.[24] 솔로몬은 (성전 봉헌식에서) 야웨께서

---

23   MacDonald, *Deuteronomy*, 81-4
24   삼하 7:22, 28도 주목하라.

"주의 종의 일과 주의 백성 이스라엘의 일을 날마다 필요한 대로 돌아보[실 것]"(59절)이라고 기도한다.

> 이에 세상 만민에게 여호와께서만 하나님(*hāʾelōhîm*)이시고 그 외에는 없는(*ʾên ʿôd*) 줄을 알게 하시기를 원하노라(왕상 8:60).[25]

추측컨대 이 구절은 신명기 4장에 대한 직접적인 반향이며, 솔로몬이 봉헌기도를 시작하면서 "위로 하늘과 아래로 땅에 주와 같은 신이 없나이다"(8:23)라고 말한 것은 주목할 만하다. 60절의 결론이 땅의 모든 열방이 야웨가 **이스라엘을 위한** 유일한 신이심을 알게 되리라는 것을 결코 의미할 수 없다는 것은 확실하다. 모든 열방이 인정하게 될 것은 바로 오직 야웨만이 "하나님"이시라는 것이다. 그들은 다른 **신들도** 존재한다는 것을 부인할 필요는 없지만, "하나님"이라 불릴 수 있는 유일한 분이라는 의미에서 야웨의 독특성을 인정하게 될 것이다. 바로 이런 범주 안에서 "다른 신은 없다"는 의미다. 내 생각에는 이것이 신명기 4:35, 39에서도 적절한 의미인 것으로 보인다. 이 해석은 "야웨는 하나님(*hāʾelōhîm*)이시다"라는 주장이 다른 신들의 존재를 부정하지 않으면서도 그의 독특성을 주장하는 것이라는 맥도널드의 견해와 일치하지만, 이러한 독특성을 더욱 강화하기 위해 단지 이스라엘만을 위한 것이라고 그 의미를 축소하기보다는 오히려 '엔 오드 밀레바도'(*ʾên ʿôd milebadô*, 다른 신은 없다)를 허용한다.

야웨와 다른 민족 신들을 구별하는 그분의 (이스라엘을 위한) 행동을

---

25 "야웨는 하나님(*hāʾelōhîm*)이시다"라거나 "당신은 하나님(*hāʾelōhîm*)이시다"라는 이 고정 문구에 대한 또 다른 예는 수 22:34; 삼하 7:28; 왕상 18:21, 37, 39(2회); 왕하 19:15= 사 37:16; 대하 33:13; 사 45:18 등이다.

통해 이스라엘이 야웨에 관해 알 수 있는 것은 바로 그가 "하나님" 또는 '신들 가운데 신'이라는 것이다. 이것은 주로 그가 전 우주에서 타의 추종을 불허하는 능력을 갖고 계심을 의미한다. 땅과 하늘과 하늘의 하늘은 모두 그에게 속해 있다(10:14). 반대로, 이방신들은 자기 백성들조차 보호하거나 구원할 수 없는 무력하고 보잘 것 없는 존재들(nonentities)이다. 이것이 "모세의 노래"가 주는 메시지다(특히 32:37-39를 보라). 우리는 "신들" 가운데 최고의 신(야웨)과 무력하고 종속적인 다른 신들을 서로 구별할 필요가 있다. 그런데 이러한 필요성은 한편으로는 "하나님"과 "신들 가운데 신"이라는 용어를 만들어내고, 다른 한편으로는 경멸적인 "신이 아닌 것"(non-god, 32:17, *lō' 'elōâh*; 32:21, *lō' 'ēl*)과 "허무한 것"(32:21, *habelēhem*)이라는 용어를 만들어낸다. 비록 신이라고 불리기는 하지만, 이 다른 신들은 사실 이렇게 불릴 자격조차도 없다. 왜냐하면 그들은 이 세상에서 능력을 가지고 행동하는 **실질적인** 신들이 아니기 때문이다.[26] 오직 야웨만이 최고의 능력을 소유하신 하나님이시다.

> 이제는 나 곧 내가 그인 줄 알라.
> 나 외에는 신이 없도다.
> 나는 죽이기도 하며 살리기도 하며,
> 상하게도 하며 낫게도 하나니,
> 내 손에서 능히 빼앗을 자가 없도다(신 32:39).

---

26 참조. Werner H. Schmidt, *The Faith of the Old Testament*, trans. John Sturdy (Oxford: Blackwell, 1983), 279. 구약은 "신들을 아무것도 아닌 것(nothing)으로 간주한 것이 아니라 아무것에도 쓸모없는 것(good for nothing)으로 간주했다. 그것은[구약는] 그들의 존재를 부정한 것이 아니라 그들의 능력과 유효성을 부정한다."

예수와 이스라엘의 하나님

이것은 계몽주의적 유일신론이 아니며, 야웨의 독특성이 지닌 실존적이며 관계적인 의미에 관해 맥도널드가 서술한 것 중에는 하나도 버릴 것이 없다. 그러나 우리는 여기서 적어도 카우프만이 이해했던 "유일신론"뿐만 아니라 전통적인 형태로의 "아브라함"의 종교들의 "유일신론"에 근접하고 있는 듯하다. 신명기가 다른 신들의 **존재**를 부정하지 않는다는 것을 지적하는 것만으로는 충분하지 않다. 또한 일단 우리가 맥도널드가 신명기의 "하나님 교리"가 필수적으로 지녀야 한다고 생각하는 존재론적 함의에 귀를 기울인다면, 우리는 이 신학이 "신들"이라는 옛 범주를 관통하는 존재론적인 분열을 초래하고 있음도 인정해야 한다.

3. 역사적 유일신론 탐구

물론 맥도널드의 연구는 그간의 연구에 대한 동향 개관을 제외하고는 신명기와 텍스트의 최종 형태에 국한된다. 그는 그의 개관을 다른 구약 텍스트들의 역사적 위치와 관련하여 역사적 문맥에서 살피려고 하지도 않고 공시적 독법을 통해 나머지 텍스트들의 정경적 문맥에서 살피려는 시도도 하지 않는다. 성서신학은 적어도 우리가 이러한 중요한 과제 중 하나라도 충실히 수행할 것을 요청한다. 그러나 과연 첫 번째 과제가 성서신학을 위해 필요하거나 또는 바람직한 것인지에 관한 의구심은 즉각적으로 성서신학의 방법론과 본질에 대한 질문으로 이어진다. 어떤 측면에서 보면 구약신학에서 제기되는 유일신론의 문제는 신약신학에서 제기되는 역사적 예수의 문제와 상당히 유사하다. 과연 신약신학은 역사적 예수 탐구에서 시도하고 있는 예수의 역사적 재구성 작업에 관심을 기울여야 할 필요가 있을까? 아니면 사복음서에 나오는 예수를 정경적인 차원에서 이해하고 표현하는 것이 오직 신약신학이 추구해야 할 타당하고 충분한 관심사인가? 이와 마찬가지로, 과연 고대 이스라엘의 배타적인 야웨 신앙(Yahwism)의 기원 및 발전에 대한 종교사적 설명은, 범성서신학(pan-biblical theology)은 차치하고서라도 구약신학의 중심점이라고 할 수 있는 야웨 신앙을 이해하는 데 과연 유용한가? 한 예로 제임스 바아(James Barr)는 바로 이것이 종교사와 성서신학 사이의 절대적 경계가 결코 유지되어서는 안 될 뿐 아니라 종교사학계의 연구결과들이 성서신학을 위해 중요한 역할을 수행하는 핵심 영역 중 하나라고 생각한다.[27] 이스라엘에서 나타난 배타적 야웨 신앙의 기원 및 발전에 관한 최근 연구에 기여한 이들 가운데 일부는 자신들의 연구 결과가 성서신학에 유용하다는 것에 대해 확신을 갖고 있다.[28]

이 문제는, 맥도널드가 지적하듯이, "'유일신론'은 처음부터 기원에 관한 질문들과 연결되어 있었기" 때문에 훨씬 더 예리하게 제기된다.[29] 그리고 이것은 또한 이스라엘과 구약에서 나타난 유일신론에 관한 논의에서도 마찬가지다. 직설적인 질문을 하나 던져보자. 과연 야웨는 신명기가

---

27 J. Barr, *The Concept of Biblical Theology: An Old Testament Perspective* (London: SCM, 1999), 137-8. 그가 제시하는 세 가지 예 중에서 다른 두 가지 예, 즉 신들(야웨와 엘)의 "융합"(convergence)과 신의 성(sexuality, 야웨의 여성 배우자에 대한 증거를 포함하여)의 문제는 사실상 유일신론의 문제와 밀접하게 연관되어 있다.

28 예컨대 Walter Dietrich, "Über Werden und Wesen des biblischen Monotheismus: Religionsgeschichtliche und theologische Perspektiven," in *Ein Gott allein?* ed. Walter Dietrich and Martin A. Klopferstein (Freiburg: Swiss Academy of Humanities and Social Sciences, 1994), 13-30; Gnuse, *No Other Gods*; B. Becking, "Only One God: On Possible Implications for Biblical Theology," in B. Becking et al., *Only One God? Monotheism in Ancient Israel and the Veneration of the Goddess Asherah* (London: Sheffield Academic Press, 2001), 189-201.

29 MacDonald, *Deuteronomy*, 53.

예수와 이스라엘의 하나님

주장하는 바와 같이 그 땅에 정착하기 이전 이스라엘 민족이 출현할 당시 이스라엘에게 자신의 배타적인 신성을 계시하셨으며, 또 이러한 주장을 자신에 대한 이스라엘의 배타적인 헌신의 기초로 삼으셨을까? 물론 역사적 탐구는 그러한 야웨의 행동에 관한 신학적 질문에 결코 답변을 제시할 수 없었으며, 이 분야에서 역사적 연구의 신학적 함의에 깊은 관심을 갖고 있는 로버트 그누스(Robert Gnuse)와 같은 학자조차도 이러한 신학적 질문을 던지지 않는다. 하지만 그는 이 질문에 부정적인 답변을 내놓을 수밖에 없었을 것이다. 왜냐하면 그는 최근 다수의 학자들처럼[30] 이스라엘 종교가 원래 가나안 종교와 구별될 수 없었고, 배타적인 야웨 신앙은 왕정시대에 가서야 뒤늦게 발전했다고 생각하기 때문이다. (다른 이들은 이것을 포로기 이전으로 추정하지 않는다.) 과연 우리는 역사적 "사실들"이 이렇게 구약의 내러티브와 다를 수 있다는 것을 받아들이면서도 구약의 신학적 가르침을 확증할 수 있을까? 만약 역사적으로 배타적 야웨 신앙 주장조차도 포로기로부터 심지어 모세에 이르기까지 모두 허구화된 역사를 통해 단순히 역투영된 것에 불과한 것이라면, 과연 야웨는 참으로 구약이 묘사하는 바로 그런 분일까? 물론 구약신학에서 "역사"의 지위는 이미 우리에게 상당히 익숙한 문제이지만,[31] 내 생각에 이번 사례는 이 문제를 가장 예리하게 드러낸다.

역사적 예수의 경우에서처럼 나는 단순히 역사와 신학이 각자의 길을 가게 내버려두는 것이 그리 마음에 내키지 않는다. 그래서 비록 내가

---

30 예컨대 Herbert Niehr, "The Rise of YHWH in Judahite and Israelite Religion: Methodological and Historical Aspects," in *The Triumph of Elohim: From Yahwisms to Judaisms*, ed. Edelman (Contributions to Biblical Exegesis and Theology 13; Kampen: Kok Pharos, 1995), 48-50.

31 참조. 예컨대 Barr, *Concept*, chap. 21.

단지 이 분야의 초보자로서 말한다 하더라도, 나는 이스라엘 종교의 근원이 단순히 가나안 종교였다고 주장하는 학계의 의견 일치가 참으로 설득력 있는 역사적 근거를 갖고 있는지에 대해 매우 심각한 의구심을 갖고 있음을 밝히고 싶다. 사실 야웨 이외에도 다른 신들, 특히 아세라 여신을 숭배하는 행위가 왕정시대의 이스라엘과 유다에서 널리 성행했다는 사실이 고고학적으로 입증되었다.[32] 이것은 성서 내러티브와 거의 모순을 일으키지 않으며, 이는 당시 널리 성행했던 다신교적 행위와 더불어 훨씬 더 이른 시기로 거슬러 올라가는 배타적 야웨 신앙 전통도 함께 공존했다는 추정을 가능케 한다. 사실 성서도 바로 이 전통으로부터 비롯되었으며, 이 전통이 수세기에 걸쳐 얼마나 영향력과 위력을 발휘했는지는 정확히 알 수 없지만, 그 시기는 이보다 훨씬 더 이른 시기로 거슬러 올라가는 것이 사실이다. 이제 우리는 이 전통—단지 어떤 신학적 판단으로서나 포로기 이후에 규범적인 지위를 얻게 되었다는 어떤 역사적 회고를 통해 규범적인 것으로 간주될 수 있는—과 포로기 이전 시대의 이스라엘 종교—이스라엘의 대다수 사람들이 관습적으로 행했고, 또 고고학과 텍스트에 의해 입증된 것)를 서로 혼동하지 않는 것이 중요하다. 왕정시대가 막을 내리기 이전에 배타적 야웨 신앙이 이미 존재했다는 사실에 대해 고고학이 그 어떤 증거도 제시하지 못하고 있지만(케테프 힌놈[Ketef Hinnom]에서 출토된 부적과 키르벳 베이트 레이[Khirbet beit Lei]에서 출토된 무덤 비문이 이에 대한 증거일 개연성은 있다),[33] 지금까지 이스라엘 종교의 본질을 파악할 수 있도록

---

32 이에 관한 증거는 특히 Becking et al., *Only One God?*에 포함되어 있는 소논문에 잘 소개되어 있다.

33 K. J. H. Vriezen, "Archaeological Traces of Cult in Ancient Israel," in Becking et al., *Only One God?* 45-80; R. S. Hess, "Yahweh and his Asherah? Epigraphic Evidence for Religious Pluralism in Old Testament Times," in *One God, One Lord in a World of*

　　　　　　　　　　　　예수와 이스라엘의 하나님

제시된 증거는 모두 합쳐도 매우 적으며, 야웨 신앙이 전혀 존재하지 않았을 개연성도 상당히 있다고 말할 수 있는 수준도 전혀 아니다.

배타적 야웨 신앙이 왕정시대 말엽에 이르기까지는 실제로 존재하지 않았다는 결론은 주로 비성서적 증거를 해석하고 이를 근거로 그럴듯한 이야기를 만들어내기 위한 종교적·역사적 모델 활용과 더불어 성서 텍스트를 단순히 역사적·회의주의적 관점으로뿐 아니라 텍스트에 대한 상당한 이념적 의심에 기초한 역사적·회의주의적 관점으로 읽는 것에서 비롯된다. 이러한 모델들은 그 어떤 종교사 연구에서도 불가피하며, 그 증거의 양이 적으면 적을수록, 그리고 모호하면 모호할수록 증거를 통해 유추해낸 결론을 통제하는 모델은 늘어나게 마련이다. 일단 성서 텍스트가 신뢰할 만한 증거로 취급되게 되면―매우 늦은 기록연대 때문만 아니라 매우 이데올로기적으로 형성되었다는 이유 때문에―그 나머지 증거도 어떤 모델과 유비를 사용하느냐에 따라 아주 쉽게 영향을 받을 수 있다는 사실을 인정하지 않을 수 없다. 역사적 재구성이 사실 이러한 증거의 완전성을 충분히 존중해줄 수는 있지만, 어떤 대안적인 역사적 재구성이 그 작업을 그만큼 잘 수행해낼지는 예측하기 어렵다. 그런데 아이러니하게도 신명기 사가들의 역사기술 못지않게 역사를 상당히 관념적으로 서술할 위험이 분명히 남아 있다. 특히 이러한 재구성 작업 대부분은, 비록 서로 약간의 미묘한 차이는 있겠지만, 단계적으로 진보하여 완전한 유일신론으로 나아가는 일련의 단계를 상정하고 일단 이 수준에 도달하면 유일신론으로부터 얼마나 심각하게 멀어졌는지를 파악할 수 없는 발전 모델

Religious Pluralism, ed. Andrew D. Clarke and Bruce W. Winter (Cambridge: Tyndale House, 1991), 5-33은 고고학적 증거가 보여주는 것에 대한 균형 잡히고 분별력 있는 평가를 제공한다.

에 의해 통제되는 것으로 보인다.

나는 로버트 그누스(Robert Gnuse)가 최근 학계의 의견 일치와 맥을 같이 하는 견해들을 다루는 방식 가운데 두 가지 내용이 상당한 통찰력을 보여준다고 생각된다. 이 책의 가치를 드러내는 측면 가운데 하나는 그가 최근 이 분야에서 활동하고 있는 대다수 학자들의 연구를 상세하게 소개하고 이 학자들에 대한 그의 평가를 통해 자기 자신만의 비판적·종합적 분석(critical synthesis)을 내놓았다는 점이다. 그누스가 자신을 포함하여 주류라고 말하는 학자들의 연구 방향에서 가장 크게 벗어난 가장 주요한 최근 연구는 아마도 요하네스 C. 드 무어(Johannes C. de Moor)가 집필한 『야웨 신앙의 출현』(*The Rise of Yahwism*, 제1판, 1990)일 것이다.[34] 전문가의 식견으로 방대한 고대 근동 자료를 다루는 이 매우 학문적인 저서는 "야웨 신앙의 초기 역사에 대한 새로운 패러다임"을 제안한다.[35] 기원과 관련하여 그는 야웨-엘(YHWH-El)의 형태로 엘에 대한 배타적 숭배는 13세기 말 가나안에서 "원 이스라엘인들"(proto-Israelites) 사이에 한 신을 다른 신들 위에 두는 경향이 폭넓게 나타나는 정황 속에서 생겨났으며, 더 정확하게 배타적 야웨 신앙으로 인정될 수 있는 이러한 숭배 형태는 12세기 말에 모세와 함께 생겨났다고 제안한다(드 무어는 모세가 이집트 문서에 나오는 이집트 장관 베야였다고 상세하게 논증한다).[36]

다음은 드 무어의 책에 대한 그누스의 평가다.

34　Gnuse는 1997년에 글을 쓰면서 1990년판을 언급한다. 나는 수정증보판인 Johannes C. de Moor, *The Rise of Yahwism: The Roots of Israelite Monotheism* (BETL 91; Leuven: Leuven University Press/Peeters, 1997)을 사용했다.

35　De Moor, *Rise of Yahwism*, 9.

36　De Moor의 마무리 요약(*Rise of Yahwism*, 372)에서 베야(Beya)의 연대를 "13세기 말"로 책정한 것은 실수로 보인다.

이 책은 탁월하게 논증을 전개하지만, 믿기 어려울 정도로 가설적이다. 그는 성서에 나오는 가히 고풍스러운 시에 기초하여 상세한 역사를 재구성하였는데, 그 과정은 위험할 정도로 주관적이다. 그의 이론은 가능하지만 개연성은 없다. 이러한 이론은 반박하기 어렵지만, 증명하기도 역시 불가능하다. 문학적 암시를 점진적으로 특정한 역사로 재구성해나가는 가설은 그 어떤 것이라도 진정한 역사적 사건이었을 개연성은 매우 낮다. 드 무어의 이론은 유일신론의 진화에 대한 학계의 이해와 상반된 방향으로 역행하고 있어서 그의 가설로 돌아설 독자는 거의 없을 것이다.[37]

드 무어의 연구가 매우 사변적이라는 그의 판단은 타당하지만, 나는 과연 그의 연구가 그누스가 선호하는 재구성들보다 정말로 **더** "가설적"이인지 또는 그의 증거 사용이 **더** "주관적"인지 의구심이 든다. 실제로 드 무어에 반대하는 가장 결정적인 평가는 단지 이것이 학문적 동향이기 때문에 이 학문적 동향에 엄청난 신뢰를 보이는(비록 심지어 이러한 동향을 그누스가 "패러다임 전환"으로 간주하는 데도 말이다) 그누스의 마지막 문장에서 발견된다.[38] (그누스 자신도 다양한 요소—단지 증거뿐만 아니라—가 이러한 학문적 동향을 형성한다는 것을 잘 알고 있다.) 내가 가치 있다고 생각하는 것은 그누스가 드 무어의 이론을 "가능하다"고 본다는 점이다. 그는 드 무어의 이론에 반대하는 증거가 있다고 주장하지 않고, 단지 이를 뒷받침해주는 증거가 미약할 뿐이라고 주장한다. 이것은 이 분야에서 제시되고 있는 모든 역사적 주장의 위치를 나타내는 훌륭한 지표라고 할 수 있다. 내가 이 예

37　Gnuse, *No Other Gods*, 109.

38　Gnuse, *No Other Gods*, 12.

를 든 것은 드 무어의 이론을 변론하기 위함이 결코 아니다(나는 그의 이론을 상세하게 평가할 만한 능력이 없다). 오히려 나는 이 이슈에 대한 그누스의 논의가 어떤 하나의 통제 가능한 모델(controlling model)이 이 분야의 역사적 재구성 작업을 실행하고 평가하는 데 있어 얼마만큼이나 결정적인 요인이 될 수 있는지를 잘 보여준다고 생각하기 때문이다.

그누스의 평가에 대한 나의 두 번째 생각은 어떤 특정한 재구성에 관한 것이 아니라 증거를 해석하기 위해 제안된 어떤 모델에 관한 것이다. 이것은 베르너 슈미트(Werner Schmidt)의 탁월한 저서 『구약성서의 신앙』(The Faith of the Old Testament, 1968년에 처음 출간됨)에서 찾아볼 수 있다. 슈미트 자신은 이 저서를 이스라엘 종교의 역사와 구약신학 사이의 어느 중간쯤에 있는 것으로서 평가하는데,[39] 이는 그누스가 자신의 저서를 평가하는 방식과 그리 다르지 않다. 배타적 야웨 신앙이 다른 숭배와 어떻게 관련되어 있는지를 묘사하는 차원에서 슈미트는 "인정과 거부라는 이중 과정"에 대해 언급했다.[40] 야웨는 다른 신들의 일부 특성을 이어받으면서도 다른 신들의 다른 특성과 뚜렷하게 구별되었다. 이것은 이스라엘의 야웨 신앙에서 핵심이 되는 부분과 양립할 수 있는 것은 인정하고 이와 양립할 수 없는 것은 거부하는 과정이었다. 그러나 이러한 과정은 이러한 구별을 위한 몇 가지 기준을 전제한다. 슈미트는 이렇게 말한다.

이러한 접촉과 거부라는 양극성은 제아무리 간단하게 서술한다 하더라도 여전히 만족스럽지 못하다. 종교적·역사적 비교가 이루어진 후에는

---

39 J. R. Porter, foreword to The Faith, by Schmidt, ix.

40 Schmidt, The Faith, 180.

언제나 다음과 같은 질문이 제기되기 마련이다(이 질문에 대해서도 역사적 해명은 있다). 과연 무엇이 야웨의 적대자들의 권력을 박탈해버리는 이스라엘의 역사를 가능케 한 것일까? 무엇이 한편으로는 거부를 허용하고 다른 한편으로는 차용과 변화를 허용하는 기준이었을까? 이것은 어려운 문제이며, 모든 경우에 동일하게 같은 답변이 주어질 수 없는 문제다. 그러나 어쨌든 배타적 충성과 형상의 금지에 대한 야웨의 요구가 결정적인 기준으로 거론되기 십상이다.[41]

"인정"(recognition)과 "거부"(rejection)와 "핵심"(core)이라는 범주(즉 인정과 거부라는 이중 과정을 주도한 기준)를 높이 평가하는 그누스는 처음 두 가지 기준이 마크 스미스(Mark Smith)가 더 최근에 집필한 저서에서 신들의 "융합"(convergence)과 "차별"(differentiation)로 명명한 두 범주와 유사하다는 것을 정확히 인지한다.[42] 그가 주목하지 못하는 것은 스미스의 모델이 슈미트의 "핵심" 범주에 상응하는 것을 갖고 있지 못하다는 점에서 슈미트의 모델이 스미스의 모델의 분명한 결함을 보완하는 방식이다. 스미스의 모델은 야웨와 다른 신들 간의 관계를 분명하게 **묘사해주는 내용**(description)을 제공해주지만, 그 과정에 대한 명확한 설명이 빠져 있다.[43] 하지만 이러한 슈미트 모델의 장점은 그누스의 평가에서 전혀 보이지 않는다.

슈미트의 범주는, 그 과정의 연대를 너무 이른 시기로 정하고[슈미트는

---

41   Schmidt, *The Faith*, 180.

42   Mark S. Smith, *The Early History of God: Yahweh and the Other Deities in Ancient Israel* (San Francisco: Harper & Row, 1990).

43   이것은 Smith, *Early History*, 155-6에서 명백하게 드러난다. 거기서 Smith는 한 가지 관점에서 볼 때 칭찬할 만한 역사적인 신중함을 보여준다.

야웨 신앙의 "핵심"—그가 밝힌 바대로—이 정착 이전 시대로 거슬러 올라간다고 본다] 그 "핵심"을 너무 구체적으로 기술하려는 경향을 제외하면, 앞으로 진행된 논의에 매우 유용한다. 야웨의 배타성과 반(反)형상주의적 묘사는 아마도 고고학과 성서 텍스트에 대한 더 새로운 비평적 이해가 보여주듯이, 포로기 이전의 이스라엘 종교에서는 그리 중요한 요소가 아니었을 것이다.…이른바 야웨 신앙의 "핵심"은 아마도 더 불명료했으며 정의하기 어려웠을 것이다.[44]

그러나 역사적으로 무언가 설명할 수 있는 "핵심"의 가치는 이렇게 불명료하고 정의내릴 수 없는 것이 되어버릴 때 완전히 사라져버린다! 나는 슈미트가 인정과 거부라는 이중 과정을 이끈 기준들이나 또는 후대에 독특하게 발전한 야웨 신앙을 설명해주는 이른 시기의 야웨 신앙의 핵심에 관해 **역사적** 질문(구약신학을 위해 중요한 질문일 뿐만 아니라)을 던지는 것이 필요하다고 본 것은 상당히 타당하다고 생각한다. 그의 대답은 물론 역사적 설명으로서 하나의 가설이긴 하지만, 그 타당성은 매우 크다고 생각한다.[45] 그누스는 이를 거부한다. 그 이유는 실제로 이에 대한 확고한 증거 때문이라기보다는(고고학은 실제로 야웨 신앙의 반(反)형상주의의 이른 기원을 반박하기보다는 이를 지지한다[46]) 그가 다른 모델을 선호한 나머지—내 판

---

44   Gnuse, *No Other Gods*, 239.

45   이와 유사한 역사적 논증을 보려면 R. Albertz, *A History of Israelite Religion in the Old Testament Period*, trans. John Bowden (London: SCM, 1994), 1:61-2를 보라: "야웨 종교 안에는 다른 다신종교들과 차별화될 수 있는 잠재력이 틀림없이 있었을 것이다. 야웨에 대한 배타적인 예배를 위기 극복을 위한 유일한 가능성으로 보았던 반대 집단들은 이 잠재력에 호소할 수 있었다"(62).

46   특히 T. N. D. Mettinger, *No Graven Image? Israelite Aniconism in Its Ancient Near Eastern Context* (CB [NT] 42; Stockholm: Almqvist & Wiksell, 1995)를 보라. **사실**

단에는—증거를 설명하는 데 있어 슈미트의 모델의 우월성을 인정하지 못했기 때문이다.

최근에 이루어진 합의에 대한 대안들을 거부하는 그누스의 이유 가운데 이 두 가지 예는 우리가 이러한 합의(즉 이스라엘 종교가 원래 가나안 종교와 구별될 수 없었고 배타적인 야웨 신앙은 뒤늦게 발전했다는 견해)를 이루는 역사적 근거를 지나치게 확신해서는 안 된다는 것을 암시한다. 그러나 그누스의 연구는 우리의 논증의 다음 단계를 위해 계속해서 우리의 주목을 끌수밖에 없다. 왜냐하면 그가 최근에 이루어진 합의에 대한 열광적인 옹호자일 뿐만 아니라 신학자로서 이 견해가 성서신학에 중요한 영향을 준다고 확신하고 있기 때문이다.

그누스의 책 전체의 맥락은 유일신론이 이스라엘 종교로부터 비롯되었다는 그의 진화론적 이해다. 그에게 있어서 이것은 일어난 사건을 역사적으로 이해하는 체험적 모델(heuristic model)일 뿐만 아니라 지극히 중요한 신학적 범주다. 그는 많은 최근 연구로부터 유일신론이, 단순히 진화론적 모델이 과거에 제안했듯이, 오랜 기간에 걸쳐 점진적으로 발전한 것이 아니라 "혁명적인 방식으로 일어나는 진화론적 과정"이라는 진화와 혁명의 조합을 통해 발전했다는 추론을 이끌어낸다. 그는 "참된" 유일신론이 그 시대의 정치·종교적 위기에서 비롯되어 "오랜 세월을 거쳐 포로

상 그는 이스라엘만큼이나 오래된 반(反)형상주의(194)를 그가 신명기적 신학의 영향으로 간주하는 "신의 형상의 체계적 금지"(135, 그러나 이보다 더 이른 시기일 가능성에 대해서는 196과 비교하라)와 구분한다. 이스라엘의 반형상주의를 서양의 셈족 반형상주의에 대한 더 일반적인 현상의 한 형태로 간주하면서 그는 비록 이것이 "형상에 대한 명백한 거부"(195-6)일 수도 있음에도 불구하고 이것을 이스라엘의 **특수한 차이점**(*differentia specifica*) 중 하나로 보지 않는다. 어쩌면 그는 주어진 문맥 안에서 야웨 신앙의 반형상주의가 독특하면서도 차별화된 것으로 보일 수 있었다는 것을 충분히 고려하지 않고 있다고도 볼 수 있다.

기에 이르러 절정을 이룬 일련의 지적 혁명"의 산물로 본다.[47] (그누스는 이러한 발전의 최종 결과, 즉 다른 신들의 존재를 부인하는 제2이사야의 유일신론을 묘사하는 다양한 용어[참된 유일신론, 절대적 유일신론, 이론적 유일신론, 순수한 유일신론, 급진적 유일신론]를 사용한다.)

그동안 특정 상황에 의한 여러 지적 "도약"을 통해 발전을 거듭했다고 보는 견해는 이미 잘 알려져 있었으며, 마크 스미스는 이미 진화와 혁명의 조합에 관해 언급한 바 있다.[48] 그누스의 공헌은 바로 이러한 조합이 진화라는 생물학적 모델을 포기할 필요가 없음을 보여주는 데 있다. 왜냐하면 후자에 대한 현대의 이해가 순전히 점진적으로 진행되는 과정보다는 주기적인 "도약"이라는 개념을 내포하고 있기 때문이다. 그는 이 모델을 "단속평형이론"(Punctuated Equilibria)이라고 부른다. 나는 이렇게 명백한 생물학적 모델이 어떻게 기능한지 잘 모르겠다. 이것은 단지 (그누스가 종종 말하듯이, "교육학적으로" 유용한) 하나의 예시에 불과한 것인가? 아니면 어떤 설명적 가치가 있는 것인가? 역사적 발전 단계를 생물학적 진화와 유사한 방식으로 설명할 수 있다는 사실이 그 방식을 더욱더 설득력 있게 만드는가? 그누스만큼 인간의 지적·종교적 역사의 대체적인 점진적 발전과 생물학적 진화에 대한 강한 신념을 갖고 있는 한 사람으로서 나는 전자가 왜 후자와 동일한 방식으로 발전할 것으로 기대해야 하는지 그 이유를 전혀 모르겠다.[49]

---

47 Gnuse, *No Other Gods*, 69.
48 Gnuse, *No Other Gods*, 102.
49 나의 판단에 의하면 심지어 이스라엘 종교의 진화론적 모델에 대한 James Barr의 적정한 변론조차도(*Concept*, 7장) 생물학적 진화와 역사적 발전이라는 개념을 너무 밀접하게 연관시키면서도 이 두 과정이 작동하는 **방식들** 간에 유용한 비교가 있을 수 있음을 전제하지 않는 것으로 보인다.

구약학자들은 고대 이스라엘에서 나타난 유일신론의 발전에 대해 설명하는 가운데 종종 유일신론이 전 세계에 끼친 유대교의 위대한 공헌이었다거나 또는 이스라엘에서 일어난 사건이 현대 세계를 위한 근간을 마련했다는 취지의 소견을 덧붙이곤 했다.[50] 그러나 이스라엘의 유일신론의 출현에 대해 그누스는 이를 진화론적인 지적 진보라는 세계적 역사 도식(scheme) 안에 위치함으로써 "인류를 위한 위대한 진화론적 진보"라는 지위를 부여한다.[51] 그리스, 페르시아, 인도, 중국 등에서 나타난 "차축시대"(Axial Age)의 상당한 지적 약진(breakthroughs)과 함께 이것은 지적 진화라는 위대한 세 번째 단계에 속하며, 이 단계는 르네상스시대 또는 계몽주의시대에 이어 현재 우리가 속해 있는 현대 지적 세계에 의해 계승되었다.[52] 물론 이것이 네이선 맥도널드가 불만을 제기하는 계몽주의 모델이 가져다준 영향의 가장 중요한 예이지만, 그누스는 유일신론을 고도의 지적인 관점에서 바라본다(그는 종종 지적 돌파구를 찾은 이스라엘의 지식층에 관해 언급하고, 마치 지적 역사가 가장 중요한 측면인 양 지적·종교적 역사보다 종교적 역사를 더 자주 언급한다). 그는 또한 이러한 발전 단계들이 인류를 한 지적 발전 단계에서 다음 단계로 이끌어 현대 시대에 이르러 그 절정에 도달하게 했다는 점에서 그 가치를 발견한다. 따라서 계몽주의의 유일신론

---

50 B. Halpern, "'Brisker Pipes than Poetry': The Development of Israelite Monotheism," in *Judaic Perspectives on Ancient Israel*, ed. J. Neusner, B. Halpern and E. S. Frerichs (Philadelphia: Fortress, 1987), 107. Halpern은 역사 발전에 대한 자신의 매우 냉철한 해석을 다음과 같이 특이한 방식으로 마무리한다. "이로써 생겨난 공동체적인 종교는 서구 문화의 중심에 남아 있다. 급진적인 유일신론적 통찰력의 성공적인 사회화는 이론과 현실 간의 상호작용을 잘 보여준다. 그런 의미에서 종합적 유일신론(synthetic monotheism)은 '과학적 방법'을 향한, 즉 이론적 경험주의(empiricism)를 향한 움직임이었으며, 바로 이런 의미에서 서구 사상의 진보 및 진보성에 지대한 공헌을 했다."

51 Gnuse, *No Other Gods*, 125.

52 Gnuse, *No Other Gods*, 233-6.

개념들이 이스라엘의 야웨 신앙의 내용에 얼마나 많이 또는 적게 영향을 미쳤든지 간에, 그가 이 신앙의 발전 과정에서 발견하는 의미는 구약의 저자라면 누구든지 볼 수 있었던 것과는 상당히 다르다는 것을 주목하는 것은 특히 중요하다.

그누스는 신학적으로 상당히 흥미로운 것을 이루어냈다. 사실상 그는 야웨와 함께한 이스라엘의 역사에 대한 성서 내러티브를 대체하는, 이스라엘에서 발생한 유일신론의 역사적 진화를 재구성하는 방식을 채택했다. 이와 동시에 그는 야웨와 함께한 이스라엘의 역사에 대한 구약의 신학적 설명을 대체하고 새로운 역사적 재구성에 상응하는 새로운 신학적 이해―현대주의적 구원 역사―를 제시했다. 그 절차는 19세기 자유주의 이래로 빈번하게 사복음서 신학을 대체하는 신학들과 불가분의 관계를 맺어온 역사적 예수에 대한 급진적 재구성 작업들과 유사하다. 따라서 그누스가 자신의 연구를 신학적인 측면에서 성서신학으로 간주했다는 것은 상당히 놀라울 뿐이다.

비록 그누스가 유일신론이 이스라엘에서 출현한 것에 대해 세계적으로 놀라운 역사적 의미를 부여하지만, 이러한 평가야말로 우리 현대인들로 하여금 오히려 그것으로부터 멀어지게 만든다. "우리는 성서적 사고의 토대 위에 세워질 수 있지만, 우리는 또한 그것을 넘어 더 나아갔다."[53] 포로기 동안 이스라엘의 유일신론적 지식인들에 의해 달성된 혁명적 약진은 이러한 모든 진화론적 약진처럼 다음 진화 과정―"유대교·기독교 전통"―의 시작에 불과하다. 이 과정 안에서 "급진적인 유일신론의 영향

---

53   Gnuse, *No Other Gods*, 235.

은 그들의 사회·종교적 규범의 견지에서 [여전히] 실현되고 있다."⁵⁴ (혹
자는 왜 이슬람 세계도 이스라엘의 유일신론에서 파생된 진화론적 과정의 일부가 아
닌지 의아해한다.) 다시 말하면 "유일신 종교의 영향은 우리 시대에서 여전
히 나타나고 있다. 어쩌면 이것이 **우리 앞에 놓인 신학적 과제를 위한** 현
대의 비평적 연구로부터 파생된 **가장 중요한 결론**이다(강조는 덧붙여진 것
임).⁵⁵ 그누스는 당연하게 제기되는 다음과 같은 질문을 미처 의식하지 못
한다. 만약 서구의 지적 발달이 인간 진화의 최첨단이라면, 마치 일종의
포스트모던 무신론을 향해 새로운 진화론적 약진이 이미 이루어지고 있
는 것처럼 보이지는 않는가?

　　성서신학에 주는 함의에 관한 보다 더 상세한 그누스의 생각들은 이
스라엘의 가나안 환경에 비해 이스라엘의 독특성이라는 대조적인 그림
을 선호하는 옛 성서신학과 주요한 연속성으로부터 나오는 차이에 대한
자신의 진화론적 그림 간의 차이에 중점을 두고 있다. 이 차이에 대해 그
는 두 가지 흥미로운 주장을 펼친다. 하나는, 옛 성서신학이 사회적·정치
적 변화에 상응하는 자세를 가지고 세계에 대항하는 교회의 변증법적 모
델을 촉진시킨 반면, 이에 대한 새로운 이해는 현대 세계 전체의 인간의
문화 발달 과정 속에서 하나님의 임재와 활동을 지각하면서 연속성을 강
조하고 보다 나은 정의와 평등이라는 점진적 발달 과정을 추구할 것이라
는 것이다.⁵⁶ 이에 대해 혹자는 성서신학으로부터 특정한 사회적·정치적
상황에서 실제적으로 변화를 이끌어낼 가능성에 대해 어떠한 결론이라도
도출해내는 것은 응용신학을 하는 방식이 전혀 아니라고 대응할 수 있다.

54　　Gnuse, *No Other Gods*, 273.

55　　Gnuse, *No Other Gods*, 275.

56　　Gnuse, *No Other Gods*, 277-8.

그의 진화론적 그림이 주는 두 번째 함의는 우리가 "그토록 유행했던 성서적 사고에서 독특한 무언가를 찾아내려는 것"을 포기해야 한다는 것이다. "우리는 독특한 것을 찾아내기보다는 옛 개념들이 어떻게 바뀌었는지를 찾아내야 한다."[57] 내가 보기에는 이러한 지적이 더 통찰력이 있다고 생각한다. 구약의 신학적 개념들을 모든 면에서 고대 근동의 문맥과 대조를 이룬다는 식으로 해석하는 구약신학의 옛 방식이 "강압적인 일반화를 만들어낸 것"은 확실한 사실이다.[58] 역사적으로 재구성된 대조적인 세계관을 추구하기보다는 구약의 종교적 환경을 자체적으로 비판하는 것이 더욱 신선하다고 할 수 있다. 결국에는 이것이 독특한 개념의 문제가 아니라 야웨의 독특성의 문제임을 우리가 깨닫게 될지도 모른다. 피터 머시니스트(Peter Machinist)가 보여주듯이, 구약학자들이 이스라엘 종교에서 참으로 독특한 것을 찾아내는 것이 점점 더 어려워지는 가운데, 야웨와 이스라엘(그리고 이 둘이 서로 밀접하게 연결된 가운데)의 독특성에 대한 강한 인식은 사실 히브리 성서 전반에 만연해 있다.[59] 그누스는 이스라엘의 위치가 마치 인류 지성의 앞날을 위한 일종의 진화론적 교두보인 것처럼 이것을 이스라엘의 위치로 축소하고, 머시니스트는 이집트와 메소포타미아의 오래되고 지배적인 문화 앞에서도 이에 대응할 수 있는 "역정체성"(counter-identity)을 위한 이스라엘의 사회학적 필요로 축소시킨다.

구약신학 안에서 야웨의 독특한 정체성을 찾아내려는 노력이 이루어지고 있는 가운데 우리는 "유일신론적" 주장(다른 고대 문화에서 이와 유

---

57   Gnuse, *No Other Gods*, 271.

58   Gnuse, *No Other Gods*, 271.

59   Peter Machinist, "The Question of Distinctiveness in Ancient Israel," in *Essential Papers on Israel and the Ancient Near East*, ed. F. E. Greenspan (New York: New York University Press, 1991), 420-42.

사한 믿을 만한 증거가 있을 수도 있고 없을 수도 있지만)뿐만 아니라 이러한 주장(야웨가 유일한 창조주이자 모든 실체를 다스리시는 주[主]시라는 주장)이 이스라엘의 하나님 야웨의 특수성(particularity)을 축소시키지 않고 이루어진다는 사실을 주목해야 한다. 이러한 종류의 특수성은 일반적인 종교적 개념으로 축소될 수 없으며, 고대 세계의 일반적인 종교적 풍토나 지속되고 있는 지적 진화 과정 속으로 흡수될 수 없다. 그누스가 추진하는 이 주제의 방대한 지식화(intellectualization)로 인해 우리가 놓치게 되는 것은 단순히 이스라엘 종교가 현실을 바라보는 일련의 사상 그 이상이라는 인식뿐 아니라 야웨의 특수성에 대한 인식이다. 비록 야웨의 이스라엘 선택이 인류의 지적 진화에 기여했다는 의미에서 이스라엘의 괄목할 만한 지적 성과로 간주될 수 있지만, 그누스의 하나님은 구약의 야웨가 행하시는 특별한 일 가운데 그 어떤 것도 실제로 행하지 않으신다. 그누스의 연구를 비판적으로 검토하면서 우리가 받을 수 있는 가장 중요한 경고는 성서적 "유일신론"이, 우리가 이 용어를 사용하건 안 하건 간에 그리고 이 용어를 정의할 필요성이 얼마나 있든지 간에, 이스라엘과 맺은 언약을 통해 자기 자신을 규정하는 하나님과 이스라엘의 역사에서 자신의 특별한 정체성으로부터 분리될 수 없는 특별한 이름 야웨(YHWH)로 스스로를 규정하는 하나님에 대한 주장이다.

　　그러나 그누스의 연구가 이스라엘에서 출현한 유일신론에 관한 최근 합의로부터 신학적 결론을 이끌어내려는 유일한 시도는 아니다. 포로기 이후에 유일신론이 승리하게 된 것이 전혀 좋은 일이 아니며, 오히려 이것을 포로기 이전의 다신론이 지니고 있던 관대한 다양성에 대한 억압적인 족장 종교의 승리로 보는 학자들도 있다. 포로기 이전의 다신론에서는 야웨에게 배우자가 있었고, 흔히 아세라 신상을 통해 알려진 가정

신앙에서뿐 아니라 단일 남성 신만을 배타적으로 숭배하는 제의 중심지 (cult centres)에서도 여신 숭배가 이루어졌다는 것이다. 재차 강조하지만, 이것은 이념에 의해 억제되고 왜곡되어온 정경의 기사를 그 실제 모습으로 복원해낸다는 점에서 사복음서가 예수에게 투영한 교조적인 기독론 (dogmatic Christology)으로부터 실제 예수를 복원해내는 일종의 역사적 예수 탐구와도 무척 닮았다. 물론 이 방향으로 나아가는 구약신학에는―심지어 불투명하고 재구성을 요하는 구약신약조차도―전혀 미래가 없다. 만약 이스라엘의 종교가 다른 대다수의 고대근동의 종교적 문화와 훨씬 더 닮았을 때처럼 매력적인 종교 패러다임이 이스라엘 종교 패러다임이었다면, 종교적으로 계속해서 특별히 이스라엘에 관심을 가질 만한 좋은 이유가 전혀 없다. 어쨌든 고대의 다신종교는 이스라엘 밖에서 발견된 문서에 훨씬 더 잘 나타나 있으며, 현존하는 구약 문헌에서 유일신론을 신봉한다며 이스라엘 종교를 규탄하는 내용으로부터 복구할 수 있는 얼마 되지 않는 다신교적 단편들보다 훨씬 더 괄목할 만한 종교 문헌을 남겼다.

4. 구약: 유일신론적인 책인가?

네이선 맥도널드의 책은 구약의 야웨 신앙 이해를 위해 계몽주의의 유일신론이라는 범주가 얼마나 부적절한지를 분명하게 보여주는 데 크게 공헌한다. 그러나 "유일신론"을 언급하는 이들이 모두 주로 계몽주의 모델을 염두에 두고 있는 것은 아니다. 이들 가운데에는 유대교 및 기독교 전통에 따라 성서를 해석하고 이스라엘의 하나님과 기독교의 하나님의 독특성을 이 전통에 따라 이해하는 방식에 훨씬 더 많은 영향을 받은 이들도 있다. 또한 이들 가운데에는 구약의 "유일신론"과 현대의 "유일신론" 간의 차이점 가운데 적어도 그 일부에 대해 잘 인식하고 있지만, 오해를 피하기 위해 노력하면서도 "유일신론"을 계속해서 전자의 의미로 언급하는 것이 적절하다고 생각하는 이들도 있다. 내 느낌은 헬레니즘 및 로마 시대의 "유대교 유일신론"에 대해 언급하는 신약학자들과 초기 유대교학 자들은 그동안 구약학자들이 계몽주의 모델의 영향을 받았던 것보다는 덜 영향을 받고 있다는 것이다. 성서 시대 이후의 유대인들이 나머지 사람들이 숭배한 많고 다양한 신들과는 대조적으로 자신들의 하나님의 독특성에 대해 매우 강한 인식을 갖고 있었음을 표현하려면 과연 우리는 "유대교 유일신론" 외에 또 다른 어떤 용어를 사용할 수 있었을까? (어쩌면 혹자는 "유일 야웨 신앙"[mono-Yahwism]을 제안할 수도 있겠다. 만약 이것이 모튼 스미스[Morton Smith]와 베른하르트 랑[Bernhard Lang]이 가설로 제기한 왕정시대 말기의 "오직 야웨 운동"[YHWH-alone movement]을 연상시키지 않는다면 말이다. 나는 일신숭배와 내가 "유대교 유일신론"이라고 부르는 것을 총망라하는 보편적인 용어로 "배타적 야웨 신앙"[exclusive Yahwism]을 사용한다.) 나는 계속해서 "제2성전기 말기 유대교 유일신론"(편의상 "유대교 유일신론")이란 용어를 사용할 것인데, 이는 이 시대의 유대교 문헌을 비롯해 내가 보기에 신약이 전제하고 있는 그런 종류의 종교를 가리킨다. 우리에게 가장 중요한 과제는 모두가 만족할 만한 명칭을 찾아내는 것이 아니라, 과연 당대에 그들이 야웨의 독특성을 어떻게 이해했는지를 정확하게 파악하고 특징짓는 것이다.

이것은 정말로 논쟁의 여지가 많은 주제이며, 이 책의 다른 장들은 이 주제에 관해 논의한다. 그러나 나는 내가 "유대교 유일신론"이라고 부르는 것이 히브리 정경이 형성될 당시의 유대인들이 바로 이 유대성서 안에서 발견한 것을 가리킨다는 의미에서, 이것이 성서신학자인 우리가 구약을 이해하는 데 매우 적절한 주제라고 생각한다. 이 범주는 계몽주의 유일신론에 비해 우리가 다루는 텍스트와 다르지 않다. 내 주장대로라면, 내가 "유대교 유일신론"이라고 부르는 것은 바로 정경에 담겨 있는 신학을 말하는데, 이는 이것이 바로 정경이 형성되고 편집되는 과정의 신학적 정황이었으며 이 정경이 바로 이 정경을 자신들의 성서로 만든 이들(경전에 입각해 세워진 종교인 초기 유대교)에 의해 읽혀지도록 의도된 방식이었다는 것을 의미한다. 적어도 나는 텍스트에 대한 적절한 역사적 이해를 왜곡시키지 않는 범위 내에서 성서를 읽을 수 있는지를 고려해보는 것은 상당히 중요하다고 생각한다. 나는 성서 시대 이후의 초기 유대교가 성서를 읽어온 방식이 모두 우리에게도 유효하다고 제안하는 것은 아니며, 다만 히브리 정경을 읽은 초기 독자들이 야웨의 유일성에 대한 기본적인 이해를 그 정경 안에서 발견한 것처럼 우리도 그 안에서 그것을 발견할 수 있는지, 또 그것을 발견한다면 어떻게 발견할 수 있는지에 관한 내 견해를 제시할 뿐이다. 만약 이것이 신약이 구약을 매우 혁신적인 방식으로 기독론에 입각한 해석을 하는 과정에서 전제로 삼았던 구약의 하나님에 대한 이해이기도 하다는 내 생각이 옳다면, 이 문제는 "범성서" 신학('pan-biblical' theology)의 관점에서도 매우 중요한 과제가 아닐 수 없다.

유대교 유일신론에 의하면 한 분 하나님은 야웨(YHWH)라는 유일무이한 이름을 갖고 계시고 그의 선민 이스라엘과도 유일무이한 관계를 맺고 계신다. 그는 이스라엘에 대하여 구원과 심판이라는 강한 힘을 행사하는 최고의 능력뿐만 아니라 이스라엘을 다루시는 도덕적 성향(출 34:6-7의 고전적인 묘사에서 나타나듯이)도 드러내신다. 이스라엘의 유일신론이 단지 지적인 믿음의 문제가 아니라 삶 전체를 통해 드러나는 차별된 제의적 실천과 사랑에서 나오는 순종의 문제임을 드러내는 십계명의 제1계명 및

예수와 이스라엘의 하나님

쉐마에 이스라엘이 준수해야 할 내용이 모두 요약되어 있듯이(이것이 부적절하게 일신숭배로 불리고 있지만, 제2성전기 말기 유대인들은 오직 야웨만을 예배해야 한다는 특별한 의식을 갖고 있었을 뿐만 아니라 이 사실이, 다른 신들 숭배와 관련해서는 그 어떤 것에도 불참해야 한다는 확고한 의지와 더불어, 종교적 실천에 있어서도 유대교 유일신론을 가장 두드러지게 만든 것은 분명하다), 이스라엘의 하나님으로서 야웨의 독특한 정체성 안에 담겨 있는 이 모든 요소는 유대교 유일신론에 있어 필수불가결한 것이다.[60]

바로 이 이스라엘의 하나님이 유일하게 만물을 창조하시고 만물을 주관하시는 주권적 주님(sovereign Lord)이시다. 제2성전기 말기 유대인들이 자신들의 하나님에 관해 언급한 다른 많은 것들 가운데 그의 다른 모든 실재와의 독특한 관계와 관련이 있는 이 두 측면은 지속적으로 야웨를 유일무이한 범주로 간주하면서 가장 널리 인용되었다. 대다수의 유대교 저자들은 그런 의미에서 야웨는 오직 유일하신 참 하나님이시며 모든 이들에게 그런 분으로 인정받아 마땅한 분이심을 분명하게 천명했다. 다른 신들을 숭배하는 모든 이교도 숭배는 유일한 창조주이자 주(主)이신 단 한 분께만 드려 마땅한 것을 다른 신에게 드리는 행위였다. 당대의 많은 유대교 문헌은, 야웨만이 모든 실재의 유일한 주(主)이시기 때문에, 그분만이 궁극적으로 그러한 분으로 인정받아 마땅하다고 기대하는 종말론적 유일신론을 고수했다고 말할 수 있다.

그러나 이러한 보편주의(universalism)는 야웨의 이스라엘 선택이라

---

60 Barclay, *Jews in the Mediterranean Diaspora*, 429. Barclay가 "유일신론"이란 용어를 "한 개념"("하나님"이라고 불릴 수 있는 분은 단 한 분밖에 없다는 믿음)을 강조하기 위해 사용한다면 부적절하며, 수용 가능한 종교인지 아닌지를 규정하는 데 필요한 **제의적 관습**(cultic practice)의 중요성을 모호하게 만든다.

는 특수성과 긴장관계에 있지 않았다. 왜냐하면 다른 민족들도 이스라엘의 하나님을 유일하신 참 하나님으로 인정하게 될 것이기 때문이었다. 분명히 이스라엘을 위한 그의 구원 행위들은 모든 이들이 그를 보편적으로 인정하는 상황을 만들어낼 것이며, 또 이러한 상황은 특별히 자신의 언약 백성과 맺은 관계를 인정하는 것과도 무관할 수 없을 것이다. 다양한 초기 유대교 문헌 가운데에는 종종 디아스포라 유대인들의 변증 또는 로마 정권에 대한 팔레스타인 유대인들의 저항과 같은 정황상 특수한 요소들과 관련하여 보다 더 보편주의적인 관점과 보다 더 특수주의적인 관점이 존재하지만, 대체적으로 보편주의와 특수주의는 서로 모순되는 것이 아니라고 말하는 것이 타당해 보인다. 유대교 유일신론의 특징은 이스라엘의 하나님으로서 야웨의 특수성을 만물의 창조주이자 주권적 주(主)로서의 보편성을 서로 연관시키는 방식에서 나타난다.

이것은 신약 전반에서 전제하고 있는 듯 보이는 유대교식 유대경전 읽기의 한 종류라고 할 수 있다. 대다수 학자들은 이 경전의 일부가 이런 종류의 "유일신론"을 강하게 지지한다는 사실을 어느 정도 인정할 것이다. 그러나 이러한 정경적 읽기(canonical reading)가 과연 개연성이 있고 타당성이 있는 독법일까? 몇몇 저자들은 히브리 정경 전체가 "유일신론적인" 문헌은 아닐지라도 "유일신 사상을 추구하는"(monotheizing) 문헌으로 평가될 수 있다고 제안했다. 이러한 구분은 "[성서의] 각 부분은―대체적으로 어느 정도―유일신론을 추구한다(monotheizes)"고 주장한 제임스 샌더스(James Sanders)의 글에서 나타난다. 그는 성서의 글을 탄생시킨 각 시대마다 "바로 이런 유일신론을 추구하려는 노력 때문에 그 문화의 다신론으로부터 파생된 표현 양식의 잔재를 남겼다"고 설명한다.[61] 몇 가지 예를 제시한 그는 다음과 같이 결론짓는다.

> 성서는 약 1500년에서 1800년에 걸쳐 "현실의 통일성"(Integrity of Reality)을 추구하기 위한 수많은 세대의 깊은 고민이 담겨 있는, 유일신 사상을 추구하는 문헌이다. 그런 의미에서 성서는 하나의 패러다임이라고 할 수 있다. 성서는 하나님의 통일성(divine integrity)을 서술하는 여러 명사와 동사를 수없이 다양한 종류의 상황과 조건에 맞춰 활용한다. 그런 의미에서 유일신론을 추구한다는 것은 유일신론을 향해 나아가거나 진화하는 것이 아니라, 오히려 고대에서나 오늘날에도 하나님의 단일성(oneness)을 확증하기 위해 다신교적인 정황 안에서, 그리고 또 이에 대항하기 위해 고민하는 것이다.[62]

이러한 진술은 시사하는 바가 매우 크며, 특히 발달적 또는 진화론적 모델을 제시하지 않고서도 다신교적인 자료들이 유일신론을 추구하는 동력의 지배를 받는 것으로 보게 해준다는 점에서 특별히 주목할 만하다. 안타깝게도 샌더스는 자신의 주장을 더 이상 발전시키지 않았으며, 내가 아는 한 다른 그 누구도 그렇게 하지 않았다. 샌더스는 "유일신 사상을 추구하는" 차원에서 정경 형성을 위한 성서 편집을 이야기하기보다는 성서의 개별적인 책에 관해 이야기한 것으로 보인다. 그러나 그의 모델은 적어도 정경을 형성하는 과정의 일환으로서 "유일신 사상을 추구하는" 차

---

61 James A. Sanders, *Canon and Community: A Guide to Canonical Criticism* (Philadelphia: Fortress, 1984), 51.

62 James A. Sanders, *Canon*, 52.

원에서 자료를 선별하는 과정을 필요로 하는 것으로 보인다. 이와 마찬가지로 정경이 형성되는 과정이 부분적으로 "유일신 사상을 추구하는" 과정이었다는 그 어떤 제안도 그 "유일신 사상을 추구하는" 과제를 전적으로 정경 편집자에게 귀속시킬 수는 없지만, 이 또한 그 이전에 "유일신 사상을 추구하는" 문헌이 일부 존재했음을 전제할 수밖에 없다. 그럼에도 그 자체로는 "유일신 사상을 추구하는" 것은 아니지만, "유일신 사상을 추구하려는" 편집자들이 정경의 다른 부분에 힘입어 "유일신론을 추구하는" 독법에 저항하는 것으로 여기지 않았던 자료들이 정경 안에 들어 있었을 가능성은 열어둘 필요가 있다.

샌더스와 달리, 이스라엘 종교의 다신교적인 면을 정경적 차원에서 억제했다는 주장에 동조하지 않는 듯 보이는 베른하르트 랑은 "유일신론 신봉자들"이었던 정경 편집자들의 역할을 강조하며[63] 명료한 다신교적 요소가 정경에서 배제된 것은 명백하게 다신교적인 저작물들을 배제한 결과일 뿐만 아니라 "유일신론적 정황 안에서 다신교적 요소들을 보존할 수 있는 다양한 전승을 소화하고 채택하고 재해석하는" 훨씬 더 미묘한 방법이 낳은 결과이기도 하다고 설명한다.[64] 그가 제시하는 실례 가운데 하나가 바로 잠언 1-9장에 나오는 이스라엘의 지혜 여신이다. 거기서 이러한 다신교적인 자료가 보존될 수 있었던 이유는 단지 지혜를 "단순히 시적인 은유적 표현"으로 축소시켜 유일신론의 관점에서 읽힐 수 있었기 때문이다.[65] 재차 말하지만, 이러한 훌륭한 제안은 구약의 "다신교적인" 텍스트

---

63   Lang, *Monotheism*, 53.

64   Lang, *Monotheism*, 50.

65   Lang, *Monotheism*, 50; 다음도 보라. Bernhard Lang, *Wisdom and the Book of Proverbs: A Hebrew Goddess Redefined* (New York: Pilgrim, 1986).

들은 정경의 다른 부분에 명시적으로 나타나 있는 유일신론과 일관된 방식으로 읽을 수 있는 유일신론적 텍스트에만 국한되어 있다는 추가적 주장을 이끌어내지 못했다.

　　존 소여(John Sawyer)의 "유일신론에 대한 성서적 대안들"(Biblical Alternatives to Monotheism)이라는 소논문은 구약에 세 가지 범주의 텍스트가 있다고 주장하면서 랑(Lang)의 주장을 우회적으로 반박한다. 즉 (1) 유일신론이 뚜렷하게 나타나 있는, 즉 이스라엘의 하나님 야웨 외에 다른 신의 존재를 부정하는 진술이 담긴 소수의 텍스트가 있고,[66] (2) 원래는 유일신론적 텍스트는 아니었지만 [유일신론적인] 신명기적 텍스트의 영향을 받아 그렇게 해석된 텍스트가 있다.[67] 그러나 (3) 세 번째 범주로 또 당혹스러우리만큼 명시적인 다신교적인 텍스트도 있다.[68] 두 번째 범주와 관련하여 그는 다음과 같이 질문한다. "명백히 유일신론적인 소수의 텍스트가 덜 분명한 의미를 지닌 다른 텍스트들의 의미를 바꾸는 데 사용될 수 있는가?"[69] 세 번째 범주에 관한 논의 이후 그는 자신이 "성서 텍스트 전체의 평범한 의미가 유일신론과는 거리가 멀다는 것을 입증했다"고 주장한다.[70] 이에 대해 로널드 클레멘츠(Ronald Clements)는 다음과 같이 주장했다.

　　이스라엘의 종교적 전통이 거쳐간 다양한 단계에 대한 비판적 인식에

66　John F. A. Sawyer, "Biblical Alternatives to Monotheism," *Theol.* 87 (1984): 172-80, 여기서는 173.

67　Sawyer, "Biblical Alternatives," 174.

68　Sawyer, "Biblical Alternatives," 176.

69　Sawyer, "Biblical Alternatives," 175.

70　Sawyer, "Biblical Alternatives," 179.

비추어 통시적(通時的, diachronically)으로 읽으면 유일신론은 그다지 크게 두드러질 만한 특징을 지닌 것으로 보이지 않는다.…그러나 일관되고 통일된 계시를 제공한다고 여겨지는 종교적 텍스트들의 연합체로 간주하고 공시적(共時的, synchronically)으로 읽으면 유일신론은 매우 중요한 개념으로 보일 것이다.[71]

소여와 클레멘츠 사이에서 드러나는 불일치는 두 가지인 것으로 보인다. 즉 이는 일부 텍스트를 정경에 있는 다른 여러 텍스트에 맞추어 읽는 것이 그 텍스트의 원래 의미를 "바꾸는 것"을 의미한다면 과연 이것은 타당한가와 심지어 이렇게 읽을 수 없는 텍스트가 따로 있는지와 관련이 있다.

나는 유대교 유일신론에 관해 매우 중요한 한 가지 주장을 덧붙인 후에 이 문제로 다시 되돌아올 것이다. 내가 유대교 유일신론이라고 부르는 것 가운데 가장 필수적인 요소, 즉 그것을 일종의 유일신론으로 만드는 요소는 다른 "신들"의 존재를 부정하는 것이 아니라, 심지어 그것들이 "신"으로 불린다 하더라도, 야웨를 그 누구와도 비길 데 없는 존재로, 즉 다른 천상의 혹은 초자연적 존재와는 전적으로 다른, 유일무이하신 분으로 이해하는 것이다. 나는 이것을 야웨의 초월적 유일성이라고 부른다. (단순한 "유일성"은 한 부류 안에서 다른 일원과 구별되는 것을 의미할 수 있다. "초월적 유일성"이라고 말할 때 나는 야웨를 그 누구와도 비교할 수 없는 존재로 만드는 종류의 유일성을 의미한다.) 이 초월적 유일성을 확인하는 데 특별히 중요한 것은 바로 야웨를 다른 모든 실재와 매우 독특한 관계에 있는 분으로 구별

---

71 Ronald E. Clements, "Monotheism and the Canonical Process," *Theol.* 87 (1984): 336-44, 관련 내용은 338.

예수와 이스라엘의 하나님

하는 진술이다. 야웨만이 만물의 창조주이시며, 다른 모든 것은 그분에 의해 창조된 피조물이다. 야웨만이 만물의 주권적 주(主)이시며, 다른 모든 것은 그분을 섬기거나 그의 우주적 주되심에 복종한다. 나는 이러한 의미에서 야웨의 유일성을 초월적인 것으로 구별하는 동력이 바로 샌더스가 성서 텍스트 전반에 걸쳐 광범위하게 전개되고 있다고 올바르게 지적한 "유일신 사상 추구" 방식을 뒷받침한다고 생각한다(물론 나는 이러한 동력이 확인될 수 없는 개별 텍스트[어쩌면 성서의 책 전체]가 없다고 주장하지는 않지만 말이다). 소여의 말을 빌리자면, 성서 텍스트는 바로 이런 방식으로 "하나님의 단일성을 확증하기 위해 다신교적인 정황 안에서, 그리고 또 이에 대항하기 위해 고민한다."

이러한 관점에서 보면 명백하게 유일신론적인 텍스트가 소여의 첫 번째 범주("이스라엘의 하나님 야웨 외에 다른 신의 존재를 부정하는 진술"[72])에 속하는 텍스트에 국한되지 않는다는 것을 분명하게 알 수 있다. 예를 들어 느헤미야 9:6처럼 소여가 유일신론적인 텍스트로 간주하지 않는 텍스트들은 이제 유일신 사상 추진 동력을 매우 강하게 나타내는 표현으로 볼 수 있다.

> 오직 주는 여호와(YHWH)시라. 하늘과 하늘들의 하늘과 일월성신과 땅과 땅 위의 만물과 바다와 그 가운데 모든 것을 지으시고 다 보존하시오니 모든 천군이 주께 경배하나이다(느 9:6).

---

72 Sawyer, "Biblical Alternatives," 173. 그는 이러한 텍스트들을 대부분 신명기 사가의 저서와 제2이사야서에서 단지 25회만 발견한다.

모든 피조물이 야웨에 의해 창조되었고 야웨가 다른 모든 실재의 창조주임을 천명하는 이 텍스트는 야웨의 독특한 정체성과 다른 모든 실재 간의 절대적인 구별을 강조한다. 여기에 다른 천상의 존재들, 즉 야웨의 수행원들 혹은 "천군"(the host of heaven)이 포함되어 있다는 사실은 야웨의 유일성을 제한하기보다는 오히려 이를 더욱 부각시킨다. 이 사실은 야웨가 자신을 포함하여 천군과 함께 천상의 존재의 부류에 속하지 않고, 그들을 창조했다는 의미에서 천군과 절대적으로 구별된다는 것을 분명하게 밝혀준다. 이 텍스트는 야웨의 초월적 유일성을 가장 분명하게 드러내준다.

이러한 예는 많은 텍스트와 정경에서 나타나는 "유일신 사상 추구" 동력을 좌우하는 것이 야웨 외에 다른 천상의 존재들의 존재가 아니라 그러한 존재들의 본질과 지위라는 것을 잘 보여준다. 히브리 정경에서 야웨를 제외한 다른 "신"은 대부분 두 범주 중 하나에 속한다. 그들은 야웨의 통치를 도우며 그분께 시중드는 수행원이거나 또는 보잘 것 없고 무력한 존재다. 전자의 경우, 그들은 다양한 용어(신들, 신들의 아들들, 지극히 높으신 이의 아들들, 거룩한 자들, 파수꾼들, 야웨의 군대, 하늘의 군대)로 불린다. 그들은 전사나 수행원으로서 야웨와 동행하고, 야웨의 현존 앞에서 이루어지는 천상의 어전회의에 참여한다. 우리는 야웨의 천상 수행단의 의미를 성서 텍스트에서 말하는 그들의 기능보다는 다신교적 정황에서 나온 그들의 기원과 연관시켜 결정하는 "어원학적 오류"를 범하면 안 된다. 보편적으로 사용되고 있는 용어인 "천상의 어전회의"(divine council)가 다소 오해의 소지가 있긴 하지만, 야웨를 둘러싼 무리는 자문을 맡은 고문(counsellors, 보좌관)이 아니다. 야웨는 자신의 행동에 대해 조언해줄 수 있는, 그 어떤 열린 의사결정 과정을 통해 그들의 의견을 수렴하지 않으신다. 우리가 욥기 1:9-12과 2:4-5에서 자신이 요청하지도 않았음에도 야웨가 사탄의 요청을 허용하시는 경우를 꼽지 않는 한, 그의 수행원 중 하나가 야웨께 조언하는 유일한 경우는 오직 열왕기상 22:19-22뿐일 것이다. 거기서 야웨는 자원해서 아합을 꾀어 죽음에 이르게 할 자를 구하고, "한 영"이 자신이 하겠다고 말할 때 어떻게 할지를 묻고 그의 제안을 수용하신다. 그 어느 곳에서도 이런 수준의 계획이나 의사결정에 참여하는 일은 없다. 이사야 6장에서는 야웨가 자원할 자를 찾는 경우가 단 한 번 나온다(8절). 예레미야가 "야웨의 의회"(sôd, 친밀감을 내포하는 단어로서, 야웨의 계획에는 은밀하게 관여하지만 반드시 논의나 조언을 하는 것은 아닌 모임)에 참여하는 예언자들에 관해 언급할 때 그는 그들이 그 회의에서 선포되는 야웨의 칙령을 듣기는 하지만, 그 어떤 종류의 토론에 연루되거나 참여할 것을 기대하지 않는다(렘 23:18, 22). 여기서 일반적인 요점은 이 "신들"이 어떤 독립적인 세력이 아니라 야웨를 예배하고 그분께 순종하는 인간과 전혀 다를 바 없을뿐더러 그분의 절대적인 지위에 조금이라도 흠집을 낼 수 없는 그의 종에 불과하다는 것이다. 야웨의 수행원들은 절대 군주에게 시중드는 자들이며, 수행원의 수가 엄청나다는 것은 그의 위대하심을 보여주며, 그를 향한 변치 않는 찬양은 바로 그의 초월적 유일성을 규정하고 선포하는 데 이바지한다.

또 다른 범주의 "신"은 보잘것없고 무력한 이방신들이다. 성서 텍스트에 의하면 그들은 야웨의 탁월한 권능에 비하면 아무것도 아니며, 우리가 제2단원에서 다룬 신명기 32장의 경우에 따르면 그들은 "신이 아닌 것들"과 "아무것도 아닌 것들"로서 단지 조롱의 대상이다. 재차 강조하지만, 유일신 사상을 추구하는 동력은 그들의 존재를 전적으로 부인하는 데서가 아닌, 야웨의 초월적 유일성에 타격을 줄 수 있는 지위를 그들에게 부여하지 않는 데에서 드러난다.

신적 존재를 가리키기 위해 단순히 '엘로힘'('elōhim)이나 또는 다른 용어를 사용하는 것 자체는 유대교 유일신론에 아무런 영향을 주지 않는다. 오히려 가장 중요한 것은 이러한 존재가 야웨와 관련하여 어떻게 규정되느냐다. 그럼에도 이런 용어와 관련하여 몇몇 언어학적 차이점을 살펴보는 것은 흥미로운 일이다(그리고 그간 받아왔던 것보다는 훨씬 더 많은 주목을 받을 만하다). 예를 들면 "하나님"(God)과 "신들"(the gods)을 서로 구분하기 위해 어떤 경우에는 '엘로힘'('elōhim)이 정관사와 함께 사용되었다는 점(신명기에서 사용된 용례는 제2단원 참조), "하나님"(the deity)이라는 의미를 나타내기 위해 '엘로힘'('elōhim)이 사용된 점(예. 창 1장), 이방신들과 우상들을 경멸하기 위해 "신이 아닌 것들"(lō' ēl) 또는 '엘로힘'('elōhim)을 의도적으로 변형시켜 '엘릴림'('elilim)이라는 용어를 사용한 점(예. 시 96:5, "만국의 모든 신들['elōhê]은 우상들['elilim]이지만, 여호와께서는 하늘을 지으셨음이로다.")[73] 등을 꼽을 수 있다. 제2성전기 말기 유대교 문헌에서는 "신"(god)을 가리키는 단어들(히브리어, 아람어, 그리스어에서 모두)이 쿰란 공동체의 자체적인 저작물과 필론의 특별한 용례(필론의 '테오스'[theos] 사용은 헬레니즘적 용법에 크게 영향을 받았다)를 제외하고는 야웨를 섬기는 천상의 존재를 가리키는 데는 거의 사용되지 않고, 심지어 "거룩한 자들"이란 용어 사용조차도 크게 감소한다.[74] 야웨와 다른 천상의 존재들을 동시에 지칭하는 용어 사용을 자제하려는 모습도 분명하게 이 시기에 포착된다. 쿰란 공동체

---

73   다음을 보라. H. D. Preuss in *TDOT* 1:285-7.

74   이와 마찬가지로 구약에서 흔히 찾아볼 수 있는 야웨의 비교 불가함에 대한 진술은 성서 후기 문헌에서는 거의 대부분 쿰란 공동체의 저작물에 국한된다. 이것이 당연한 이유는 그들이 야웨가 **신들 가운데서** 비교할 수 없을 정도로 탁월하다는 것을 주장하기 때문이다.

는 천사를 묘사하기 위해 천상의 존재를 가리키는 성서 용어를 거의 모두 계속해서 사용하는데, 이는 어쩌면 의도적으로 성서의 용법을 지속적으로 사용하려는 것일 수도 있지만, 이 공동체가 당대의 다른 유대인들보다 덜 유일신론적이었다고 생각하는 것은 오산이다. 당대에 사용된 용어는 유일신론을 추구하려는 노력에 의해 영향을 받긴 했지만, 언제나 결정적인 영향을 받았던 것은 아니다.

소여는 명백히 유일신론적인 텍스트들(나는 그가 생각하는 것보다 훨씬 더 많을 것이라고 주장했다)과 원래는 유일신론적이지 않았지만 명백한 유일신론 텍스트들의 영향을 받아 그런 의미로 해석된 텍스트들을 서로 구분했다. 그는 이러한 해석—텍스트의 원래의 의미를 "바꾸는"—이 과연 정당한지 의심스러워한다. 나는 이것은 이 두 텍스트를 너무 날카롭게 구분하는 것이라고 생각하며 "유일신 사상을 추구하는 동력"이라는 내 개념이 우리가 이 두 종류의 텍스트 간에 더 많은 연속성이 있음을 확인하는 데 도움을 준다고 본다. 여기서 잠시 소여의 실례를 살펴보도록 하자. 첫 번째 범주를 다룰 때 그는 "그리고 [야웨 외에] 다른 신은 없다"라는 고정문구를 사용하는 텍스트들에 초점을 맞추는 반면, 두 번째 범주를 다룰 때에는 절대 비교 불가한 야웨의 탁월한 속성을 강조하는 텍스트들에 중점을 둔다. 첫 번째 범주에 속한 텍스트 모두가 사무엘하 7:22과 이사야 45:5, 14, 21처럼 야웨 외에 다른 "신"은 없다고 명확하게 진술하는 것은 아니다. 대체적으로 이 텍스트들은 야웨를 결코 다른 이와 비할 수 없는 독보적인 존재로 간주한다. 예를 들면,

여호와는 하나님(ha'elōhim)이시요 그 외에는 다른 신이 없[다](신 4:35).

여호와와 같이 거룩하신 이가 없으시니, 이는 주 밖에 다른 이가 없고(삼상 2:2).

이에 세상 만민에게 여호와께서만 하나님(*ha'elōhīm*)이시고, 그 외에는 없는 줄을 알게 하시기를 원하노라(왕상 8:60).

나는 여호와라. 나 외에 다른 이가 없나니(사 45:5, 6, 18).

내가…너희 하나님 여호와가 되고, 다른 이가 없는 줄을 [안다](욜 2:27).

다음과 같은 "비교 불가한" 야웨의 탁월성을 강조하는 텍스트와도 비교해보라.

여호와여 신 중에 주와 같은 자가 누구니이까?(출 15:11).

나와 같은 자 누구며, 나와 더불어 다툴 자 누구며

무릇 구름 위에서 능히 여호와와 비교할 자 누구며(렘 49:19; 50:4).

신들 중에서 여호와와 같은 자 누구리이까?…

여호와 만군의 하나님이여, 주와 같이 능력 있는 이가 누구리이까?(시 89:6, 8)

이러한 "비교 불가함"을 강조하는 텍스트는 대체적으로 야웨는 다른 "신들"과 비할 수 없는 독보적인 분이라고 말한다(비록 이러한 비교가 때로는 다른 어떤 피조물과의 비교이기도 하지만 말이다). 따라서 이 텍스트들은 다른 천상의 존재들의 존재를 인정한다는 의미에서 표면적으로는 다신교적으로 보일 수 있다. 그러나 사실 이 텍스트들은 야웨와 다른 "신들" 간의 절대적인 구분을 지속적으로 상기시키며 "유일신론을 추구하는" 동력을

예수와 이스라엘의 하나님

드러낸다. "야웨와 같은 이가 없다"라는 표현이 일으키는 효과는, 첫 번째 범주의 텍스트들이 야웨 외에는 "다른 신"이 없다고 말하는 것처럼, 야웨를 그 누구와도 비할 수 없는 독보적인 존재로 만드는 것이다. 다른 신들의 존재를 아예 부정하든지 또는 야웨가 이들에 비해 그분 자신만의 독보적인 존재이든지는 이 텍스트들의 보편적인 의미와 거의 상관없다. 이것은 두 종류의 텍스트가 때로는 서로 밀접하게 연결되어 나타난다는 사실에 의해 확인된다. 예를 들면,

> 주와 같은 이가 없고, 주 외에는 신이 없음이니이다(삼하 7:22).
> 나는 하나님이라. 나 외에 다른 이가 없느니라. 나는 하나님이라. 나 같은 이가 없느니라(사 46:9).

이제 소여의 세 번째 범주에 속한 텍스트들, 즉 "또 당혹스러우리만큼 명시적인 다신교적인 텍스트들"이 남아 있다. 여기서 가장 중요한 텍스트는, 혼돈의 괴물(라합, 리워야단, 바다)이, 세상을 창조하실 때 야웨가 싸워서 승리를 거둔 세력을 나타내든지(시 74:13-14) 혹은 창조를 위협하고 있어서 미래에도 다시 야웨의 승리를 필요로 하는 혼돈 또는 악의 지속적인 위협을 나타내든지(사 27:1) 간에, 야웨와 이들 간의 전투를 묘사하는 텍스트다. 이 주제는 충분히 논의될 만한 가치가 있지만, 여기는 그렇게 할 만한 자리가 아니라고 생각한다. 그러나 하나님에 의해 제거되어야 할 반대 세력이 있다는 것은, 하나님이 분명히 이러한 악한 세력들을 무찌를 수 있고, 또 결국에는 반드시 그렇게 하실 것이라는 확신과 함께 전통적인 유일신 종교들의 본질적인 사상을 반영한다. 히브리 성서에서 이 주제가 야웨는 단 한 번도 그 누구로부터 도전을 받아 본 적이 없는 안정된 최

고 권력을 행사하는 분이시라는 사고로 대체될 때 신학적으로도 엄청난 손실이 생길 수밖에 없다고 주장하는 존 레벤슨(Jon Levenson)의 말은 타당하다.[75] 하지만 야웨를 만물의 유일한 창조주요 만물의 유일한 주권적 주(主)이심을 인정하는 것은 전혀 그럴 필요가 없음을 의미한다. 그러나 허버트 니어(Herbert Niehr)도 말했듯이, 가장 중요한 것은 바로 이것이다.

> 다른 어떤 신도 [히브리 성서]에서 창조의 여러 과정을 주관하거나 혼돈의 상태를 휘어잡을 만한 주체가 되지 못한다. 야웨만이 창조주이시며 오직 그분만이 혼돈과 싸우신다. [히브리 성서] 텍스트들은 그가 하늘과 땅의 모든 것을 다스릴 권능을 가지신 온 우주적인 신이시며 다른 신이 할 수 없는 일을 모두 완성하실 수 있는 최고의 신이라는 것을 보여준다.[76]

다시 말하면 야웨가 (다양한 텍스트에서) 혼돈과 싸워 이기고 억누르시며 길들이시는 모습은 유대교 유일신론의 관점에서 볼 때 그의 고유한 신성에 대해 의구심을 불러일으키기는커녕 오히려 이를 더욱 분명하게 드러내준다.

내가 제안한 방식대로 "유일신 사상을 추구하는" 동력을 인정한다면 우리는 히브리 성서에서 가나안 종교 및 다른 고대 근동 종교의 언어와 신화와 유사한 다양한 자료를 확인할 수 있다. 또한 나의 제안은 이러한 자료가 야웨의 초월적 유일성을 단언하고 특징짓는 역할을 하도록 어떻게 새로운 기능을 끊임없이 부여받는지를 보여준다. 이 텍스트들은 다

---

75   Levenson, *Creation*.

76   Niehr, 'The Rise of YHWH,' 67.

예수와 이스라엘의 하나님

신교적 사상과 항상 교류하며 가까이서 접하고 있던 여러 문화 속에서 작성되었다. 샌더스가 말한 바와 같이 이 텍스트에는 "하나님의 단일성을 확증하기 위해 다신교적인 정황 안에서, 그리고 또 이에 대항하기 위해 고민하는 모습"을 엿볼 수 있다.[77] 우리는 (전도서 등 일부를 제외하고는[78]) 이 텍스트들 안에서 유일신론이 확고하게 뿌리내리고 당연하게 받아들여지기보다는 오히려 매우 다양하고 창의적인 방법으로 끊임없이 재발견되고 재고되어가는 모습을 목격한다. 더욱이 네이션 맥도널드의 연구가 아주 명료하게 밝혀주듯이 신명기의 유일신론과 계몽주의의 유일신론을 구별하는 성서적 전통의 배타적 야웨 신앙은 지적으로 쉽게 내건 명제가 아니며 야웨에 대한 급진적이면서도 온전한 헌신을 요구한다. 따라서 "유일신 사상을 추구하는" 동력은 자기 백성에게 온전한 충성과 헌신을 요구하는 것과 불가분의 관계에 있는 야웨의 초월적 유일성을 인정하는 방향으로 항상 작동한다.

따라서 나의 제안은 텍스트들의 다양성을 억제하기보다는 어떻게 하면 히브리 성서 전체를 초기 유대교 유일신론에 부합하는 방식으로 읽을 수 있는지를 보여준다. 즉 나는 텍스트의 점진적 발전 이론을 거부한

---

77 Sanders, *Canon*, 52.

78 다음을 참조하라. T. Frydrych, *Living under the Sun* (VTSup 90; Leiden: Brill, 2002), 107-8. "전도자의 시각은 가장 엄격한 의미에서 철저하게 유일신론적이다. 이 책에는 전도자(Qoheleth)가 하나님 곁에 어떤 하나의 신 또는 힘 그 이상이 활동한다고 생각하거나 다신교적 관점에 대항할 수 있는 어떤 변증방법이 있다고 유추할 만한 암시가 전혀 남아 있지 않다. 이 두 번째 사실은 다소 흥미롭다. 왜냐하면 전도자가 살던 시대에 헬레니즘이 사회에 미치는 영향은 상당했으며, 문서상에 나타난 전통적인 유대교와 침투하는 헬레니즘 간의 긴장에서 벗어나는 것이 거의 불가능했기 때문이다. 하지만 이러한 긴장은 전도서에 전혀 반영되어 있지 않다. 따라서 우리는 이 사실을 근거로 전도자가 자기가 제시하는 유일신론적 관점을 특별히 관철시킬 필요성이 없는 청중을 염두에 두고 있었다는 결론에 도달한다."

다. 유일신론의 출현과 발전에 대한 진화론적 설명은 이스라엘의 정경 내 러티브가 서술하고 있는 그 이야기가 아니다. 또한 나는 최근 연구가 우리가 그동안 모든 텍스트를 연대순으로 분류하고(텍스트를 초기 단층, 후기 단층, 후대 삽입 등으로 세밀하게 분해하면서) 나열함으로써 성서의 자료를 발전 단계에 따라 재구성할 수 있다고 생각한 것이 얼마나 크나큰 착오인지를 입증했다고 생각한다. 이러한 모든 시도는 극도로 사변적이다. 왜냐하면 성서 텍스트는 이러한 작업이 가능하도록 보존되지 않았기 때문이다. 물론 성서 텍스트가 복잡한 역사를 통해 형성된 것도 사실이지만, 현 텍스트는 본문 전승사를 성서신학을 위한 수단으로 삼아 텍스트의 원 역사(pre-history)를 추적할 만큼 충분한 또는 충분히 뚜렷한 흔적을 남기지 않았다.[79] 사실 텍스트에서 발견되는 것은 야웨의 유일성을 핵심적으로 파악하는 과정을 통해 이루어지는 바로 "융합"과 "차별"(마크 스미스의 용어) 또는 "인정"과 "거부"(베르너 슈미트의 용어)의 변증법이다. 나는 (스미스와 슈미트가 어느 정도 그렇게 하듯이) 텍스트의 발전사를 묘사하기 위해서가 아니라 텍스트 전반에 걸쳐 다양한 방식으로 일어나고 있는 것을 특징짓기 위해 이 용어들을 사용한다. 텍스트 안에는 눈으로 볼 수 있는 진화는 없고, 다만 동력만 있을 뿐이다,

이제 마지막으로 나는 이 단원에서 내가 고대 근동의 종교 문헌 가운데 구약에서 찾아볼 수 있는 "유일신 사상을 추구"하거나 유일신론적인 것으로 확인한 언어와 매우 유사한 종류의 언어의 중요성에 관해 언급하고자 한다. 예를 들어, 다음은 달의 신 난나-수엔(Nanna-Suen, Sin)에게

---

79 따라서 나는 "유일신론이란 개념"은 "여러 자료들의 연대기를 결정하는 역사적 틀이 필요할 가능성이 매우 높은" 성서신학의 여러 주제 가운데 하나라고 제안하는 Barr, *Concept*, 61의 견해에 동의하지 않는다.

드린 수메르인의 기도의 일부다.

하늘과 땅의 운명을 결정하시고, 그 하신 말씀을 아무도 바꿀 수 없고,
손에는 물과 불을 쥐고 계시고, 살아있는 피조물들을 인도하시는 주여!
신들 가운데 당신과 같은 이가 누구이나이까?
누가 하늘에서 가장 높은 자입니까? 오직 당신만이 가장 높은 자이십니다!
당신이 하늘에서 말씀하셨을 때, 이기기(Igigi, 하늘의 신들)는 당신께 기
도하나이다.
당신이 땅에서 말씀하셨을 때, 아눈나키(Anunnaki, 땅 또는 지하세계의 신
들)가 땅에 입맞춤을 하나이다….
주여, 하늘에는 당신의 통치에 대항할 자가 없고, 땅에는 당신의 신성한
형제들 가운데 당신의 용감무쌍한 힘과 대결할 자가 없나이다.
강하고 높으신 왕이시여, 누구도 감히 당신에게서 그 "신적 능력"을 빼
앗을 수 없나이다.
신들 가운데 누구도 당신의 신성에 비할 수 없나이다.[80]

다른 많은 신들에게 드리는 이런 기도들은 메소포타미아 지역의 종
교 문헌에서 보기 드문 것이 아니다. 이에 대해서는 다양한 설명이 가능
한데, 그누스(Gnuse)는 이에 대해 다음과 같이 말한다.

메소포타미아 지역은 배타적인 숭배를 받았던 여러 신을 배출했는데,

---

[80]   W. Beyerlin, ed., *Near Eastern Religious Texts relating to the Old Testament*, trans. J.
Bowden (London: SCM, 1978), 105-6. 이 텍스트는 기원후 17세기 이전의 것이다.

그중에서 바벨론의 마르두크(Marduk)와 신(Sin), 그리고 아시리아의 니누르타(Ninurta)와 아슈르(Ashur)가 가장 탁월하다. 그럼에도…다른 신들의 존재는 거부되지 않았다. 따라서 이는 배타적인 숭배를 받을 때 이 신들은 단순히 각각 다른 신들을 일시적으로 흡수하고, 계속 이어지는 그들의 존재를 존중했음을 암시한다. 어떤 텍스트에서는 한 신의 승격이 패권을 잡은 제국의 열망을 표현하는 수사(rhetoric)와 연결되어 있었고, 또 다른 텍스트에서는 신이 상징적으로 다른 모든 신을 대표하는 신이었고, 기도와 애가를 통해 탄원하는 자들은 그 신의 행동을 유발하기 위해 배타성을 과장되게 드러내는 언어로 신에게 기도했다.[81]

이와 매우 유사한 내용은 이집트에서도 발견된다(아크나톤[Akhnaton]의 아톤[Aton] 숭배라는 이례적인 일화 외에도). 예를 들면 이집트에서는 아몬-레(Amon-Re)를 다른 모든 신과 더불어 만물을 창조한 유일한 창조주로 찬양하는 것이 가능했다.[82] 그러나 다른 신들도 서로 다른 자리에서나 또는 각자 자신이 선호하는 신을 찬양하는 숭배자에 의해 각각 이 세상의 창조자로 찬양을 받았다. 또한 이집트에서는 다른 신을 서로 융합시키는 경향도 나타났다.[83] 그리스-로마 종교에서는 수사학적인 언어를 동원해

---

81 Gnuse, *No Other Gods*, 268; 그의 보다 상세한 개관을 보려면 154-61을 참조하라. 참조. Norbert Lohfink, "The Polytheistic and the Monotheistic Way of Speaking about God in the Old Testament," in *Great Themes from the Old Testament*, trans. R. Walls (Edinburgh: T&T Clark, 1982), 142. "실제로 이스라엘의 주변국가 가운데 성행한 이론적 다신론은 일신숭배의 가능성—사실은 일신숭배로 나아가는 경향—을 항상 열어 두고 있었다. 신적 존재들은 스스로 나뉘었다가 다시 합쳐질 수 있었고 새로운 신들이 새롭게 등극할 수도 있었다.…그러나 이 신들 중 하나를 숭배한 사람이 다소 의식적으로 그 신이 그에게 의미했던 바를 모두 그 신 안에서 통합하는 일이 항상 일어났다."

82 Beyerlin ed., *Near Eastern Religious Texts*, 13-16에 있는 그 찬양시를 보라.

83 Gnuse, *No Other Gods*, 161-74.

한 신을 다른 모든 신보다 더욱 우월한 존재로 찬양하는 관습도 있었다.[84]

이러한 수많은 진술은, 그 자체로만 놓고 보면, 사실상 구약의 이와 유사한 야웨에 관한 진술과 의미상 그리 다르지 않다.[85] 하나의 신을 다른 나머지 신들에 비해 독보적인 위치로 높이는 경향은, 그 이유가 무엇이든 간에 다양한 신들의 여러 특징을 하나의 신에게로 흡수시키려는 경향과 마찬가지로, 사실은 "유일신 사상을 추구하려는" 움직임이다. 그러나 이러한 경향은 결코 오직 하나의 신에게만 일관되게, 그리고 영구적으로 적용되지는 않는다. 그런데 다른 어떤 경우에서든지 또는 다른 어떤 개인에 의해서든지 간에 같은 종류의 언어를 하나 이상의 신에게 적용하는 것이 타당하다고 여겨진 것 같지는 않다. 어쩌면 이런 일은 포로기 이전 이스라엘에서도 일어났을 것이다. 그러나 여러 문헌을 하나로 묶은 정경으로서 구약이 지닌 특징은 바로 이런 종류의 언어가 다른 모든 신과 일관되게 대조를 이루는 야웨만을 위해 마련되었다는 점이다. 야웨께 이러한 언어가 적용된 것은 전혀 임시적으로 또는 임의로 된 것이 아니다. 따라서 다른 곳에서도 유사하게 발견되는 이러한 구약의 언어는 반드시 야웨의 독특한 정체성을 강조하는 구약의 전반적인 정황에 비추어 이해될 필요가 있다.

---

84 Jerome H. Neyrey, "'First', 'Only', 'One of a Few', and 'No One Else': The Rhetoric of Uniqueness and the Doxologies in 1 Timothy," *Bib.* 86 (2005): 59-87.

85 Machinist, "The Question," 423.

5. 신약에 나타난 쉐마

일부 학자들은 구약의 비(非)유일신론적 자료와 신약의 기독론 간의 연관성을 주장했다. 예를 들어 존 소여는 구약에는 유일신론적인 내용이 지배적이지 않다는 자신의 견해가 그리스도의 신성과 삼위일체 교리에 대한 믿음이 어떻게 발전했는지를 설명하는 데 도움이 된다고 생각한다.[86] 베른하르트 랑은 두 신(神)이 존재한다는 이스라엘의 옛 전통이 초기 유대교에서도 지속되다가 신약의 기독론에 영향을 주었다고 주장하는 반면,[87] 마거릿 바커(Margaret Barker)는 이러한 접근법을 훨씬 더 상세하게 전개해나가면서 유일신론과 함께 공존했던 더 오래된 이스라엘 전통에서는 엘(El)과 야웨가 아버지와 아들로서 서로 다른 신이었으며, 초기 그리스도인들은 예수를 야웨와 동일시했다고 주장했다.[88] 나의 견해로는, 제2성전기 전반에 걸쳐 이스라엘 종교가 비(非)유일신론적인 형태로 초기 그리스도인들에게 전해졌을 것이라는 견해를 뒷받침해줄 만한 좋은 증거는 없다. 초기 유대교 문헌은 한결같이 유일신론적이다. 그럼에도 비유일신론적인 이스라엘 종교와 신약성서 간에 이러한 연관성을 상정할 수 없는 또 다른 이유가 있다. 신약 저자들이 내가 마지막 단원에서 서술하고 초기 유대교 문헌 전반에 걸쳐 나타나 있는 유대교 유일신론을 전제하고 있다는 사실

---

86 Sawyer, "Biblical Alternatives," 179.
87 Bernhard Lang, "Die monarchische Monotheismus und die Konstellation zweier Götter im Frühjudentum: Ein neuer Versuch über Menschensohn, Sophia und Christologie," in *Ein Gott allein?: JHWH-Verehrung und biblischer Monotheismus im Kontext der israelitischen und altorientalischen Religiongeschichte*, ed. W. Dietrich and M. A. Klopfenstein (Freiburg, Switzerland: Universitätsverlag, 1994), 559-64; idem, *The Hebrew God* (New Haven/London: Yale University Press, 2002), 197.
88 Barker, *Great Angel*.

은 분명하다. 그들의 혁신적인 기독론적인 사고는 이러한 전제된 유일신론에 기초를 두고 있으며, 그들 또한 이 사상을 포기하려는 의도가 전혀 없었다.

본장에서는 신약에서 쉐마가 인용된 중요한 사례 중 세 가지만을 선별해 살펴보고자 한다.[89] 상당한 분량의 증거가 이미 보여주듯이, 쉐마는 당대의 유대교 신앙에 있어 중심을 차지하고 있었으며, 신실한 유대인들에 의해 매일 두 차례 낭송되고 당대 문헌에 자주 등장했다. 첫 번째 사례는 기독론을 내포하고 있지 않지만, 두 번째와 세 번째 경우는 기독론을 내포한다.

5.1. 로마서 3:28-30

[28]그러므로 사람이 의롭다 하심을 얻는 것은 율법의 행위에 있지 않고 믿음으로 되는 줄 우리가 인정하노라. [29]하나님은 다만 유대인의 하나님이시냐? 또한 이방인의 하나님은 아니시냐? 진실로 이방인의 하나님도 되시느니라. [30]할례자도 믿음으로 말미암아 또한 무할례자도 믿음으로 말미암아 의롭다 하실 하나님은 한 분이시니라.

쉐마에 대한 명백한 암시("하나님은 한 분이시니라")를 담고 있는 이 텍스트에서 바울은 제2성전 말기에 널리 퍼져 있던 쉐마에 대한 전형적인 이해로부터 비교적 상당히 새로운[90] 결론을 도출해낸다. 사실 이 암시의

---

89 쉐마에 대한 또 다른 암시로는 마 22:37; 막 12:29-30, 32; 눅 10:27; 갈 3:20; 딤전 2:5; 약 2:19 등을 꼽을 수 있다.

90 아마도 필론이 *Spec.* 1.52에서 개종자들에 관하여 말하는 것이 이에 가장 가까울 것이다.

형태(*heis ho theos*)는 어느 정도 표준적이다. 비록 야고보서 2:19이 '헤이스 에스틴 호 테오스'(*heis estin ho theos*)의 형태를 갖고 있지만, 가장 일반적인 형태는 '헤이스 테오스 [에스티]'(*heis theos [esti]*, Sib. Or. 3:11; Sib. Or. frg. 1:7, 32; 요세푸스, 『유대고대사』 4.201; 위[僞]소포클레스; 필론, *Opif.* 171; *Spec.* 1.30)이다. 이것은 쉐마를 "야웨는 우리 하나님이시며 야웨는 한 분이시다"로 읽는 데서 비롯된 것이며,[91] 아마도 70인역(*kyrios ho theos hēmōn kyrios heis estin*)도 이와 동일한 방식으로 이해해야 할 것이다. 이 말은 "이스라엘의 하나님('우리 하나님')인 야웨는 모든 실재에 대한 유일한 하나님이시며 만물의 한 창조주요 주(主)이시다"라는 의미로 이해되었다. 따라서 이 말은 초기 유대교 유일신론의 특징이라고 할 수 있는 특수성(particularity)과 보편주의(universalism)의 결합을 그대로 표현해준다.

바울은 바로 이 결합에 착안한다. 그는 하나님이 독특한 의미에서 그의 백성 이스라엘의 하나님이라는 사실을 부인하지 않지만, 그분이 존재하는 유일하신 한 분 하나님이기 때문에 또한 이방인의 하나님임에도 틀림없다는 주장을 펼친다. 심지어 이 주장은 그 자체로는 논란의 여지가 없을 수 있다. 그러나 그는 이 진술을 이방인들은 "의롭다 함"을 얻기 위해 유대인이 될 필요가 없음을 의미하는 것으로 해석한다. 마크 나노스(Mark Nanos)의 말은 이 사실을 잘 표현해준다.

이방인들은 유대인이 되는 것이 금지되어 있었다.…왜냐하면 유대인이

---

91 바로 이것이 신명기 내에서의 의미라는 설득력 있는 주장에 대해서는 다음을 보라. R. Walter L. Moberly, "'YHWH is One': The Translation of the Shemaʿ," in *From Eden to Golgotha: Studies in Biblical Theology* (South Florida Studies in the History of Judaism 52; Atlanta: Scholars, 1992), 75-81; MacDonald, *Deuteronomy*, 62-70.

된다는 것은 하나님의 보편적인 단일성(universalistic oneness, 그는 모든 민족에게 있어 단 한 분 하나님이시다)을 부인하는 것이며, 암묵적으로 하나님의 이스라엘 선택과 토라의 특권을 거부하는 것이기 때문이며, 또한 만약 그분이 이스라엘 밖에서 그분을 믿는 모든 이의 한 분 하나님이 아니라면 그분은 이스라엘의 한 분 하나님이 아니실 뿐만 아니라 유일하신 하나님이 아니시기 때문이다. 만약 그가 **오직** 이스라엘의 하나님, **오직** 할례 받은 이들의 하나님, **오직** 토라의 하나님일 뿐, **또한** 이방인들의 하나님, 무할례자들의 하나님, 토라 밖에 있는 이들의 하나님도 되지 않는다면 그의 단일성(oneness)은 이미 손상된 것이다.[92]

비록 바울이 이것을 염두에 두고 있었다는 암시는 없지만, 야웨가 이스라엘의 하나님일 뿐만 아니라 이방인들의 하나님이 아니라면, 그는 유일하신 하나님이 아니라고 주장할 수 있는, 일종의 구약의 전례가 있다. 히브리 성서 안에서 쉐마의 바로 이 부분에 대한 유일한 반향인 스가랴 14:9은 "여호와께서 천하의 왕이 되시리니, 그날에는 여호와께서 홀로 한 분이실 것이요 그의 이름이 홀로 하나이실 것이라"고 예언한다. 이 구절에 담긴 사상은 분명히 야웨는 그가 사실상 유일하신 참 하나님으로 모두가 인정하기 이전에는 진정으로 그런 분이 될 수 없다는 것이다. 이 텍스트는 이어서 이방인들이 예루살렘에서 초막절을 지킴으로써 야웨를 예배하는 연례적 순례에 관해 언급한다. 그 절기는 하나님이 선물로 비를 주시는 것과 연관되어 있었으며, 따라서 예루살렘을 방문하는 순례를 행하지 않는 민족에게 가뭄을 형벌로 내릴 것이라는 것은 적절하다(슥

---

92   Mark D. Nanos, *The Mystery of Romans* (Minneapolis: Fortress, 1996), 184.

14:16-19). 그러나 비를 선물로 내리는 것은 또한 쉐마와도 연관되어 있었고(신 10:12-13, 이 텍스트는 아마도 하루 두 차례 낭송되던 쉐마 낭송의 일부였을 것이다), 따라서 스가랴 14장은 쉐마의 보편화라고도 볼 수 있다. 모든 민족들은 야웨의 민족이 될 것이며, 모든 이들은 쉐마가 요구하는 바대로 야웨를 사랑할 것이며, 이로써 모든 이들은 장막에서 그에게 예배할 것이며, 모든 이들은 그를 사랑하는 사람들에게 주어질 하나님의 축복을 받을 것이다. 따라서 심지어 바울이 쉐마로부터 이끌어낸 그의 급진적인 결론조차도 쉐마가 구약 내에서 이해되었던 방식과 일맥상통한다. 따라서 하나님의 백성으로 이스라엘을 선택한 것은 독점적이라기보다는 전형적(그래서 단순히 획일적인 보편주의에 녹아들어 가지 않는)이라고 할 수 있다.

5.2. 고린도전서 8:1-6

¹우상의 제물에 대하여는 우리가 다 지식이 있는 줄을 아나, 지식은 교만하게 하며 사랑은 덕을 세우나니, ²만일 누구든지 무엇을 아는 줄로 생각하면 아직도 마땅히 알 것을 알지 못하는 것이요, ³또 누구든지 하나님을 사랑하면 그 사람은 하나님도 알아주시느니라. ⁴그러므로 우상의 제물을 먹는 일에 대하여는 우리가 우상은 세상에 아무 것도 아니며, 또한 하나님은 한 분밖에 없는 줄 아노라. ⁵비록 하늘에나 땅에나 신이라 불리는 자가 있어 많은 신과 많은 주가 있으나, ⁶그러나 우리에게는 한 하나님 곧 아버지가 계시니, 만물이 그에게서 났고, 우리도 그를 위하여 있고, 또한 한 주 예수 그리스도께서 계시니, 만물이 그로 말미암고, 우리도 그로 말미암아 있느니라.

예수와 이스라엘의 하나님

6절에서 바울이 쉐마에 대한 기독교적 진술을 하고 있다는 것은 이미 널리 인정되고 있다. 하지만 우리는 우선 바울이 우상에게 바쳐진 음식에 관한 문제를 논의하는 가운데 어떤 방식으로 유대교의 유일신론적 수사(rhetoric) 전통과 함께 특히 신명기에 의존하고 있는지에 주목해야 한다. 물론 이 문제는 이교도들의 종교적 정황에서 나타나는 유대교의 일신 숭배라는 매우 전통적인 문제라고 할 수 있다. 따라서 바울이 4절에서 이에 관해 설명하기 위해 채택한 두 진술은 전형적인 유대교 유일신론을 담고 있는 고정문구다. "우리가 우상은 세상에 아무것도 아니며 또한 하나님은 한 분밖에 없는 줄 아노라"(oidamen hoti ouden eidōlon en kosmō kai hoti oudeis theos ei mē heis). 사실 이 두 진술은 고린도 교인들에게 보낸 편지에 나오지만, 어쩌면 바울이 직접 그들에게 가르쳤던 내용을 고린도 교인들이 재차 인용하고 있는지도 모르며, 어쨌든 이 주장은 전형적인 유대교의 유일신론적 주장이다. 물론 다른 신들을 "우상"이라고 부르는 것도 유대교적일 수밖에 없다. 이 두 진술은 서로 함께 일반적으로 야웨 외에 다른 신은 없다고 주장하는 유대교 유일신론적 고정문구, 특히 고린도전서 8:4의 '엔 코스모'(en kosmō, "세상에")처럼[93] 명시적으로 우주적인 문맥을 제공해주는 이 고정문구의 다른 여러 버전을 연상시킨다. 바울은 '엔 코스모'(en kosmō)를 그다음 구절 '에이테 엔 우라노 에이테 에피 게스'(eite en ouranō eite epi gēs, "하늘에나 땅에나")와 함께 특히 그것을 하나님의 유일무이성에 대한 쉐마의 주장에 대한 암시와 연관 짓는 이 고정문구의 다른 여러 버전을 암묵적으로 인용한다. 예를 들어,

---

93 성서에 나타난 우상숭배 금지는 우주에 있는 그 어떤 것을 숭배하는 것도 구체적으로 거부하는 것과 관련이 있다(신 4:15-19; 5:8).

여호와는 하나님이시요, 그 외에는 다른 신이 없음을 네게 알게 하려 하심이니라.···그런즉 너는 오늘 위로 하늘에나 아래로 땅에 오직 여호와는 하나님이시요, 다른 신이 없는 줄을 알아 명심하고(신 4:35, 39).

하늘에도 땅 위에도 가장 깊은 곳에도 한 기초에도 주(主)외에 다른 이가 없음이라(에녹2서 47:3J).

하나님은 한 분이시요, 그 외에 다른 이가 없다(막 12:32).

두 진술 중 첫 번째 진술은 아마도 "이 세상에는 어떤 우상도 실존하지 않는다"로 번역하는 것이 가장 좋을 것이다. "우상은 이 세상에서 아무 것도 아니다"라는 대안적인 번역도 상당히 매혹적이다. 왜냐하면 이 것은 신명기 32:21과 다른 텍스트에서처럼 이교도 신들을 가리키는 '헤벨'(hebel, "증기, 단순히 혹 불은 공기에 불과한 것")의 성서적 용법을 연상시킬 수 있기 때문이다.[94] 하지만 두 진술 간의 언어적 유사성은 "세상에"의 의미와 더 잘 통하는 전자의 번역을 지지한다. 또한 이 마지막 구문은 여기서 말하는 "우상"이 물리적인 물체 그 자체를 의미하는 것이 아니라(물론 당연히 존재하겠지만) 이교도 신들을 가리키는 것이 분명하며, 유대교 용법에서 이 이교도 신들은 '에이돌론'(eidōlon)이라고도 불릴 수 있었다. 바울이 이제 10장에서 고린도 교인들에게 "우상 숭배하는 일을 피하라"(고전 10:14)고 촉구하기 위해 이 주제로 다시 되돌아 올 때 그는 자신의 주장이

---

94 참조. 희년서 20:8("그것들을 신뢰하는 모든 사람들은 무[無]를 신뢰한다"); 바룩2서 41:2; 에녹2서 34:1. 비록 70인역은 신이나 우상을 언급하지는 않지만, 이사야서 49:4에서 한 차례 '헤벨'(hebel)을 '우덴'(ouden)으로 옮긴다.

"이 세상에는 어떤 우상도 실재하지 않는다"는 고린도 교인들의 말에 자신이 이미 동의했던 것과 모순되는 것으로 보일 수 있음을 인식하고 있다.

> 그런즉 내가 무엇을 말하느냐? 우상의 제물은 무엇이며 우상은 무엇이냐?(*eidōlon ti estin*) 무릇 이방인이 제사하는 것은 귀신에게 하는 것이요 하나님께 제사하는 것이 아니니, 나는 너희가 귀신과 교제하는 자가 되기를 원하지 아니하노라(고전 10:19-20).

바울의 요점은 우상숭배자들이 우상이 대변한다고 생각하는 것, 즉 신(a god)은 존재하지 않지만, 신명기 32:21과 시편 106:37을 바탕으로 지금까지 유대교 전통에서 믿어왔던 것처럼 악한 영들은 우상숭배자들의 헛된 망상을 이용하여 그들이 자신들도 모르는 사이에 실제로 "귀신"(demons)을 섬기고 있다는 것이다.[95] (또 다른 견해는 고전 8:4과 10:19에서 바울은 이방 신들이 **신으로서** 존재하는 것이 아니라[즉 그들은 신에 비길 만한 것이 하나도 없다] 아주 보잘 것 없는 초자연적 힘―*daimonia*―으로서 존재한다고 말한다는 것이다.)

아무튼 여기서 가장 중요한 것은 바울이 배타적인 야웨 숭배를 강조하기 위해 유대인들이 즐겨 사용해온 "모세의 노래"라는 고전적인 자료에 의존하고 있다는 사실이다. 그는 "그들은 하나님께 제사하지 아니하고 귀신들에게 하였으니"(LXX: *daimoniois kai ou theō*)라고 말하는 신명기 32:17을 인용한다. 이 구절의 히브리어는 아마도 "귀신들에게, 즉 신이

---

95   바룩서 4:7; 희년서 11:4-5, 17; 에녹1서 19:1; 99:7; 시빌의 신탁 단편 1:22; 8:47, 386, 394.

아닌 것에게"(*lō' 'elôâh*)라는 의미일 것이다.[96] 히브리어 원본(*Vorlage*)의 그리스어 역본인 70인역은 "신에게가 아니라 귀신들에게" 또는 "신이 아닌 귀신들에게"를 의미한다. 물론 이 원본을 몰랐던 독자는 이 구절을 "하나님께가 아니라 귀신들에게"로 읽었을 수도 있지만 말이다. 이 구절에 대한 바울의 암묵적 언급에서 이러한 의미가 가능하지만, "신에게가 아니라 귀신들에게"가 바울의 문맥에 더 잘 어울린다.[97] 바울이 신명기 32:17에서 인용한 것과 동일한 어구가 바룩서 4:7(*daimoniois kai ou theō*), 희년서 11:17, 에녹1서 19:1, 시빌의 신탁 단편 1:22 등에서도 나타난다.[98] 이것들은 유대교에서 흔히 유일신론을 상투적으로 나타내는 표현이다. 그러나 바울은 이 텍스트들이 암시하는 모세의 노래의 정황을 잘 알고 있다. 모세의 노래는 우상숭배를 했던 이스라엘의 역사를 회상하는 것으로서, 바울은 10장 초반부에서 이미 이러한 역사를 언급한 바 있다.

그는 10:22에서 모세의 노래에 등장하는 그 동일한 구절을 다시 암시한다. "우리가 주님을 질투하시게 하려는 것입니까? 우리가 주님보다 더 힘이 세다는 말입니까?"(새번역) 첫 번째 질문은 신명기 32:21 "그들이 하나님이 아닌 것(LXX: *ep' ou theō*)으로 내 질투를 일으키며"를 암시한다.[99] 이것은 바울이 유일하게 하나님의 질투에 대해 언급한 사례다(고후

96　에녹1서 19:1은 이것을 "귀신들에게 신에게처럼 제물을 바친다"라고 의역한다. 참조. 시빌의 신탁 8:394("죽은 귀신들, 마치 그들이 천상의 존재인 것처럼").

97　Gordon D. Fee, *The First Epistle to the Corinthians* (NICNT; Grand Rapids: Eerdmans, 1987), 472; Richard H. Bell, *Provoked to Jealousy: The Origin and Purpose of the Jealousy Motif in Romans 9-11* (WUNT 2/63; Tübingen: Mohr [Siebeck], 1994), 253-4.

98　또한 위(僞)필론, *L.A.B.* 25:9("우상들의 귀신들")을 주목하라. 이 구절 중 몇몇 구절은 귀신들을 죽은 자들의 영으로 이해한다(신 32:17과 시 106:37을 시 106:28; 신 26:14와 연결시킴). 예. 희년서 11:27; 시빌의 신탁 단편 1:22("하데스[Hades]에 있는 귀신들에게 제물을 바친다").

99　두 번째 질문은 아마도 고린도 교회의 "강한 자들"에 대한 반어적인 언급이겠지만, 야웨의

11:2를 계산에 넣지 않는다면). 그가 이에 대한 암시를 선택했다는 사실은 그가 자신의 언약 백성의 배타적인 헌신을 바라시는 하나님의 질투에 입각한 일신숭배에 대한 유대교의 이해를 매우 신중하게 받아들였다는 것을 보여준다(출 20:5; 신 4:23-34; 5:9; 6:15; 32:16, 19, 21). 이러한 의미에서 하나님의 질투는 쉐마와 밀접하게 연관되어 있다. 이 사실은 바울이 여기서 신명기에 나타나 있는 하나님의 질투를 예수 그리스도에게 적용하고 있다는 것이 얼마나 의미심장한지를 잘 보여준다. 사실 야웨는 신명기 32:21에서 1인칭으로 말씀하신다. 하지만 이 구절을 3인칭 진술로 전환함으로써 바울은 19절에 나오는 "주"(kyrios)를 끌어올 수 있었다. 그런데 앞 구절의 "주의 잔"과 "주의 식탁"이 그리스도를 가리키는 것이 틀림없기 때문에 이것은 바울이 아주 자주 구약의 야웨 텍스트에 등장하는 '퀴리오스'(kyrios)를 예수로 해석하는 수많은 경우 중 하나임에 틀림없다.[100] 따라서 이 사실이 유대교 유일신론과 기독론에 미치는 영향은 지대하다. 즉 야웨의 질투에 의해 그의 백성에게 요구되던 배타적 헌신이 이제는 예수 그리스도에 의해 그리스도인들에게 요구된다는 것이다. 사실상 여기서 예수는 야웨의 독특한 정체성을 취하게 된 것이다.

이 사실은 바울이 이미 고린도전서 10:4("그 반석은 곧 그리스도시라")에서 야웨를 이스라엘의 반석으로 묘사하는 모세의 노래를 염두에 두고 있다는 주장과 일맥상통한다(신 32:4, 15, 18, 31. 아울러 18절에 나오는 이스라엘의 우상숭배와도 밀접하게 연관되어 있다는 사실에 주목하라).[101] 그러나 더 확

비할 데 없는 능력을 선언하는 신 32:39에 대한 암시일 수도 있다.

100   A .C. Thiselton, *The First Epistle to the Corinthians* (NIGTC; Carlisle: Paternoster/Grand Rapids: Eerdmans, 2000), 778. 아울러 본서 제6장도 보라.

101   Fee, *Corinthians*, 449; Bell, *Provoked*, 254.

실하면서도 중요한 것은 바울이 고린도전서 8:6에서 쉐마를 재구성하는 작업을 통해 일신숭배와 질투라는 주제를 기독론적으로 재해석하는 길을 이미 마련했다는 것이다.

바울은 8장 첫머리에서부터 이미 쉐마를 염두에 두고 있다. 왜냐하면 3절의 "하나님을 사랑하면"은 이미 쉐마를 암시하고 있기 때문이다.[102] 그는 쉐마에 담겨 있는 신앙은 단지 하나님이 유일하신 분이라는 객관적인 지식의 문제가 아니라 한 분 하나님께 대한 전인적인 헌신의 문제라는 것을 잘 알고 있다. 따라서 그는 5절에서 이미 단순한 신들의 존재 여부(4절에서 강조되는)에서 충성과 헌신과 예배의 문제로 그 강조점을 전환하고 있다. "많은 신과 많은 주"(5절)가 있다는 말의 의미는 이교도들이 이 신들에게 충성과 예배를 드리는 반면, "우리에게는"(6절) 한 하나님과 한 주가 있다는 것이다. "많은 신과 많은 주"라는 어구는 사실 맞는 말이지만 ('퀴리오스'[kyrios]는 많은 그리스 제의에서 사용되었다), 동시에 바울이 놀라우리만큼 탁월하게 다시 고쳐 쓴 쉐마에 등장하는 한 하나님 및 한 주와 극명한 대조를 이룬다. 신중하게 구성된 이 진술은 다음과 같다.

all' hēmin heis theos ho patēr

ex hou ta panta kai hēmeis eis auton

kai heis kyrios Iesous Christos

di' hou ta panta kai hēmeis di' autou.

---

102 만약 하나님이 "알아주심"(8:3)이 신의 선택이라는 견지에서 이해되어야 한다면(참조. 암 3:2), 이 구절에서 하나님을 사랑하는 것과 하나님이 알아주시는 것 사이의 결합은 쉐마와 관련이 있는 신명기적인 주제로서도 충분히 추가적으로 탐구할 만한 가치가 있다(참조. 신 7:7-9). 사실 바울도 롬 8:28-29에서 이 주제를 언급한다.

예수와 이스라엘의 하나님

그러나 우리에게는 한 하나님 곧 아버지가 [계시니],

만물이 그에게서 [났고] 우리도 그를 위하여 [있고],

또한 한 주 예수 그리스도께서 [계시니],

만물이 그로 말미암고 우리도 그로 말미암아 [있느니라].

바울은 한 하나님과 한 주가 계시다고 언급하면서 의심의 여지없이 쉐마("우리 하나님 야웨는 오직 유일한 야웨이시다")에 담긴 유일신론적 진술을 암시한다. 그리스어 역본인 70인역은 이 진술을 다음과 같이 옮긴다. "주 우리 하나님, 주는 한 분이시다"(kyrios ho theos hēmōn kyrios heis estin). 바울이 쉐마에 등장하는 이 그리스어 단어를 전부 다 사용하여,[103] 한 하나님 곧 아버지와 한 주(主) 곧 예수 그리스도를 모두 단언하는 방식으로 이를 재배치한다.

만일 바울이 쉐마의 한 하나님에 한 주(主)를 **덧붙이고** 있다고 본다면 유대교 유일신론의 관점에서 볼 때 그는 확실히 기독론적 유일신론이 아닌 명백한 이신론(ditheism)을 만들어내고 있는 것이다. 이교도들이 숭배하던 많은 신과 많은 주(5절)와는 대조적으로 쉐마는 오직 유일하신 하나님께 대해서만 배타적인 충성을 요구한다. 심지어 6절의 "주"(Lord)가 단지 5절의 "주들"(lords)에 불과하다 할지라도(그리고 이것은 적어도 그것을 의미해야 한다), 쉐마의 유일하신 하나님에 유일한 주(主)를 **덧붙인다**는 것은 하나님의 유일성과 정면으로 **대치하는** 것임에는 틀림이 없다. 바울은 여기서 유대교 유일신론을 기독교식으로 재천명하거나 쉐마를 수정하거

---

103 '헤몬'(hēmōn)은 바울의 진술에서 '헤민'(hēmin)과 반복되는 '헤메이스'(hēmeis)로 나타난다.

나 확대하려는 것이 아니라 유대교를 거부하고 쉐마를 근본적으로 전복시키려는 것이었다. 바울이 유일신론을 유지하려 한 것으로 이해할 수 있는 유일한 방법은 오직 그가 쉐마에서 단언하는 한 하나님의 독특한 정체성 안에 예수를 포함시키고 있다고 이해하는 것뿐이다. 그런데 어쨌든 이러한 사실은 여기서 예수에게 "한 주"로 적용된 "주"라는 용어가 쉐마 자체에서 인용했다는 사실을 통해 분명하게 드러난다. 바울은 쉐마의 한 하나님에 쉐마가 언급하지 않는 "주"를 덧붙이고 있는 것이 아니다. 그는 예수가 쉐마가 한 분이라고 단언하는 바로 그 "주"이심을 밝히고 있는 것이다. 이 전례 없는 쉐마의 재구성을 통해 한 분 하나님의 독특한 정체성은 이제 아버지이신 한 하나님과 **그리고** 그의 메시아(암묵적으로 아버지의 아들로서 간주되는)이신 한 주로 **구성된다**.

바울은 하나님의 독특한 정체성 안에 하나님과 예수를 모두 포함시키기 위해 쉐마를 다시 쓴다. 그러나 그가 야웨의 독특한 정체성을 특징짓는 또 다른 방식을 쉐마와 결합시키지 않았다면 그가 말하고자 하는 요점이 분명하게 드러나지 않았을지도 모른다. 유대교에서 하나님의 유일성을 특징짓기에 가장 좋은 방법은 바로 창조에 대해 언급하는 것이었다. 유대교 유일신론에서는 만물을 창조하는 하나님의 사역에 있어 하나님 외에 다른 어떤 존재라도 하나님께 도움을 줄 수 있다는 것은 상상조차 할 수 없는 일이었다(사 44:24; 에스라4서 3:4; 요세푸스, 『아피온 반박문』 2.192). 그러나 쉐마에 예수를 포함시킨 바울은 이제 하나님의 창조사역에 예수를 또한 포함시킨다. 제2성전기 유대교 유일신론이라는 틀 안에서는 이보다 더 분명하게 예수를 하나님의 독특한 정체성 안에 포함시키는 방법은 상상조차 불가능했다.

바울은 쉐마의 어구를 하나님과 예수로 나눌 뿐만 아니라 하나님을 만물의 창조주로 묘사하는 것까지도 하나님과 예수로 나눈다. 바울은 다른 텍스트에서 이와 같이 둘로 나뉘거나 수정되지 않은 형태를 사용하는데, 그곳이 바로 "이는 만물이 주에게서 나오고 주로 말미암고 주에게로 돌아감이라"(*ex autou kai di' autou kai eis auton ta panta*)라고 말하는 로마서 11:36a이다. 이 구절은 유대교 유일신론의 관점에서 볼 때 하나님의 독특성을 찬양하는 문맥에 위치한다.

"만물"(*ta panta*)을 다양한 전치사를 통해 하나님과 연결하는 것과 유사한 진술은 유대교에 속하지 않은 그리스 문헌에서도 발견된다. 가장 좋은 예로는 위(僞)아리스토텔레스(Pseudo-Aristotle)의 *Mund.* 6(*ek theou panta kai dia theou sunestēke*), 마르쿠스 아우렐리우스의 *Medit.* 4.3(*ek sou panta, en soi panta eis se panta*), 아스클레피오스 34(*omnia enim ab eo et in ipso et per ipsum*) 등을 꼽을 수 있다. 이러한 고정문구들이 말하고자 하는 바는 바로 이들이 하나님을 만물의 원인으로 묘사하고, (고대 철학에서 표준적으로 인정된 바와 같이) 다양한 전치사를 통해 하나님과 세계의 관계를 적절하게 표현하는 다양한 유형의 인과관계, 즉 작용적 인과관계(efficient causation, *ek*), 도구적 인과관계(instrumental causation, *dia* 또는 *en*), 목적적 인과관계(final causation, *eis*)를 나타낸다는 것이다.[104] 그런데 이러한 고정문구들은 분명히 유대교의 용법에도 매우 적합했을 것이다. 왜냐하면 유대인들도 빈번히 하나님을 "만물"의 창조주로 묘사하는 습관을 갖고 있었기 때문이다(예. 사 44:24; 렘 10:16; 51:19; 집회서 43:33; 지혜서 9:6; 마카베오

---

[104] 질료적·형식적 인과관계(material and formal cuasation)는 하나님과 우주의 관계를 적절하게 묘사할 수 없다. 엡 4:6은 서로 다른 세 개의 전치사를 사용하여 하나님을 만물과 연관시키는 다른 종류의 고정문구를 사용하지만, 전치사들은 모두 '판타'(*panta*, "모든 것[만물]")와 연결되어 있다. "하나님은 모든 것의 아버지시요, 모든 것 위에(*epi*) 계시고, 모든 것을 통하여(*dia*) 계시고, 모든 것 안에(*en*) 계시는 분이십니다"(새번역).

2서 1:24; 마카베오3서 2:3; 에녹1서 9:5; 84:3; 에녹2서 66:4; 희년서 12:19; 아브라함의 묵시 7:10; 요셉과 아스낫 12:1; 시빌의 신탁 3:20). 요세푸스(『유대고대사』 5.218)도 전치사를 사용하지 않고 유대교에 속하지 않은 헬레니즘적 진술과 매우 동일한 내용을 언급한다. "만물은 하나님으로부터 말미암고 하나님을 위해 존재한다"(*tou theou panta kai tō theō*). 필론도 인과관계를 나타내는 표준적인 철학적 진술을 명시적으로 취하여 하나님과 세계의 관계에 적용될 수 있는 세 가지 유형에 적용한다. 하나님 자신이 작용인(efficient cause)이며("그에 의해[*hyph' hou*] 그것이 만들어졌다"), 그의 말씀(Word)이 도구인(instrumental cause)이고("그것으로[*di' hou*] 그것이 만들어졌다"), "창조주의 선하심의 표명"(*Cher.* 127)이 목적인(final cause)이다("그것 때문에"[*di' ho*]). 히브리서 2:10에서 하나님은 그의 창조의 목적인이자 도구인이다. "만물이 그를 위해(*di' ho*) 있고 또한 만물이 그로 말미암아(*di' hou*) 있느니라."

따라서 우리는 바울의 진술―"이는 만물이 주에게서 나오고 주로 말미암고 주에게로 돌아감이라"(롬 11:36)―이 바울 고유의 것도 아니고 비유대적 자료로부터 직접 차용한 것도 아니라 바로 유대교에서 하나님과 다른 모든 실재와의 독특한 관계를 묘사하던 것으로 이미 그에게 잘 알려져 있던 것이었음을 확신할 수 있다. 그가 로마서 11:36에서 이 문구를 사용할 때에는 그 어떤 기독론적인 의미가 담겨 있지 않았지만, 그가 고린도전서 8:6에서 기독교적으로 변환한 쉐마 버전에 이 문구를 포함시킬 때에는 그가 쉐마의 어구를 하나님과 그리스도로 나눈 것처럼 그는 이 문구를 또한 하나님과 그리스도로 나눈다. 세 전치사 중 첫 번째와 세 번째 전치사(*ek*와 *eis*)를 통해 표현되는 하나님과의 관계는 한 하나님 곧 성부께 귀속되고("만물이 그에게서 났고 우리도 그를 위하여 있고"), 두 번째 전치사(*dia*)를 통해 표현되는 관계는 한 주(主) 예수 그리스도께 귀속된다("만물이 그로 말미암고 우리도 그로 말미암아 있느니라"). 로마서 11:36에서는 세 전치사가 모두 하나님께 적용된 반면, 고린도전서 8:6에서는 그중 하나가 그리스도께 적용된 사실은 이 모두가 더 이상 창조주와 전 피조물의 관계를 묘사하지 않는다는 것을 의미하지 않는다. 오히려 정반대로 이 사실은 바로 그리스도가 창조의 도구인으로서 이 관계에 포함되었음을 의미한다.

고린도전서 8:6에서 "만물"과 "우리"가 서로 번갈아가며 등장하는 것은 그들의 창주주와 이런 방식으로 관계를 맺고 있는 "만물" 안에 자신과 그의 독자들을 배치하려는 바울의 바람에 기인한다. 이런 방식을 통해 바울은 자신이 개작한 쉐마의 첫머리인 '헤민'(hēmin, "우리에게는")을 계속해서 강조하고, 쉐마에 나오는 "주 **우리** 하나님"을 우회적으로 암시한다. 그는 만물의 창조주가 되심으로써 자신의 독특한 정체성을 드러내시는 하나님이 보편적으로 만물뿐만 아니라 구체적으로 (이 하나님께 배타적인 충성을 해야 할 의무가 있는) **우리를 위해** 그 정체성을 소유하고 계시다는 사실을 분명히 하고 싶어 한다. 바울이 "만물"("만물이 그에게서 났고")과 "우리"("우리도 그를 위하여 있고")를 각각 서로 다른 전치사와 연결시키고, 마지막 전치사를 "만물"과 "우리"("만물이 그로 말미암고 우리도 그로 말미암아 있느니라")와 연결시킨 것은 언어상의 대칭 구조를 염두에 두고 수사학적으로 변화를 준 것이다. 바울은 "우리"가 "하나님에게서" 난 것이 아니라든지 또는 "만물"이 "하나님을 위하여" 있는 것이 아니라는 것을 의미하지 않는다. 이 전체 문장은 상당히 응축된 문장으로서, 만약 이렇게 응축시키지 않았다면 아마도 이보다 훨씬 더 복잡할 뿐 아니라 훨씬 덜 대칭적인 문장이 되었을 것이다.

한 하나님 곧 아버지가 계시니

만물이 그에게서 나고 우리도 그에게서 나고

만물이 그를 위하여 있고 우리도 그를 위하여 있고

또한 한 주 예수 그리스도께서 계시니

만물이 그로 말미암고 우리도 그로 말미암아 있느니라.

자신의 새로운 쉐마 버전을 하나님과 "만물"의 관계 및 하나님과 "우리"의 관계의 견지에서 설정함으로써 바울은 하나님의 정체성의 두 가지 측면, 즉 한 분 하나님은 자기 언약 백성의 하나님임과 동시에 우주적인 하나님이시라는 사실을 당대의 유대인들이 이해하고 있던 쉐마에 입각하여 새롭게 상고한다.

따라서 결론적으로, 우리는 바울이 이스라엘의 하나님 야웨는 유일하신 하나님이시며 이 한 분 하나님에게 속한 백성은 그분께 배타적으로 헌신해야 할 의무가 있다는 유대교의 쉐마에 대한 유일신론적인 이해를 신중하고도 충실하게 담아내고 있다고 말할 수 있다. 바울이 재구성한 진술에서 유일하게(!) 찾아볼 수 있는 새로운 요소 하나는 바로 새롭게 이해하게 된 하나님의 독특한 정체성 안에 예수를 포함시켰다는 점이다.

5.3. 요한복음 10:30

"나와 아버지는 하나이니라."

이 구절이 이전에는 쉐마를 암시하는 것으로 인식되지 않았던 것은 상당히 놀라운 일이지만, 우리는 "하나님은 한 분이시다"라는 고정문구가 쉐마의 축약형임을 (롬 3:28-30에 관한 논의에서) 이미 지적한 바 있다. 모든 그리스어 문헌에서 쉐마에 대한 반향으로서 하나(one)에 해당하는 단어는 남성(heis)인 반면, 요한복음 10:30에서는 중성(hen)이다. 하지만 이것은 필연적으로 문맥에 맞게 수정한 것이다. 예수는 아버지와 자신이 단일 인격이라고 말씀하시는 것이 아니라 두 분이 함께 한 하나님이라고 말씀하시는 것이다. 따라서 이 진술은 어쩌면 예수가 이해하는 쉐마, 즉 "유대인들"이 8:41에서 쉐마를 암시한 것에 상응하는 것으로 이해해야 할 것이다. "아버지는 한 분뿐이시니 곧 하나님이시로다"(참조. 말 2:10).

아버지와 자신이 하나라는 예수의 진술은 요한복음에서 두 번 더 나타나는데, 두 번 모두 17장에 등장하는 예수의 기도에서 나타난다. 거기서 예수는 그의 제자들에 대해 "우리와 같이 그들도 하나가 되게 하옵소서"라고 기도한다(17:11, ōsin hen kathōs hēmeis; 17:22, ōsin hen kathōs hēmeis hen). 한편으로는 예수와 그의 아버지가 하나라는 진술과, 다른 한편으로는 제자들이 서로 하나라는 진술 간의 이러한 유사점은 종종 전자는 친밀한 관계 내지 의지의 일치만을 나타낼 뿐이라는 주장을 펼치기 위해 사용되곤 했다. 하지만 유대교의 유일신론적 사고의 배경을 자세히 살펴보면 이와 관련된 문제는 어느 정도 해결된다. 유대교 작가들은 가끔 이 세상에서 한 분 하나님께만 속한 것이 무언가 다른 "하나"에 상응한다고 말한다. 예를 들어, 한 거룩한 도시, 한 성전, 한 제단, 한 율법, 그리고 특별히 한 선택된 민족(바룩2서 48:23-24; 요세푸스, 『유대고대사』 4.201; 5.111; 『아피온 반박문』 2.193; 필론, Spec. 1.52, 67; 참조. 바룩2서 85:14) 등을 꼽을 수 있다. 어쩌면 이것들은 에베소서 4:4-6에 나오는 7개의 "하나"로 구성된 신조적 목록의 배경일지도 모른다. "몸이 하나요 성령도 한 분이시니, 이와 같이 너희가 부르심의 한 소망 안에서…주도 한 분이시요, 믿음도 하나요, 세례도 하나요, 하나님도 한 분이시니"(참조. 고전 12:13).

한 분 하나님에 상응하는 한 백성에 관한 특별한 경우가 구약에서 발견된다. 이러한 사례는 오직 사무엘하 7:22-23에서만 발견되는데,[105] 다윗의 기도의 전후 문맥은, 이미 널리 알려져 있었을 뿐 아니라 반복적으로 사용된 "하나"가 하나님을 가리키지 않고 "한 임금"(겔 37:22 또는 "한 목자"(겔 37:24) 밑에서 "한 나라"가 되어야 하는 이스라엘을 가리키는 에스겔 37:15-28과 쉽게 연결될 수 있었던 점에서, 이 텍스트의 중요성을 한층 더 부각시켜준다. 에스겔 34:23에서 "한 목자"는 "내 종 다윗"이다. 이 마지막 구절은 요한복음 10:16("한 무리가 되어 한 목자에게")에 분명히 영향을 주었고, "하나됨"에 대한 요한의 관심이 구약에 그 뿌리를 두고 있음을 보여준다.

물론 한 분 하나님과 한 백성을 서로 연관시키는 유대교 전통 사상 (topos)은 결코 그의 백성처럼 하나님도 동일한 의미에서 "하나"(unity)라는 것을 의미하지 않는다. 요세푸스와 필론은 이와 같은 상응관계를 한 분 하나님에 대한 섬김과 예배가 하나님의 백성을 하나로 결합시킨다는 의미로 이해한다(요세푸스, 『유대고대사』 5.111; 필론, *Spec.* 1.52; 4.159; *Virt.* 7.35). 하나님의 단일성(singularity)이 하나님의 단일 백성을 하나로 묶어 관계적 통일체로 만든다. 요한복음의 예수는 그의 백성이 바로 이런 종류의 통일체가 되기를 원하신다. 그는 그의 제자들이 그와 그의 아버지가 서로 하나인 한 분 하나님의 독특성에 상응하는 단일 공동체가 되도록 기도하신다(17:11, 22).

105 　오직 민족만이 명시적으로 "하나"라고 불리지만, 22절(야웨에 관하여)과 23절(이스라엘에 관하여) 간의 평행관계가 너무나 분명하기 때문에 "한" 민족과 "한" 하나님 사이의 상응관계가 암시되어 있다고 생각하는 것은 매우 자연스럽다. 70인역을 따라 "하나"(one, 'eḥad)를 "다른 하나"(another, 'aḥer)로 수정하는 것에 반대하는 입장을 보려면 N. Lohfink and J. Bergman in TDOT 1:198을 보라.

하나님과 자신이 서로 하나라는 요한복음의 예수의 주장은 유대교 유일신론이 이해하는 바대로 한 분 하나님의 독특한 정체성 안에 그의 아버지와 함께 자신을 포함시키는 것을 의미한다. 이 하나님의 정체성은 아버지와 아들만이 독특하게 공유하는 친밀한 관계를 내포한다. 이러한 하나됨에 관한 진술은 상호관계에 관한 진술과 분명하게 연관되어 있다. "나는 아버지 안에 있고 아버지는 내 안에 계신다"(요 10:38; 14:10, 11; 참조. 14:20; 17:21, 23). 10:38의 이 두 진술 중 첫 번째 진술은 앞에서 "나와 아버지는 하나이니라"(10:30)라고 천명한 그의 주장에 대한 예수의 변론의 절정이다. 두 진술은 모두 신성 모독적으로 간주되며, 어떤 의미에서는 동일한 주장이라고 할 수 있다. 사실상 이러한 상호 내주(內住)하심―우리가 생각할 수 있는 범위 내에서 가장 친밀한 관계―은 아버지와 아들의 하나됨의 내적 실재다. 아버지와 아들의 하나됨은 그들의 차이를 없애 버리는 것이 아니라 이를 불가분의 관계 속에서 서로를 구별해준다.[106] 또한 우리는 "아버지"와 "아들"이라는 용어가 서로를 수반한다는 사실에 주목해야 한다. 아버지는 오직 예수가 그의 아들이기 때문에 아버지로 불리고, 예수는 오직 그가 그의 신적 아버지의 아들이기 때문에 아들로 불린다. 아버지와 아들은 서로의 정체성에 필수적인 관계다. 따라서 예수와 아버지가 하나라고 말하는 것은 하나님의 독특한 정체성이 오직 아버지와 아들의 상호관계 속에서만 존재 가능한 관계를 내포한다고 말하는 것과 같다. 요한의 기독론은 바로 이러한 하나님의 대내적 관계(intra-divine relationship)를 묘사하는 가운데 한 분 하나님의 독특한 정체성을 유대교

---

106 M. L. Appold, *The Oneness Motif in the Fourth Gospel* (WUNT 2/1; Tübingen: Mohr [Siebeck], 1976), 281-2.

유일신론이 정의하는 범주에서 비로소 벗어난다. 요한의 기독론은 이 가운데 그 어떤 것(특히 쉐마가 하나님의 자체적 내적 구분이 결여되어 있다는 점보다는 하나님의 유일무이하심을 주장하기 때문에)도 부인하지 않으며 그 어떤 것과도 모순을 일으키지 않지만, 하나님과 예수의 부자관계에 기초하여 하나님의 정체성을 아버지와 아들이 서로 구별되면서도 동시에 불가분의 관계 속에서 서로 연합되어 있는 것으로 재정의한다.

　　신약의 기독론 안에는 이외에도 초기 그리스도인들이 제2성전기 말기 유대교의 유일신론과 당대의 히브리 성서에 대한 유일신론적 해석을 전제했다는 사실을 입증할 만한 것이 많이 포함되어 있다. 그러나 신약의 쉐마 해석에 대한 이 세 가지 연구 사례는 야웨의 독특성에 대한 초기 유대교의 핵심적인 주장과 관련하여 시사하는 바가 매우 크다. 이러한 기독론적인 혁신은, 그것이 제아무리 괄목할 만한 것이라 할지라도, 유대교 유일신론의 테두리 안에서—이를 포기하는 것이 아니라—작용하는 것으로 간주되지 않는 한, 결코 제대로 이해될 수 없다. 야웨의 독특한 정체성 안에 예수를 포함시킴으로써 쉐마 신앙은 확언되고 보존되지만, 쉐마가 하나님의 백성에게 요구하는 것은 이제 모두 예수에게 초점이 맞춰진다. 이제부터 배타적인 헌신은 전적으로 예수에게 집중되지만, 예수 자신이 하나님의 독특한 정체성에 속해 있기 때문에 예수는 결코 하나님 아버지를 대체하거나 그와 경쟁하지는 않는다. 예수에 대한 헌신은 또한 그의 아버지께 대한 헌신이기도 하기 때문이다.

3장
"지극히 높으신" 하나님과 초기 유대교 유일신론의 본질[1]

---

1   이 논문은 David B. Capes, April D. DeConick, Helen K. Bond and Troy A. Miller ed., *Israel's God and Rebecca's Children: Christology and Community in Early Judaism and Christianity: Essays in Honor of Larry W. Hurtado and Alan F. Segal* (Waco: Baylor University Press, 2007), 39-53에서 처음 출간되었다.

1. 서론

최근 수십 년 동안 학자들은 제2성전 말기의 유대교 유일신론의 본질을 놓고 수많은 논의와 논쟁을 벌였다.[2] 이제 이에 관한 논의는 당대의 유대인 작가들이 하나님에 관해 어떻게 이야기했는지를 면밀하게 연구함으로써 괄목할 만한 진보를 이룰 수 있다고 생각한다. 방대한 분량의 증거가 존재하는 데 비해 이에 대한 연구는 지지부진하다. 예를 들어 초기 유대교 문헌에 나타나 있는 다양한 신의 이름과 칭호에 대한 전수 조사 목록을 확보한다는 것은 매우 유용하리라고 본다. 왜냐하면 그래야만 우리는 어떤 유형과 범주의 문헌에서 어느 것이 인기를 끌었고 어느 것이 그렇지 않았는지를 파악할 수 있기 때문이다. 이러한 목록을 확보하게 될 때에야 비로소 우리는 TWOT/TDOT가 히브리 성서에 관해 제공해준 것처럼 초기 유대교 문헌에 나타난 다양한 용어에 대한 면밀한 연구서를 집필할 수 있을 것이다. 본장은 바로 그러한 방향으로 나아가는 첫 단계다. 본장 끝에 첨가한 도표에는 초기 유대교 문헌에서 지금까지 내가 추적 가능했던 칭호인 "지극히 높으신 이"에 대한 목록이 나온다. 본장에서는 이 칭호의 비교적 높은 사용 빈도와 그 의미에 대해 설명하고 이를 통해 초기 유대교 유일신론의 본질을 파악하고자 한다.

---

[2]   최근 연구 가운데 특히 Loren T. Stuckenbruck and Wendy E. S. North, ed., *Early Jewish and Christian Monotheism* (JSNTSup 263; London: T&T Clark [Continuum], 2004)을 보라.

논의를 전개하기에 앞서 "배타적인" 유일신론과 "포괄적인" 유일신론의 차이점에 관해 몇 가지 짚고 넘어가는 것이 도움이 되리라 생각된다. 이 용어는 "헤롯 시대의 유대교 및 기독교 유일신론"에 관한 최근 연구에서 윌리엄 호버리(William Horbury)가 사용한 것이다.[3] 그는 자신의 논문의 주장을 이렇게 진술한다.

> 유대교를 엄격한 유일신론으로, 즉 다른 신적 존재들의 존재를 부인한다는 의미에서 "배타적인" 유일신론으로 이해하는 것은 헤롯 시대에 나타난 신비적·메시아적 경향들이 지니고 있던 중요성을 결코 공정하게 평가하지 못한다는 전반적인 주장이 제기된다. 왜냐하면 이러한 경향들은 종종 최고의 신이 다른 영들과 세력들 위에 있으나 그들과 연관되어 있다고 보는 "포괄적인" 유일신론과 밀접하게 연관되어 있었기 때문이다.[4]

여기서 제기되는 문제는 "다른 신적 존재들"의 의미, 즉 호버리가 "다른 영들과 세력들"과 동일시하는 용어가 무엇을 의미하느냐는 것이다. 만약 "엄격한" 또는 "배타적인" 유일신론이 하나님 외에 그 어떤 초자연적 또는 천상적 존재들의 존재를 부인해야 한다고 가정했다면, 한 가지 분명한 것은 그러한 유일신론은 현대에 이르기까지 결코 존재하지 않았다는 것이다. 유대교·기독교·이슬람교 전통의 전통적인 유일신론은 항상 수없이 많은 초자연적 존재들, 즉 하나님을 섬기고 예배하는 천사들과 만

---

3   William Horbury, "Jewish and Christian Monotheism in the Herodian Age," in *Early Jewish*, ed. Stuckenbruck and North, 16-44; 참조. 또한 idem, *Messianism among Jews and Christians* (London/ New York: T&T Clark, 2003), 12-19. 그는 여기서 『십자가에 달리신 하나님』에서 내가 펼친 나의 주장에 대해 이의를 제기한다.

4   Horbury, "Jewish," 17.

물에 대한 하나님의 전반적인 주권 안에서 하나님을 반대하는 악령들의 존재를 받아들였다. 그러나 이러한 존재들은 하나님에 의해 창조되고 하나님께 종속된 피조물로 여겨졌으며 지상의 피조물의 존재와 마찬가지로 유일신론의 의미를 재고할 만한 존재들이 아니었다. 나는 이러한 존재들의 본질을 염두에 두고서도 우리는 여전히 "엄격한" 또는 "배타적인" 유일신론이란 용어를 적절하고 유용하게 사용할 수 있다고 생각한다.

이 부분에 대한 오해가 최근에 이루어지고 있는 초기 유대교 유일신론에 관한 논의를 거듭해서 진흙탕으로 만들어놓았다.[5] 여기서 중요한 질문은 한 분 하나님의 독특성을 어떻게 이해하느냐다. "포괄적인" 유일신론에서 한 분 하나님은 그를[6] 포함한 존재 계급 가운데 가장 높은 일원이다. 그에게는 오직 최상급의 평가만이 주어진다. 즉 그는 신들 가운데 가장 강한 자이고(따라서 그들을 자신의 뜻에 굴복시킬 수 있다), 가장 지혜로운 자이며, 다른 모든 신보다 우주 가장 높은 곳에 자신의 거처를 두고 있다. 그는 최고라는 의미로 유일하신 분이다. 하나님과 다른 신들을 이런 방식으로 이해하는 사고는 신들이 독립적·경쟁적으로 행동했던 고대의 더 오래된 다신교 사상에서 발전했다. 이러한 사고는 근동 세계와 그 이후에는 고대 그리스-로마 세계의 많은 지역에서 발전했다.[7] 또한 이러한 사고는

---

5   예. Hayman, "Monotheism," 1-15; Michael Mach, "Concepts of Jewish Monotheism during the Hellenistic Period," in *The Jewish Roots of Christological Monotheism: Papers from the St. Andrews Conference on the Historical Origins of the Worship of Jesus*, ed. Carey C. Newman, James R. Davila and Gladys S. Lewis (JSJSup 63; Leiden: Brill, 1999), 21-42.

6   고대 세계에서 이러한 신은 항상 문법적으로 "그"(he)다.

7   Martin L. West, "Towards Monotheism," in *Pagan Monotheism in Late Antiquity*, ed. Polymnia Athanassiadi and Michael Frede (Oxford: Clarendon, 1999), 21-40, 여기서는 21-9를 보라.

최고의 신 하나님과 다른 신들 또는 신들과 인간들 사이의 예리한 존재론적 구별을 두지 않는 실재에 대한 "점층적인" 사고방식을 취한다.[8]

이와는 대조적으로 "배타적인" 유일신론은 그 성격상 다른 모든 실재와는 전혀 다른 차원의 관점에서 한 분 하나님의 유일성을 이해한다. 우리는 이것을 초월적 유일성(transcendent uniqueness)이라고 부를 수 있겠다. 이는 하나님이 그 안에 속하고 또 그가 그 안에서 최고가 될 수 있는 그런 존재 계급이 존재하지 않는다는 것을 의미한다. "배타적인" 유일신론은 "이분법적" 관점(binary view)에서 실재를 바라본다.[9] 나는 초기 유대교 문헌(거의 예외 없이)이 지속적으로 이스라엘의 하나님의 유일무이하심을 만물을 지으신 유일한 창조주요 유일한 주권자로 이해한다는 차원에서 이러한 견해를 강력하게 지지한다고 생각한다.[10] 하나님의 유일성에 대한 이러한 정의들이 하나님과 "만물" 사이에 절대적으로 다른 유형의 차이를 일으키기 때문에, 이 정의들은 이스라엘·유대교적 세계관이 갖고 있는 더 오래된 그 어떤 점층적인 요소(사용된 어휘 일부에 남아 있는)를 모두 무시하고 본질적으로 실재에 대한 이분법적 사고체계를 만들어낸다. 이것은 수많은 천상의 존재들의 존재를 부인하지도 않을뿐더러 그렇게 할 필요도 전혀 없으며, 이러한 존재들은 하나님에 의해 창조된 피조물이며 하나님

---

8 이것은 하나님의 유일성을 더욱더 분명하게 정의하려는 여러 단계들이 이교도 유일신론에서, 특히 철학자들의 유일신론에서 발견될 수 있음을 부인하는 것이 아니다. 참조. Michael Frede, "Monotheism and Pagan Philosophy in Later Antiquity," in Athanassiadi and Frede, *Pagan Monotheism*, 41-67.

9 나는 용어 "점층적"(gradient)과 "이분법적"(binary)을 David H. Aaron, *Biblical Ambiguities: Metaphors, Semantics, and Divine Imagery* (Leiden: Brill, 2001)에서 차용한다. 그러나 나는 그가 이 용어를 사용하는 방법에 모두 동의할 생각은 없다.

10 Richard Bauckham, "The Throne of God and the Worship of Jesus," in *Jewish Roots*, ed. Newman, Davila and Lewis, 43-69, 여기서는 45-8.

의 주권에 절대적으로 굴복한다는 사실을 강조할 뿐이다. 하나님과 다른 모든 실재에 대한 이분법적 구분은 초기 유대교 내에서 일신숭배, 즉 매일의 종교 의식을 통해 습득되고 전해져 내려왔다. 이러한 점층적 세계관(고대 이교도의 포괄적인 유일신론과 같은)에서는 많은 존재들이 폭넓은 범위 안에서 각기 주어진 계급에 맞는 영예를 누렸다. 초기 유대교에서는 원래 단일신론(henotheism)에 부수적으로 따라오는 일신숭배를 배타적인 유일신론을 나타내는 강력한 상징으로 변환시켰다. 비록 높은 계급을 자랑하는 피조물들에게는 그에 따른 적절한 영예가 주어졌지만(신적 예배로 오해될 소지가 있는 경우는 예외였으며, 따라서 일반적으로 천사들이나 신성을 주장하는 통치자들에게는 적용되지 않음), 경배의 경우는 달랐다. 왜냐하면 경배는 이스라엘의 하나님의 초월적인 유일성을 시인하는 것이었기 때문이다. 제2성전기 유대교의 하나님 담론(God-talk)에 관한 연구가 피상적인 수준의 이해를 넘어서려면 이러한 구별에 각별한 주의를 기울여야만 한다.

초기 유대교 유일신론의 본질을 파악하는 데 있어 왜 '지극히 높으신 이'라는 신적 칭호 내지 이름을 연구하는 것이 중요한지에 대해서는 몇 가지 이유를 들 수 있다. 우선, 이 칭호는 괄목하리만큼 흔했다. 히브리 성서에서 이 칭호는 다니엘서를 제외하고는[11] 모두 31회 나타난다.[12] 도표에 나와 있듯이 나의 계산에 의하면 이 칭호는 우리가 확실하게 또는 합리적

---

11   나는 다니엘서를 이 집계에서는 제외시키고 초기 유대문헌에 포함시킨다. 이는 다니엘서
      가 연대기적으로 명백히 후자에 속하기 때문이다.

12   창 14:18, 19, 20, 21; 민 24:10; 신 32:8; 삼하 22:14; 시 7:18(17); 9:3(2); 21:8(7);
      46:5(4); 47:3(2); 50:14; 57:3(2); 73:11(10); 78:17, 35, 56; 82:6; 83:19(18);
      87:5; 91:1, 9; 92:2(1); 97:9; 107:11; 사 14:14; 애 3:35, 38. 만약 받아들여진다면
      소수의 다른 예들을 제공할 수 있는 추측상의 수정 본문을 보려면 Hans-Jürgen Zobel,
      "עֶלְיוֹן, 'elyôn," TDOT 11:121-39, 여기서는 122-3; Baruch A. Levine, *Numbers 21-36*
      (AB 4A; New York: Doubleday, 2000), 188, 193-4(민 24:3)를 보라.

인 추정하에 연대를 기원전 250년에서 기원후 150년으로 정했을 때 관련 문헌에서 최소한 284회 나타난다.[13] 그러나 필론과 요세푸스가 집필한 방대한 저작물(당대의 유대문헌 가운데 가장 큰 자료집)에서는 이 284회 가운데 단 14회만 나타나는 것을 감안하면 상당히 대단한 수치다. 그러나 두 번째로, 히브리 성서의 용례만을 놓고 보면 또 다른 의미가 발견된다. 거기서는 창세기 14:18-22의 부분적인 예외를 제외하면,[14] 이 칭호는 전부 시적 본문에서 발견되며, 거의 대부분 시편(총 34회 중 21회)에서 발견된다. 한편, 초기 유대교 문헌에서 이 칭호는 주요 문학장르 전반에 걸쳐 골고루 나타난다. 분명히 이 칭호는 과거보다는 제2성전기 말기에 와서 훨씬 더 보편화되었다. 그러나 셋째로, 이러한 결론은 오직 팔레스타인 유대교 문헌에 한해서만 정확한 것으로 보인다. 총 284회 가운데 250회는 팔레스타인 유대교 문헌에서 나타나고,[15] 단지 34회만 서부 디아스포라 문헌에서 나타난다.[16] 이러한 차이점은 어느 정도 설명을 절실히 요구한다.

사용 패턴 외에도, 이 특정 칭호가 사용된 여러 가지 이유가 당대

---

13 에녹1서에서 수집된 에녹 문학에서는 단지 17회만 등장한다. 따라서 에녹1서의 용례가 에녹 문학과 제1성전의 엘욘 숭배 간의 연속성을 입증하는 증거라는 Margaret Barker의 주장은 설득력이 전혀 없다(Margaret Barker, *The Older Testament: The Survival of Themes from the Ancient Royal Cult in Sectarian Judaism and Early Christianity* [London: SPCK, 1987],2 46). 에녹1서의 용례는 이보다 훨씬 더 폭넓은 현상의 일환일 뿐이다.

14 여기서조차 다른 용법들은 14:19-20의 예전적 축복에서 두 차례 등장하는 것에 비하면 부수적이다.

15 이 칭호를 사용하지 않는 팔레스타인 유대교 주요 작품에는 마카베오1서와 솔로몬의 시편이 포함된다.

16 Martin Hengel, *Judaism and Hellenism*, trans. J. Bowden (London: SCM, 1974), 298. Martin Hengel은 "'휩시스토스'(Hypsistos)는…특히 디아스포라 초기 문헌에서 자주 등장한다"고 호도한다. 그가 R. Marcus, 200-1, n. 265에서 인용한 증거는 비문학적 증거 외에 디아스포라 문헌에 나타난 열두 구절뿐이다(시빌의 신탁 1, 시빌의 신탁 단편 1, 비극 작가 에스겔, 필론의 서사시, 지혜서, 마카베오2서, 마카베오3서 등은 내 목록에서 찾아볼 수 있다).

예수와 이스라엘의 하나님

의 유대교 유일신론의 본질을 밝혀줄 수 있는 근거를 제공해줄 수도 있다. 첫째, 학계에서는 "지극히 높으신 이"를 의미하는 히브리어 용어 '엘욘'(עליון, 가끔은 אל עליון [엘 엘욘])이 다른 신들 위에 뛰어난 "가장 높은 신"을 가리킨다고 일반적으로 추정한다.[17] 또한 이 칭호를 '엘욘'이 주재하는 천상의 어전회의의 개념과 연관이 있다고 보는 것도 일반적이다. 따라서 우리는 이 칭호가 초기 유대교 내에서도 수많은 신적 존재들 가운데 최고의 신인 "한 분" 하나님이 있다고 보는 포괄적인 유일신론과 연관이 있다고 추정할 수 있다. 그러나 둘째, 우리는 이 포괄적인 유일신론적 의미가 얼마나 쉽게 이 용어의 일반적인 그리스어 번역에도 적용될 수 있었는지에 관해 주목할 필요가 있다. 70인역에서 '엘욘'이라는 이 신적 칭호는 항상 ὁ ὕψιστος('호 휩시스토스'; '엘 엘욘'은 ὁ θεὸς ὁ ὕψιστος[호 테오스 호 휩시스토스])로 옮겨진다. 이 단어는 최고의 신(a supreme God)을 가리키기 위한 비유대교 용법으로 광범위하게 사용되었다. 예를 들어 2세기 기독교 비평가인 이교도 켈수스는 "우리가 제우스를 가장 높은 이(Ὕψιστον)라고 부르든 또는 젠(Zen), 아도나이(Adonai), 체바오트(Sabaoth), 이집트인들처럼 아몬(Amon), 또는 스키타이인들처럼 파파에우스(Papaeus)로 부르든 아무런 차이가 없다"고 말한다(apud Origen, Cels. 5.41).[18] 켈수스는 유대인을 포함하여 다양한 민족에게 다양한 이름으로 알려진 최고의 신, 즉 가장 높으신 하나님을 받아들이긴 했지만, 다른 신들에 대한 경배를 포기한 유대인들은 상당한 잘못을 범했다고 생각했다(1.23).

---

17   Zobel, "עליון," 126.

18   Henry Chadwick, *Origen: Contra Celsum* (Cambridge; CUP, 1965), 297의 번역임; 참조. *Cels.* 1.24; 8.69.

2. 신명기 32:8-9에 대한 해석

유대교 유일신론에 관한 논의에서 '지극히 높으신 이'와 관련하여 매우 두드러진 역할을 담당한 성서 텍스트는 신명기 32:8-9이다. 마소라 텍스트(MT)의 히브리어와 70인역의 그리스어 그리고 쿰란의 히브리어 텍스트(4QDeut^j) 사이에는 매우 중요한 차이점들이 있다.[19] 마소라 텍스트는 다음과 같다.

> 지극히 높으신 자(עליון)가 민족들에게 기업을 주실 때에,
>
> 인종(בני אדם)을 나누실 때에,
>
> 이스라엘 자손(בני ישראל)의 수효대로
>
> 백성들의 경계를 정하셨도다.
>
> 여호와의 분깃은 자기 백성이라.
>
> 야곱은 그가 택하신 기업이로다.

"이스라엘 자손"[또는 문자적으로 "이스라엘의 아들들"―역자주] 대신에 쿰란 텍스트는 "하나님의 아들들"(בני אל[20])이라고 되어 있고, 70인역은 "하나님의 천사들"(ἀγγέλων θεοῦ)로 옮겼다. 그리스어 "하나님의 천사들"은 의심의 여지없이 쿰란 사본에 의해 입증되었듯 히브리어본의 번역이다. 맛소라 텍스트는 유일신론에 대한 관심에서 비롯된 텍스트의 수정처럼 보이지만, 두 텍스트 형태 모두 제2성전기에 분명히 존재했다.

---

19 사본학적 쟁점에 관해서는 P. Sanders, *The Provenance of Deuteronomy 32* (Oudtestamentliche Studiën 37; Leiden: Brill, 1996), 154-60을 보라.

20 이 텍스트는 파편적이다(אל, אלים, אלהים이 모두 가능하다).

예수와 이스라엘의 하나님

이 두 하나님의 이름('지극히 높으신 이'와 야웨)의 관계에 관하여 말하자면, 이 텍스트를 읽는 데에는 두 가지 독법이 있다. 한 가지 독법은 이 '지극히 높으신 이'가 여러 민족을 각각 그의 아들들(4QDeut'에서는 "하나님의 아들들")에게 나누어주는데, 야웨가 그 아들들 가운데 하나라는 것이다. 또 다른 독법은 이 '지극히 높으신 이'를 야웨와 동일 인물로 본다. 그는 ('지극히 높으신 이'로서) 여러 민족들 위에서 우주적 주권을 행사하면서 자신의 수행단원인 천상적 존재들(4QDeut'에서는 "하나님의 아들들")을 모든 민족에게 할당해주었는데, 이스라엘만은 자신이 직접 통치하도록(이스라엘의 언약의 하나님 야웨로서) 따로 남겨둔다.

그동안 이 첫 번째 독법이 이 텍스트의 원래 의미라고 줄곧 주장되어온 것이 사실이지만,[21] 신명기 32장의 현 문맥에서 이 텍스트가 이런 식으로 읽혔을 것으로 보기에는 어려움이 있다(신 32:39에 나오는 야웨의 말씀과 비교해보라. 이 말씀은 또 다른 신에게 종속되었을 가능성을 거의 남겨두지 않는다).[22] 마거릿 바커(Margaret Barker)도 이 사실만큼은 받아들일 수밖에 없다. "이토록 '다신교적인' 내용이 어떻게 유일신론을 강조하는 신명기에 포함되었는지는 우리가 답할 수 없는 질문이다."[23] 그러나 이러한 독법은 그녀의 주장을 뒷받침해주는 초석과도 같은 역할을 한다. 바커는 야웨가 포로기 이전의 성전 제사에서 이 높으신 하나님의 아들로서 숭배를 받았

---

21   예컨대 Mark S. Smith, *Early History*, 7-8; Gnuse, *No Other Gods*, 182.

22   창 32:6에서 "너를 지으신"(קנך)이 전형적으로 '엘'(El)/'엘욘'(Elyon) 언어이지만(참조. 창 14:19, 22), 주어가 야웨라는 사실에 주목하라. John Day, *Yahweh and the Gods and Goddesses of Canaan* (JSOTSup 265; Sheffield: Sheffield Academic Press, 2000), 20을 보라. 신명기 32:6-7에서 야웨께 적용된 '엘'(El)의 다른 특징들을 보려면 Mark S. Smith, *Early History*, 11을 보라.

23   Barker, *Great Angel*, 6.

고, 또 이 신앙의 흔적이 남아 후대에 예수가 자신을 야웨와 동일시하고 그의 아버지 하나님과 지극히 높으신 이를 서로 동일시한 초기 기독론의 원천이 되었다고 주장한다. 신명기 32:8-9은 이러한 그녀의 주장에 필수 불가결해 보인다. 왜냐하면 히브리 성서에서 야웨가 하나님의 아들을 지칭하는 것으로 읽힐 수 있는 또 다른 텍스트는 전무하기 때문이다.[24]

또한 신명기 32:8-9에 대한 이러한 "이신론적"(ditheistic) 읽기가 오래 지속되어 초기 그리스도인들에게까지 전해졌다는 바커의 주장은 초기 유대교에서 이 텍스트가 어떻게 해석되었는지에 대해 우리가 이미 입수한 탁월한 증거를 완전히 무시한다.

그분께서는 각 민족 위에 통치자(ήγούμενον)를 세우셨으나,
이스라엘만은 주님의 몫이 되었다(집회서 17:17, 가톨릭 성경).[25]

그리고 그는 그들[이스라엘]을 거룩하게 하시고 많은 민족과 많은 사람들이 있기 때문에 모든 사람의 자손들로부터 그들을 모으셨다. 그들은 모두 그에게 속한다. 그러나 그는 영들로 하여금 그들 모두를 다스리게 하여 그 영들이 그들을 인도하여 그들이 그를 따르는 것에서 멀어지게 하였다. 그러나 그는 이스라엘에 대해서는 어떤 천사나 영으로 하여금 그들을 다스리게 하지 않았다. 그가 홀로 그들의 통치자가 될 것이며 그들을 보호하고 그의 천사들의 손에서, 그의 영들의 손에서 그리고 그

---

24 Margaret Barker는 욥 1-2장과 시 9:1을 이런 방식으로밖에 읽을 수 없다. 왜냐하면 그녀는 이 본문들을 신 32:8-9을 해석하는 자신의 관점에서 읽기 때문이다(Barker, *Great Angel*, 6-7). 예를 들어 Day, *Yahweh*, 22와 대조해보라.

25 이 구절은 히브리어로 존재하지 않는다.

예수와 이스라엘의 하나님

의 모든 권세들의 손에서 그들을 찾아 그들을 지키고 그들을 축복할 것이므로, 그들은 이후로 영원히 그의 것이 되고 그는 그들의 것이 될 것이기 때문이다(희년서 15:31-32).[26]

그러나 이삭의 아들들 가운데서 하나가 거룩한 씨가 될 것이며 그는 여러 민족들 가운데 포함되지 않을 것이다. 이는 그가 '지극히 높으신 이'의 몫이 될 것이며 그의 모든 씨는 (제비뽑기로) 주(主)께 모든 사람들 가운데서 (특별한) 소유로 드려질 것이기 때문이다. 이로써 그는 제사장 나라가 되고 거룩한 백성이 될 것이다(희년서 16:17-18).[27]

하나님이 한 공통된 언어의 민족들을 또 다른 언어의 민족들과 구별하고 그들로 하여금 떨어져 살게 하면서 그 영혼의 민족들을 나누고 분배하셨을 때, 그가 땅의 자녀들을 자신에게서 흩으시고 처치하셨을 때, 그는 천사들의 수에 상응하도록 미덕의 자손의 경계들을 정하셨다.…그러나 그의 천사들의 몫은 무엇이며, 만물의 주권적 통치자(τού παντάρχου καὶ ἡγεμόνος)에게 할당된 몫은 무엇인가? 특별한 미덕들은 종들에게 속하고, 그 통치자에게는 선택된 민족 이스라엘이 속한다(필론, *Post.* 91-92).[28]

---

26 번역문은 O. S. Wintermute, "Jubilees," in *The Old Testament Pseudepigrapha*, ed. James H. Charlesworth (London: Darton, Longman & Todd, 1985), 2:34-142, 여기서는 87에서 발췌한 것임.

27 번역문은 Wintermute, "Jubilees," 88에서 발췌한 것임.

28 이것은 신 32:7-9에 대한 알레고리적인 해석의 일부이며 *Post.* 89에서 인용되었다. 번역문은 LCL에 포함된 F. H. Colson and G. H. Whitaker의 것임.

만물에 대한 주권을 소유하신 우주적 통치자 하나님의 특별한 몫이라는 칭호(τοῦ πανηγεμόνος θεοῦ τὸ ἐφ' ἅπασι κράτος)가 지혜로운 영혼들의 무리—그들의 환상은 지극히 예리하다—에게 주어진다면 전혀 놀라지 마라.…이것이 "위대한 노래"[신 32:7-9]에 나오는 그 발언에 대한 설명이 아닌가?(필론, *Plant*. 58-59)[29]

(문자적 읽기를 전제하는) 필론의 알레고리적 해석을 포함하여 신명기 32:8-9에 대한 이 모든 해석이 본문에 있는 "지극히 높으신 이"와 야웨를 동일한 분으로 간주하는 것은 분명하다. 이러한 해석들은 초기 유대교의 매우 다른 세 가지 형태로부터 유래한다. 필론의 본문들은 "지극히 높으신 이"라는 칭호에 대한 그의 이해를 드러낸다는 점에서 상당히 흥미롭다. 그는 이 칭호가 만물에 대한 하나님의 주권적 통치—초기 유대교의 하나님 이해에 있어 가장 필수적인 요소 중 하나—를 가리키는 것으로 간주했다.

물론 초기 유대인들과 초기 그리스도인들은 당연히 혁신적인 해석을 할 수 있었다. 이 해석자들에게 적절한 신학이 주어진다면 그 누구나 이 텍스트에 대한 이신론적 해석을 할 수 있었지만, 그럼에도 어느 누구도 4세기 초 가이사랴의 유세비우스 이전에 이러한 해석을 했다는 증거가 전혀 없다.[30] 이 텍스트는 "하늘의 두 세력" 이설(異說)에 대한 랍비의 논의에서도 전혀 등장하지 않는다.[31]

---

29 번역문은 LCL에 포함된 F. H. Colson and G. H. Whitaker의 것임.

30 Barker, *Great Angel*, 192에 인용된 유세비우스, *Dem. ev.* 4.9. 유세비우스의 신학은 니케아 공의회의 삼위일체론자들보다 아리우스(Arius)에 더 가까웠으며, 이신론적이라고 불리는 것이 더 적절해 보인다.

31 Segal, *Two Powers*.

윌리엄 호버리는 신명기 32:8-9에 근거한 바커의 유대교 이신론을 받아들이지 않지만, 이 텍스트는 집회서 17:17과 희년서 15:31에 나오는 이 텍스트에 대한 해석들과 더불어 "포괄적인 유일신론을 분명하게 표현"한다고 주장한다.[32] 하지만 이러한 주장은 '지극히 높으신 이'가 이방 민족들에게 할당한 그 존재들의 본질에 대해 의문을 제기한다. 우리는 70인역과 마찬가지로 이 모든 성서 시대 이후의 텍스트들이 그들을 "하나님의 아들들"이라고 부르기를(4QDeut¹에서처럼) 회피한다는 사실에 주목해야 한다. 필론도 70인역을 따라 그들을 "천사들"이라고 부르고, 벤 시라는 그들을 "통치자들"이라고, 희년서는 "그의 천사들", "그의 영들", "그의 권위자들" 등으로 부른다. 그들의 "신성"에 대한 암시가 전혀 없다. 이 모든 경우, 그들은 전적으로 하나님께 예속된 자들이며, 적어도 희년서에서는 분명히 하나님이 창조한 존재들이다(2:2). 희년서, 그리고 어쩌면 벤 시라도 그들을 이방 민족들이 "신들"로 숭배하는 존재들로 보지만, 이런 식으로 민족들의 "신들"의 존재를 승인하는 것은 그들이 그들을 창조하시고 통치하시는 지극히 높으신 하나님 야웨와 비교될 만한 수준의 신으로 존재한다는 것을 의미하는 것은 아니다. 신명기는 사실 민족들의 신들을 "신이 아닌 것"(non-gods, 32:17: לא אלה, οὐ θεῷ; 32:21: לא אל, οὐ θεῷ)이라고 부른다. 그들은 존재하지만, 인간 통치자들과 마찬가지로 신이라 불리기에는 부적합하다.[33] 따라서 단지 초자연적 존재들이 존재한다는 것만으로 "포괄적인 유일신론"이 성립되는 것은 아니다.

---

32   Horbury, "Jewish," 19.
33   신명기에 나타난 야웨의 유일성에 관해서는 본서 제2장을 보라. 거기서 나는 MacDonald, *Deuteronomy*에 대해 어느 수준에서 이의를 제기한다.

3. 초기 유대 문학에 나타난 "지극히 높으신 이"

왜 구체적으로 이 신의 칭호가 이 칭호가 등장하는 모든 경우에 사용되고 있는지를 설명하는 것은 불가능하다. 물론 이 칭호는 변화를 주기 위해 특히 시적 병행으로 사용되기도 하는데, 어떤 저자들은 다른 저자들에 비해 이 칭호를 더 습관적으로 사용한다. 그럼에도 이 칭호의 용례 가운데 상당 부분은 다음과 같이 세 가지 관련 영역에서 사용된다.[34]

3.1. 성전, 제사, 기도

종종 '지극히 높으신 이'는 성전 의식을 통해 접할 수 있는 하나님이시다. 벤 시라의 성전 예배 묘사에서 반복적으로 사용된 이 칭호의 용법(집회서 50:1-21, 의미심장하게도 7회 사용됨)은 다른 많은 텍스트의 용법과 일치한다. 성전 자체도 '지극히 높으신 이'의 집 또는 성전으로 불릴 수 있다.[35] 이 칭호는 일반적으로 희생,[36] 예배와 찬양과 감사,[37] 그리고 축복(즉 백성에

---

34   히브리 성서에 나타난 용법을 보려면 Zobel, "עליון", 126-7을 보라. Robert C. T. Hayward, "El Elyon and the Divine Names in Ben Sira," in *Ben Sira's God*, ed. Renate Egger-Wenzel (BZAW 321; Berlin: de Gruyter, 2002), 180-8은 집회서의 용법에 대한 상세한 연구를 제시한다. 이 세 영역에 분명하게 들어맞지 않는 특별한 용법은 "지극히 높으신 이의 율법"이다(집회서 9:15; 19:17; 23:23; 41:8; 42:2; 44:20; 49:4; 4Q525 [2QBeat] 2 24; 11Q5 [11QPsᵃ] 18:14; 참조. ["율법"에 상응하는 용어들을 사용하는] 시 78:56; 107:11; 바룩2서 77:4; 82:6; 희년서 21:23; 에녹1서 99:10; 시빌의 신탁 3:580, 719). 집회서에 나타난 용법에 관해서는 Hayward, "El Elyon," 185-7을 보라.

35   시편 46:4(5); 집회서 50:7; 토빗서 1:4; 바룩2서 80:3; 필론, *Flacc.* 46; *Legat.* 278. 참조. 위(僞)유폴레무스 1:5.

36   집회서 7:9; 34:23; 35:8, 12; 50:14, 15; 1Qap Genᵃʳ 10:17-18; 21:2, 20; 토빗서 4:11; Cairo Genizah *T.Levi* (Bodl. d 16); 에스드라1서 6:30(31); 필론, *Legat.* 157, 317.

37   시 7:18(17); 9:3(2); 50:14; 92:2(1); 단 4:31(34); 집회서 17:27; 47:8; 50:17; 희년

게 하나님의 복을 선언하는 것)과[38] 연관이 있다. 기도는 성전에서 드려지든 그렇지 않든 간에 종종 '지극히 높으신 이'에게 드려지며, 기도에 응답하시는 분도 당연히 '지극히 높으신 이'시다.[39] 소수의 선택받은 자들(멜기세덱, 레위, 하스몬 왕조 일가)만이 "지극히 높으신 이(하나님)의 제사장들"이라 불린다.[40]

3.2. 만물에 대한 하나님의 주권적 통치

이 땅에 있는 성전의 지성소는 하늘 높은 곳에 있는 하나님의 보좌가 있는 공간에 해당한다. 이것이 성전에서 자기 백성과 만나시는 하나님을 "지극히 높으신 이"로 부르는 이유다. 바로 이렇게 만물 위에 뛰어나신 분에게 찬양과 기도가 드려지는 것이다. 다수의 경우, "지극히 높으신 이"라는 칭호는 바로 이 하나님이 우주적 통치자이심을 나타내는 다른 암묵적 표현들과 함께 사용된다.[41] 이 칭호 사용과 아주 밀접하게 연관되어 있는

서 16:27; 20:9; 4Q242 [4QPrNab ar] 1-3 5; 시 154:3, 10; 11Q5 [11QPsᵃ] 22:15; 4Q291 1 3; 에스드라1서 9:46. 참조. 맹세: 시 50:14.

38 집회서 50:21; 희년서 22:11, 13, 19; 25:11; 36:16; 1Qap Genᵃʳ 22:16; 11Q14 1 2:4, 7; 유딧서 13:18.

39 시 57:3(2); 집회서 35:21; 39:5; 46:5; 47:5; 50:19; 바룩2서 64:8; 71:2; 희년서 12:19; 13:16, 29; 22:6; 25:11; 에녹2서 9:3; 4Q242 [4QPrNab ar] 1-3 3; 마카베오 3서 6:2. 성전에서 멀리 떨어진 곳에서 드려진 기도는 자기 백성이 자기에게 나아올 수 있도록 허용하시는 하나님께 드려진 것이기 때문에, 그리고 또 성전에서 희생제물과 번제물과 함께 드려진 것이기 때문에 당연히 성전과 연관이 있을 수 있다.

40 창 14:18; 희년서 32:1; 1Qap Genᵃʳ 22:15; 모세의 유언 6:1; Cairo Genizah *T. Levi* (Bodl. b 5-6); 필론, *Leg.* 3:82; 요세푸스, 『유대고대사』 16:163.

41 시 47:3(2); 83:19(18); 97:9("온 땅 위에"); 집회서 50:15("만물의 왕"); 단 14:14(17), 21(24), 22(25), 29(32), 31(34); 5:18, 21("사람 나라를 다스리시며"); 희년서 22:27("모든 것의 하나님", "모든 것의 창조주"); 1Qap Genᵃʳ 20:12-13("모든 것의 주(主)요 주인이며 땅의 모든 왕들을 다스리신다"); 22:21("하늘과 땅의 주"); 4Q491 15

주제가 바로 하나님의 심판이다.[42]

3.3. 이방인들이 사용하거나 이방인들에게 적용된 용례

이 칭호는 이방인들이 이스라엘의 하나님을 최고의 신으로 언급하거나
(32회)[43] 유대인들(과 천상의 존재들)이 이방인들에 대해 말할 때(19회)[44] 사
용하기에 적절한 것으로 여겨졌다. 이방인들이 사용한 일부 용법은 당연
히 진정성이 확보되지만(특히 요세푸스 『유대고대사』 16.163; 필론, *Legat.* 157,
317 등에서 아우구스투스 황제가 사용한 용례는 주목할 만하다),[45] 아마도 이 용법

6-7("모든 민족들 위에"); 4Q550c 3:1("온 땅을 통치하신다"); 필론, *Plant.* 58-59("우
주의 통치자, 모든 것에 대한 주권이 그에게 속한다"); 필론, *Post.* 89-92("모든 것에 대한
주권을 갖고 있는 통치자"); 마카베오3서 6:2("모든 피조물을 다스리시는"); 필론의 서사
시 3("모든 것의 주"); 위(僞)아이스킬로스("모든 것을 다스리는 힘"). 분명히 우주적 주되
심(lordship)을 암시하는 "지극히 높으신 이"의 다른 용법에 관해서는 집회서 41:4; 에스
드라1서 2:2(3); 시빌의 신탁 3:718("그분만이 홀로 주권자이시다")을 참조하라.

42 시 82:8; 바룩2서 13:8; 희년서 39:6; 에녹1서 9:3; 10:1; 97:2; 100:4; 1Qap Gen^ar
20:12-13, 16; 모세의 유언 10:7; 시빌의 신탁 1:179; 3:519, 718.

43 창 14:19-20; 단 3:26, 32(4:2); 4:14(17), 21(24), 22(25), 29(32), 31(34); 5:18,
21; 바룩2서 80:3; 4Q242 [4QPrNab ar] 1-3 3, 5, 6; 필론, *Legat.* 157, 317; 에스드
라1서 2:2(3); 6:30(31); 8:19, 21; 시빌의 신탁 3:519, 574, 580, 719; 시빌의 신탁
1:179, 200; 비극작가 에스겔 239; 마카베오3서 7:9; 마카베오2서 3:31; 요세푸스 『유
대고대사』 16:163; 위(僞)아이스킬로스. 사도행전 16:17은 신약에서 이 용법을 사용한 한
사례다.

44 창 14:22; 단 4:14(17), 21(24), 22(25), 29(32); 5:18, 21; 4Q550c 3:1; 필론, *Flacc.*
46; *Legat.* 278; 시빌의 신탁 3:519, 574, 580, 719; 시빌의 신탁 1:179, 200; 지혜서
5:15; 6:3; 위(僞)아이스킬로스. 시빌의 신탁은 이교도 여선지자인 시빌의 작품으로 여겨
지며, (적어도 표면상으로는) 이방인들을 대상으로 한다. 지혜서는 표면상으로는 솔로몬의
작품으로서 이방인 통치자들을 대상으로 쓰인 것으로 여겨진다.

45 또한 율리아누스 황제가 유대인들에게 '지극히 높으신 하나님'(τοῦ ὑψίστου θεοῦ)의 성전
을 재건하도록 허가해준 것도 주목하라(Stephen Mitchell, "The Cult of Theos Hypsistos
between Pagans, Jews and Christians," in *Pagan Monotheism*, ed. Athanassiadi and
Frede, 81-148, 여기서는 111 n.82).

예수와 이스라엘의 하나님

은 또한 유대교의 문학적 관례가 되었을 것이다. 몇몇 용례는 다른 용례와 겹치기도 한다. 예를 들어 필론은 이방인들을 향해 예루살렘 성전을 "지극히 높으신 하나님의 성전"이라고 부르는가 하면(필론, *Flacc.* 46; *Legat.* 278), 위(僞)솔로몬은 이방 왕들에게 "너희의 권력은 주님께서 주셨고 통치권은 지극히 높으신 분께서 주셨다"(지혜서 6:3)라고 말한다. 본래 유대인의 하나님을 지칭하는 이 칭호가 이방인들도 수용할 수 있게 된 것은 바로 이 우주적 통치권이라는 함축적 의미 때문이었다. 이 칭호는 제2성전기 동안에 포로기 이후 초기 유대교 문학에서 이와 같은 역할을 수행했던 칭호 "하늘의 하나님"을 대체했다.[46]

　　이러한 관련 용례가 모든 것을 완벽하게 설명해주지 못하는 부분이 하나 있는데, 그것이 바로 "지극히 높으신 이"라는 칭호가 바룩2서와 에스라4서라는 두 묵시문학—제2성전기 말기에 기록되었고 서로 밀접하게 연관되어 있음—에서 자주 등장한다는 것이다. 에스라4서에서는 선견자가 하나님께 직접 말하는 발언—여기서는 "주"(*domine*, 11회)[47] 또는 "주권적 주"(*dominator domine*, 9회)[48]를 사용함—을 제외하고는 이 칭호가

---

46 히브리 성서: 이방인이 사용한 "하늘의 하나님": 대하 36:23; 스 1:2; 6:9, 10; 7:12, 21, 23(계 11:13; 16:11도 이 용법에 해당한다); 유대인들이 이방인들을 대상으로 말할 때: 스 5:11, 12; 느 2:20; 단 2:44; 욘 1:9; 또한 느 1:4, 5; 2:4; 시 136:26; 단 2:18, 19에서도 사용됨. 성서 시대 이후 유대문헌: 토빗서 7:12; 8:15; 유딧서 11:17(유대인이 이방인에게 말함); 마카베오3서 6:28(이방인이 말함); 희년서 12:4(아브라함이 그의 이방인 아버지에게 말함); 20:7; 22:19("지극히 높으신 하나님"과 평행을 이룸). 참조. 토빗서 6:18; 7:11, 16; 10:13; 1Qap Gen*ar* 12:17; Cairo Genizah *T.Levi* (Bodl. b 6); 에녹1서 106:11에 등장하는 "하늘의 주"와 유딧서 6:19에 등장하는 "하늘의 주 하나님."

47 5:41, 56; 6:38, 55, 57; 8:20, 24, 36, 63; 9:29; 14:2. 이것은 추측컨대 '아도나이'(אדני, 야웨[YHWH]의 대응어로서가 아닌)를 나타낸다. 에스라는 또한 천사에게 말할 때에도 이 칭호를 사용한다.

48 3:4; 5:23, 38; 6:11; 7:17, 45, 58; 12:7; 13:51. 아마도 이것은 히브리어 원문에서 '야웨 아도나이'를 나타낼 것이다.

압도적으로 우세하다. 하나님은 단 한 번도 3인칭 어법으로 "주"로 불리지 않는다. "강력한 자"(*fortis*)는 5회 나타나며, 이 중 4회는 "지극히 높으신 이"(6:32; 10:24; 11:43; 12:47, 여기서는 문학적인 이유로 또 다른 신적 칭호를 필요로 함)와 평행을 이룬다.[49] 하나님은 단지 4회만 "하나님"이라 불리고(7:19, 21, 79; 9:45), 이 중 2회는 "지극히 높으신 이"와 평행을 이룬다(7:19, 79). 에스라4서에서 "지극히 높으신 이"라는 칭호가 압도적인 우세를 보인 것은 학계의 주목을 받았지만, 이에 관해 논의가 이루어진 적은 없다.[50] 바룩2서에 나타난 패턴은 이와 다르다. 여기서 저자는 "강력한 자"를 "지극히 높으신 이"보다 훨씬 더 자주 사용한다("강력한 자" 43회,[51] "강력한 하나님" 4회,[52] "지극히 높으신 이" 24회). 그러나 여기서도 "주"는 오직 하나님을 향한 선견자의 직접적인 발언에서만 나타나며(22회, 때로는 "나의 주", 또 때로는 "주, 나의 주"), "하나님"이라는 단어는 거의 전무하다(10:1; 54:12).

　　일반적으로, "지극히 높으신 이"와 "강력한 자"란 칭호는 모두 이러한 저서에 잘 어울린다고 말할 수 있다. 이 여러 저서에서 하나님은 대부분 역사와 민족들에 대해 주권을 행사하시는 분으로 소개된다. 그러나 또한 이 칭호들은 한편으로는 보통 이 시기에 나타난 것처럼, 신성사문자의

49　다섯 번째 용례는 9:45이다. 에스라4서에 나타난 이 칭호에 관하여는 Michael E. Stone, *4 Ezra* (Hermeneia; Minneapolis: Fortress, 1990), 175를 보라. 히브리어 원문은 גבור(1Q19 2:5에서처럼) 또는 אדיר(1QM 19:1에서처럼)이었을지도 모른다.

50　참조. Stone, *4 Ezra*, 57; Jacob M. Myers, *I and II Esdras* (AB 42; New York: Doubleday, 1974), 121("이 용어들에는 어떠한 특별한 의미도 부여될 수 없다!").

51　이 칭호는 "영원하신 분"(the Eternal One)과 함께 아브라함의 묵시에서도 자주 등장한다. 아마도 이 작품에서는 이 두 칭호가 각각 אל과 יהוה를 나타낼 것이다(참조. 17:13에 나오는 혼합된 이름 '야호엘').

52　6:8; 7:1; 13:2, 4. 이 칭호는 7:1에서 이방인에 의해 사용된다. 옥시링쿠스 파편은 13:2에서 그리스어를 보존하고 있다(ἰσχυροῦ θεοῦ).

사용 회피(그리고 이와 함께 "만군의 야웨"처럼 야웨를 포함한 신적 칭호의 사용회피)와 다른 한편으로는 모든 민족의 모든 신들을 가리키는 매우 일반적인 용어로서 '엘로힘'이란 단어가 지닌 모호성 때문에 이 단어마저 회피하는 경향으로 유대교의 하나님 담론에 생긴 간극을 채우는 역할을 했을 수도 있다. 쿰란 종파의 주요 저작들도 하나님을 뜻하는 '엘로힘'의 사용을 회피하고 '엘'을 사용한다.[53] 이러한 "신"을 가리키는 일반 용어의 회피는 우리가 초기 유대교 유일신론을 이해하는 데 매우 중요하다. 이는 다른 신들과 더불어 "신"의 부류에 속할 수 없는 한 분 하나님의 초월적 유일성을 인정한다는 의미를 나타내기 때문이다. 한편 "지극히 높으신 이"는 홀로 만물의 주권자로서 이스라엘의 하나님의 유일성을 나타내기에 가장 적합하다.

3.4. "지극히 높으신 이"와 다른 신들

히브리 성서 학자들에게는 "지극히 높으신 이"라는 신적 칭호가 엘욘(Elyon)이 "신들", "하나님/신들의 아들들", "거룩한 자들" 등 다양한 이름으로 불리는 다른 신들을 주재하는 천상의 어전회의(divine council)를 연상시킨다. 그러나 한 가지 주목할 것은 "지극히 높으신 이"라는 칭호를 하급 신들―이들이 어떻게 묘사되든지 간에―과 분명하게 연관시키는 성서

---

53   쿰란에서 אל이 가끔 יהוה를 위한 대용어였을 가능성에 관해서는 Sean M. McDonough, *YHWH at Patmos: Rev. 1:4 in its and Early Jewish Setting* (WUNT 2/107; Tübingen: Mohr Siebeck, 1999), 69-70; Martin Rösel, "The Reading and Translation of the Divine Name in the Masoretic Tradition and the Greek Pentateuch," *JSOT* 31 (2007): 411-28, 여기서는 414를 보라. Arthur Marmorstein, *The Old Rabbinic Doctrine of God* (Oxford: OUP, 1927; 2nd ed, Farnborough: Gregg, 1969), 67-8에 의하면 초기 랍비 문헌은 אל 과 אלהים을 모두 회피한다.

텍스트가 거의 없다는 사실이다. 이러한 사례는 오직 신명기 32:8-9(앞에서 논의함)과 시편 97:9("여호와여 주는 온 땅 위에 지존하시고 모든 신들보다 위에 계시니이다"), 그리고 시편 82:6("너희는 신들이며 다 지존자의 아들들이라")[54]뿐이다. 마지막 텍스트의 문맥은 분명 천상의 어전회의 장면이다.[55] 성서를 읽는 초기 유대교 독자에게 이러한 사례들은 "지극히 높으신 이"라는 칭호를 자신이 이해하거나 또는 사용하는 데 아무런 영향을 미치지 않는 아주 이례적인 경우로 여겨졌을 것이다. 오히려 독자는 이 칭호가 다른 모든 실재, 특히 여러 민족들 위에 군림하는 야웨의 절대적 우위를 나타내는 수많은 본문에 의해 영향을 받을 개연성이 훨씬 더 높았을 것이다. 또한 우리는 '엘욘'(עליון)이란 단어 자체가 반드시 "신들 가운데 가장 높으신 분"이라는 의미를 전달하지 않는다는 사실에 주목할 필요가 있다. 랜달 가르(Randall Garr)가 말했듯이 "'엘욘'(עליון)이라는 칭호에 담긴 최상급의 의미는 형태론적으로 결정지어져 있기보다는 의미론적으로 유추되는 것이다."[56] 이 칭호는 단순히 하나님을 "높은 곳에" 위치시킨다.

마지막으로, 우리는 히브리 성서에서 가장 "다신교적"이라고 할 수 있는 시편 82:8에서조차도 "지극히 높으신 이"와 그의 "아들들"(즉 신들)이 실제적으로 혈연관계를 맺고 있다는 생각이 후자가 "사람처럼 죽을 것"이라는(시 82:7) 전자의 판단에 의해 이미 부정되고 있다는 점에 주목

---

54 이것은 히브리 성서에서 '브니 엘욘'(엘욘의 아들들)의 유일한 예다. 성서 시대 이후 유대 문헌에 나타난 용례는 집회서 4:10; 4Q246 [4QapocrDan ar] 2:1을 보라.

55 시 47편이 신들에게 자신들의 통치자인 '지극히 높으신 이'를 경배할 것을 촉구한다는 주장(Tryggve N. D. Mettinger, *In Search of God: The Meaning and Message of the Divine Names*, trans. Frederick H. Cryer [Philadelphia: Fortress, 1988], 122)은 시편 텍스트에 전혀 나타나 있지 않다.

56 W. Randall Garr, *In His Own Image and Likeness: Humanity, Divinity, and Monotheism* (Culture and History of the Ancient Near East 15; Leiden: Brill, 2003), 211 n. 49.

해야 한다. 야웨와 다른 모든 실재를 절대적인 기준으로 구별하려는 강한 충동—제2성전기 유대교의 특징—은 이미 여기서도 작동하고 있다. 물론 이 사실을 표현하기 위해 고안된 것은 아니지만, 아주 오래된 용어가 사용되고 있음에도 말이다.

우리는 현대 학자들이 히브리 성서 본문들이 지닌 본래 의미를 파악하기 위해 성서를 읽는 방식에 기초하여 제2성전기 말기를 살던 유대인들도 그 본문을 그렇게 읽거나 또는 그 본문에 나오는 용어를 그렇게 사용했을 것으로 가정하는 방식으로 성서를 해석하려는 잘못을 피하는 것이 중요하다. 이러한 잘못은 초기 유대교—또는 그 일부—가 유일신론적이지 않았다거나 또는 배타적 유일신론을 신봉하지 않았다는 주장에서 공통적으로 발견된다. 성서를 읽는 초기 유대교 독자들은 히브리 정경이 형성되는 과정에서 이미 작용하고 있던 유일신론을 추구하는 동력의 맥락에서 성서를 읽었다.[57] 그들은 다양성보다는 획일성과 일관성을 추구했다. 그들은 유일신 사상이 강하게 나타나 있는 본문들의 관점에서 "비(非)유일신론적" 또는 "덜 유일신론적" 본문들을 읽었다. 본래 다신교적 의미를 갖고 있었을 수도 있는 용어들은 초기 유대교의 용법을 통해 유일신론을 표현하는 기능을 새롭게 장착하게 되었다. "지극히 높으신 이"라는 신적 칭호는 바로 여기에 가장 적합한 예라고 하지 않을 수 없다.

우리가 이 칭호를 하급 신들과 명시적으로 연관시키는 히브리 성서 본문을 거의 찾아보기 어렵다면, 그런 본문들을 성서 시대 이후의 초기 유대교 문헌에서 발견하는 것은 더더욱 어렵다. 혹자는 예를 들어 창세기 외경(1Qap Gen^ar 2:4-5)을 인용할 수도 있을 것이다. 거기서 라멕은 그

---

57   본서 제2장을 보라.

의 아들 노아가 '파수꾼들'의 아이가 아닐까 의심하면서 "지극히 높으신 이, 위대하신 주님, 모든 시대의 왕"의 이름으로 명하니 자기에게 진실을 말해줄 것을 간청하고, 파수꾼들을 "하늘의 아들들"이라고 지칭한다. 그러나 이러한 우회적 표현은 창세기 6:2, 4에 사용된 "하나님의 아들들"이란 용어를 사용하지 않고 오히려 그들을 "지극히 높으신 이"와의 혈연관계로부터 분리시키기 위한 의도를 다분히 담고 있었던 것이 분명하다. 이 칭호는 초기 유대교 문헌에서 야웨가 다른 천상의 어전회의를 주재하시는 모습을 상기시키는 기능을 수행하지 않는다.

초기 유대교에서는 높음을 나타내는 이미지가 하나님을 묘사하는 데 널리 사용되었다. 이러한 이미지는 하늘이나 땅에 있는 만물에 대한 하나님의 절대적 우위를 묘사한다. 하나님의 "높은" 보좌는[58] 여러 하늘 층 가운데에서도 가장 높은 곳[59] 또는 심지어 "여러 하늘 층 위에"[60] 위치하며 그를 경배하고 섬기는 수많은 지위의 천사들보다 훨씬 더 높은 곳에 위치한다. 하나님의 보좌는 전체 우주에 대한 하나님의 절대적 주권을 나타낸다. 하나님의 보좌는 초기 유대교 문헌 도처에서 반복적으로 나타나는 한 분 하나님의 유일성의 본질적인 측면 중 하나로서,[61] 하나님은 만물을 다스리는 유일한 주권적 통치자인 반면, 하나님 외의 다른 모든 존재들은 그의 피조물이요 그의 뜻에 굴복한다는 측면과[62] 일치한다. 때때로

---

58   사 6:1; 에녹1서 14:18; 에녹2서 20:3J; 위(僞)필론, *L.A.B.* 12:8.

59   아브라함의 묵시 19:4; 에녹2서 20-2; 에스라의 질문서 A21.

60   시 8:1; 57:5, 11; 108:5; 113:4; 참조. 사 66:1; 에녹1서 84:2; Ps-Orpheus B 33-34.

61   만물의 유일한 통치자로서의 하나님: 예. 단 4:34-35; 벨과 용 5; 에스더 부록 13:9-11; 16:18, 21; 마카베오3서 2:2-3; 6:2; 지혜서 12:13; 집회서 18:1-3; 시빌의 신탁 3:10; 19; 시빌의 신탁 단편 1:7, 15, 17, 35; 에녹1서 9:5; 84:3; 바룩2서 54:13; 에녹2서 33:7; 1QHᵃ 18:8-10; 요세푸스, 『유대고대사』 1.155-6.

62   본서 제1장을 보라.

이러한 하나님의 무제한적인 주권 개념은 "지극히 높으신 이"를 사용하는 문맥에서 분명하게 나타난다(예. 다니엘 4:34-35; 1Qap Gen^{ar} 20:12-13; 희년서 22:27; 마카베오3서 6:2; 위[僞]아이스킬로스). 그러나 제2성전기 유대교의 문맥에서는 이 칭호 자체가 이미 널리 알려진 이러한 하나님 개념을 분명히 환기시켰을 것이다. 이것이 바로 이러한 하나님에 대한 개념이 어떻게 그토록 널리 알려지게 되었는지를 가장 잘 설명해준다.

하지만 우리는 현존하는 문헌에 관한 한 이러한 대중성이 대부분 팔레스타인 유대교의 저작에만 국한된다는 점에 다시 한번 주목해야 한다. 이제 우리는 서부 디아스포라 문헌에 등장하는 거의 모든 용법이 우리가 앞에서 파악한 세 가지 관련 영역 가운데 세 번째 영역, 즉 이방인들이 사용하거나 이방인들에게 적용된 용법에 해당한다는 증거를 더욱 구체적으로 제시할 수 있다. 여기에 해당되지 않는 유일한 경우는[63] 에스드라1서 9:46("에스라는 지극히 높으신 주 하나님, 만군의 하나님, 전능자를 찬송했다"), 마카베오3서 6:2(제사장 엘르아살이 기도하여 이르기를, "모든 피조물을 자비로 다스리시는 큰 능력의 왕, 지극히 높으신 전능하신 하나님"), 필론의 서사시 단편("지극히 높으신 이, 모든 것의 위대한 주") 등을 비롯해 필론이 이 칭호를 사용하는 그리스어 모세오경의 여러 텍스트를 인용하고 논하는 몇몇 경우뿐이다.[64] 필론 외의 세 가지 예외의 경우와 필론의 저서에서의 몇 가지 예외에서 (*Post.* 91-2; *Plant.* 58-60; *Leg.*3 :82) "지극히 높으신 이"가 다른 신적 칭호

---

63 이교도 기독교 비평가인 켈수스가 유대인들이 '휩시스토스'(ὕψιστος)를 사용했다는 사실을 알고 있었을 수도 있다는 사실은 지적할 만한 가치가 있다(*apud* Origen, *Cels.* 1.24; 2.74). 그가 또한 유대인들의 '아도나이'와 '쩨바오트' 사용에 대해서도 알고 있기 때문에 (1.24) 그의 증거는 어느 정도 가치가 있을 수 있다.

64 창 14:22-23: 필론, *Ebr.* 105; *Leg.* 3:24, 82; 민 24:16: 필론, *Mut.* 202; 신 32:8-9: 필론, *Post.* 89; *Plant.* 59; *Congr.* 58.

나 또는 만물을 다스리시는 하나님의 유일한 주권을 나타내는 차원에서 "지극히 높으신 이"라는 칭호의 중요성을 강화하는 묘사와 함께 등장하는 것은 단지 우연이 아니다. 팔레스타인에서는 그럴 필요가 없었겠지만, 어쩌면 디아스포라의 상황에서는 이 칭호의 의미를 이와 같이 보다 쉽게 풀어 설명해줄 필요가 있었을지도 모른다.

팔레스타인 유대교 문헌과 디아스포라 유대교 문헌 사이에 나타나는 이러한 용법의 차이는 "지극히 높으신 이"(ὕψιστος, θεός를 동반하건 안 하건 간에)가 비(非)유대인들에 의해서도 폭넓게 사용되었다는 점과 분명한 관계가 있다.[65] 이것은 이 칭호를 이방인들도 쉽게 이해할 수 있으면서도 이스라엘의 하나님을 지칭하는 용어로, 그리고 변증적 목적하에 이교도들의 용법과도 자연스레 연결시킬 수 있는 용어로 만들어주었다. 이 사실은 디아스포라 유대교 문헌에서 어떻게 이 칭호가 이방인들도 사용하고 또 이방인들과의 대화에서도 통상적으로 사용되게 되었는지를 잘 설명해준다. 다드(Dodd)는 이렇게 논평한다.

다른 모든 신들보다 뛰어나신 최고의 하나님을 높이고 예배하려는 경향

---

65 '엘욘'(עליון)이나 이에 상응하는 아람어 어구가 그 당시 근동에서 비유대교 종파에서 사용되었다는 증거는 없다. 비블로스(Byblos)의 필론(기원후 64-141)은 페니키아 역사가 산쿤야톤(Sanchunyaton, 기원전 약 1300년)의 글에서 신의 이름 엘리운(Elioun)을 발견했다고 기록하고(ap. Eusebius, Praep. ev. 1.10.14-15), 그 이름을 '휩시스토스'(ὕψιστος)로 옮긴다. 이것은 제2성전 말기에 이 이름이 사용된 것에 대한 증거가 될 수 없다. 제우스 올림피오스—안티오코스 에피파네스의 통치하에 위기가 시작될 때 헬레니즘을 추구하던 당파가 이 신을 숭배하기 위해 예루살렘 성전을 봉헌함(마카베오2서 6:2)—가 셈어 "하늘의 주"(Ba'al shamem)와 동일시되었던 것으로 보이지만, 그가 "지극히 높으신 이"(עליון)으로 불리었다는 증거는 없다. 만약 그가 그렇게 불렸다면 다니엘서가 후자의 칭호를 그렇게 두드러지게 사용했을 가능성은 매우 낮아 보인다. Hengel은 너무나 많은 증거를 너무나도 무차별적으로 서로 연관시킨다(Hengel, Judaism, 297-9).

예수와 이스라엘의 하나님

이 바로 그리스 종교 사상이 유일신론에 근접했던 방식 중 하나다. 헬레니즘 세계에서는 그리스 종교 사상이 유대교 유일신론과 서로 타협했다. 유대인들도 이것을 의식하고 있었다.[66]

그러나 이방인들의 용법에도 이와 동일한 용법이 통용됨에 따라 이 칭호의 의미가 상당히 모호해졌다. '엘욘'(עליון)과는 달리 '휩시스토스'(ὕψιστος)는 형태론적으로는 최상급이지만, 분리격(elative)의 의미("매우 높은")로도 사용될 수 있고, 또 일련의 "가장 높은 것"을 의미하는 진정한 최상급으로도 사용될 수 있다.[67] 후자는 헬레니즘 종교의 일반적인 용법이 가리키는 의미에 해당한다. 이렇게 불리는 신이 바로 신들 가운데 가장 높은 신이었다. 그리고 이것이 바로 거의 대부분의 디아스포라 유대교 문헌에서 이 칭호를 올바른 유대교 용법으로 간주하기를 꺼려했던 가장 중요한 이유임에 틀림없다.

이 칭호가 필론과 요세푸스의 방대한 저서에서 찾아보기 어렵다는 점은 매우 놀라운 일이다. 요세푸스는 이 칭호를 아우구스투스 황제를 인용할 때 단 한 번 사용한다(『유대고대사』 16.163). 예를 들어 아브라함이 멜기세덱을 만나는 이야기를 다시 들려줄 때(『유대고대사』 1.180; 참조. B.W 6.438) 그가 이 칭호를 사용하지 않았다는 점은 특이할 만하다. 창세기 14장에서는 "지극히 높으신 하나님"이라는 칭호가 크게 두드러지게 나타나 있기 때문에 이 이야기를 재현하는 팔레스타인 유대교 문헌에서 이 칭호가 다시 등장하는 것은 극히 당연한 일이었다(Jub. 13:29; Ps-Eupolemus

---

66   C. H. Dodd, *The Bible and the Greeks* (London: Hodder & Stoughton, 1935), 12.

67   Dodd, *Bible*, 12.

frg. 1:5). 그러나 요세푸스는 그렇게 하지 않는다.

우리가 이미 지적했듯이 필론은 오직 이방인들을 향해 말하거나 이 칭호를 사용하는 성서 텍스트를 인용하고 논할 때에만 이 칭호를 사용한다. 그런데 이 후자의 경우 중에서 한 경우는 우리에게 의미하는 바가 상당히 크다. 창세기 14:18에서 멜기세덱을 가리키는 데 사용된 "지극히 높으신 하나님의 제사장"이란 어구와 관련하여 필론은 다음과 같이 말한다.

> 지극히 높지 않은 다른 어떤 [신]이 있다는 것이 아니라―왜냐하면 위로 하늘에나 아래로 땅에 한 분 하나님 외에 다른 신이 없기 때문이다 [신 4:39]―이 낮은 땅에 매이는 방식이 아닌, 다른 모든 위대함과 물질로부터 자유로운, 그밖에 다른 모든 것을 초월하는 고귀한 관점에서 하나님을 상상하는 것이 우리에게 "지극히 높으신 이"의 그림을 떠올리게 한다(Leg. 3.82).

필론은 여기서 자기 자신이 작성한 문구("다른 어떤 [신]이 있다는 것이 아니라")뿐 아니라 매우 적절한 성서 역본 인용(신 4:39 LXX, "너의 하나님이신 주 그는 위로 하늘과 아래로 땅에서 하나님이시며 그 외에는 다른 이가 없다")과 쉐마에 대한 반향("한 분이신 하나님") 등에서 유대교의 고전적인 유일신론 문구를 활용한다.[68] "지극히 높으신 이"는 하늘과 땅 도처에서 활동하

---

68 신 4:35, 39: 32:39; 삼상 2:2; 삼하 7:22; 왕상 8:60; 대상 17:20; 사 44:6; 45:5, 6, 14(2회), 18, 21 (2회), 22: 46:9; 욜 2:27; 참조. 삼하 22:32=시 18:32: Isa. 64:4; 지혜서 12:13; 유딧서 8:20; 9:14; 벨과 용 41; 집회서 18:2; 24:24; 36:5; 1QHᵃ 15:32; 18:9; 20:11, 31; 1Q35 1:6; 4Q377 frg. 1ʳ 2:8; 4Q504 [4QDibHamᵃ] frg. 1-2 5:9; 에녹2서 33:8; 36:1; 47:3; 시빌의 신탁 3:629, 760; 8:377; 아브라함의 묵시 19:3-4; Ps-Orpheus 16; 필론, Opif. 23, 46; Leg. 3.4.

는 신들의 판테온에서 가장 높은 신이 아니다. 그는 절대적으로 유일무이하신 분이시며 하늘과 땅을 모두 통틀어 유일하신 분이시다. 필론이 가장 범하지 않으려고 애쓴 것은 바로 '테오스 휩시스토스'(θεός ὕψιστος)를 유일하고 참되신 하나님이 아니라 단지 가장 높은 신으로만 잘못 오해하는 것이었으며, 이러한 오해는 헬레니즘의 종교적 정황에서 손쉽게 찾아볼 수 있었다. 필론 자신의 글에서와 대부분의 지중해 디아스포라 유대인 작가들의 글에서 이 용어가 드물게 발견되는 이유도 바로 이 때문일 것이다. 우리는 다른 많은 경우에서와 같이 제2성전기 유대인 작가들이 자신들의 유일신론을 가장 높은 신 하나가 수많은 신들 위에서 군림하는 신적 군주제를 믿는 이교도들의 일반적인 신앙 패턴과 의도적으로 분리시키려는 노력을 아끼지 않았음을 심심치 않게 발견한다.

우리는 본 논의의 범위를 오직 문헌으로 한정시켰다. 비문학적(碑文學的, epigraphic) 증거는 별도의 논의가 필요하다. 이는 비문에 나타나 있는 유대교 용례가 얼마나 확실한 것인지, 그리고 유대인들과 이교도들과 그리스도인들 간의 차이를 무색하게 만든 "테오스 휩시스토스 숭배"와 같은 것이 과연 존재했었는지에 관해 아직도 의견의 일치가 전혀 이루어져 있지 않기 때문이다.[69] 이 시점에서 우리는 그리스어를 사용하는 디아스포라 유대인들 사이에서 이 칭호가 현존하는 문헌에서보다 훨씬 더 자유롭게 사용되었을 가능성을 열어 둘 수밖에 없다.

---

69 Stephen Mitchell, "The Cult"; Paul R. Trebilco, *Jewish Communities in Asia Minor* (SNTSMS 69; Cambridge: CUP, 1991), 128-40; Irina Levinskaya, *The Book of Acts in Its Diaspora Setting*, vol. 5 of *The Book of Acts in Its First Century Setting* (Grand Rapids: Eerdmans/Carlisle: Paternoster, 1996), chaps. 5-6; William Horbury and D. Noy, *Jewish Inscriptions of Graeco-Roman Egypt* (Cambridge: CUP, 1992), 200-1.

도표

초기 유대교 문헌(기원전 250년–기원후 150년)에 나타난 "지극히 높으신" 하나님

참고: 합리적인 판단을 통해 저작 연대가 기원후 150년 이전의 (비기독교) 유대교 저작으로 확인 가능한 작품은 아래 주요 목록에 포함되었고, 이는 또 팔레스타인 지역(또는 소수의 경우에는 어쩌면 메소포타미아 디아스포라일 수도 있는)에서 저술된 작품과 서부 디아스포라에서 저술된 작품으로 나뉘었다. 보충 목록에는 비록 많은 학자들이 초기 유대교의 것으로 인용하긴 하지만 아직도 이른 시기의 저작인지 또는 비기독교 유대교적 저술인지에 관해 크게 의구심이 드는 작품들이 포함되었다.[70]

---

70 James R. Davila, *The Provenance of the Pseudepigrapha: Jewish, Christian, other?* (JSJSup 105; Leiden: Brill, 2005)는 "구약 위경"의 범주에 있는 작품들이 (비기독교적) 유대인 작품들이라고 판단함에 있어 보다 더 신중해야 하며 방법론적 엄격함도 더 철저하게 준수해야 한다는 내용의 주장을 설득력 있게 펼친다. 특히 그는 단순히 어떤 작품에 기독교적 특징이 명백하게 나타나 있지 않다는 이유만으로 이러한 판단을 내릴 수 없음을 입증한다. 나는 요셉과 아스낫(190-5)과 아브라함의 유언(199-207)과 관련하여 그의 이러한 의심에 공감하지만, 나는 시빌의 신탁 제3권(181-6)과 솔로몬의 지혜(219-25)는 아마도 비기독교적인 유대교 작품이므로 그렇게 추정하는 학자들의 판단이 옳다고 생각한다. 한편 나는 최근 바룩2서를 기독교 작품으로 간주한 Rivka Nir, *The Destruction of Jerusalem and the Idea of Redemption in the Syriac Apocalypse of Baruch* (SBLEJL 20; Atlanta: SBL, 2003)의 주장을 거부한 Davila의 견해가 옳다고 생각한다. 요셉과 아스낫에 관하여는 Ross Shephard Kraemer, *When Aseneth Met Joseph* (New York: OUP, 1998)과 *JTS* 51 (2000): 226-8에 게재된 나의 서평을 보라. Dale C. Allison은 그의 탁월한 저서 *Testament of Abraham* (Commentaries on Early Jewish Literature; Berlin: de Gruyer, 2003)에서 현재 우리가 보유하고 있는 상태로는 이 작품의 두 교정본(recensions)의 텍스트가 기독교적 요소를 많이 갖고 있는 것이 확실하지만, 그는 여전히 두 교정본 근저에 비기독교적인 유대교 원텍스트(Ur-text)가 존재할 "개연성이 압도적으로 높다"고 생각한다 (28-9). 그러나 이 작품에 대한 이러한 판단조차도 우리의 논증에 활용하기는 어렵다. 왜냐하면 "지극히 높으신 이"가 원텍스트에도 담겨 있었는지의 여부를 알 수 있는 방도가 없기 때문이다. David Satran, *Biblical Prophets in Byzantine Palestine: Reassessing the Lives of the Prophets* (SVTP 11; Leiden: Brill, 1995)는 예언자들의 생애(*Lives of the Prophets*)가, 현재의 형태로, 초기 비잔틴 시대의 것임을 보여준다. 이 작품은 초기 유대교 자료를 포함하고 있는 것이 분명하지만, 우리의 논증에는 신뢰할 만한 증거를 제시해주지 못한다. Marinus de Jonge가 오랫동안 수차례에 걸쳐 주장해왔듯이(가장 최근에는 *Pseudepigrapha of the Old Testament as Part of Christian Literature: The Case of the Testaments of the Twelve Patriarchs and the Greek Life of Adam and Eve* [SVTP 18; Leiden: Brill, 2003] 에서), 열두 족장의 유언(Testaments of the Twelve Patriarchs)도 이와 마찬가지로 확신을 가지고 그 범위를 특정할 수 없는 유대교 자료를 포함하고 있는 기독교 저작이다. (상당히 많은 유대교 자료가 포함되어 있다고 추정할 수 있는 가장 확실한 경우는 레위의 유언(Testament of Levi)인데, 이는 사해 두루마리와 게니자 파편들에 레위와 관련된 자료

팔레스타인(과 동부 디아스포라)	출현 횟수
에스라4서[71]	68
집회서[72]	47
바룩2서[73]	24
희년서[74]	23
에녹1서[75]	17
다니엘서[76]	14
창세기 외경(1Qap Gen[ar])[77]	10
나보니두스의 기도(4Q242)[78]	4
시편 154편(3, 9, 10, 14=11Q5 18:1, 6, 7, 14)	4
쿰란의 전쟁 규율[79]	4
토빗서[80]	3
쿰란의 공동체 규율(1QS 4:22; 10:12; 11:15)	3
4QApocryphon of Joshua[a](4Q378 26:1, 3, 4)[81]	3
위(僞)필론, *Biblical Aniquities* (33:14; 53:2)	2
모세의 유언(6:1; 10:7)[82]	2
쿰란의 감사 찬송(1QH[a] 12:31; 14:33)[83]	2
카이로 게니자의 레위의 증언(Bodleian b 5-6; d 16)	2
야곱의 사다리(5:12; 6:8)[84]	2
4QEschatological Hymn(4Q457b 2 3 5, 6)	2
1QBook of Noah(1Q19 2 2)	1
유딧서(13:18)	1
Apostrophe to Zion(11Q5 22:15)	1
Compositions of David(11Q5 27:11)[85]	1
다마스쿠스 규율서(CD 20:8)	1
4QWork Containing Prayers A(4Q291 1 3)	1

가 존재하며 "지극히 높으신 이"에 대한 일부 용례가 이 글에 포함되어 있기 때문이긴 하지만, 이 요지를 여기서 너무 중시할 수는 없다.) 므낫세의 기도(Prayer of Manasseh)는 유대교 작품일 가능성은 높지만, 아직 이를 입증할 만한 논증은 제시되지 않았다. 한편 비록 야곱의 사다리(Ladder of Jacob)는 최근에 엮어진 모음집에 포함된 구약 위경 중에서 가장 연구가 덜 된 것 중 하나이긴 하지만, 2장에 나오는 히브리어로 된 기도가 이제 확인된 이상(Reimund Leicht, "*Qedushah* and Prayer to Helios: A New Hebrew Version of an Apocryphal Prayer of Jacob," *JSQ* 6 [1999]: 140-76), 나는 1-6장이 유대교 자료일 것이라는 주장이 설득력이 있다고 생각한다(James Kugel, "The Ladder of Jacob," *HTR* 88 [1995]: 209-27을 보라).

	출현 횟수
4QAramaic Apocalypse(4Q246 2 1)[86]	1
4QBeatitudes(4Q525 2 24)	1
4QParaphrase of Genesis and Exodus(4Q422 2-6 2:9)	1
4QProto-Esther[d](4Q550c 3 1)[87]	1
4QKingdoms[a] ar(4Q552 4 2)[88]	1
4QNarrative Work and Prayer(4Q460 5 1:3)	1
4QAramaic C(4Q536 1 8)[89]	1
Pseudo-Eupolemus(frg. 1:5)[90]	1

팔레스타인(이른 저작 연대와 비기독교 유대교적 기원이 불확실함)	출현 횟수
예언자들의 생애(4:3)	1

서부 디아스포라	출현 횟수
필론[91]	13
에스드라1서(2:2[3]; 6:31; 8:19, 21; 9:46)[92]	5
시빌의 신탁 제3권(519, 574, 580, 719)[93]	4
시빌의 신탁 제1권(179, 200)[94]	2
마카베오3서(6:2; 7:6)[95]	2
솔로몬의 지혜(5:15; 6:3)	2
시빌의 신탁 단편 1(4)	1
마카베오2서(3:31)[96]	1
필론의 서사시(파편 3)[97]	1
비극작가 에스겔(239)	1
요세푸스(『유대고대사』 16.163)[98]	1
위(僞)아이스킬로스[99]	1

서부 디아스포라 (이른 저작 연대 그리고/또는 불확실한 비기독교 유대교적 기원)	출현 횟수
요셉과 아스낫[100]	35
아브라함의 유언[101]	10
그리스어 스바냐의 묵시[102]	1

출처가 의심스러운 작품 (불확실한 지리적 기원, 이른 저작 연대 그리고/또는 불확실한 비기독교 유대교적 기원)	출현 횟수
열두 족장들의 유언[103]	17
라틴어 아담과 하와의 생애(15:3; 28:1)[104]	2
므낫세의 기도(7)	1

71 모든 경우 '지극히 높으신 이'(*altissimus*). 이어지는 각주에서는 단순히 '엘욘'만 포함한 히브리어 텍스트나 단순히 '휩시스토스'(ὕψιστος)만 포함한 그리스어 텍스트에는 주목하지 않겠지만, 다른 텍스트들의 경우에는 아람어 텍스트에 사용된 용어들과 마찬가지로 여러 변형(예를 들면 "지극히 높으신 하나님"과 같은)에는 주목할 것이다.

72 그리스어 텍스트에 나타난 횟수는 47회다(이 중 4회는 '휩시스토스'(ὕψιστος)가 빠져 있다). 이 칭호는 (완전하지 않은) 게니자와 마사다 히브리어 텍스트에 20회 등장하지만, 항상 그리스어 텍스트의 용법에 상응하는 것은 아니다. Alexander A. Di Lella, in Patrick W. Skehan and Alexander A. Di Lella, *The Wisdom of Ben Sira* (AB 39; New York: Doubleday, 1987), 182는 "이 책과 그것의 번역본들에서 신의 이름들의 유동성"에 대해 말한다.

73 "주 지극히 높으신 분": 바룩2서 6:6; "지극히 높으신 분": 바룩2서 13:8; 17:1; 24:2; 25:1; 54:17; 56:1; 64:8; 67:3, 7; 69:2; 70:7; 71:2; 76:1; 77:4, 21; 80:1, 3; 81:4; 82:2, 6; 83:1; 85:8, 12.

74 "지극히 높으신 분": 희년서 16:18; "지극히 높으신 하나님": 희년서 12:19; 20:9; 22:13, 23; 25:3, 11; 32:1; "하나님 지극히 높으신 이": 13:16, 29; 16:27; 21:22, 23, 25; 22:6, 19, 27; 25:21; 27:15; "주 지극히 높으신 이": 희년서 22:11; 36:16; 39:6; "주 하나님 지극히 높으신 이": 희년서 21:20.

75 에녹1서 9:3; 10:1; 46:7; 60:1, 22; 62:7; 77:1; 94:8; 97:2; 98:7, 11; 99:3, 10; 100:4; 101:1, 6, 9 (모두 "지극히 높으신 이").

76 '지극히 높으신 이'(עליא): 단 4:14(17), 21(24), 22(25), 29(32), 31(34); 7:25; '하나님 지극히 높으신 분'(עליא אלהא): 단 3:26, 32(4:2); 5:18, 21; '지극히 높으신 이'(עליונין): 단 7:18, 22, 25, 27. 다른 제안들과는 대조적으로 하나님을 가리키는 복수형 עליונין에 대해서는 John J. Collins, Daniel (Hermeneia; Minneapolis: Fortress, 1993), 312를 보라.

77 '지극히 높으신 이'(עליא): 1Qap Genar 2:4; 10:18; '하나님 지극히 높으신 이'(אל עליון): 1Qap Genar 12:17; 20:12, 16; 21:2, 20; 22:15, 16, 21.

78 '하나님 지극히 높으신 이'(אלהא עליא): 4Q242 1-3 2, 3, 5, 6.

79 11Q14 1 2 4, 7 (= 4Q285 1 3); 4Q491 15 7; 4Q492 1 13.

80 토빗서 1:4 (AB), 13 (AB, S); 4:11 (AB). 이 구절들은 토빗서 쿰란 파편들에는 남아 있지 않다.

81 '지극히 높으신 이'(עליון): 26:1, 3; '하나님 지극히 높으신 이'(אלהים עליון): 26:44.

82 둘 다 '지극히 높으신 하나님'(*summus Deus*).

83 둘 다 '하나님 지극히 높으신 이'(אל עליון).

84 7:1의 용례는 후대에 기독교인들이 이 책에 첨가한 것이다.

85 '지극히 높으신 이'(הליון).

86 '지극히 높으신 이'(עליון).

87 아람어 עליא.

88 '하나님 지극히 높으신 이'(אל עליון).

89 עליונין을 진정한 복수형('지극히 높으신 이들')으로 읽어야 할지 아니면 단 7:18, 22, 25, 27에서처럼 하나님을 가리키는 것으로 읽어야 할지는 의문이다.

90 *Apud* Eusebius, *Praep. ev.* 9.17.5. 위(僞)유폴레무스는 사마리아인 저자인 것으로 널리 알려져 있다.

91 '지극히 높으신 이'(ὁ ὕψιστος): 필론, *Post.* 89; *Plant.* 59; *Congr.* 58; *Mut.* 202; '지극히 높으신 하나님'(ὁ ὕψιστος θεός): 필론, *Leg.* 3.24, 82 [3회]; *Ebr.* 105; *Flacc.* 46; *Legat.* 157, 278, 317.

92 '주 지극히 높으신 이'(κύριος ὁ ὕψιστος): 에스드라1서 2:2(3); '지극히 높으신 하나님'(ὁ θεός ὁ ὕψιστος): 에스드라1서 6:30(31); 8:19, 21; '주 하나님 지극히 높으신 이'(ὁ κύριος θεός ὕψιστος): 에스드라1서 9:46. 그리스어로 된 에스드라1서는 팔레스타인에서 저작되었을 가능성이 있다(Martin Hengel, *The "Hellenization" of Judaea in the First Century after Christ*, trans. John Bowden [London: SCM/Philadelphia: Trinity, 1989], 25를 보라). 그러나 대다수의 학자들은 이것을 디아스포라의 산물로 본다.

93 '지극히 높으신 분'(ὕψιστος): 시빌의 신탁 3:519, 574, 580; '지극히 높으신 하나님'(ὕψιστος θεός): 시빌의 신탁 3:719.

94 '지극히 높으신 하나님'(ὕψιστος θεός): 시빌의 신탁 1:179; '지극히 높으신 이'(ὕψιστος): 시빌의 신탁 1:200.

95 '지극히 높으신 하나님'(ὕψιστος θεός): 마카베오3서 6:2; '하나님 지극히 높으신 이'(θεός ὕψιστος): 마카베오3서 7:9.

96 마카베오2서는 디아스포라 출신으로서 팔레스타인에 살았던 구레네 출신 야손이 쓴 훨씬 더 긴 작품의 요약본이지만, 마카베오2서는 아마도 이집트에서 제1장 앞에 두 서신이 추가되어 현재의 형태에 이르게 되었을 것이다.

97 *Apud* Eusebius, *Praep. ev.* 9.24.1. 이 구절에 관해서는 이것이 하나님에 대한 언급이라고 올바르게 주장하는 Carl R. Holladay, *Fragments from Hellenistic Jewish Authors*, vol. 2: *Poets* (Atlanta: Scholars, 1989), 267-8을 보라.

98 '지극히 높으신 하나님'(ὕψιστος θεός).

99 *Apud* Clement of Alexandria, *Strom.* 5.14.131.3.

100 "지극히 높으신 이": 요셉과 아스낫 8:9; 11:7, 9, 17; 14:8; 15:7 (2x), 8, 12 (4x); 16:14 (2x), 16; 18:9; 21:4, 21; 22:13; 25:6; "하나님 지극히 높으신 이": 요셉과 아스낫 8:2; 9:1; 15:7 (3x); 18:9; 19:5, 8; 21:15; 22:8, 13; 23:10; "주 하나님 지극히 높으신 하나님": 요셉과 아스낫 15:7; 17:6; 21:6.

101 "지극히 높으신 이": 아브라함의 유언 A9:1, 2, 3, 8; 15:13; 16:1, 6; "하나님 지극히 높으신 분": 아브라함의 유언 A14:9; 15:11; 16:9(또한 B13:6; 14:7).

102 알렉산드리아의 클레멘스(*Strom.* 5.11.77)에 의해 인용된 이 묵시서(우리에게는 단지 파편 하나만 전해졌다)는 아마도 콥틱어로 남아 있는 스바냐의 묵시서와는 동일한 작품이 아닐 것이다.

103 시몬의 유언 2:5; 6:7; 레위의 유언 3:10; 4:1, 2; 5:1; 16:3; 18:7; 갓의 유언 3:1; 5:4; 아셀의 유언 2:6; 5:4; 요셉의 유언 1:4, 6; 9:3; 베냐민의 유언 4:5; 9:2.

104 이 본문들은 아담과 하와의 생애(*Life of Adam and Eve*)의 다른 역본(그리스어, 아르메니아어, 조지아어, 슬라브어)에는 평행구절이 없다. Gary A. Anderson and Michael E. Stone ed., *A Synopsis of the Books of Adam and Eve* (SBLEJL 05; Atlanta: Scholars, 1994)를 보라.

4장
초기 기독교에 나타난 예수경배[1]

---

1   이 글은 "Jesus, Worship of," in *ABD*, vol. 3, 812-19를 상당 부분 확대되고 개정한 것
    이다.

1. 서론

아주 이른 시기부터 예수경배가 초기 기독교 내에서 성행했고 핵심적인 역할을 했다는 사실은 종종 과소평가되어왔으며 기독론의 발전을 이해하는 데 있어 이 사실이 얼마나 중요한지도 마찬가지다. 한편 요하네스 바이스(Johannes Weiss)는 예수경배의 출현을 "기독교 기원의 역사에서 가장 중요한 단계"라고 불렀다.[2] 데이비드 오니(David Aune)도 이와 유사한 주장을 펼친다. 다만 그의 주장은 역사적으로 더 정확하다. "어쩌면 초기 교회 내에서 발생한 가장 중요한 역사적 발전은 팔레스타인 원시교회 내에서 나타난 승귀하신 예수에 대한 제의적 경배의 출현이었을 것이다."[3] 예수경배의 결정적인 영향력은 결코 신약의 기독론에 국한되지 않고, 4-5세기의 니케아 및 칼케돈 공의회에서 제정된 정통 교리에까지 널리 퍼져 나갔다.

예수경배에 대한 증거의 주요한 유형이 신약 이후에도 지속적으로 전해져 내려오고 있기 때문에 본장은 니케아 이전의 기독교 전체를 모두 다루고, 예수를 경배하는 전통이 4-5세기의 삼위일체론 및 기독론의 발전에 기여한 공헌을 언급하면서 마무리할 것이다.

---

2 Johannes Weiss, *The History of Primitive Christianity*, trans. Four Friends, ed. F. C. Grant (London: Macmillan, 1937), 1:37.

3 David E. Aune, *The Cultic Setting of Realized Eschatology in Early Christianity* (NovTSup 28; Leiden: Brill, 1972), 5.

2. 기원

문제의 성격상, 초기 기독교 내에서 예수경배가 시작된 시점을 밝혀줄 만한 결정적 증거가 나타날 가능성은 거의 없지만, 현재 주어진 증거와 더불어 모든 사항을 일반적으로 고려해보면 그 증거는 최초기 팔레스타인 유대 기독교를 가리킨다. 최초기 기독교 공동체에서 예수는 부활하여 하늘에 계신 하나님 우편으로 높임을 받으셨으며 그의 영을 통해 공동체 안에서 활동하고 계시며 장차 온 세계의 통치자이자 심판자로 오실 분으로 이미 이해되고 있었다. 하나님의 종말적 대리인으로서 그는 종말론적 구원 경험과 그리스도인들의 예배 모임을 특징짓는 성령의 역사의 원천이었으며, 그를 통해 모든 그리스도인들이 하나님과 새롭게 맺게 된 관계의 초점이었다. 하나님에 의해 높임을 받으신 것과 그를 통해 성취된 하나님의 구원 사역을 찬양하는 시편과 찬송은 매우 이른 시기부터 작시되고 또 불렸을 것이다.[4] 이러한 종교적 역할을 하는 인물의 살아 있는 현존에게 감사와 예배를 올려드리는 것은(물론 하나님을 예배하는 가운데 자연스럽게 이루어진 것이겠지만) 반드시 나타날 수밖에 없는 당연한 반응이었다.[5]

예수를 향한 칭송와 기도는 가장 이른 시기로 거슬러 올라간다. '마라나타'("우리 주여 오시옵소서!": 고전 16:22; 디다케 10:6; 참조. 계 22:20)라는 아람어 기도가[6] 그리스어를 모국어로 사용하는 교회에서 아람어로 보존

---

4   Martin Hengel, "Hymns and Christology," in *Between Jesus and Paul*, trans. John
     Bowden (London: SCM, 1983), 78-96.

5   예수경배의 매우 이른 기원에 관해서는 특히 Hurtado, *One God*을 보라.

6   이에 관해서는 Hurtado, *One God*, 106-7; idem, *Lord Jesus Christ: Devotion to Jesus in
     Earliest Christianity* (Grand Rapids: Eerdmans, 2003), 140-2; Martin Hengel, "Abba,
     Maranatha, Hosanna und die Anfänge der Christologie," in *Kleine Schriften IV: Studien*

되었다는 사실은 이 기도가 매우 오래된 것임을 나타내며, 파루시아(예수의 재림)에 대한 기대뿐만 아니라 (그것이 처음부터 성만찬을 통한 현존과 관련이 있었는지의 여부와 상관없이) 장차 오실 분과 함께 누리고 있던 현재의 종교적 관계를 암묵적으로 보여준다. 예수께 드리는 개인적인 기도가 초기 기독교에서 흔히 볼 수 있는 특징이었다는 신약의 증거는 때때로 과소평가되어왔다.[7] 바울(고후 12:8; 살전 3:11-13; 살후 2:16-17; 3:5, 16; 참조. 롬 16:20b; 고전 16:23; 갈 6:18; 빌 4:23; 살전 5:28; 살후 3:18; 몬 25)과[8] 사도행전(1:24; 7:59-60; 13:2)은 이것을 당연시한다(또한 딤전 1:12; 딤후 1:16-18; 4:22과도 비교하라).[9] 물론 하나님께 드리는 기도가 지배적인 관행이었지만, 예수가 하나님이 주시는 은혜를 능동적으로 중재하시는 분이시며(롬 1:7 등 "하나님 우리 아버지와 주 예수 그리스도로부터 은혜와 평강이 있기를"처럼) 그리스도인들이 삶으로 섬기는 주로서 이해되었기 때문에 그에게 드리는 기도는 극히 자연스러운 일이었다. 요한복음 14:14(여기서 정확한 독법은 아마도 "만약 너희가 **나에게** 구하면"일 것이다)은 예수께 드리는 기도를 통상적으로 구하는 기도로 간주한다.[10]

---

zur Christologie (WUNT 201; Tübingen, 2006), 496-534를 보라.

7   예컨대 Rudolf Bultmann, *Theology of the New Testament*, trans. Kendrick Grovel (London: SCM, 1952), 1:125-8. 그리스도께 대한 기도를 예전적인 기도라기보다는 개인적인 기도로 한정하려는 Bultmann의 시도에 적절하게 반대하는 견해에 관해서는 Hurtado, One God, 105-6을 보라.

8   참조. Larry W. Hurtado, "The Binitarian Shape of Early Christian Worship," in *Jewish Roots*, ed. Newman, Davila and Lewis, 187-213, 여기서는 195.

9   또한 Ignatius, *Eph.* 20.1; *Rom.* 4:1; *Smyrn.* 4.1.

10   이 주제에 관해서는 E. Delay, "A qui s'addresse la priére chrétienne?" *RTP* 37 (1949): 189-201; Alexius Klawek, *Das Gebet zu Jesus: Seine Berechtigung und Ubung nach den Schriften des Neuen Testament* (NTAbh 6/5; Münster i. W.: Aschendorff, 1921); Arthur W. Wainwright, *The Trinity in the New Testament* (London: SPCK, 1962), 97-101; Wilhelm Thüsing in Karl Rahner and Wilhelm Thüsing, *A New Christology*, trans. David

예수께 드리는 간구기도는 그 자체로 예수**경배**가 아니다. 그러나 구약의 제사 언어에서 유래된 두 어구는 예수가 종교적 헌신의 대상으로서 매우 중요한 위치를 차지했음을 강력하게 암시한다. 첫째, 사도행전 13:2은 안디옥 교회의 예언자들과 교사들을 "주[예수]께 예배하는 [*leitourgountōn*]"(개역개정은 "주를 섬겨"―역자주) 이들로 묘사한다. 유대교 용법에서 하나님께 대한 제의적 경배를 지칭하던 이 동사가 여기서는 "금식"과 관련하여 가장 광범위한 의미에서 예수가 중심이 되는 기도를 가리킨다. 두 번째 어구는 훨씬 더 폭넓게 사용되며 더 중요한 위치를 차지한다. 사도행전과 바울 서신(바울의 용법은 바울 이전의 기독교 용법을 확실히 반영한다)에서[11] 그리스도인들은 "우리의 주 예수 그리스도의 이름을 부르는" 자들이다(고전 1:2; 참조. 롬 10:12-14; 행 9:14, 21; 22:16; 딤후 2:22; Hermas, *Sim.* 9:14:3).[12] 초기 그리스도인들이 요엘 2:32에서 가져온 이 어구(행 2:21; 롬 10:13)는 구약에서 통상적으로 하나님께 대한 경배를 지칭하는 것이었다(예. 창 4:26; 12:8; 13:4; 시 105:1).[13] 이 어구의 초기 기독교 용법은 예수를 주로 고백하는 제의적 관습을 가리키며 그리스도인들을 규정하는 가장 중요한 특징으로 간주되었다(참조. 롬 10:9; 고전 12:3; 빌 2:11). 허타도(Hurtado)가 지적하듯이 이렇게 "예수의 이름을 제의적으로 사용

Smith and Verdant Green (London: Burns & Oates, 1980), 117-21을 보라.

11 Bultmann, *Theology*, 1:125; Werner Kramer, *Christ, Lord, Son of God*, trans. Brian Hardy (SBT 50; London; SCM, 1966), 78-9; Adalbert Hamann, *Prayer: The New Testament*, trans. Paul J. Oligny (Chicago: Franciscan Herald, 1971), 199; Hurtado, *Lord Jesus Christ*(『주 예수 그리스도』[새물결플러스 역간]), 197-200.

12 이 어구에 대한 중요한 연구로는 Carl J. Davis, *The Name and Way of the Lord: Old Testament Themes, New Testament Christology* (JSNTSup 129; Sheffield: Sheffield Academic Press, 1996), 4장을 꼽을 수 있다.

13 Ralph P. Martin, *Worship in the Early Church* (London: Marshall, Morgan & Scott, 1964), 31.

예수와 이스라엘의 하나님

한 것(ritual use)은 예수를 이러한 제의적 섬김을 받기에 합당한 분으로 명시하고 있음을 보여준다.…이것은 예수를 하나님과 함께 공적이며 집단적인 제의적 경배를 받기에 합당하신 분의 영역에 포함시켰음을 나타낸다."[14] 허타도는 또한 이 사실을 초기 기독교의 종교적 행위(즉 세례와 치유와 축사)에서 예수의 이름이 폭넓게 사용된 것과도 연결시킨다.[15] 이 모든 경우, 주(kyrios) 예수는 히브리 성서에 등장하는 하나님의 이름과 연관이 있어 보인다. 하나님의 이름은 종종 그리스어 '퀴리오스'(kyrios)로 표기되기도 했다(비록 '마라나타'[Maranatha]는 이미 아람어를 모국어로 사용하는 유대기독교 내에서 이에 상응하는 아람어 어구일 수도 있지만 말이다). 하나님의 이름이 등장하는 빌립보서 2:11이 입증하듯이 여기서는 경배의 의미가 배제되기 쉽지 않다. 우리는 여기서 예수가 매우 이른 시기부터 주 야웨의 정체성 안에 포함되었으며 이로써 야웨 경배에 예수도 포함되는 놀라운 일이 이미 벌어졌음을 인정하지 않을 수 없다. 예수와 야웨의 이러한 결합은 매우 이른 시기부터 "주의 이름을 부르는 자들"이라는 표현이 그리스도인들을 규정하는 용어로 만들기에 충분했다.

하나님의 유일한 주되심(lordship)에 참여하기 위해 높임을 받으신 분으로서 예수는 처음부터 그리스도인들의 예배에서 종교적 관심의 대상이었다. 우리는 또한 처음부터 그가 의도적으로 하나님께 드리는 경배에 포함되었을 가능성을 배제해서는 안 된다. 그러나 만약 우선 예수께 드려진 기도와 감사와 경의가 선행했고 예수에 대한 명백한 신적 경배는 다소 뒤늦게 나타났다면 이러한 변화는 그리 어렵지 않게 나타났을 것이다. 이

---

14   Hurtado, *Lord Jesus Christ*, 198-9.
15   Hurtado, *Lord Jesus Christ*, 198-9.

러한 과정은 자연스럽고 매끄럽게 이루어졌다. 누군가가 이에 의문을 제기하거나 저항했다는 증거가 전혀 없다. 이러한 변화가 유대교 배경에서 이교도의 헬레니즘적 배경으로 이동한 기독교의 변화와 일치한다는 오래된 견해는[16] 확실히 잘못된 것이다. 유대 기독교와 헬레니즘 기독교 간의 구분을 지나치게 도식화시킨 것과 신약의 이방인 교회에서 지속적으로 우위를 차지했던 유대 기독교 리더십은 차치하더라도, 이와 같은 견해는 예수경배가 가장 명시적으로 나타나는 신약의 두 책(마태복음과 요한계시록)이 여전히 철저하게 유대적인 사고의 틀 안에 머물러 있다는 사실에 의해 침몰될 수밖에 없다. 예수경배는 유대교 유일신론을 무시한 이방인 교회 때문에 생겨난 것이 아니라, 바로 그 유대교 유일신 신앙 안에서 생겨났고, 바로 그 신앙 안에서 수용되는 과정을 거쳐야만 했다는 사실은 후대의 기독론 발전 과정에 너무나도 중요한 의미를 지닌다.

예수가 신적 경배를 받기에 합당하신 분임을 강조하는 요한계시록의 중요성은 차후 제6단원에서 논의할 것이다. 마태복음과 관련해서는 마태가 강조한 예수에 대한 '프로스퀴네시스'(*proskynēsis*, "경의 또는 경배의 표현으로서 누군가에게 엎드림 또는 절하기")가 커다란 쟁점이다. 마태복음은 예수를 목적어로 하는 동사 '프로스퀴네인'(*proskynein*)을 10회 사용한다(이에 비해 마가복음은 이 동사를 이런 식으로 단지 2회 사용하고, 누가복음은 24:52[이문, variant reading]에서만 사용된다). 이 10회 중 5회는 다른 공관복음에 평행본문이 없다(마 2:2, 8, 11; 28:9, 17). 이 중 세 군데에서는 마

---

16 Wilhelm Bousset, *Kyrios Christos: Geschichte des Christusglaube von den Anfängen des Christentums bis Irenaeus* (Gottingen: Vandenhoeck & Ruprecht, 1913), 92-125. 이 견해는 여전히 P. Maurice Casey, "Monotheism, Worship and Christological Development in the Pauline Churches," in *Jewish Roots*, ed. Newman, Davila and Lewis, 214-33에 의해 실질적으로 지지를 받고 있다.

예수와 이스라엘의 하나님

가복음이 이 단어를 사용하지 않고 단지 동작만을 묘사한 구절에서 마태복음은 '프로스퀴네인'(*proskynein*)이란 단어를 사용한다(마 8:2//막 1:40; 마 9:18//막 5:22; 마 15:25//막 7:25). 나머지 두 군데에서는 마가복음이 동작조차 묘사하지 않은 평행본문에서 마태복음은 이 단어를 추가한다(마 14:33//막 6:51; 마 20:20//막 10:35). 또한 마가복음에는 이 단어가 포함되어 있지만 마태복음이 동작조차 생략한 경우가 두 차례 있고, 마가복음이 동작을 묘사하지만 마태복음이 이를 생략한 경우가 한 차례 있다(막 5:6//마 8:29; 막 15:19//마 27:30; 막 10:17//마 19:16). 그러나 아마도 마태는 이 세 경우 모두 이러한 경배(귀신들, 조롱하는 군인들, 부자 청년에 의한)가 적절하지 않다고 여겼을 것이다.

따라서 우리가 입수한 증거는 마태가 예수가 반드시 받아야 할 경배를 나타내기 위해 준전문적인(semi-technical) 용어로 '프로스퀴네인'(*proskynein*)을 사용하고 있음을 시사하고, 이것이 바로 예수께 대한 적절한 반응임을 강조한다. '프로스퀴네인'(*proskynein*)이란 단어를 비롯해 이 동사가 묘사하는 동작은 우상숭배의 의미를 내포하지 않으면서도 사람에 대한 경의를 표할 때 사용될 수 있었다(마 18:26; 계 3:9; LXX 창 18:2; 19:1; 23:7, 12; 33:6-7; 삼상 28:14; 왕상 2:19; 사 45:14 등). 하지만 이 단어에 대한 70인역 용례의 대다수는 하나님이나 또는 거짓 신들에 대한 경배를 지칭하며, 인간 또는 천사에 대한 우상숭배를 암시할 수 있는 문맥에서는 이 동작이 유대인들의 의심을 사기에 충분했다(에스더 부록 13:12-14[참조. 에 3:2]; 스바냐의 묵시 6:14-15; 필론, *Decal*. 64; *Legat*. 116; 마 4:9; 눅 4:7; 행 10:25-26; 계 19:10; 22:8-9; 참조. 폴리카르포스의 순교 17:3). 따라서 마가복음과 누가복음에서는 예수께 절하는 동작이 단순히 존경받는 선생에 대한 경의의 표시에 지나지 않는 반면, 마태가 '프로스퀴네인'(proskynein)을 일관되게 사용하고 또 이 사실을 크게 강조한 것은 그가 이러한 경의를 다른 어떤 인간에게 표했다면 우상숭배로 간주되었을 만한 유형의 경의를 표현하고자 했음을 보여준다. 이러한 사실은 그가 이러한 자기 자신만의 고유한 용법을 신의 현현의 문맥에서 사용하는 경향이 있다는 사실에 의해 한층 더 강화된다(마 2:2, 8, 11; 14:33; 28:9, 17). 그의 백성 가운데 계시는 승귀하신 그리스도의 현존을 강조하는 마태의 의도와 함께(18:20; 28:20) 그의 이러한 용법은 따라서 초기 교회 안에서 나타난 예수경배 관행을 반영한다고 밖에 볼 수 없다.[17]

유대 기독교 안에서 일어난 예수경배의 기원의 관점에서 허타도는 이 현상을 "매우 획기적이지만 또한 그 본질상 유대교 유일신론 전통 안에서 내적으로 일어난 발전"이라고 부른다.[18] 이것이 유대교 유일신론의 포기가 아닌 유대교 유일신 경배의 "변이"(mutation) 또는 "변형(variant)"(Hurtado)[19]이었다는 사실은 앞으로 제6단원에서 분명하게 밝혀질 것이다. 니케아 공의회 이전 시대 전반에 걸쳐 나타난 예수경배에 관한 추가적 증거는 이어지는 논의에서 지속적으로 제시될 것이다.

경배에 대한 두 가지 표현, 즉 송영(doxologies, 제3단원)과 찬송(hymns, 제4단원)은 특별히 우리의 관심사다. 이 표현들은 예수경배가 초기 기독교 내에서 얼마나 중심을 이루고(centrality) 정규적이었는지(normality)를 보여주는 강력한 증거들이다. 이는 이 표현들이 유일한 증거이기 때문만이 아

---

17 마태복음에 나타난 예수경배에 관해서는 Larry W. Hurtado, "Pre-70 CE Jewish Opposition to Christ-Devotion," *JTS* 50 (1999): 35-58, 여기서는 38-42를 보라.

18 Hurtado, *One God*, 100.

19 그의 후기 저작인 *Lord Jesus Christ*에서 Hurtado는 그가 50쪽 각주 70에서 밝힌 이유대로 "변형"(variant)이라는 용어를 선호한다.

예수와 이스라엘의 하나님

니라[20] 가장 널리 만연해 있는 증거이기 때문이다. 또한 이 표현들은 상호 보완적인 역할을 한다. 송영은 예수께 드려진 경배가 하나님께 드려 마땅한 경배였다는 명백한 증거를 제공하는 한편, 찬송은 왜 이러한 신적 경배를 예수께 올려드리는 것이 적절한 것인지를 알게 하는 데 도움을 준다.

3. 송영

그리스도에게 송영을 올려 드리는 것은 이것이 분명한 신적 경배, 즉 오직 한 분 하나님께만 드려지는 합당한 경배라는 명백한 증거가 된다. 게다가 우리는 기독론적 송영을 사용하는 전통이 신약시대로부터 니케아 이전 시대에 이르기까지 끊이지 않고 이어져 내려오고 있음을 확인할 수 있다. 두 가지 유형의 송영이 있는데, 곧 엄격한 형태의 송영과 칭송을 위한 송영이다.

　엄격한 형태의 송영은 셋 또는 네 부분으로 이루어져 있다. (1) 칭송을 받는 인물(대개 여격이며 종종 대명사임), (2) 칭송의 말(대개 '독사'[doxa] 또는 종종 다른 용어들이 추가됨), (3) 시간의 표시, 즉 "영원히" 또는 영원을 나

20　가장 논란이 많은 부분은 바울이 활동하던 시기의 기독교인데, 이 시기에 바울과 그의 교회들이 단순히 오직 한 하나님께만 올려드려야 할 올바른 신적 예배에 미치지 않는 수준에서 예수를 경배했는지(James D. G. Dunn, 'How Controversial Was Paul's Christology?' in *From Jesus to John: Essays on Jesus and New Testament Christology in Honour of Marinus de Jonge,* ed. Martinus C. de Boer [JSNTSup 84; Sheffeld: Sheffeld Academic Press, 1993], 148 – 67, 여기서는 164 – 5; idem, *The Theology of Paul the Apostle* [Grand Rapids: Eerdmans, 1998], 257 – 60; Casey, "Monotheism"), 아니면 "이위일체적"이라고 부를 수 있을 정도로 예수를 그들의 예배에 포함시켰는지(Hurtado, "Pre-70 CE Jewish Opposition," 50 – 7; idem, *Lord Jesus Christ,* 134 – 53)에 관해서는 여전히 논란의 대상이다.

타내는 더 긴 고정문구에 이어 (4) "아멘"으로 마무리된다. 따라서 매우 다양한 변형과 확장이 가능하지만, 기본 구조는 다음과 같다. "~하신 분께/그에게/당신께 영광이 영원무궁하도록 있기를 원하노라. 아멘."[21] 이러한 송영은 전형적으로 기도, 설교, 서신 또는 이 중 일부의 끝맺는 말로서 유대인들과 그리스도인들에 의해 사용되었다. 비록 축도(동일한 기능을 갖고 있지만 다른 형태)가[22] 훨씬 더 보편적으로 나타나는 현존하는 유대교 문헌에서는 이런 송영이 거의 드물게 나타나지만, 초기 기독교의 송영 용법은 이런 송영이 유일신론적 경배의 표현이었던[23] 유대교로부터 파생되었다는 것은 전혀 의심의 여지가 없다.[24] 모든 영광이 오직 이스라엘의 한 분 하나님께만 영원토록 있다. 예수께 돌린 송영보다 예수에 대한 **신적** 경배를 더 명시적으로 표현할 방법은 아마도 존재하지 않았을 것이다.[25]

그리스도께 직접 돌리지 않으면서도 이 송영을 기독교화해 표현하는 가장 보편적인 방법 중 하나는 "예수 그리스도를 통해(through)"를 첨가하는 것이었다(롬 16:27; 유 25; 디다케 9:4; 클레멘스1서 58:2; 61:3; 64; 65:2; 폴리카르포스의 순교 14:3; 20:2; 참조. 고후 1:20; 벧전 4:10; 유스티누스, *1 Apol.* 65:3;67:2; 오리게네스, *Or.* 33:1, 6). 그러나 그리스도께 돌리는 송영 또한 사용되었다.[26] 물론 가장 흔한 형태는 단독으로 그리스도께 돌리는 송

---

21 R. Deichgräber, *Gotteshymnus und Christushymnus in der frühen Christenheit* (SUNT 5; Göttingen: Vandenhoeck & Ruprecht, 1967), 25-7; Richard Bauckham, *Jude, 2 Peter* (WBC 50; Waco: Word, 1983), 119-20.

22 그리스도를 대상으로 한 신약의 축도가 하나 있다(롬 9:5). 후대의 기독론적 축도에 관해서는 위하여 *Mart. Carpus* Gk. 41을 보라.

23 에스드라1서 4:59에 나오는 "진리"에 대한 송영은 실제로 예외는 아니다.

24 Deichgräber, *Gotteshymnus*, 35-8; Bauckham, *Jude*, 121.

25 참조. J. Jungmann, *The Place of Christ in Liturgical Prayer*, trans. A. Peeler, 2nd ed. (London/Dublin: Chapman, 1965), 174-5.

26 형식적으로는 송영이 아니지만, 그리스도를 목적어로 하는 동사 "독사조"(*doxazō*)를 사용

예수와 이스라엘의 하나님

영이었으며, 이 중 세 가지 사례가 신약에 나타나는데, 모두 비교적 늦은 시기의 글에서 등장한다(딤후 4:18; 벧후 3:18; 계 1:5-6). 신약의 다른 두 송영(히 13:21; 벧전 4:11) 또한 그리스도께 돌려진 것일 수도 있지만, 그럴 가능성은 높지 않으며, 클레멘스1서(20:12; 50:7)에 나오는 두 송영도 마찬가지라고 할 수 있다. 다만 클레멘스1서의 경우는 만약 이 두 송영이 그리스도께 돌려진 것이라면 신약의 확실한 세 가지 용례와 대략 동시대의 것이 될 것이다.[27] 그러나 신약의 세 가지 분명한 용례는 서로 다른 지리적 위치와 신학적 전통에서 비롯된 것이며, 따라서 얼마간 이 저작들이 기록되기 이전에 행해졌던 일반적인 기독교 관행을 전제한다.

2세기와 3세기 초에 오직 그리스도께만 돌려진 엄격한 형태의 송영에 대한 몇몇 용례로는 요한행전 77; 바울과 테클라행전 42; 베드로행전 20; 39; 멜리토, 유월절에 관하여 10, 45, 65, 105; *frg.* II 23;[28] *Mart. Perpetua* 1:6; 테르툴리아누스, *Or.* 29; 히폴리투스, *Comm. Dan.* 1:33; 4:60; 오리게네스, *Princ.* 4.1.7; 4.3.14 등을 꼽을 수 있다. 또 다른 용례에 대한 두 가지 특별 범주도 언급할 필요가 있다. 하나는 오리게네스의 설교 끝부분에서 특징적으로 오직 그리스도에게만 돌려지는 송영이다. 202개의 이러한 송영 가운데 181개가 그리스도께 돌려졌다(다른 5개는 그리스도께 또는 성부께 돌려졌다고 볼 수 있다).[29] 이러한 오리게네스의 관행

하는 일부 용례에도 주목하라.

27 Deichgräber, *Gotteshymnus*, 32. 그리스도께 대한 신약의 송영에 관해서는 또한 Wainwright, *Trinity*, 93-5를 보라. 딤전 1:17이 그리스도께 돌리는 송영이라는 C. C. Oke, "A Doxology not to God but to Christ," *ExpTim* 67 (1955-63): 67-8의 주장은 설득력이 없다.

28 Stuart G. Hall, *Melito of Sardis: On Pascha and Fragments* (Oxford: Clarendon, 1979), 94.

29 이 횟수는 Henri Crouzel, "Les doxologies finales des homelies d'Origène selon le texte grec et les versions latines," *Augustinianum* 20 (1980): 95-107에 나오는 송영에 기초하

은 특히 주목할 만하다. 왜냐하면 이것은 자기 자신의 이론(*Or*. 14-15; 참조. 33.1)과 대조를 이루며, 따라서 그리스도께 대한 그의 헌신의 증거일 뿐 아니라 이런 방식으로 설교를 끝맺는 것이 일반적인 관행이었다는 증거가 될 수 있기 때문이다.

둘째, 초기 기독교 순교자들의 행전들은 항상 그리스도께만 돌리는 송영으로 끝맺었던 것으로 보인다(*Mart. Pol.* 21;[30] *Mart. Carp*. Lat. 7; *Mart. Pion.* 23; *Mart. Just.* Rec. B & C 6; *Mart. Perp.* 21:11; *Mart. Marc*. Rec. N 5; *Mart. Iren. Sirm*. 6; *Mart. Jul.* 4:5; *Mart. Crisp.* 4:2). 어떤 경우는 원래의 기독론적 송영이 후대의 삼위일체론적 형태로 후대에 확장된 것임이 분명해 보이는 것도 있다(*Mart. Carp*. Gk. 47; *Mart. Just.* Rec. A 6; *Mart. Das.* 12:2; *Mart. Agape* 7:2; 참조. *Mart. Eupl.* Gk. 2:4). 이러한 삼위일체론적인 송영은 니케아 공의회 이후에 발전한 것이며, 순수하게 기독론적인 송영이 초기의 형태를 보존하고 있는 것이다. 이 가운데 많은 경우, 기독론적인 송영은 그리스도의 통치를 지칭하는 표준적 형태에 덧붙여졌고(*Mart. Pol.* 21; *Mart. Carp*. Lat. 7; *Mart. Pion.* 23; *Mart. Marc*. Rec. N 5; *Mart. Iren. Sirm*. 6; *Mart. Das.* 12:2; *Mart. Agape* 7:2) 이는 경배를 받아 마땅한 그리스도의 신적 통치를 신적 숭배를 강요하던 카이사르에 대한 우상숭배와 대조하는 효과를 낳았다. 따라서

여 계산한 것이다. 루피누스가 그가 번역한 설교들에 나오는 송영들의 형태의 여러 가지 변형에 대한 책임이 있다는 Crouzel의 주장은 이 송영들은 본래 분명히 그리스도께 돌려진 것이라는 우리의 주장에 영향을 미치지 않는다.

30 *Mart. Carp*. Lat. 7; *Mart. Pion.* 23 등에 나오는 표준적인 형태와 비교해보면 여기에 나오는 송영이 원래의 것임을 보여준다. (이런 취지의 또 다른 종류의 논증을 보려면 J. B. Lightfoot, *The Apostolic Fathers*, part 2, vol. 1, 2nd ed. [London: Macmillan, 1889], 626-7을 참조하라.) 사본들이 이 송영을 생략하는 이유는 자체의 송영으로 끝맺고 있는 22장을 추가함으로써 21장 끝부분에 송영이 덧붙여지는 것이 더 이상 적절하지 않기 때문이다.

예수와 이스라엘의 하나님

송영은 순교자들이 목숨을 바쳐 지켜낸, 바로 그 경배의 문제를 정확하게 드러낸다.

엄격한 형태의 송영과 더불어 칭송을 위한 송영도 순수하게 기독론적인 언급과 함께 사용되었다. 기본적인 형태는 단순히 "~에게 영광을"로서 찬양의 대상을 2인칭이나 3인칭으로 표현한다.[31] 또한 종종 찬양의 이유를 제시하는 관계절이나 또는 원인절이 뒤따르기도 한다. 이 형태는 일반적으로 엄격한 형태의 송영처럼 끝을 맺는 고정문구가 아니라(그러나 *Odes Sol.* 17:17을 보라), 독립적거나 또는 심지어 서론적인 찬양으로 구성된다.[32] 비록 현존하는 유대교 용례를 찾아보기 거의 어렵지만(참조. 에녹 2서 71:11, Rec. J), 이 또한 유대교 배경에서 나왔을 개연성이 있고, 신약에서 하나님에 관한 언급으로 사용된 용례에 의해 지지를 받는다(눅 2:14; 계 19:1; 참조. 눅 19:38). 초기 기독교에서 이런 송영이 기독론적으로 사용된 경우는 특히 외경의 행전(요한행전 43:78; 도마행전 59; 60; 80; 153; 안드레행전 29:1)에서 발견되지만, 결코 여기서만 등장하는 것은 아니다(*Odes Sol.* 17:17; *Mart. Pion.* 11:6).[33]

이렇게 순수한 기독론적인 송영 세 가지 외에도 신약에는 하나님과 그리스도 모두께 돌려진 송영 하나가 더 들어 있다(계 5:13; 참조. 7:10). 이것은 신약에서 "질서정연한" 형태, 즉 세 신적 위격에게 영광을 돌리는 후

---

31   계 7:12은 이 형태가 셋 또는 네 부분으로 되어 있는 더 완전한 형태의 송영과 얼마나 밀접하게 연관되어 있는지를 보여준다.

32   따라서 형태와 기능의 측면에서 이것은 송영의 더 완전한 형태보다는 축도에 더 가깝다.

33   이 중 적어도 도마행전과 솔로몬의 송시는 시리아에 기원을 두고 있다. 시리아에서 나중에 사용된 형태는 에프렘의 작품들에서 찾아볼 수 있다. 예수의 수난에 관한 설교에서 이 송영이 확장된 형태로 사용된 것(Adalbert Hamman, *Early Christian Prayers*, trans. Walter Mitchell [Chicago: Henry Regnery/London: Longmans, Green, 1961], 180-1)은 분명히 도마행전 80과 동일한 전통에서 나온 것이다.

대의 **삼위일체론적인** 송영에 가장 가까운 형태다. 이 송영은 니케아 이전 시대에는 오직 그리스도께만 돌려진 송영보다 덜 보편적이었지만, 그래도 가끔씩 발견되기도 했다. 폴리카르포스의 순교 14:3에 등장하는 이 형태의 송영이 원형이었는지에 관해서는 논란의 여지가 있지만,[34] 이 송영은 이른 시기부터 시리아 예전에서도 사용되었던 것처럼[35] 히폴리투스 역시도 다른 작품에서뿐 아니라[36] 예전에서 통상적으로 사용하곤 했다는 주장을 지지해줄 만한 좋은 사례가 될 것으로 보인다. 삼위일체께 돌리는 다른 초기의 송영들은 요한행전 94; 96; 도마행전 132(이것들은 모두 칭송의 형태로 되어 있음); 알렉산드리아의 디오니시우스(*apud* Basil, *De Sp. S.* 29)에 나타나 있다.[37]

---

34   Jungmann, *The Place*, 147 n. 4를 보라.

35   Jungmann, *The Place*, 194-200.

36   Jungmann, *The Place*, 5-8, 151-2, 152 n. 2, 155; Jules Lebreton, *Histoire de la Trinité des Origins au Concile de Nicée*, 2 vols., 2nd ed. (Paris: Beauchesne, 1928), 2:622-5; 그러나 예전에 관해서는 또한 J. M. Hanssens, *La Liturgie d'Hippolyte: ses documents, son titulaire, ses origins et son caractère* (Orientalia Christiana Analecta 155; Rome: Pontificium Institutum Orientalium Studiorum, 1959), 343-68도 보라.

37   또한 Julius Africanus, *apud* Basil, *De Sp. S.* 29도 보라. Origen, *Hom. Luc.* 3, 37의 끝에 나오는 송영들은 삼위일체론적인 송영으로 보이지만, 그 형태는 그 설교들을 번역한 히에로니무스 때문일 가능성에 관해서는 Crouzel, "Les doxologies," 98을 참조하라. 또한 송영의 형태를 취하지 않은 삼위일체에 대한 찬양에 관해서는 도마행전 39; 알렉산드리아의 클레멘스, *Paed.* 3.12; Pap. Oxy. 15.1786 (Adalbert Hamann, *Early Christian Prayer*, 69, no. 98a; Lebreton, *Histoire*, 26 n. 3; Martin Hengel, "The Song about Christ in Earliest Worship," in *Studies in Early Christology* [Edinburgh: T&T Clark, 1995], 227-91, 여기서는 254-6)에 나오는 3세기 찬송도 참조하라. 또한 그리스도가 성부와 **더불어** 찬양을 받으신다(*sundoxologoumenou*)는 의미로서 그리스도를 **통한**(through) 송영에 대한 오리게네스의 해석(*Or.* 33:1)에도 주목하라.

예수와 이스라엘의 하나님

4. 찬송

그리스도를 찬미하는 찬송들은, 마르틴 헹엘(Martin Hengel)이 이미 주장한 바와 같이, "[기독교] 공동체만큼이나 오래되었고"[38] 그리스도에 대한 송영처럼 초기 수세기에 걸쳐 이어져 내려온 전승에서도 찾아볼 수 있다.[39] "주께"[즉 그리스도께] 찬송을 부르는 것에 대한 언급은 이미 에베소서 5:19에 나타나 있고, 그 이후에는 그리스도인들이 아침 예배에서 습관적으로 그리스도께 하나님처럼 찬송을 불렀다는 (그리스도인들의 간증에 대한) 플리니우스의 보고서(carmen Christo quasi deo; 플리니우스 2세, Ep. 10.96.7)에도 나타난다.[40] 에베소 그리스도인이 일치와 조화 속에서 예수 그리스도께 찬양을 불렀다는 이그나티오스의 논평(Iēsous Christos adetai: 이그나티오스, 엡 4:1; 다음 구절은 그리스도를 통해 성부께 노래하는 내용으로 이어진다)은 그리스도를 찬미하는 찬송을 부르는 관행을 분명하게 반영하는 은유를 사용한다. 바울행전의 콥틱 단편은 "그리스도께 대한 시편과 찬미"를 언급한다.[41]

　　예배용으로 사용된 기독론적 찬송에 대한 이러한 전통이 지속적

38　Hengel, "Hymns," 93.

39　Hengel, "Hymns," 89. Hengel은 마치 이 사실을 부인하는 듯하지만, "찬송을 제작하는 것"과 "즉흥적으로 찬송을 부르는 것" 사이에 그 어떤 구별도 두지 않는다. 후자는 시간이 흐르면서 줄어들었을 개연성이 높지만, 아무튼 이것이 얼마나 실제로 최초기 기독교의 특징이었는지는 전혀 확실하지 않다. 성령의 감동으로 제작된 노래라고 해서 반드시 모두 즉흥적으로 만들어진 것은 아니었다.

40　이 텍스트에 관해서는 Hengel, "Song," 262-4; Margaret Daly-Denton, "Singing Hymns to Christ as to a God (cf. Pliny, Ep. X, 96)," in Jewish Roots, ed. Newman, Davila and Lewis, 277-92를 보라(그녀는 이 언급이 그리스도에 관하여, 그리고 그분께 드려지는 정경 시편을 부르는 것을 가리킨다고 주장한다).

41　Wilhelm Schneemelcher and Robin McL. Wilson ed., New Testament Apocrypha, (Cambridge: James Clarke/Louisville: WJK, 1992), 2:264.

으로 이어져 내려왔다는 후대의 증거는 흥미롭게도 기원후 3세기 기독론 논쟁의 정황에서 발견된다. 3세기 초의 한 익명의 저자는 그리스도의 신성을 부인한 이단 아르테몬을 반박하면서 "믿는 형제들이 쓴 모든 시편과 찬송(ōdai)은 처음부터 그리스도를 하나님의 로고스로서 찬미하고 그분을 하나님이라고 말한다(ton logon tou theou ton Christon hymnousin theologountes)"(apud Eusebius, 『교회사』 5.28.6)는 말을 이러한 믿음이 아주 오래된 것이라는 증거로 제시한다. (이 텍스트에서는 『교회사』 7.30.10에서처럼 고전 14:26; 골 3:16; 엡 5:19의 찬송에서 사용된 초기 기독교 용어와의 연속성에 주목하라[42]). 저자의 마음속에는 이미 잘 알려진 오래된 찬송들(특히 '반가운 빛'[Phōs hilaron]과 같은)이 분명히 남아 있었을 것이다. 왜냐하면 그 역시도 그리스도를 하나님으로 말하는 2세기 저자들의 이름을 상당히 정확하게 인용하기 때문이다(『교회사』 5.28.4-5). 몇 년 후 사모사타의 바울—저(低) 기독론을 위해 그리스도에 대한 경배를 폐지하려고 시도한 첫 기독교 개혁가—은 예수 그리스도에 대한 시편들을 최신 저작물로 간주하면서 이를 중단시켰다(『교회사』 5.28.4-5). (그리스도에 대한 찬송을 부르는 관행에 관해서는 또한 Origen, Cels. 8.67; Porphyry apud Augustine, Civ. 19.23을 보라.)

종종 신약에(그리고 어쩌면 이그나티오스의 글에도)[43] 보존된 것으로 여겨지는 초기 기독교 찬송의 단편들에서는[44] 찬송이 실제로 그리스도께 **드려지지 않고**, 예수의 역사를 3인칭으로 서술하는 "내러티브 찬양"의 형태로

---

42   참조. Hengel, "Hymns," 78-80.

43   이그나티오스, 엡 7:2; 18:2; 19:2-3.

44   이것들은 종종 찬송시 또는 찬송시의 단편이라고 주장되어왔다(요 1:1-8; 엡 2:14-16; 빌 2:6-11; 골 1:15-20; 딤전 3:16; 벧전 3:18-22; 히 1:3). 나는 이러한 주장은 종종 너무 성급하게 제기된다고 생각한다. 참조. Hengel, "Song," 277-91; Hurtado, Lord Jesus Christ, 146-9.

나타난다(특히 빌 2:6-11; 딤전 3:16). 구약의 내러티브 시편처럼 이 찬송들은 예수의 역사에서 나타난 하나님의 구원 행위에 대해 하나님을 찬양하지만, 동시에 에베소서 5:19이 밝혀주듯이(만약 이 구절이 이러한 유형의 찬송을 가리킨다면) 또한 구세주 예수를 찬양하기도 한다. 빌립보서 2:9-11은 사실상 그리스도께 **대한** 그리고 그를 **통해** 성부께 대한 송영과 거의 동일하다. 사르디스의 멜리토의 작품에 나오는 찬송의 요소들이 분명히 이런 유형의 예배용 찬송가에 빚을 지고 있기 때문에 내러티브 찬양 형태의 찬송 전통은 이런 방식으로 계속해서 이어져내려 왔음을 확인할 수 있다.[45] 멜리토는 이런 작품들을 기독론적인 공식 송영으로 끝맺음으로써 이것이 그리스도에 대한 찬양임을 매우 분명하게 한다(*Pasch.* 10, 45, 65, 105; frg. II 23). (또한 찬송의 형태를 반영하는 것으로 보이는 도마행전 80에서 나오는 기독론적 송영과 내러티브 찬양의 결합에도 주목하라.)

그러나 실제로 그리스도를 찬양하는 찬송들도 매우 이른 시기에 생겨났을 수도 있다. 메시아 시편 118편에서 유래된, 그리스도를 칭송하는 간략한 찬양은 디다케 10:6의 성찬 예식의 정황에서 발견된다. "다윗의 하나님께 호산나!"[46] 2인칭으로 그리스도께 찬양을 드리는 요한계시록 5:9-10은 그리스도인들이 사용한 실제 찬송이 아니다. 선견자 요한은 자

---

45 또한 시빌의 신탁 6에 나오는 그리스도께 대한 찬송(2-3세기)도 참조하라. 그러나 이 찬송의 예언적 형식은 이것이 예배에서 사용될 수 있었던 실제 찬송이 아니라는 것을 의미한다.

46 "다윗의 하나님"이 마 22:41-46의 관점에서 볼 때 "다윗의 자손"(마 21:9)이라는 어구를 의도적으로 기독론을 부각시킨 것이라는 견해에 관해서는 Lebreton, *Histoire*, 2:212-13; Klawek, *Das Gebet*, 102를 보라. 그러나 또 다른 견해를 보려면 Kurt Niederwimmer, *The Didache*, trans. Linda M. Maloney (Hermeneia; Minneapolis: Fortress, 1998), 162-3을 보라. Hengel은 예배에서 사용된 '호산나'(*Hosanna*)가 아람어를 사용하던 초기 교회에서 유래했다고 보고, 이를 '마라나타'(*Maranatha*)와 밀접하게 연결시킨다(Hengel, "Abba," 512-22).

신의 작품의 문맥에 맞추어 이 천상의 예배를 위한 찬양을 만들었다. 하지만 이것이 요한의 여러 교회에서 부르던 찬송을 반영하지 않았다면 아주 의아한 일이 아닐 수 없다. 또한 히브리서 1:8-12은 시편 45:6-7과 시편 102:25-27을 **그리스도께 대한 시편**으로 보고 있고[47] 그 자체로 이 시편 구절에 대한 그리스도인들의 공통적인 용법을 반영하는 한편,[48] 유스티누스는 후대에 몇몇 시편을 그리스도께 대한 시편으로 간주하는 기독교적 해석을 반영할 가능성이 높다(*Dial.* 37-38; 63; 73-74; 126). 가장 이른 시기의 기독교 공동체 안에서 구약의 메시아 시편들이 새롭게 작성된 노래들과 함께 사용되었다는 헹엘의 주장에 따라,[49] 시편에 대한 이러한 기독론적 해석은 그리스도를 찬양하는 새로운 기독교 시편을 지어내도록 영감을 불어넣어 주었을 것이다. 따라서 에베소서 5:19과 플리니우스의 보고서는 바로 이러한 유형의 찬송을 가리켰을 것이다. 후대의 작품으로서 현존하는 이러한 찬송의 사례로는 2세기 말이나 3세기 초에 해당하는 등불 점화 찬송인 '포스 힐라론'(*Phōs hilaron*)과[50] 알렉산드리아의 클레멘스의 *Paed.* 3.12에 나오는 구원자 그리스도에 대한 찬송, 그리고 *Gloria in excelsis*의 니케아 이전의 본래 버전을 꼽을 수 있다.[51] (우리는 [그

---

47   아래의 제7장을 보라. 어쩌면 롬 15:9에서 바울은 시 18:49(LXX 17:50)을 그리스도께 드려진 것으로 간주하는 것으로 보인다(Ernst Käsemann, *Commentary on Romans*, trans. Geoffrey W. Bromiley [London: SCM, 1980], 386).

48   참조. Wainwright, *Trinity*, 67; Raymond E. Brown, *Jesus, God and Man* (London: Chapman, 1968), 35.

49   Hengel, "Hymns," 92.

50   Antonia Tripolitis, "*Phōs Hilaron*: Ancient Hymn and Modern Enigma," *VC* 24 (1970): 189-96, 여기서는 196.

51   Jules Lebreton, "Le désaccord de la foi populaire et de théologie savante dans l'Église chrétienne du IIIe siécle," *RHE* 19 (1923): 481-506; 20 (1924): 5-37, 여기서는 29-32; Bernard Capelle, "Le Texte du 'Gloria in excelsis,'" *RHE* 44 (1949): 439-57;

리스도인들이 사용한 정경 시편과는 달리] 그리스도인들이 니케아 이전 시대에 직접 작성한 찬송 텍스트를 거의 소유하고 있지 않지만,[52] 이 시대, 특히 2세기에 작성된 기독교 문헌도 비교적 거의 남아 있지 않다는 것도 인정해야 한다.)

  이 찬송들이 지닌 특별한 가치는 이것들이 송영보다는 예수경배가 어떻게 나타났는지를 파악하는 데 훨씬 더 유용하다는 것이다. 헹엘이 이미 상세하게 보여주었듯이,[53] 가장 이른 시기의 찬송들은 이제 하나님의 보좌를 공유하고 하나님의 전권 대사로서 모든 피조물로부터 칭송을 받으시는 분으로서 예수의 구속적 죽음과 승귀를 찬양했다. 그리스도께 찬양을 올려드리면서 그들은 만물이 그리스도의 주(主)되심을 시인하고 그분을 경배하게 될 때에 비로소 이루어질 종말론적 완성을 고대한다. 따라서 그리스도께 대한 경배야말로 그의 종말론적 역사에 대한 기독교 공동체의 반응이라 할 수 있다. 이것은 최초기 기독교 공동체들의 매우 높은 기독론에 해당한다. 그리고 이 기독론에 따르면 예수는 구원자, 주(主), 심판자로서 세상에 대한 하나님의 모든 역할을 수행하실 뿐 아니라 지금 현재 다스리시고 계시며 또 장차 다시 오실 분의 역동적인 실재를 강하게 느끼는 동일한 공동체들에 대해서도 동일한 역할을 수행하신다. 하나님의 역할을 수행하시는 이는 하나님과 신적 정체성을 공유하시고, 자연히 신적 경배도 받으신다. 물론 그는 공동체의 예배에서 하나님과 경쟁하거나 하나님을 대체하는 자로서가 아니라 하나님께 모든 영광을 돌리는 하나님의 전권 대사로서 신적 경배와 찬양을 받으신다(빌 2:11; 계 5:12-13). 따라서 명

Maurice Wiles, *The Making of Christian Doctrine* (Cambridge: CUP, 1967), 76.

52 Hengel, "Song," 246-62.

53 Hengel, "Hymns"; 참조. David M. Stanley, "Carmenque Christo Quasi Deo Dicere," *CBQ* 20 (1958): 73-91.

백한 신적 경배를 예수께 드리는 행위는 그의 신적 정체성을 더욱더 명시적으로 표현하는 진술들이 발전하는 데 이바지했을 가능성이 높다.

5. 이교도의 기독교에 대한 인식

예수경배가 초기 기독교를 대변하는 가장 중요한 특징이었다는 흥미로운 증거는 이교도 관찰자 및 비평가들에게서 나온다.[54] 윌켄(Wilken)은 "이교도 관찰자들이 볼 때…그리스도인의 정체성은 그리스도 경배에 중심을 두고 있었다"고 말한다.[55] 기독교를 논하는 2-3세기 이교도 저자 대부분은 예수경배를 강조한다(Pliny, *Ep.* 10.96.7; Lucian, *Peregr.* 13; Celsus *apud* Origen, *Cels.* 8.12, 14, 15; Porphyry *apud* Augustine, *Civ.* 19:23; 참조. *Mart. Pol.* 17:2). 또한 팔라티노 언덕에서 출토된 3세기의 반(反)기독교적 그라피토는 당나귀 머리를 가진 십자가에 달린 남자 앞에서 기도하고 있는 한 남자를 묘사하고 있으며, 거기에는 "알렉사메노스는 [그의] 하나님을 경배한다"라는 비문이 적혀 있다(*Alexamenos sebete theon*; 참조. *Mart. Pion.* 16.4-5; Minucius Felix, *Oct.* 9.4; Tertullian, *Apol.* 16; *Nat.* 1.14).

---

54   E. Mühlenberg, "The Divinity of Jesus Christ in Early Christian Faith," in *Studia Patristica XVII: Part 1*, ed. Elisabeth A. Livingstone (Oxford: Pergamon, 1982), 136-45; Robert L. Wilken, "The Christians as the Romans (and Greeks) Saw Them," in *Jewish and Christian Self-Definition*, vol. 1 in *The Shaping of Christianity in the Second and Third Centuries*, ed. E. P. Sanders (London: SCM, 1980), 100-25; Robert L. Wilken, *The Christians as the Romans Saw Them* (New Haven/ London: Yale University Press, 1984) 을 보라.

55   Wilken, "The Christians," 113; 또한 Mühlenberg, "The Divinity," 144: "비기독교적 관점에서 볼 때 기독교는 그리스도라는 신을 경배하는 것으로 보인다."

어떤 의미에서는 다른 종교 그룹들이 특정한 교사와 영웅을 신적 지위 또는 반(半)신적 지위로 높였던 것처럼 이교도들이 기독교를 예수숭배에 헌신된 종교 단체로 보는 것은 그리 어렵지 않았다. 그러나 그들이 보기에 기독교의 차이점은 예수가 사실상 그러한 숭배를 받을 만한 자격이 없다는 것뿐만 아니라(켈수스가 애써 주장하려했던 것처럼) 기독교 예배의 **배타성**(exclusivity)이었다. 그들은 기독교가 유대인들의 배타적인 유일신론(그 자체도 받아들일 수 없는 미신이지만, 타키투스, *Hist.* 5.4-5)을 유일한 하나님으로서 예수를 배타적으로 숭배하는 것으로 왜곡시켰다고 보았다. 뮐렌베르크(Mühlenberg)는 플리니우스의 보고서가 이를 암시하고 있다고 다음과 같이 설득력 있게 해석한다. "플리니우스가 보는 바와 같이 그 스캔들(*skandalon*), 즉 그 광신적 완고함은 예수의 신성의 배타성에 있다."[56] 자신들의 것만을 고집하며 다른 모든 종교적 관습은 반사회적으로(사실상 선동적으로) 포기해버렸다는 이유로 그리스도인들을 반대한 켈수스에 따르면, 그리스도인들은 "그가 위대한 하나님이라고 빙자하여 자신들의 지도자로 내세우며 오직 이 인자(Son of man)만을 경배하기를 원한다"(*apud* Origen, *Cels.* 8.15). 켈수스는 이것이 어떻게 그리스도인들이 스스로 견지한다고 주장하는 유대교 유일신론 전통과 양립할 수 있는지 이해할 수 없었다. "만약 이 사람들이 다른 신을 모두 제외하고 오직 한 분 하나님만을 경배한다면 어쩌면 그들은 다른 이들과 맞설 만한 타당한 주장을 펼칠 수 있었을 것이다. 그러나 그들은 사실상 최근에 등장한 이 남자를 지나칠 정

---

56   Mühlenberg, "The Divinity," 139; 참조. Graham N. Stanton, "Aspects of Early Christian and Jewish Worship: Pliny and the *Kerygma Petrou*," in *Worship, Theology and Ministry in the Early Church: Essays ill Honor of Ralph P. Martin*, ed. Michael J. Wilkins and Terence Paige (JSNTSup 87; Sheffield; Sheffield Academic Press, 1992), 84-98, 여기서는 90.

도로 숭배하고 있으며, 그럼에도 불구하고 그들이 또한 그의 종을 숭배하더라도 그것이 유일신론과 모순되지 않는다고 생각한다"(오리게네스, *Cels.* 8.12). 그리스도인들이 예수경배에 중심을 둔 배타적 유일신론을 주장했다는 식으로 인식함에 따라 켈수스는 아래 6.4에서 언급될 순교자들의 이야기를 확실하게 확증해준다.

6. 유대교 유일신론을 고수한 기독교

기독교 출현 이전 유대교는 로마세계의 수많은 종교 가운데 유일하게 자신들만의 하나님께 드리는 **배타적인** 경배를 요구하였다. 유대교 유일신론은 실제로 제1계명과 제2계명을 엄수하는 것으로 규정되었다고 해도 과언이 아니다. 이스라엘의 하나님이 유일하신 하나님이라는 것은 그가 하늘과 땅을 창조하신 최고의 신일 뿐만 아니라 그분만이 경배를 받으시기에 합당한 분임을 의미했다. 이와는 대조적으로, 나머지 로마세계에서 가장 주요한 종교적 특징은 바로 종교 간의 관용이었다. 즉 혹자가 한 종파(cult)에 참여한다는 것은 다른 사람 혹은 심지어 그 혹자가 다른 종파에 참여해서는 안 된다는 것을 의미하지 않았다. 보다 더 정교한 유일신론―예를 들어 플라톤 전통에서 파생된―이 일종의 유일신론을 수용할 경우에도 이 유일신론은 다른 대중종교의 정당성을 부인하지 않았다. 최고의 초월적인 하나님(서로 다른 민족에게 서로 다른 이름으로 알려진)을 경배한다는 것은 이 땅의 일상적인 삶과 더 직접적으로 연관되어 있는 열등한 신적 존재들을 경배하는 것과 전적으로 양립할 수 있었다. 물론 유대교 유일신론과 이교도 유일신론의 차이는 최고의 하나님에 비해 열등한 초자연적 존재들의 **존재**에 있다기보다는 그 존재들이 과연 예배의 대상이 될 수 있느냐는 것이다.

다른 모든 종파를 우상숭배로 규정하고 정죄하는 바로 이러한 편협한 유대교 유일신론이 기독교를 로마세계에서 지탄을 받아 마땅한 외톨이로 만들었다. 게다가 기독교가 이러한 배타적 유일신론을 고대의 영웅이나 고상한 철학자가 아니라 최근에 십자가 처형을 받은 범죄자를 숭배하는 것과 연결시켰다는 또 다른 추문은 이러한 평가에 한 몫을 더했다. 기독교가 이교도의 환경에 영향을 받아 배타적인 유대교 유일신론을 포기할 정도로까지 예수를 경배했다는 논지가—선험적으로 볼 때—이해할 만하다 할지라도 지금까지 제시된 증거는 이를 입증해주지 못한다. 오히려 이 증거는 그리스도인들이 신약시대 이후로 계속해서 예수를 경배해왔던 것만큼이나 끈질기게 배타적 유일신론을 견지해왔음을 보여준다. 왜냐하면 이 두 가지 현상은 모두 본래 유대교 배경에서 시작되었다가 다시 이방세계에서 나타났을 때에는 이미 기독교 경배를 규정하는 요소였기 때문이다.

허타도는 "예수를 하나님과 함께 제의적 경배를 받으실 분으로 수용하게 된 것은 그 어디에서도 전례가 없는 일이며 유일신론에 입각한 제의적 관습과 믿음에 있어 매우 중요한 발전임을 시사한다. 그러나 유일신론의 이러한 변형된 형태는 유대교 전통의 유일신론적 입장을 충실하게 견지해왔다고 주장한 이들의 모임에서 나타났다"고 지적한다.[57] 다시 말하면 유대교 유일신론과 예수경배는 초기 기독교 신앙의 발전에 있어 서로를 규정하는 결정적인 요소였다.

---

57   Hurtado, *Lord Jesus Christ*, 53.

이 단원의 나머지 부분에서는 예수께 대한 경배가 유대교 유일신론을 고수하는 입장과 밀접한 관계에서 이루어졌다는 일부 증거를 검토할 것이다.

6.1. 고린도전서 8:6

예수를 주(主)로 경배하는 관행은 바울이 선교한 교회에서 분명하게 나타났지만, 모(母)종교의 배타적 유일신론과 함께 결합되어 나타났다. 고린도전서 8:4-6에서 바울은 쉐마를 기독교적으로 다시 제정하면서 다신교적 숭배와 유일신론적 경배의 문제를 다룬다. 다시 말하면 그는 자신과 자기 동료 그리스도인들도 이교도들이 믿는 "많은 신과 많은 주(主)"를 거부한다는 점에서 유대인들 편에 세우고, 쉐마(신 6:4)에서 지속적으로 반복되는 유대교의 배타적 유일신론에 대한 고전적 선언을 언급하면서 또한 그렇게 한다. 하지만 그는 쉐마 안에 예수의 주되심(lordship)을 포함시켜 해석하고, 쉐마에서 사용하는 용어 가운데 '테오스'(theos, 하나님)에는 "아버지"를, '퀴리오스'(kyrios, 주)에는 "예수 그리스도"를 각각 추가한다.[58]

6.2. 요한계시록

요한계시록은 하늘에서 이루어지는 그리스도 경배를 상당히 명확하게 **신적** 경배로 묘사한다(5:8-12). 창조주 하나님께 대한 천상의 경배(4:9-11)

---

[58]   N. Thomas Wright, "'Constraints' and the Jesus of History," *SJT* 39 (1986): 189-210, 여기서는 208; Douglas R. de Lacey, "'One Lord' in Pauline Christology," in *Christ the Lord*, ed. Rowdon, 191-203, 여기서는 200-1.

에 이어 어린양에 대한 천상의 경배가 나오고(5:8-12), 그다음 환상의 절정에 가서는(5:13) 경배하는 무리가 확대되어 그 무리 안에 하나님과 어린양에게 송영을 올려드리는 피조세계 전체가 포함된다. 그리스도께 대한 경배를 이처럼 매우 의도적으로 묘사한 것은 가히 주목할 만하다. 왜냐하면 이러한 묘사가 의심할 나위 없이 그 세계관이 철저하게 유대적인 저술에서 나타날 뿐만 아니라 요한 자신도 **유일신** 경배라는 문제를 상당히 인식하고 있음을 보여주기 때문이다. 이 책 전체가 하나님께 대한 참된 경배와 짐승에 대한 우상숭배적 경배를 구별하는 참 경배와 거짓 경배의 문제에 많은 관심을 두고 있다. 또한 경배에 관한 문제는 이 책을 종결짓는 장들에서 전략적인 효과를 노리기 위해 두 차례나 포함된 사건에 의해 한층 더 부각된다. 그 사건에서 요한은 자기에게 계시를 전해주는 천사 앞에 엎드려 경배하고자 한다. 천사는 자기는 단지 하나님을 함께 섬기는 종에 불과하다고 설명하고 요한이 하나님을 경배하도록 유도한다(19:10; 22:8-9). 요한은 바로 여기서 천사숭배(angelolatry)라는 유혹으로부터 하나님만을 섬기는 유일신 경배를 보호하기 위해 묵시문학에서 오랫동안 사용해온 전통 모티브를 사용한다.[59] 여기서 말하고자 하는 요점은 천사가 계시의 원천이 아니라 단지 요한에게 계시를 전달하는 도구에 불과하다는 것이다. 계시의 원천은 홀로 경배를 받기에 합당하신 하나님이시다. 하지만 같은 본문에서 예수는 계시의 도구가 아니라 원천으로서 구별된다(19:10b; 21:16, 20). 따라서 여기에 암묵적으로 담겨 있는 의미는 그가 천사처럼 엄격한 유일신 경배로부터 배제되지 않고 오히려 그 경배 대상에

---

59 Bauckham, "The Worship of Jesus," 322-41, 여기서는 323-7; Bauckham, *Climax of Prophecy*, 4장, 여기서는 120-32.

포함되어 있다는 것이다. 한 가지 분명한 사실은 요한계시록이 우리는 유대교 유일신론을 경배라는 잣대로 정의하는 것을 의도적으로 **유지함과 동시에** 예수를 경배의 대상으로 취급하는 내용을 의도적으로 담고 있다는 것이다.

이러한 둘의 결합 때문에 요한은 어쩌면 예수를 하나님과 더불어 또 다른 경배의 대상으로 제시하지 않고, 오히려 하나님께 돌아갈 영광을 공유하시는 분으로 제시하는 데 관심을 두고 있는지도 모른다. 그는 신적 경배를 받아 마땅하신 분이다. 왜냐하면 예수께 대한 경배는 한 분 하나님께 대한 경배에 포함될 수 있기 때문이다. 따라서 요한계시록 5장은 어린양에 대한 천상의 경배(5:8-12)가 온 피조세계가 하나님과 어린양을 함께 경배하는 장면(5:13)으로 이어지도록 구성되어 있다. 이것은 아마도 요한계시록의 다른 본문에서도 하나님과 그리스도에 대한 언급 다음에 단수 동사(11:15)가 오거나 또는 단수 대명사(22:3-4; 6:17[여기서는 *autou* 독법이 선호된다])가 오는 특이한 용법이 사용되는 것과도 일맥상통한다고 볼 수 있다(이 본문들 중에서 22:3은 경배를 가리킨다는 점에서 특히 더욱더 주목할 만하다). 이 본문들에 사용된 단수형이 하나님만을 가리키든지 또는 하나님과 그리스도를 단일체로 가리키든지 간에 아무튼 요한은 하나님과 그리스도를 함께 복수형으로 언급하는 것을 꺼려하는 것은 분명하다.

6.3. 외경 행전들에 나타난 선교적 기독교

2세기 말 및 3세기 초의 외경 행전들은 기독교로의 개종이 외인들에게 어떻게 비쳐졌는지에 대해 가장 좋은 증거를 제시한다. 요한행전의 한 단락(94-102, 109)을 제외한 다른 모든 행전은 영지주의적으로 분류되어서

예수와 이스라엘의 하나님

는 안 되며, 이 책들에 담긴 교리적 특성은 그 당시에는 비정통적인 것으로 보이지 않았을 것이다. 이 행전들은 거듭해서 기독교로의 개종을 우상 숭배에서 유일하신 참 하나님 **예수**께 대한 경배로 개종하는 것으로 묘사한다(아래에서 언급되는 것 외에 요한행전 42; 44; 79를 보라).[60] 아무튼 요한행전에서는 예수를 이렇게 유일하신 하나님으로 취급하는 것과 더불어 예수와 성부 간의 모든 구별을 일관되게 제거하는 내용이 동시에 나타난다(후대에 첨가된 94-102, 109는 제외하고).[61] 하지만 그 나머지 행전들도 일부에서 주장해온 것처럼 "순진한 양태론"(naive modalism)을 담고 있지 않다.[62] 즉 이 행전들은 예수를 유일하신 하나님이라고 부르는 만큼이나 성부와 성자를 서로 구별한다.[63] 사실상 이 행전들은 (a) 유일신 경배와 (b) 하나님으로서의 예수경배, 그리고 (c) 삼위일체론적인 구별을 비교적 무분별하게 결합—매우 대중적인 기독교의 특징과 더불어 더 정교한 삼위

---

60 개종이란 유일하신 한 분 하나님께 대한 경배로 개종하는 것이지 예수에게 개종하는 것이 아니라고 말하는 본문은 베드로행전 26; 바울과 테클라행전 9; 바울행전(Pap. Heid. p. 42) 등이다.

61 Eric Junod and Jean-Daniel Kaestli ed., *Acta Johanni* (Corpus Christianorum Series Apocryphorum 2; Turnhout: Brepols, 1983), 2:680; Pieter J. Lalleman, *The Acts of John: A Two-Stage Initiation into Johannine Gnosticism* (Studies on the Apocryphal Acts of the Apostles 4; Leuven: Peeters, n.d. [1998?]), 167-8(그는 이 특성을 그리스도 일원론[Christomonism]이라고 부른다). Hall, *Melito*, xliii, and idem, "Melito's Paschal Homily and the *Acts of John*," *JTS* 17 (1966): 95-8, 여기서 97은 이 점에서 멜리토를 요한행전과 나란히 놓으려고 한다. 그러나 멜리토는 성부와 성자 간의 모든 구별을 제거하지 않으며, 따라서 다른 외경 행전들과 나란히 놓는 것이 더 낫다. 멜리토는 그 당시 그들이 양태론을 따르는 경향이 특이한 것이 아니었음을 보여주는 데 도움을 준다.

62 Lebreton, "Le désaccord," 24-6은 이 견해를 올바르게 거부한다.

63 특히 여기서 특이할 만한 것은 바로 Pap. Heid. p. 6에 있는 바울행전이다. "찬송 받으실 분의 아들, 예수 그리스도 외에 다른 하나님은 없다. 그에게 영광이 영원히 있을지어다. 아멘!" 또한 도마행전 25("당신[예수]은 진리의 하나님이시며 다른 이는 그렇지 않다")와 104("만물의 주, 한 분 하나님과 그의 아들 예수 그리스도를 경배하고 경외하도록")를 비교하라.

일체론을 주창하는 사상가들에게는 양태론으로 비난받기 십상인 결합―하는 양상을 보여준다. (예를 들어 이것은 히폴리투스, *Haer.* 9:6이 인용한 제피리누스 교황의 입장과 매우 비슷해 보이는데, 히폴리투스는 이를 "무지하고 무식하다"고 비판한다.)

그러나 여기서 가장 흥미로운 것은 이교도 신앙에 대항하여 유일신 경배를 주장하기 위해 고안된 전통적인 유대교 유일신론 고정문구들이 이와 동일한 목적으로 사용되지만 예수께 대한 경배를 언급하는 데에도 사용되었다는 것이다. 예를 들어 이러한 고정문구는 완전한 송영의 형태를 갖추고 있었던 것으로 보이며, 오직 초기 기독교 문헌에서만 나타나지만 (롬 16:27; 딤전 1:17; 6:15-16; 유 25; 클레멘스1서 43:6; 클레멘스2서 20:5), 영광을 **유일하신** 하나님께만 돌리는 유대교에 그 뿌리를 두고 있다. 이 문구는 송영을 **배타적인** 유일신 경배를 분명하게 주장하는 진술로 바꾼다. 외경행전에서는 이러한 종류의 송영이 예수께 돌려진다(베드로행전 20; 39; 요한행전 77; 바울행전[Pap. Heid. p.6]; 요한행전 43에 나오는 칭송 형태. 또한 베드로행전 21; 도마행전 25; 요한행전 85에 나오는 엄격한 형태의 송영이 아닌 찬양의 글과도 참조하라). 또한 이 가운데 일부에는 "당신[예수]은 유일하신 하나님이시며 다른 이는 없다"라는 표현이 나온다(베드로행전 39; 요한행전 77; 도마행전 25; 바울행전[Pap. Heid. p.6]). 이 고정문구는 제2이사야의 우상숭배에 관한 논쟁에서 비롯되었으며(사 43:11; 45:5, 11, 22; 46:9 등) 로마세계의 유대교 선전문학에서도 사용되었다(시빌의 신탁 3:629, 760; 위[僞]오르피카 16; 참조. 시빌의 신탁 8:377[이 본문은 기독교 본문일 가능성이 매우 높다]). 따라서 예수께 대한 경배가 두드러지게 나타나는 외경 행전에서는 예수경배가 주로 유대교 유일신 경배의 관점에서 다루어지고 있음이 분명하다.

외경 행전이 기독교를 대체적으로 선교 지향적으로 묘사하고, 또 이 책들을 적어도 어느 범위 안에서는 선교문서로 간주한다는 사실은 우리가 다음과 같은 측면을 관찰하는 데 유익하다. 우리가 외경행전 내에서 발견하는 유대교 유일신론과 예수경배의 결합은 2-3세기에 걸쳐 기독교가 전달하고자 한 메시지의 많은 부분을 잘 설명해준다. 이교도 신앙(특히 철학적인 영향을 받은 형태)은 한편으로는 세상일과는 거리가 먼 추상적인 최고의 하나님을 제시했고, 또 다른 한편으로는 세상일에 관여하는 수없이 많은 하급 신들을 제시했다. 당대의 종교철학에서 발견되는 유일신론에 대한 열망은 많은 신들을 희생시킴으로써 충족될 수 있었던 것은 아니었다. 왜냐하면 이 신들만이 일반인들의 실재적인 종교적 필요를 충족시켜주었기 때문이다. 그러나 기독교는 천지를 창조하신 창조주이신 한 분 하나님만을 인정했다. 이 하나님은 단순히 플라톤적 유일신론의 철학적인 추상 개념만이 아니라 스스로 인간 세계에 관여하고 예수 안에서 자기 자신에게 세속적인 정체성을 부여하셨다. 따라서 기독교는 하급 신 숭배를 없애고 **배타적인** 일신숭배를 옹호할 수 있었다. 기독교 신앙의 한 분 하나님은 이교도들의 최고의 신과 달리 하급 신들을 대신할 수 있었다. 왜냐하면 예수 자신 안에서 자신을 계시하신 한 분 하나님은 종교적으로 접근 가능했기 때문이다. 따라서 "예수는 유일하신 하나님이다"라는 고정문구―다른 측면에서는 제아무리 신학적으로 문제가 된다 하더라도―는 기독교의 선교적 신념을 함축적으로 잘 표현해주었다.

6.4. 박해와 순교

그리스도인들이 박해를 받고 순교를 당한 것은 바로 그들의 "무신론"―그들의 배타적인 유일신 경배―때문이었다. 아마도 그들은 이웃에게는 평범한 사회생활인 데 비해 자신들의 눈에는 우상숭배로 보일 수 있는 것에 참여하기를 거부함으로써 일반적인 혐오의 대상이 되었을 것이다. 순교는 황제숭배나 또는 제국의 안녕을 보장해주는 것으로 이해되었던 전통적인 로마의 국가 신들에 대한 경배를 거부한 결과였다.

유일신 경배로 인해 제국과의 갈등이 생겨났고, 이 갈등을 해결하는 방안으로 그리스도인들은 유일신 경배를 주장하는 유대교의 전통적인 방식을 다시 꺼내들었다. 이와 같은 사례는 이미 요한계시록(14:7; 15:4. 13:4에서 유일신론적 고정문구를 패러디한 것도 참조하라)과 순교자행전(이 문서는 거기에 기록된 순교자들의 말씀이 정확하든지 그렇지 않든지 간에 이 문제에 관한 기독교 관점을 보여주는 증거다)에 나타나 있다. 지속적으로 심문을 받는 가운데 순교자들은 천지를 만드신 한 분 하나님을 경배한다고 주장하고,[64] 천지를 만들지 않은 신들의 멸망을 기원하고(렘 10:11 LXX),[65] 한 분 하나님 외에 다른 것에 대한 경배를 금지하는 구약의 계명들에 호소하고,[66] 우상에 대한 전통적 유대교의 논박을 반향하고,[67] 유대교의 유일신 경배에 대한 다른 고정문구("나는 그분 외에 다른 하나님을 모른다",[68] "살아계신 참 하나님"[69])를 사용한다. 그러나 순교자들은 그런 가운데 그 어떤 모순도 의식하지 못한 채 그리스도—십자가에 달린 인간—를 하나님이라 말하고 그를

---

64   *Mart. Pion.* 8.3; 9.6; 16.3; 19.8, 11; *Mart. Eruct.* 2.4; *Mart. Mont. Luc.* 19.5; *Mart. Jul.* 2.3; *Mart. Agape* 5.2; *Mart. Crisp.* 1.7; 2.3; *Mart. Phil.* Gk. 9-10; Lat. 3.4.

65   *Mart. carp.* Gk. 9; Lat. 2; *Mart. crisp.* 2.3; *Mart. Eupl.* Lat. 2.5.

66   *Mart. Pion.* 3.3; *Mart. Mont. Luc.* 14.1; *Mart. Jul.* 2.1; *Mart. Iren. Sirm.* 2.1; *Lett. Phil.* 10 (*apud* Eusebius, *Hist. eccl.* 8.10.10); *Mart. Phil.* Lat. 1.1.

67   *Mart. Carp.* Gk. 1.6-7; *Mart. Marc.* Rec. M 1.1; *Mart. Iren. of Sirm.* 4.3; *Mart. Crisp.* 3.2.

68   *Mart. Crispina* 1.4; cf. Dionysius of Alexander *apud* Eusebius, *Hist. Eccl.* 7.11.5.

69   *Mart. Carp.* Lat. 3.4; *Mart. Jul.* 1.4; *Mart. Crisp.* 1.6.

경배하는 것에 관해 말하며,[70] 그들의 순교가 임박해오고 또 실제로 순교를 당할 때 그들의 기도와 경배는 통상적으로 그리스도께 향한다.[71] 우리는 이미 순교 이야기에 대한 일반적인 문학적 결론이 어떻게 황제의 거짓된 신성과 제국의 영원성과 극명한 대조를 이루며 그리스도의 영원한 신적 왕권을 보여주는지에 관해 주목한 바 있다(§3).

그리스도 경배가 콘스탄티누스와 그의 후계자들의 기독교 제국을 위한 이념적 근간으로 기능했으며 또 니케아 공의회 이후에 발전한 것이라는 주장이 그동안 제기되어왔기 때문에 우리가 여기서 잠시 유일신 경배의 정치적 영향에 관해 살펴보는 것이 바람직하다고 생각한다. "황제숭배 및 이념 전체가 그리스도에게 다시 초점이 맞추어졌고 이에 대한 답례로 그리스도는 그의 지상의 대리인에게 왕관을 씌우고 그의 통치를 승인하셨다"(Don Cupitt).[72] 물론 유대교 유일신론은 이스라엘의 하나님에 대한 배타적 경배라는 정의 때문에 항상 강한 정치적 함의를 내포하고 있었다. 이것은 제국의 안녕을 보장했던 신격화된 통치자나 또는 로마의 국가 신들에게 신적 경의를 표하는 것을 거부하는 것을 의미했다. 그리스도인들은 계속해서 배타적 유일신론으로부터 이러한 결론을 이끌어냈다. 바로 이것이 그리스도인들을 대상으로 켈수스가 제기한 혐의 중 하나다. 켈수

---

70   *Mart. Carp.* Gk. 5; *Mart. Pion.* 9.8-9; 16.4-5; *Mart. Con.* 4.2; 6.4; *Mart. Max.* 2.4; *Mart. Jul.* 3.4; *Mart. Fel.* 30; *Mart. Phil.* Gk. 5-6; *Mart. Eupl.* Lat. 2:4.

71   *Mart. Carp.* Gk. 41; Lat. 4.6; 5; 6.5; *Mart. Fruct.* 4.3; *Mart. Con.* 6:4; *Mart. Jul.* 4:4; *Mart. Fel.* 30; *Mart. Iren. Sirm.* 5.2, 4; *Mart. Eupl.* Lat. 2.6; 3.3. K. Baus, "Das Gebet der Märtyrer," *Trierer Theologische Zeitschrift* 62 (1953): 19-32은 이 요점을 지적했지만, 나는 이것을 미처 보지 못했다. 참조. Adalbert Hamann, "La prière chrétienne et la prière païenne, formes et differences," in *ANRW* 2.25.2 (1980): 1190-1247, 여기서는 1239-42.

72   D. Cupitt, "The Christ of Christendom," in *The Myth of God Incarnate*, ed. John Hick (London: SCM, 1977), 133-47, 여기서는 139.

스의 플라톤주의에서 경배란 황제를 포함하여 하급 신들에게 드리는 것이었다. 왜냐하면 그들은 최고의 하나님을 섬기는 자들이었기 때문이다. 그들에게 경의를 표하는 것은 최고의 하나님께 경의를 표하는 것이었다 (apud Origen, Cels. 7.68; 8.2; 63; 66). 하지만 켈수스는 그리스도인들의 이러한 배타적 유일신 경배를 종교·정치적 질서에 대한 위협으로 본다. 이 위협은 켈수스로서는 절대 이해할 수 없었던 사실, 즉 **예수**가 이 배타적 경배의 대상이라는 사실에 의해 경감되지 않고 오히려 더욱 강화되었다.[73] 이교들에게 있어 기독교는 십자가에 달린 사람을 숭배하는 종교였다. 이것은 노예나 반역자가 받아 마땅한 운명을 짊어진 한 남자에게 종교적 충성을 바치는 것이기에 기껏해야 우스꽝스러운 것이었고 최악의 경우엔 체제전복적인 행위였다.[74] 순교자들은 카이사르의 신적 주권을 거부하고 카이사르의 권위 하에 십자가형을 당한 예수의 신적 주권을 주장했다. 그들이 **하나님의 주권 아래** 있는 제국에 대한 충성에 반발하면 할수록 모든 정치적 권위를 상대화시키는 유일신 경배가 일으키는 효과는 십자가에 달린 자에 대한 유일신 경배에 더욱 집중한 그리스도인들에 의해 극대화되었다. 따라서 예수경배가 출현하고 번성했던 콘스탄티누스 이전 시대에는 큐핏이 추론한 것과 같이 콘스탄티누스 시대와는 정반대되는 효과가 나타났다. 유일신 경배는 세속적 통치에 신적 재가를 주기는커녕, 정치권력에 신적 재가를 박탈하고, 정치권력에 의해 정죄당한 자들―십자가에 달린 예수와 그를 경배하는 자들인 순교자들―을 하나님의 통치와 나란히 놓았다.[75]

---

73   Mühlenberg, "The Divinity," 141-2.

74   Martin Hengel, *Crucifixion*, trans. John Bowden (London: SCM, 1977), 1장.

75   기독교와 로마 정치의 관계에 대한 Cupitt의 설명에 대한 더 폭넓은 반응에 관해서는

7. 교부시대 기독론 발전과의 관계

유대교 유일신론은 예수경배를 어떻게 수용할 수 있었을까? 첫 3세기 동안의 대중적 기독교에 대한 우리의 지식에 따르면 대다수 그리스도인들에게 이것은 실질적인 문제가 아니었다는 것이 분명해 보인다. 예수를 경배하는 것은 하나님을 경배하는 것이었다. 예수는 성부와 나란히 서로 경쟁하는 대안적 경배의 대상이 아니었다. 그에 대한 경배는 한 분 하나님께 대한 경배에 포함되어 있었다. 이렇게 대중적인 기독교는 모(母)종교의 배타적 유일신론을 기독교 신앙과 경험의 핵심—예수의 신적 활동—이 요구했던 예수경배와 서로 결합시켰다. 그러나 이 입장을 고수하고 지키기 위해서는 사색적 신학이 두 가지 명제—오직 하나님만 경배를 받을 수 있으며 그래서 예수는 경배를 받을 수밖에 없다는 사실—를 공정하게 다룰 수 있는 하나님의 존재와 그리스도의 존재에 대한 교리적 이해에 도달하는 것이 필요했다. 그 당시의 이러한 지적 배경 속에서 기독교 사상가들은 교부시대 전반에 걸쳐 이러한 이해를 추구하는 데 몰두했다. 그런데 예수경배가 그 결과를 결정짓는 데 가장 중요한 요소로 작용했다. 프란스 조제프 반 비크(Frans Jozef van Beeck)가 지적하듯이 "그리스도의 신성은 정확히 그리스도인들이 그리스도를 경배했기 때문에 규정되었다."[76]

지나치게 단순화해서 말하자면, 우리는 예수와 하나님의 관계에 대한 니케아 공의회 이전 기독교의 사고에서 두 가지 중요한 추세를 확인할

Colin Gunton, *Yesterday and Today: A Study of Continuities in Christology* (London: Darton, Longman & Todd, 1983), 9장을 보라.

76 Frans Jozef van Beeck, *Christ Proclaimed: Christology as Rhetoric* (New York: Paulist, 1979), 114.

수 있다.[77] 한 가지 추세는 여전히 교회의 예배 생활 **및** 유대교 유일신론과 밀접하게 연관되어 있었다. 이러한 추세는 예수경배와, 기독교 증거에 있어서 이교도들의 다신숭배에 대항하는 배타적 유일신 경배 고수 등 방금 우리가 제시한 증거를 매우 충실하게 반영한다. 이러한 결합이 어떻게 성부와 성자의 구별을 부정하는 양태론으로 흘러갈 수 있을지 깨닫는 것은 그리 어렵지 않다. 이미 우리가 지적한 바와 같이, 개별적으로 보면 외경에 속한 여러 행전과 관련하여 양태론적으로 들리는 것도 모두 실제로는 결코 그렇지 않다. 그러나 위험은 항상 도사리고 있었다. 만약 오직 하나님만 경배 받을 수 있고, 또 예수도 경배 받을 수 있다면, 우리는 성부 하나님과 예수 안에서 성육신하신 하나님 사이에 진정한 구별이 있을 수 없다는 결론에 도달할 수 있을 것이다.

장기적으로 이러한 명제는 쉽게 살아남을 수 없었을 것이다. 이 명제는 성서의 증거 및 예수와 그의 아버지 간의 위격적인 구별에 대한 전통에서 너무도 많은 것을 경시했고, 예수경배를 공정하게 취급하면서도 기독교 전통, 특히 예전 안에서 강하게 자리 잡고 있던 그의 중재적 역할은 완전히 폐지해버렸다. 그러나 왜 이것이 즉각적으로 호소력을 발휘했으며 3세기 초반의 로마 주교들에 의해 처음으로 용납되었는지를 깨닫는 것은 그리 어렵지 않다.[78] 노에투스는 서머나 교회의 장로들에 대항하여 그의 양태론적 가르침을 변호하면서 다음과 같은 질문을 던졌다. "그리스도께 영광을 돌림으로써(*doxazōn*) 과연 나는 어떤 악을 범하고 있는 겁니

---

77 이 시대의 대중적 신앙과 학문적 신학 간의 구별에 관해서는 Lebreton, "Le désaccord"; H. J. Carpenter, "Popular Christianity and the Theologians in the Early Centuries," *JTS* 14 (1963): 294-310을 보라.

78 Carpenter, "Popular Christianity," 304-6.

예수와 이스라엘의 하나님

까?"(Hippolytus, *Noet.* 1.6; 이 점의 중요성은 히폴리투스가 9.2; 14.6-8에서 이것을 채택하고 성부와 성령과 함께 성자에게 드려지는 자신의 송영으로 자신의 작품을 끝맺는 방식을 통해 알 수 있다[18.2])

또 다른 추세는 일반적인 기독교의 경배 및 증언과 상대적으로 더 분리되어 있던 지성 신학 전통에서 발견된다. 이 전통은 2세기 변증가들로부터 시작해서 알렉산드리아와 오리게네스 전통으로 이어졌다. 얼핏 보면 기독교가 세속화되어가는 위험성이 대중적 기독교에서보다는 오히려 여기서 발생했다는 것이 놀랍게 보일 수도 있다. 그런데 사실 왜 그렇게 되었는지에 대해서는 반드시 분명한 이유가 있다. 기독교는 항상 일관되게 비관용적이었던 대중적 이교도 신앙과 차별화하는 데 있어서는 전혀 어려움이 없었다. 하지만 기독교 지식인들은 이교 철학을 비판적으로 수용하는 데 많은 노력을 기울였다. 그 결과 그들은 예수와 하나님의 관계를 이해하기 위한 모델로서 플라톤의 유일신론을 활용하는 경향을 보였다. 성부 하나님은 최고의 하나님(God)이었고 로고스이신 그리스도는 예속적이고 파생적인 의미에서 신(god)이었다. 그리고 플라톤주의자가 경배를 최고의 하나님께만 국한시키지 않고 하급 신들에 대해서도 어느 정도 경배를 허용한 것처럼 예수경배에 대한 기독교 관행도, 절대적인 경배는 오직 온전한 의미에서 하나님이신 그 한 분만을 위해 남겨 두고, 주요한 신적 중재자에 대한 상대적 경배는 허용되었던 것이다. 이러한 기독교 플라톤주의에 도사리고 있던 위험은 바로 유대-기독교적 의미에서의 유일신론을 상실하는 것이었다.

우리는 놀랍게도 경배와 관련하여 순교자 유스티누스의 첫 번째 변증에서 이러한 위험의 한 가지 결과를 발견할 수 있다. 그는 거기서 사실 그리스도인들은 다수의 신적 존재를 경배한다고 주장하면서 무신론 혐의로부터 그들을 변호한다. 우리는 하나님뿐 아니라 "그로부터 나온 성자와…그를 따르고 그를 닮은 모습으로 창조된 다른 선한 천사의 무리와 예언의 영 등을 경배하고 섬긴다(*sebometha kai proskynoumen*)"(*1 Apol.* 6). 천사들이 여기에 포함된 것은 신적 세계에 대한 기독교의 견해를 가능한 한 플라톤주의의 신의 계급체계—첫 번째 하나님, 두 번째 하나님, 그리고 수없이 많은 하급 신적 존재(참조. Athenagoras, *Leg.* 10.5; Origen, *Cels.* 8.13)—에 동화시키려는 시도를 보여준다. 이것은 변증적이며, 따라서 그리스도인들이 천사를 숭배한다는 심각한 주장으로 받아들여져서는 안 되고, 플라톤의 영향이 유대교 유일신 경배 원칙을 어떻게 약화시킬 수 있는지를 보여주는 예로 보아야 한다.

오리게네스의 글에서 우리는 플라톤주의의 영향을 받은 지성 신학과 대중적 신앙 및 교회의 실천 사이에서 점차적으로 벌어지는 차이를 이러한 원칙과 관련하여 보게 된다.[79] 오리게네스는 기도와 경배를 네 가지 유형으로 구별한다.[80] 이 가운데 세 유형(간구, 중보, 감사)은 하나님뿐만 아니라 인간에게도 가능한 것이지만, 네 번째 유형—이것은 단어(*kyriolexia*)의 가장 완전한 의미로도 기도이며 찬양을 수반한다—은 오직 시작이 없는(unoriginated) 하나님께만 온당하게 드려지고, 다른 어떤 파생된 존재에게도, **심지어 그리스도께도** 드려지지 않는다(*Or.* 14-15; 참조. *Cels.* 5.11; 8.26). 오리게네스는 이것이 "교육받지 못하고 순진한" 그리스도인들의 관행(16.1)과 얼마나 거리가 먼지를 의식하고 있고, 이러한 긴장의 정도는 그의 색다른 관행과(위의 §3을 보라), 심지어 다른 곳에서 볼 수 있는 색

79　Lebreton, "Le désaccord," 13-24; Wiles, *The Making*, 72-5.
80　네 가지 유형의 기도에 관한 개념과 용어는 딤전 2:1에서 유래한다.

　　　　　　　　　　　　예수와 이스라엘의 하나님

다른 이론을 통해 알 수 있다(*Cels.* 8.67; 참조. *Or.* 33.1). 다른 곳에서 예수를 경배하는 실제적인 기독교 관행을 수용하는 그의 능력은 "우리가 기도의 절대적 의미와 상대적 의미를 명확하게 이해할 수만 **있다면**", 우리는 모든 유형의 기도를 로고스에게 올려드릴 수 있다는 그의 설명을 통해 포착된다(*Cels.* 5.4).

기도의 절대적 의미와 상대적 의미는 오리게네스의 신에 대한 계급 체계적인 관점에 해당한다. 이 관점에 의하면 오직 최고의 하나님이신 성부만이 절대적 의미에서의 하나님이시고, 성자는 상대적 의미에서 신이며, 그는 자신의 신성을 최고의 하나님으로부터 얻고 최고의 하나님과 나머지 실재를 중재한다. 따라서 진정한 의미에서 경배란 오직 최고의 하나님께만 드려져야 하고, 반드시 성자의 중재를 통해 드려져야 한다(*Or.* 15.1-2). 성자 자신도 오직 우리의 기도를 성부께 전달하는 **중재자로서** 그리고 자신도 성부께 기도하는 자로서만 경배를 받을 수 있다(*Cels.* 8.13, 26). 이렇게 오리게네스는 한편으로는 플라톤주의의 영향을 받은 그의 하나님에 대한 교리에 의해 억제를 받고, 또 다른 한편으로는 예수를 경배하는 기독교 관행에 의해 억제를 받으면서 아주 엄격한 유일신 경배의 중간 지점에 멈추어 서는데, 이는 오직 하나님이신 성부께만 온전한 의미의 경배를 올려드리고 다른 모든 예속된 신들에게는 일정 수준의 경배를 허용한다(참조. *Cels.* 8.66-67).

초기의 아리우스주의는 어떤 의미에서 유대-기독교 유일신론을 다시 주창한 것이라고 할 수 있다. 신의 계급 개념을 거부하면서 아리우스는 창조주와 모든 피조물 사이에 절대적인 선을 그었다. 그리스도는 어떤 하급 신이 될 수 없었고, 따라서 그는 결국 피조물이 되어야만 했다. 그 결과 아리우스는 예수경배의 기독론적 함의를 분명히 했다. 즉 그리스도인들은 피조물을 경배하든지 아니면 예수가 오직 홀로 경배 받으실 수 있는 한 분 하나님의 존재에 속하든지 둘 중 하나를 택일할 수밖에 없었다. 만약 처음으로 이 사실을 온전히 인지한 자들이 아리우스주의자들이 아니었다면 아마도 이는 예수를 피조물로 여기고 경배했던 그들을 지속적으로 고발한 알렉산드리아의 알렉산더(*Ep. Alex.* 31)와 아타나시오스였을 것이다(*Ep. Adelph.* 3; *Depos.* 2.23; 3.16). 아리우스주의는 성자에 대한 경배를 완전히 폐지하지는 않았더라도, 이를 심하게 제한하고 이를 아주 강력한 오리게네스주의적인 방식―홀로 올바른 경배의 대상인 성부께 드리는 경배를 중재하시는 분을 공경하는― 으로 이해했다(Theognis of Nicaea in *Serm. Ar.* frg. 16).[81]

또한 다른 한편으로 니케아 정통신학의 발전은 예수를 경배하는 교회의 관행과 오직 하나님께만 드려져야 하는 경배를 신학적으로 서로 조화시키려는 시도였다. 결국 아리우스 논쟁을 통해 탄생한 삼위일체 교리가 도출해낸 성과는 이것을 양태론에 빠지지 않고 이루어냈다는 데 있다. 니케아 정통신학이 마침내 승리할 수 있었던 것은 온 교회가 모두 수용할 수 있는 근본적인 수준에서 대중적인 기독교 신앙 안에서 예수가 차지하는 자리를, 예수경배가 잘 표현해주듯이, 공정하게 평가했기 때문이다.

마지막으로 예수경배는 다시 칼케돈 공의회로 이어진 기독론적 논쟁에서 기독론적 원칙을 제시하는 역할을 수행했다. 이 원칙은 알렉산드리아 학파, 특히 키릴로스가 극단적인 안디옥학파 기독론에 대항하여 지속적으로 제기한 것이다. 만약 예수 그리스도가 하나님이 내주하시는 사

---

81   T. A. Kopecek, "Neo-Arian Religion: The Evidence of the Apostolic Constitutions," in *Arianism: Historical and Theological Reassessments*, ed. Robert C. Gregg (Philadelphia: Philadelphia Patristic Foundation, 1985), 153-79, 여기서는 170-2.

람, 즉 은총의 관계 속에서 신적 주체와 나란히 있는 인간적 주체라면 예수경배는 로고스와 나란히 있는 사람을 경배하는 것이다(Cyril, *Ep. Nest.* 2와 Cyril, *Ep. Nest.* 3에 담긴 열두 파문 조문 중 여덟 번째 조문을 보라. 이 조문은 훗날 확장된 형태로 기원후 553년 제2차 콘스탄티노플 공의회의 아홉 번째 파문 조문으로 채택되었다). 예수경배는 예수가 오직 성육신한 신적 로고스일 경우에만 우상숭배가 아니라 성육신한 하나님께 대한 경배가 된다. 그 결과 에베소 공의회(431년)는 그렇게 결정했다.

8. 신학적 결론

다소 경시되는 경향이 있지만 매우 중요한 책이라고 할 수 있는 『기독론의 형태』(*The Shape of Christology*, 1966)라는 책을 출간한 존 맥킨타이어(John MacIntyre)는 예수를 경배하는 기독교 관행을 기독론을 위한 방법론적 원칙으로 삼는 현대의 기독론 저술가 중 하나다.

> 우리는 그[예수 그리스도]가 누구인지에 대한 개념으로부터 그를 경배하는 태도에 가장 기초가 되는 것을 모두 제가해버리는 기독론적 분석에는 결단코 만족해하지 않을 것이다. 바로 이 사실 때문에 예수 그리스도의 인격을 인본주의적으로 바라보는 해석은 실패하는 것이며, 또 인간의 **경배**를 결코 받을 수 없는 사람을 우리에게 소개하는 것이다. 그가 직면한 위험과 죽음 앞에서도 결코 용기를 잃지 않은 사실 앞에서는 존경, 아니 어쩌면 심지어 경이로운 감정까지도 느낄 수 있겠지만 경배는 결코 아닐 것이다. 그것은 오직 하나님께만 드려지는 것이다.

맥킨타이어가 제기하는 여러 질문들 가운데 우리가 그 어떤 기독론적인 분석에라도 반드시 적용해야 할 질문이 있다면 그것은 바로 "그 분석이 그리스도 경배와 유기적으로 어느 정도 결합되어 있는지, 또 따라서 결국 과연 얼마나 그리스도 경배에 대한 이해를 돕고, 심오한 의미를 깨닫게 하는가?"일 것이다.[82]

우리가 이미 살펴본 바와 같이 예수경배는 초기 팔레스타인 기독교 운동에서 시작하여 수세기에 걸쳐 드러난 초기 기독교의 특성의 중심을 차지하고 있었다. 예수께 경배하는 것이 기독교 신앙의 중심으로 자리매김해감과 동시에, 초기 교회는 또한 유일신론에 대한 유대교의 이해를 집요하게 붙들었다. 유대교 유일신론에 의하면 한 분 하나님에 대한 믿음은 한 분 하나님에 대한 배타적 경배라는 종교적 실천에 의해 규정되었다. 머지않아 유대교 유일신론이란 배경에서 나온 예수경배 관행이 기독론적 원칙―예수는 경배를 받으실 수 있는 그런 분이라는 원칙―과 신학적(삼위일체론적) 원칙―하나님은 예수가 경배를 받을 수 있는 그런 분이라는 원칙―을 모두 수용할 수 있다는 것이 분명해졌다. 이 원칙들은 니케아 신조와 칼케돈 신조의 발전을 좌우했으며, 이 두 신조와 최초기 그리스도인들이 믿었던 주 예수 그리스도의 하나님이자 아버지에 대한 믿음을 서로 이어주는 근본적인 연속성을 제공해주었다.

---

82   John McIntyre, *The Shape of Christology* (Philadelphia: Westminster, 1966), 45.

5장
하나님의 보좌와 예수경배[1]

1   이 소논문에 대한 더 짧은 버전은 *The Jewish Roots of Christological Monotheism*, ed.
     Carey C. Newman, James R. Davila and Gladys S. Lewis (JSJSup 63; Leiden: Brill, 1999),
     43-69에 게재되었으며 Timo Eskola, *Messiah and Throne: Jewish Merkabah Mysticism
     and Early Christian Exaltation Discourse* (WUNT 2/142; Tübingen: Mohr Siebeck,
     2001)의 주요한 연구가 출간되기 이전에 쓴 것이다. 나는 Timo Eskola의 연구에 상당 부
     분 동의하지만, 일부 핵심 주장에는 동의하지 않는다.

1. 제2성전기 유대교 유일신론

이스라엘의 하나님 야웨가 유일한 하나님이시며 그분만이 경배 받아 마
땅하시다는 것은 제2성전기 말기 유대교의 자기이해를 가장 잘 대변해
준다. 최근의 일부 논의가 이 사실에 다소 의구심을 제기하지만, 이에 대
한 증거는 풍부하다. 예를 들어 토라 준수를 진지하게 받아들였던 당대
의 유대인들은 토라가 요구한다고 생각한 대로 쉐마를 매일 아침과 저
녁에 두 차례 암송했다.[2] 사실 오직 한 분 하나님만 계시고 또 이 하나님
이 우리에게 배타적인 헌신을 요구하신다는 의미의 유일신론을 사람들
에게 고취시키기에 이보다 더 효과적인 것은 없을 것이다. 여기서 배타
적인 헌신은 마음과 뜻을 다하여 그 하나님을 사랑하고 섬기는 것(신 6:5;
10:12; 11:13)을 의미하는데, 주로 제의적 경배를 가리키는 단어(히브리어
'ābad, 그리스어 latreuō)가 사용된다. 이 시대에 매일 암송되던 신명기의 여
러 단락 중 적어도 어떤 경우에는 십계명도 포함되어 있었다는 증거가 있
지만,[3] 십계명의 제1계명과 제2계명도 유대인들의 종교적 자의식에 깊이
자리 잡고 있었던 것도 사실이다. 쉐마와 십계명의 제1계명이 원래 무엇
을 의미했는지 정확하게 파악해야 하는 문제가 아직 여전히 남아 있지만
우리는 제2성전기 말기에 이 두 계명이 어떻게 이해되고 있었는지를 의

---

2   요세푸스, 『유대고대사』 4.212; Aris. Ex. 160; 1QS 10:10.
3   이것은 쿰란에서 발견된 *mezuzôt*과 *tefillin*, 요세푸스, 『유대고대사』 4.212, 그리고 어쩌면
     또한 나쉬 두루마리(Nash Papyrus)에 의해서도 추정된다. 참조. m. Tam. 4:3-5:1.

심할 필요는 없다. 요세푸스는 쉐마를 가지고 제1계명을 해석하는데, 제1계명에 대한 요세푸스의 의역은 사람들의 일반적인 동의를 이끌어냈을 것이다. "첫 번째 단어는 하나님이 한 분이시며 오직 그분만이 경배를 받으셔야(sebesthai) 한다는 것을 우리에게 가르친다"(『유대고대사』 3.91). 필론도 매우 유사한 관점에서 제1계명을 "모든 것 위에 계시는 한 분 하나님을 인정하고 공경하라(nomizein te kai timan)"(Decal. 65)로 의역한다. 한편 위(僞)필론은 유일신 신앙의 전형적인 예로 아브라함을 제시하면서(아래를 보라) 이와 유사하게 쉐마와 제1계명을 결합한다. "우리는 한 주님만을 알고 있고 그를 경배한다"(L.A.B. 6:4). 이것이 당대의 유대인들이 다른 수많은 것에 대해서는 서로 의견을 달리했지만, 논란의 여지가 전혀 없었던 일반적인 유대교였다. 물론 예외가 있었을 수도 있겠지만, 우리가 가지고 있는 증거는 너무나 확실하기 때문에 입증의 책임은 이러한 예외를 입증해야 하는 편에 있다.

따라서 성서를 중시하는 종교였던 제2성전기 유대교의 중심 텍스트들은 이스라엘의 하나님의 유일성과 이 하나님에 대한 배타적 경배를 서로 필연적으로 연결할 수밖에 없었다. 제2성전기 유대교의 다수의 다른 텍스트들도 이 점을 뒷받침해준다. 그러나 이 시대의 유대교 유일신론은 과연 실제로 이러한 진술들이 암시하듯이 "엄격"하거나 또는 "완강"했을까? 최근에 일고 있는 논쟁은 초기의 학자들이 몰랐거나 간과했던 중요한 텍스트들을 부각시키면서도 또한 동시에 다른 많은 증거를 간과하는 경향을 보인다.

내가 1981년에 처음으로 "[유대교의] 종교적 관행에서 하나님과 모든 피조물(제아무리 높다 하더라도)을 구별하는 것은 다름 아닌 경배였다"[4]

---

4   Richard Bauckham, "The Worship of Jesus," 322-3; 참조. idem, "Jesus, Worship of,"

고 지적한 이래로 당대의 유대교 유일신론을 어떻게 정의하느냐와 관련하여 하나님의 유일성과 하나님에 대한 배타적 경배 간의 상호연관성의 중요성은 더욱더 널리 인정받고 있다. 내 생각에는 이와 같은 정의의 문제는 하나님(또는 신성)을 어떻게 정의하고 또 경배를 어떻게 정의하느냐라는 한 쌍의 문제가 되어버렸다. 따라서 우리는 하나의 문제를 다른 하나의 문제로 정의함으로써 이 고르디우스의 매듭을 끊으려는 유혹에 빠지기 십상이다. 경배는 한 분 하나님께 대한 경의의 표시이며, 이 한 분 하나님만이 바로 이 경배의 대상이다. 이러한 순환성(circularity)은 텍스트들과도 전혀 무관한 것이 아니어서 유일신론과 일신숭배는 서로 밀접하게 연관되어 있다. 하지만 그것만으로는 충분하지 않다. 텍스트들은 다른 신들과 다른 천상의 존재들 그리고 다른 피조물들에게 경배할 수는 있지만, 이들을 경배해서는 안 된다는 것을 분명하게 밝힌다. 그렇다면 왜 경배해서는 안 되는 것인가? 따라서 우리는 다른 천상의 존재들을 어떤 의미로든 신적 존재로 묘사하거나 또는 하나님 외의 다른 존재를 숭배하는 것처럼 보이는 애매모호한 텍스트들을 먼저 다루는 대신에, 한 분 하나님의 유일성을 특별히 강조하고 그분 외의 다른 존재에 대한 경배를 정죄하는 다수의 텍스트(우리 증거의 대부분을 차지함)에서 실제로 어떻게 하나님의 유일성을 이해하고 있으며, 또 한 분 하나님만 경배하는 것을 정당화하는지에 집중하는 것이 더 바람직하다고 생각한다.

우리가 던지고 싶은 질문은 이스라엘의 하나님 야웨의 **독특한 정체**

ABD, 3:816("유대교는 하나님에 대한 **배타적인** 경배를 요구한다는 점에서 로마세계의 다른 종교에 비해 독특한 종교였다. 유대교 유일신론은 제1계명과 제2계명에 의해 규정되었다고 해도 과언이 아니다."); idem, *Climax of Prophecy*, 118("일부 다른 종류의 유일신론과는 달리 유대교 전통의 배타적인 유일신론에서는 경배가 종교적 실천에 있어서 유일신 신앙을 결정하는 참된 시금석이었다."); idem, *Theology*, 58-9.

성에 관한 것이다. 나는 이 "정체성"이라는 용어를 관련 텍스트에서 가져오지는 않았지만, 이런 종류의 논의에서는 텍스트 자체에서 사용하지 않는 용어(신적 대리인, 신적 기능, 위격, 인격화 등)를 가지고 텍스트를 분석하는 것이 필수적이라고 생각한다. 나는 "신적 전체성"이란 용어가 이 다른 많은 용어보다 훨씬 더 유용하며, 신적 본성이란 개념보다(물론 몇몇 텍스트에 등장하긴 하지만) 더 유용하다고 생각한다.[5] 일반적인 유대교 전통에 따르면 여기서 가장 중요한 것은 하나님이 무엇인지 또는 신성이 무엇인지(신적 본성 또는 본질)가 아니라 **하나님이 누구신지, 즉 이스라엘의 하나님 야웨가 누구신지**에 있다. 히브리 성서와 제2성전기 유대교 문헌에서 하나님은 자신의 독특한 행위와 인격적인 특성을 통해 확인되는 인격적으로 독특한 존재로 그려진다. 제2성전기 유대교 문헌에서는 이러한 특징들이 그의 독특한 정체성을 묘사하는 진술에서 특별히 두드러지게 나타난다. 이 특징들은 그분과 다른 모든 실재의 관계를 매우 독특한 관계로 묘사함으로써 그분이 완전히 독특한 존재임을 쉽게 파악할 수 있도록 도와준다.

요약하자면, 하나님은 만물(하늘과 땅과 바다와 그 안에 있는 모든 것)을 지으신 유일한 창조주이시며, 만물(모든 자연과 역사를 총망라한)을 다스리시는 유일한 주권적 통치자시다. "만물"이라는 어구 자체가 이와 관련된 텍스트들에서 공통적으로 사용될 뿐 아니라[6] 보다 더 정교한 방식으로 모든 피조물을 언급하는 데[7] 사용된다는 점은 의미심장하다고 할 수 있다.

---

5 예. 요세푸스, 『유대고대사』 1.15, 19; 8.107; 『아피온 반박문』 2.167-8.

6 예. 사 44:24; 렘 10:16; 51:19; 집회서 43:33; 지혜서 9:6; 12:13; 에스더 부록 13:9; 마카베오2서 1:24; 마카베오3서 2:3; 에녹1서 9:5; 84:3; 에녹2서 66:4; 희년서 12:19; 아브라함의 묵시 7:10; 요셉과 아스낫 12:1; 시빌의 신탁 3:20; 8:376; 시빌의 신탁 단편 1:17; 요세푸스, 『유대전쟁사』 5.218; 1Qap Gen^{ar} 20:13; 4QD^b 18:5:9.

7 예. 벨과 용 5; 에스더 부록 13:10; 시빌의 신탁 3:20-3; 시빌의 신탁 단편 1:35; 위(僞)소

요점은 신적 정체성의 이 두 특징은 모두 하나님과 다른 모든 실재 간의 구별을 절대적으로 규정한다는 것이다. 그분만이 홀로 창조주이시며 그분 외의 다른 모든 것들은 그분에 의해 창조되었다. 그분만이 홀로 최고의 통치자이시며 그분 외의 모든 것은 그분의 뜻에 굴복한다. 피조물 가운데 가장 높은 것들도 그분에 의해 창조되었고 그분께 예속된다. 이와는 대조적으로 하나님은 창조되지 않으시며 그 어떤 것에도 예속되지 않으신다. 이 유일하신 하나님을 파악할 수 있게 해주는 두 가지 특징은 개별적으로든 둘이 함께든 간에 모든 피조물보다 뛰어나신 하나님의 절대적인 우월하심을 드러내는 비(比)논쟁적 문맥에서 지속적으로 나타나며[8] 이방신들이나 또는 이교도들이 신으로 섬기는 피조물과 비교해 한 분 하나님 야웨의 독특성을 논쟁적으로 주장하는 문맥에서 반복적으로 나타난다.[9] 두 번째 범주는 이러한 하나님의 독특성에 기초하여 오직 하나님께만 경배할 것을 요구하는 다수의 예를 포함한다. 이는 하나님만이 유일한 만물의 창조주이시며 통치자이시므로 하나님만이 홀로 경배를 받으시기에 합당하신 분임을 의미한다.[10] 따라서 이것이 유대교 문헌에서 통상적으로 하나님께만 드려져야 마땅한 경배를 하급 피조물이 상급 피조물에게 경의를 표하는 것과 비교할 때 단지 정도의 차이만이 아니라 전적으

포클레스; 욥의 유언 2:4; 므낫세의 기도 2-3.

8   마카베오2서 1:24; 마카베오3서 2:2; 집회서 43:33; 에녹2서 47:3-4; 바룩2서 21:4-9; 에녹1서 84:2-3; 지혜서 12:13; 1Qap Gen^ar^ 20:12-13; 1QH^a^ 18:8-10.

9   렘 10:6-12; 벨과 용 5; 시빌의 신탁 3:19-25; 시빌의 신탁 8:375-377; 시빌의 신탁 단편 1:5-8, 15-18; 시빌의 신탁 단편 3; 시빌의 신탁 단편 5; 에녹2서 2:2; 66:4-5; 요셉과 아스낫 12:1-2; 아브라함의 묵시 7:10; 필론. *Opif.* 171.

10   벨과 용 4-5; 시빌의 신탁 3:19-35; 시빌의 신탁 8:375-94; 시빌의 신탁 단편 1; 시빌의 신탁 단편 3; 에녹2서 66:2-5; 요셉과 아스낫 12:1-5; 아브라함의 묵시 7; 욥의 유언 2-3; 필론, *Decal.* 52-65; *Spec.* 1.13-22; 요세푸스, 『유대고대사』 1.155-6; 위(僞)소포클레스.

로 다른 종류의 것으로 언급한다는 점은 매우 주목할 만하다. 이 다수의 유대교 텍스트에서 경배란 바로 이러한 하나님의 질적 독특성(qualitative uniqueness), 즉 유일한 창조주이자 유일한 주권자로서의 독특한 정체성을 인정하는 것으로 이해된다. 또한 하나님께만 적용되는 다른 일부 특징도 관련 문헌에서 자주 언급되는데, 하나님은 홀로 영원하신 분이시라거나[11] 또는 하나님만이 인간의 마음속에 있는 비밀을 포함하여 모든 것을 들여다보신다는[12] 등의 진술이 여기에 속한다. 하지만 이 모든 것은 내가 여기서 강조한 두 가지 특징의 필연적 결과 내지 함의에 지나지 않는다.

하나님의 독특한 정체성에 대한 이러한 이해는 제2성전기 유대교 문헌 전반에 걸쳐 나타난다. 나는 에녹1서, 에녹2서, 바룩2서, 아브라함의 묵시, 집회서(벤 시라), 희년서, 마카베오2서, 다니엘과 에스더 부록들, 지혜서, 시빌의 신탁, 요셉과 아스낫, 욥의 유언, 위(偽)소포클레스, 필론, 요세푸스 등의 글에서 이러한 내용을 인용한다.[13] 이것 또한 일반 유대교에 해당한다. 대다수의 유대인들은 자신들이 섬기는 하나님의 독특성을 매우 쉽게 파악하고 기술할 수 있는 방법을 이미 잘 알고 있었을 것이며, 그들에게 왜 오로지 이 하나님만을 경배하는지 묻는다면 그들은 이에 답할 준비가 이미 되어 있었다.

나는 아주 흥미롭고 의미 있는 사례를 하나 제시하고자 한다. 이는 우

---

11 모세의 유언 10:7; 마카베오2서 1:25; 참조. "유일하게 살아계신 분": 바룩2서 21:10; 마카베오4서 5:24.

12 예. 왕상 8:39; 대하 6:30; 시 33:13-15; 집회서 15:18-19; 42:18-20; 유딧서 8:14; 수산나 42; 에녹1서 9:5; 84:3; 에녹2서 66:3-5; 4QTLevi[a] 1:10-11; 시빌의 신탁 3:12; 8:369, 373; 시빌의 신탁 단편 1:4, 8; 주석가 아리스테아스 132-8; 요세푸스, 『유대고대사』 4.41; 『아피온 반박문』 2.166-7.

13 위의 각주 8과 9를 보라.

상승배에서 유일신론으로 개종한 아브라함의 이야기다. 아브라함은 (수많은 세대 동안) 처음으로 홀로 참되신 하나님을 경배한 자, 즉 전형적인 유일신론을 신봉한 모범적인 신앙의 소유자로 널리 알려져 있었다. 성서에 나오지 않는 그의 개종 이야기는 서로 전혀 다른 네 명의 유대인 작가의 글, 즉 희년서, 필론, 요세푸스, 아브라함의 묵시에 나타난다.[14] 욥의 유언(3-5장)에서 나오는 이와 유사한 욥의 이야기 역시 이 이야기에 기초하여 만들어졌을 것이다. 이 이야기는 상당히 잘 알려진 이야기였을 것이다. 이 네 가지 이야기는, 여러 면에서 서로 다르지만, 아브라함이 홀로 참되신 하나님은 누군가에 의해 창조되지 않고 만물을 지으신 창조주이심을 분명히 인식했다는 점에서는 모두 일치한다. 희년서에서는 이 사실이 오직 우상을 숭배하는 것과 대조를 이루지만, 다른 세 이야기에서는 아브라함이 모든 피조물, 심지어 많은 사람들이 신으로 숭배하는 천체조차도 하나님에 의해 창조되었고 창조주께 예속되어 있으며, 따라서 경배의 대상이 되어서는 안 된다는 사실을 인정한다. 요세푸스의 이야기는 특히 주목할 만하다.

> 우주의 창조자이신 하나님은 한 분(hena)이시며, 만약 어떤 다른 존재가 사람의 안녕에 조금이라도 기여했다면 이것은 그분의 명령에 의해 그렇게 된 것이지 그것 자체의 내적인 힘에 의해 그렇게 된 것은 아니다. 그는 이것을 땅과 바다가 복종하는 변화들과 태양과 달의 행로와 모든 천상의 현상들로부터 추론하였다. 왜냐하면 그가 주장한 바와 같이 타고난 고유의 힘이 이 물체들에게 주어졌다면 이것들은 스스로에게 규칙

---

14 희년서 12:1-5, 19; 요세푸스, 『유대고대사』 1.155-6; 아브라함의 묵시 7:1- 9:4; 필론, *Virt*. 212-19.

성(regularity)을 제공했을 테지만, 이것들은 이 마지막 것이 결여되었기 때문에 심지어 우리에게 더 큰 이익을 주기 위해 협력하는 그 서비스조차도 그 자체의 권능에 의해서가 아니라 그것들을 지배하는 주권자의 힘을 통해 이루어지기 때문이다. 그리고 오직 그분에게만 우리의 경의 (timēn)와 감사(eucharistian)를 표하는 것이 옳다(『유대고대사』 1.155-6, 번역은 Thackeray의 것임).

따라서 여기서는(그리고 필론과 아브라함의 묵시에서도 마찬가지로) 하나님께만 올려드리는 경배가 (이교도의) 신으로 알려진 것들을 경배하는 것뿐만 아니라 지음을 받은 하나님의 종들을 경배하는 것과도 대조를 이루고 있는 것이 너무나도 분명하다. 하나님이 최고의 신으로 인정되는 한, 이러한 하나님의 종들을 자신의 부하로서 경배할 가능성은 전혀 없어 보인다. 요세푸스의 이러한 추론은 유대인들이 일반적으로 천체의 움직임과 자연의 다른 모든 무생물적인 부분을 통제한다고 믿었던 천사들에게도 동일하게 적용될 것이다. 경배는 오직 홀로 모든 피조물을 창조하시고 그들에게 명령을 내리시는 그 한 분께만 드려져야 마땅하다. 경배와 관련하여 요세푸스가 사용한 표현(tēn timēn kai tēn eucharistian aponemein)이 그 자체로 오직 하나님께만 해당되는 행동을 구체적으로 명시하지 않는다는 점(비록 유대교의 그리스어 eucharistia[유카리스티아]와 eucharisteō[유카리스테오] 사용이 거의 대부분 하나님과 관련하여 사용되고 있긴 하지만)은 주목할 만하다. 여기서 이 단어들의 특별한 의미를 규정하는 것은 이 단어들이라기보다는 이 단어들이 나타나는 문맥이다. 사실상 요세푸스는 경배를 만물을 지으신 유일한 창조주이자 통치자를 모든 은택과 축복의 참된 근원으로 인정하는 일종의 경의와 감사를 나타내는 것으로 정의하고 있다. 이런

예수와 이스라엘의 하나님

방식으로 한 분 하나님과 그에 대한 경배를 이해하는 것은 그분이 창조하신 피조물 사이에 존재하는 모든 우열관계를 근본적으로 상대화하는 것을 의미한다. 필론도 모든 피조물을, 심지어 가장 존귀한 존재까지도, 우리 형제라고 지칭할 때 이러한 사상을 다음과 같이 표명한다.

> 비록 그들이 우리의 것보다 더 순수하고 더 불멸의 실재를 부여받았다 할지라도 본질상 우리의 형제인 그것들을 숭배하지 말자. 왜냐하면 피조물들은 그것들이 피조물인 이상 우리의 형제이며 그것들도 한결같이 모두 우주의 창조자이신 그분을 한 아버지로 두고 있기 때문이다(Decal. 64).

피조물 간의 차이점을 이와 동일하게 상대화하는 모습은 일부 묵시서에서도 발견된다. 거기서 선견자가 땅에 엎드려 경배하려고 할 때 천사는 둘 다 모두 하나님을 함께 섬기는 종이라고 하면서 경배를 거부한다(이사야 승천기 8:5; 계 19:10; 22:9; 참조. 토빗서 12:18).[15]

제2성전기 유대교에서는 하나님을 가능한 한 다른 모든 실재와 완전히 구별하고, 종교적인 관행에 있어서는 하나님께 대한 배타적 경배를 하나님과 모든 피조물 간의 절대적인 구별로 이해하며 하나님을 절대적으로 유일무이하신 분으로 묘사하는 것이 압도적인 추세였다는 것이 관련 문헌의 분명한 증거다. 하지만 이것은 하나님이 "신"(deity)이라는 종(種, species) 중에 가장 뛰어난 종이라거나 또는 하나님이 신의 상하계급 중에서 최고 우두머리라는 개념의 흔적이 제2성전기 유대교 문헌에 남아 있지 않다는 것을 의미하는 것은 아니다. 유대교 유일신론은 하나의 역사

---

15   참조. Bauckham, *Climax of Prophecy*, 120-48; Stuckenbruck, *Angel Veneration*, 75-103.

적 현상이었으며, 유대교가 하나님과 그의 독특성을 묘사하는 방식은 종종 신의 독특성에 대한 제2성전기 유대교의 아주 예리한 이해가 결여된, 더 오래되거나 비유대적인 자료에서 비롯되었다. 따라서 덜 엄격한 유일신론적 해석의 여지가 전혀 남아 있지 않다 해도 놀라운 일은 아닐 것이다. 하지만 이러한 흔적은 사실상 거의 드물게 그리고 미미하게 나타나 있고, 일반적으로는 지배적인 추세에 의해 경시되거나 중화되었다고 볼 수 있다. 내가 이 단원에서 매우 간략하게 서술한 하나님의 독특한 정체성을 특징짓는 방법을 진지하게 받아들이지 않는다면, 우리는 유대교 유일신 사상의 이러한 역동성을 놓쳐버리고 잘못된 곳에 무게의 중심을 둠으로써 주어진 증거를 잘못 해석하고 말 것이다.

2. 중간적 존재

우리는 유대교 문헌 자체가 우리를 위해 이미 유일신론을 규정하고 있음을 확인했다. 유대교 문헌은 특히 하나님이 만물의 유일한 창조주이자 유일한 최고 통치자라는 점에서 하나님의 독특한 정체성을 모든 다른 실재와 구별되는 것으로서 이해한다. 유일신 경배가 받아들이고 또 반응하는 대상이 바로 이 하나님의 독특한 정체성이다. 유일신 경배가 바로 이 신적 정체성, 하나님이 누구신가라는 질문 안에 내재되어 있으며 또 하나님이 만물의 유일한 창조주이자 유일한 통치자라는 고백 안에 들어 있다는 사실을 깨닫는 것이 중요하다. 이 기능들은 단순히 피조물에게 위임될 수 있는 것이 아니다. 따라서 유대교 문헌에서 하나님이 창조사역을 위해 동료

예수와 이스라엘의 하나님

사역자나 조력자를 두었다는 것을 부정하고[16] 우주를 통치하는 데 있어 하나님의 뜻을 수행하는 수종자들은 단지 그의 뜻을 수행하는 종에 불과하다는 점을 분명히 한다는 사실은 매우 중요하다.[17] 우리는 이제 이러한 하나님의 독특성의 관점에서 최근에 수많은 학자들의 눈에 하나님과 다른 천상적 존재들 사이의 구별을 모호하게 만드는 것으로 보인 다양한 중간적 존재들에 관해 관찰하고자 한다. 이러한 존재들에게 제기되는 핵심적인 질문은 다음과 같다. 과연 이 존재들은 하나님의 독특한 정체성 안에 포함되는가? 아니면 포함되지 않는가? 이런 방식으로 문제를 제기하는 것은 문헌이 지니고 있는 다양성에 획일성(uniformity)을 부여하려는 것이 아니다. 왜냐하면 내가 개략적으로 서술한 하나님의 독특한 정체성은 중간적 존재들이 등장하는 텍스트들에서 종종 찾아볼 수 있기 때문이다.

---

16 사 44:24; 에녹2서 33:4; 에스라4서 3:4; 요세푸스, 『아피온 반박문』 2.192. 심지어 *Opif.* 72-5; *Conf.* 179에 나타난 창 1:26에 대한 필론의 해석은 이러한 부정에 대한 사소한 단서에 불과하다. 그는 하나님이 인간을 **제외한** 나머지 만물을 창조하는 데 홀로 관여하셨다고 주장하고, 창 1:26의 복수형은("**우리의** 형상을 따라 **우리의** 모양대로 **우리가** 사람을 만들고") 하나님께 예속된 동료 사역자들을 가리키며, 따라서 인간의 선한 행위는 그 행위의 근원으로서 하나님께 귀속될 수 있지만, 죄는 그렇지 않다고 주장한다. 이 복수형에 대한 유대교의 여러 해석에 관해서는 Menahem Kister, "Some Early Jewish and Christian Exegetical Problems and the Dynamics of Monotheism," *JSJ* (2006): 548-93, 여기서는 563-89를 보라.

17 후기 랍비들의 논의와 달리 이 여러 텍스트 안에는 이러한 유일신론적 안전장치가 그 문맥 안에서 유대교 내부 논쟁을 염두에 두고 있다는 증거가 전혀 없다. 논쟁이 있었다면 그 논쟁은 이교도의 우상숭배와 다신론에 대한 것이었다. (이것은 비록 반이교적 논쟁이 팔레스타인에서는 전무했다는 것은 아닐지라도 왜 유일신론에 대한 논쟁적 주장들이 팔레스타인에서 쓰인 문헌보다 디아스포라에서 쓰인 문헌에 더 많이 나타나는지를 설명해준다.) 나는 Stuckenbruck와 내가 연구한 경배를 거부하는 천사 모티브조차도 천사를 숭배하는 유대교의 관행을 겨냥한 것이 아니라 유대인들이 천사에 비견될 만한 것으로 볼 수 있었던 천상의 존재들을 숭배한 이교도들의 관행을 겨냥한 것으로 간주한다. 또한 신약 텍스트들에서처럼 하나님과 천사들 간의 구별을 강조하는 방식들은 반드시 천사들에 관한 다른 견해들을 부정적으로 보기보다는 하나님의 유일성을 긍정적으로 강조하는 방식으로 기능했다.

제1장에서 나는 "이 존재가 하나님의 독특한 정체성 안에 포함되는 가?"란 질문에 대한 답에는 서로 다른 두 범주에 속한 존재가 있음을 보여준다고 주장한 바 있다. 첫째, 하나님의 독특한 정체성 안에 포함되는 존재들이 있다. 이들은 그의 성령, 그의 말씀 또는 그의 지혜와 같이 하나님의 속성들의 인격화(personifications) 또는 위격화(hypostatizations)다. 이것들은 하나님의 독특한 정체성의 양상들로서 이에 포함된다. 이들은 당대의 유대교 유일신론이 이해하는 바와 같이 하나님의 절대적인 유일성과 완전히 양립할 수 있고, 어떤 식으로든 이를 제한하거나 위협하는 것으로 보이지 않는다. 두 번째 범주는, 비록 어느 정도의 위임된 신적 권위를 행사하는 하나님의 종으로서 행동하더라도, 하나님의 독특한 정체성 안에 포함되지 않으며, 결코 그분의 독특한 정체성을 제한하거나 위협하지 않는다. 이들은 주요한 천사들이며 승격된 족장들이다. 우리가 일단 유대교 유일신론 자체가 하나님의 독특한 정체성을 어떻게 특징짓는지를 충분히 파악한다면, 한 범주(하나님의 속성의 인격화 내지는 위격화)는 아무런 문제없이 이 정체성 안에 포함되는 반면, 다른 범주(주요한 천사들과 승격된 족장들)는 또한 아무런 문제없이 이 정체성 안에서 제외되는 것(한 가지 경우를 제외하고)을 볼 수 있다.

현 상황에서 이와 같은 결론을 모두 입증할 수는 없지만, 나는 본장의 특정한 관심사로 우리의 시선을 집중시키기 이전에 이에 관한 몇 가지 중요한 사항을 짚고 넘어가고자 한다.

(1) 내 견해에 의하면 이 텍스트들은 하나님의 독특한 정체성에 관심을 두고 있는 것이지, 단지 후대에 가서 유대교 유일신론의 한 측면으로 자리 잡은 하나님의 단일성(unitariness)에 관심을 두지

예수와 이스라엘의 하나님

않는다. 다시 말하면 하나님의 독특한 정체성 안에 실질적인 구분이 있어서는 안 될 이유가 없다는 것이다. 하나님의 지혜와 하나님의 말씀이 하나님의 독특한 정체성 안에 이미 포함되어 있다고 말하는 것은 그 자체로 이것들이 하나님의 인격적 대리인(personal agents)으로서 어느 수준에서 단순히 문학적인 의인화이거나 또는 진정한 위격화인지에 대한 첨예한 논쟁에 답을 제시해주지 않는다. 나는 이것은 텍스트에 따라 다르다고 생각한다. 내가 도달한 결론은 그들이 한 분 하나님께 예속된 신적 존재들이 아니라거나 또는 하나님의 비(非)신적 피조물이 아니라는 것이다. 이들이 제아무리 자기 자신의 실존적 존재로 그려진다 해도 이들은 한 분 하나님의 독특한 정체성 안에, 즉 **그는 누구인가**라는 질문 안에 포함되어 있다. 이와 마찬가지로 고위급 천사들이 하나님의 인격적 대리인으로 묘사되고 있다고 해서 그들이 하나님의 독특한 정체성 안에 포함된 존재로 볼 수 없다는 것이다.

(2) 하나님의 독특성을 나타내는 두 가지 주요 측면(유일한 창조주이자 유일한 통치자) 중에서 첫 번째 측면은 단도직입적으로 신성의 기준을 제시해준다. 주요한 천사들이나 승격된 족장들은 그 누구도 창조사역에 참여한 것으로 묘사되지 않으며, 심지어 그런 존재로 암시된 적도 거의 없다. 이에 비해 하나님의 지혜와 하나님의 말씀은 통상적으로 창조사역에 참여한 것으로 묘사된다.

(3) 나는 최근에 학자들 사이에서 상당한 인기를 얻고 있는 견해에 동의하지 않는다. 이 견해에 의하면 당대의 유대교 작가들은 일

반적으로 하나님의 단일 수상 내지는 전권대사를 상정하고 있었으며, 그는 우주 통치에 있어 제2인자로서 그에게 위임된 신적 주권을 모두 소유하고 있었다.[18] 하나님이 자신에게 시중드는 수많은 천사를 통해 우주를 통치하는 위대한 제왕의 모습으로 그려질 때—종종 그렇듯이—일반적인 견해는 하나님이 서로 다른 영역을 담당하고 있는 천사들로 구성된 천상의 장관 회의를 통해 다스린다는 것이다. 일부 천사는 다른 천사에 비해 더 높은 지위가 주어질 수 있지만(비록 텍스트들이 이에 대한 일관성 있는 증거를 제시하지는 않지만), 그 누구도 모든 통치 영역을 총괄하는 책임을 맡지 않는다. 하나님이 단일 섭정(攝政, viceregent)을 두고 있다는 개념은 특별한 고려사항이 있는 소수의 경우에서만 발견된다. 예를 들어 요셉과 아스낫에 나오는 천사장(아마도 미가엘)이 하늘에서 수행하는 역할은 이집트에서 활동한 요셉의 역할에 근거한 것이다(14:8-9; 참조. 창 45:8).[19] 일부 쿰란 텍스트(특히 1QS 3:15-4:1)에 등장하는 진리의 성령 또는 빛의 군주(미가엘과 동일시되기도 함)가 수행하는 역할은 쿰란문서의 이원론이라는 다소 독특한 특성 때문이다. 또한 필론의 로고스도 세상과 하나님의 모든 관계를 이어주는 단일 중재자를 상정할 만큼 자체적인 철학적·신학적 이유가 있었다. 소위 다른 중간적 존재들은 훨씬 더 제한된 역할을 수행한다.

---

18 예. Segal, *Two Powers*, 186-200; Hurtado, *One God*, 71-82; Hayman, "Monotheism," 11; Barker, *Great Angel*.

19 또한 요셉과 아스낫의 연대와 출처도 문제의 소지가 있어 제2성전기 유대교에 대한 잠정적인 증거로만 사용될 수 있다.

예수와 이스라엘의 하나님

(4) 나는 눈에 보이는 가시적인 모습은 신적 정체성의 기준으로 간주하지 않는다. 그리고 신의 분기(divine bifurcation)나 이위일체론(binitarianism) 또는 하나님과 다른 천상의 존재들의 시각적인 묘사 간의 유사성에 기초한, 하나님의 가시적인 현현으로서의 천사에 관한 이론은[20] 모두 오류에 기초한다. 하나님의 모습에 대한 서술(관련 문헌에서는 매우 드묾)은 하나님 특유의 또는 구체적으로 하나님께만 적용되는 특정 묘사를 사용하지 않고, 다른 어떤 천상의 존재(고위급뿐 아니라 매우 평범한 천상적 존재를 모두 포함하여)를 묘사하는 데 사용되는 표준적인 표현들을 차용했다. 이러한 묘사를 뒷받침해주는 기본 개념은 하늘과[21] 거기에 거주하는 이들이 밝게 빛난다는 것이다. 따라서 이러한 묘사는 특히 일반적으로 밝음을 나타내기 위해 사용되는 일련의 이미지를 사용하며, 그 이미지는 많이 빛나고 현란할수록 더 좋다고 할 수 있다. 천상의 존재들 또는 그들의 특정 부위 또는 그들이 입는 옷은 전형적으로 해나 별처럼 빛나고, 청동이나 호박(amber) 또는 보석처럼 빛나고, 횃불이나 번개처럼 격렬하게 빛나며, 눈이나 순수한 하얀 양털처럼 하얗고 눈부시게 빛난다. 아무튼 이러한 묘사는 문학적 관행으로서 야웨가 모든 천상의 존재(신들)와 동일한 종(種, species)이라는 옛 개념의 흔적이라고 말할 수 있다. 이러한 모든 존재들은 하늘에서 볼 수 있는 천체처럼 영광스럽고 밝게 빛나

---

20   예. Rowland, *Open Heaven*, 94-111; idem, "A Man Clothed in Linen: Daniel 10:6ff. and Jewish Angelology," *JSNT* 24 (1985): 99-110; *Gieschen, Angelomorphic Christology*, 32. Rowland의 "분기" 이론에 반대하는 견해로서는 Hurtado, *One God*, 85-90을 보라.

21   상상할 수 없을 정도로 밝은 천상의 세계에 관해서는 이사야 승천기 8:21-5를 보라.

는 모습으로 묘사된다. 그러나 야웨가 동일한 종(種, species)이라는 범주를 뛰어넘어 절대적으로 유일한 정체성으로까지 높여진 제2성전기 유대교 문헌에서는 이러한 묘사가 더 이상 그분과 다른 천상의 존재들이 모두 속해 있는 동종(同種, common species)임을 나타내는 기능을 하지 않는다.

3. 하나님의 하늘 보좌

본장의 나머지 부분에서 우리는 만물에 대한 하나님의 고유한 주권을 상징하는 것으로서, 하늘 가장 높은 곳에 있는 하나님의 보좌의 역할에 초점을 맞추고자 한다. 히브리 성서에서는 하나님의 보좌가 이미 그 역할을 하고 있다. "여호와께서 그의 보좌를 하늘에 세우시고 그의 왕권으로 만유를 다스리시도다"(시 103:19).[22] 우리는 제2성전기 유대교 문헌에서 종종 "[그의] 영광의 보좌"라고 불리는[23] 이 보좌에 대한 묘사의 여러 중요한 측면에 주목할 필요가 있다.

3.1. 하나님의 보좌와 다른 보좌들

대다수의 경우 하나님의 보좌는 하늘에 오직 단 하나밖에 없는 보좌로서

---

22   참조. 시 2:4; 9:8; 29:20; 55:20; 93:2; 102:13; 왕상 22:19.

23   렘 14:21; 17:12; 에녹1서 9:4; 71:7; 4Q405 23.1.3; 11QShirShabb 3-1-9.5-6; 야곱의 사다리 2:7; 레위의 유언 5:1; 지혜서 9:10; 아담의 유언 2:9; 바빌로니아 탈무드 하기가 13a; 에스겔의 환상[Visions of Ezekiel]; ARN (a) 37.

매우 독특하다.[24] 물론 여기에 해당하지 않는 소수의 예외와 명백한 예외가 있음에 유의해야 하지만 말이다. 이 가운데 가장 중요한 예외는(이것이 유일한 성서에 기록된 것이기 때문에) 다니엘 7:9이다. 이 구절은 하늘에 놓여진 "보좌들"에 대하여 이야기하며, 옛적부터 항상 계신 이가 이 중 한 보좌에 좌정하신다. 그러나 이 장면은 세계를 다스리시는 하나님의 영원한 통치를 묘사하기보다는 하나님의 심판이 이루어지는 종말론적 법정 장면을 묘사하고 있어서 오히려 하늘보다는 땅에서 일어나는 장면으로 이해되기 쉽다(참조. 4Q530 2.16-17;[25] 에녹1서 90:20; 계 20:4). 복수의 보좌는 하나님의 주재 하에 심판에 참여하기 위해 천상적 존재들이 앉아 있는 천상의 어전회의의 보좌로 이해될 수도 있고(참조. 7:10, 26) 아니면 암묵적으로 14절에서 사람 같은 인물이 앉아 있는 보좌를 포함하는 것으로 생각될 수도 있을 것이다.[26] 놀랍게도 그 당시 다니엘서 7장이 상당한 영향력을 행사했음에도 불구하고 이 두 해석 모두 제2성전기 유대교 문헌에서는 나타나지 않는다. 에녹의 비유들(*Parables of Enoch*)에서는 인자가 종말

---

24 왕상 22:19; 집회서 1:8; 아사랴의 기도 32-33; 에녹1서 9:4; 14:18; 71:7; 에녹2서 20:3; 25:4; 바룩2서 21:6; 아브라함의 묵시 18:3; 에스라의 질문서 A21; 레위의 유언 5:1; 아담의 유언 2:9. 안식일 희생 제사의 노래(*Songs of the Sabbath Sacrifice*)가 가끔 하늘 성전에 있는 몇몇 보좌들 또는 병거들을 언급하지만, 이것들은 후대에 기록된 에스겔의 환상(Visions of Ezekiel)에 나오는 일곱 하늘에 있는 보좌들처럼 하나님의 보좌들이다.

25 이 텍스트(에녹의 거인서[Enochic Book of Giants]의 단편)에 관해서는 Loren T. Stuckenbruck, "The Throne-Theophany of the Book of Giants: Some New Light on the Background of Daniel 7," in *The Scrolls and the Scriptures*, ed. Stanley E. Porter and Craig A. Evans (JSPSup 26; Roehampton Institute London Papers 3; Sheffield: Sheffield Academic Press, 1997), 216-17을 보라. 그는 다음과 같이 번역한다. "보라! 하늘들의 통치자가 땅으로 내려오고, 보좌들이 세워지고, 위대한 거룩한 분이 앉았다."

26 이것은 바빌로니아 탈무드 하기가(b. Hag.) 14a에서 랍비 아키바(R. Aqiva)가 제시한 해석이다. "하나는 그[하나님]를 위하여 그리고 하나는 다윗을 위하여"(아마도 다니엘 7장에 있는 사람과 같은 인물이 다윗 혈통의 메시아라는 추정하에).

론적 심판을 위해 좌정한 보좌는 두 번째 보좌가 아니라 단 하나뿐인 하나님의 보좌이며, 천상의 어전회의에 참석한 자들은 비록 다니엘서 7장과 밀접하게 연관되어 있다고 볼 수 있는 심판을 묘사하는 가운데 언급되었다 하더라도 모두 명시적으로 서 있는 것으로 묘사된다(에녹1서 47:3; 참조. 60:2). 소수의 신약 텍스트들은 마지막 때에 예수와 함께 심판에 참여할 예수의 추종자들이 차지할 복수의 보좌에 관해 이야기한다(마 19:28; 눅 22:30; 계 20:4; 참조. 3:21). 우리가 다루고 있는 이 시대의 자료에는 후대의 랍비 문헌에 나타나는 것처럼 다니엘 7:9의 보좌들에 관한 해석을 놓고 벌이는 논쟁에 대한 증거가 없지만, 이 복수의 보좌에 대한 관련 텍스트들의 침묵은 가히 웅변적이다. 하늘에 있는 하나님의 보좌뿐 아니라 그가 종말론적 심판을 위해 앉게 될 보좌에는 보통 다른 이들이 동석하지 않는다(에스라4서 7:33; 에녹1서 90:20; 계 20:11).

둘째, 하나님의 보좌가 하늘의 유일한 보좌라는 것에 대한 예외로 우리는 하나님과 함께 앉아 통치하는 천상의 존재들이 모이는 어전회의에 대한 오래된 개념이 일부 텍스트(기독교 텍스트이지만 유대 전통과 연장선성에 있는 일부 텍스트)에 보존되어 있지만, 보좌에 앉은 이들이 하나님과 함께 다스리는 통치자들이 아니라 그에게 철저하게 예속된 이들임을 분명하게 드러낼 만큼 상당히 수정된 형태로 남아 있음을 기억해야 한다. 한 가지 형태가 요한계시록 4장에서 발견되는데, 거기서 천상의 보좌에 앉은 스물넷 장로들은 하나님을 대신하여 우주를 통치하는 천상적 인물로 이해하는 것이 가장 좋다. 하지만 그들이 보좌에서 내려와 하나님의 보좌 앞에 엎드려 자신들의 면류관을 드리는 반복적인 행위(4:9-10)—그래서 분명히 그들은 잠깐 동안만 자기들의 보좌에 앉아 있다—는 그들이 하나님의 통치에 예속되어 있음을 자명하게 해준다. 요한계시록은 여러 층으

예수와 이스라엘의 하나님

로 된 하늘을 묘사하지 않지만, 그렇게 묘사하는 소수의 텍스트는 천사들을 낮은 하늘에 있는 보좌에 앉힘으로써 동일한 목적을 달성한다. 거기서 천사들은 가장 높은 하늘에 계신 하나님을 찬양하는 일에 종사한다(*Apoc. Zeph. ap.* Clement of Alexandria, *Strom.* 5.11.77; 이사야 승천기 7:14, 19, 24, 29, 33; 8:7-10). 또한 레위의 유언(3:8)에 의하면 "보좌들"이라고 알려진 천사들의 조직이 넷째 하늘에 위치해 있는데, 거기서 그들은 하나님을 찬양하는 일에 종사한다. 또한 에녹2서(20:1-4J)에서는 훨씬 높은 곳에 있는 보좌에 앉아 계신 하나님을 찬양하기 위해 서 있는(!) 열 개의 천사계급 중 여덟 번째 계급으로 나타난다.[27] 보좌에 앉은 천상의 어전회의라는 개념이 상대화를 위해 수정된 뚜렷한 흔적 없이 나타나는 유일한 경우는 수수께끼 같은 4Q491의 11번째 단편뿐이다.[28] 여기서 익명의 화자는 "신들의 모임 가운데 있는 강한 보좌"에 앉았다고 주장한다. 이 화자는 천상의 어전회의에 앉는 무한한 영예를 누린 사람으로 보인다. 텍스트의 상태가 단편에 불과하여 보다 더 많은 것을 이야기하기는 어렵다.

셋째, 소수의 텍스트(그러나 전부는 아닐지라도 대부분은 기독교 텍스트)에서는 죽음 이후의 의인들의 모습이 하늘 보좌에 앉아 있는 것으로 묘사된다(욥의 유언 33; 에녹1서 108:12; 이사야 승천기 9:24-25; 11:40; 엘리야의 묵시 1:8; 4:27, 29).

27　천사들의 조직으로서의 보좌들에 관해서는 엘리야의 묵시 1:10-11; 4:10; 레갑 사람들의 역사 16:1a; 아담의 유언 4:8; 골 1:16을 보라.

28　이에 관한 논의를 보려면 Martin G. Abegg, "Who Ascended to Heaven? 4Q491, 4Q427, and the Teacher of Righteousness," in *Eschatology, Messianism, and the Dead Sea Scrolls*, ed. Craig A. Evans and Peter W. Flint (Grand Rapids: Eerdmans, 1997), 61-73을 보라.

3.2. 하늘에서 앉고 서기

대다수의 텍스트에서 하늘에 있는 유일한 보좌가 하나님의 보좌라는 사실에 상응하는 것은 하늘에는 하나님이 홀로 앉아 계시고 그분을 시중드는 천사들은 통상적으로 서 있는 것으로 묘사된다는 점이다.[29] 서 있는 자세는 종의 자세다(참조. 에녹3서 16:2). 이런 이미지가 성행했다는 것은 제2성전기 유대교에서 강조한 하나님의 고유한 주권이 어떻게 다른 모든 천상의 존재를 보좌에 좌정하신 단 한 존재의 뜻을 실행에 옮기는 복종과 섬김의 역할로 축소시키는 기능을 수행했는지를 보여준다.[30] 당대의 대다수 문헌에서 천사들 가운데 가장 높은 천사인 천사장은 하나님의 통치에 참여하지 않고 단지 시중드는 종으로서 기능하며 그의 명령을 수행하기 위해 서 있다.[31] 하늘로 들려 올린 에녹도 "내 면전에서 영원히 서" 있어야 한다(에녹2서 22:6).[32] 훗날 랍비 전승(바빌로니아 탈무드 하기가 15a; 창세기 랍바 65:1; 참조. 에녹3서 18:24)에서 발견된 "높은 곳에는 앉음이 없다"라는 원칙은 이미 제2성전기에도 작용한 것으로 보인다.

---

29 예. 단 7:10; 4Q530 2.18; 에녹1서 14:22; 39:12; 40:1; 47:3; 60:2; 에녹2서 21:1; 에스라의 질문서 A26, 30; 바룩2서 21:6; 48:10; 에스라4서 8:21; 아브라함의 유언 A7:11; 8:1; 9:7; 아담의 유언 2:9.

30 이러한 강조는 시 103:19-22을 보라.

31 토빗서 12:15; 아브라함의 유언 A7:11; 8:1-4; 9:7-8; 참조. 눅 1:19.

32 에녹도 같은 작품에서 가브리엘로부터 하나님 좌편에 앉도록 청함을 받지만[24:1], 이것은 단지 하나님이 그에게 창조세계에 관해 설명하실 때 그것을 볼 수 있는 일시적인 자세에 불과하다.

예수와 이스라엘의 하나님

3.3. 하늘 높은 곳에

온 우주를 통치하시는 하나님의 절대 주권은 주로 보좌를 통해 묘사된다. 보좌의 상징적 의미는 그 당시 널리 활용되던 보좌의 높은 위치라는 이미지로 표현되었다. 이사야 6:1(훗날 유대인 독자에게는 천상의 성전에 있는 하나님의 보좌를 가리킴)을 따라 때로는 이 보좌의 아주 높은 위치가 부각되곤 한다. 하나님에 대한 에녹의 환상 가운데 가장 오래된 역본에서 에녹은 천사 중에서 가장 높은 천사조차도 접근할 수 없는(에녹1서 14:22) "아주 높은 보좌"를 본다(14:18). 에녹2서에서 일곱 번째 하늘의 문지방에서 천사의 무리 가운데 있을 때에도 그는 주(主)께서 "대단히 높은 보좌에 앉아 계시는 것을 멀리서만" 볼 수 있었다(에녹2서 20:3J). 우리가 알다시피, 하늘은 높은 곳에 광대하게 펼쳐져 있으며 하늘의 각 층은 그 아래 있는 하늘보다 훨씬 더 높은 곳에 있는 것으로 상상되어왔다.[33] 하늘 정상에 있는 하나님의 보좌는 땅보다 그리고 심지어 더 낮은 하늘에서 하나님을 섬기는 다양한 계급의 천사들보다 상상할 수 없을 정도로 높은 곳에 있다고 여겨졌다. 이것은 단순히 인간 사회뿐만 아니라 유일한 우주의 제왕이신 하나님이 무수히 많은 천상의 종들을 통해 다스리는 전 우주, 자연계, 하늘과 하데스라는 보이지 않는 세계를 포함한 모든 실재에 대한 절대적인 신적 통치를 나타낸다.

---

[33] 참조. 바룩3서 2:2; 3:2; 4:2; 이사야 승천기 7:18, 28; 에스겔의 환상.

3.4. 결론

따라서 제2성전기 유대교에서는 가장 높은 하늘에 있는 하나님의 보좌가 유일신론의 핵심적 상징으로 부상했으며, 이는 신적 정체성을 결정짓는 본질적인 특징 중 하나였다. 비록 하나님의 통치와 관련된 보좌에 앉은 또 다른 인물에 대한 소수의 흔적이 발견되기도 하지만, 이런 인물들이 하나님의 통치에 예속되어 있다는 사실이 거의 항상 강조되고, 관련 문헌의 압도적인 추세는 하나님의 보좌 외의 다른 모든 보좌를 하늘에서 완전히 치워버리는 것이었다. 훗날 다니엘 7:9과 메타트론(Metatron)에 대한 랍비들의 논의에서처럼 이것이 논쟁의 소지가 많은 이슈였다는 암시는 그 어디에도 없다.[34] 하나님의 하늘 보좌의 유일성은 제2성전기 유대교를 공통적으로 지배했던 유일신론의 논리에 속한다.

4. 보좌에 앉은 인물들

유일한 신적 보좌가 이러한 상징적 기능을 갖고 있어서 만약 우리가 하나님과 구별될 수 있는 인물이 하나님의 보좌에 앉아 있는 것을 본다면 우리가 그것을 하나님의 독특한 정체성 안에 그런 인물을 포함시키는 유대교의 가장 강력한 신학적 수단 중 하나로 보아야 할 것이다.[35] 이것은 제

---

34 바빌로니아 탈무드 하기가 14a, 15a, 에녹3서 16.

35 Gieschen, *Angelomorphic Christology*, 93-4 역시 올바른 판단을 내린다. "어떤 인물이 하나님과 신적 보좌를 공유하거나 홀로 그 보좌에 앉는 장면이 나오는 텍스트들은 유대교 문맥에서 매우 심오한 신학적 진술, 즉 '보좌에 앉은 인물은 신성을 소유하고 있다고 볼 수 있다'는 진술을 하는 것이다. 나는 "보좌에 앉은 인물은 신성을 소유할 수밖에 없다"라고

예수와 이스라엘의 하나님

2성전기 유대교 문헌에 나타난 세 가지 관련 사례 및 초기 기독교에 나타난 예수의 사례와 관련하여 검증해볼 만한 가설이다. 이 세 비기독교적 유대교 사례는 각기 매우 다를 뿐 아니라 각기 방식대로 매우 시사하는 바가 크다.

4.1. 보좌에 앉은 지혜

"지혜"를 하나님의 보좌를 공유하는 것으로 묘사하는 텍스트가 두 개 있다. 하나는 에녹1서 84:2-3이다. 이 텍스트는 우리가 그동안 관심을 가져온 하나님의 고유한 통치권에 대한 유일신론적인 수사적 문장에서 "지혜"가 언급되고 있는 기도다.

> 오 왕이신 주여, 찬송 받으소서.
> 당신의 위엄 속에 위대하고 강하신 분,
> 하늘의 모든 피조물의 주,
> 왕 중의 왕이시며 모든 영원의 하나님.
> 당신의 권세와 통치와 위엄이 영원히 영원히 지속되고
> 당신의 통치는 영원히 언제나
> 모든 세대에까지 지속될 것입니다.
> 모든 하늘들은 영원히 당신의 보좌가 되며,
> 모든 땅은 영원히 영원히 언제나 당신의 발등상입니다.
> 이는 당신이 만물을 만드셨고 당신이 통치하시기 때문입니다.

말하리라.

당신에게는 어려운 것이 아무것도 없습니다.

지혜가 당신을 피하지 못하고,

〈그것이 당신의 보좌에서도 떠나지 않으며〉[36]

당신 앞에서도 떠나지 않습니다.

당신은 모든 것을 아시고 보고 들으시며

당신에게서 감춰진 것은 아무것도 없습니다.[37]

이것은 하나님의 지혜가 그의 조언자로서 그 곁에 앉아 그의 통치의 모든 행사에서 그에게 조언하기 위해 끊임없이 그의 곁을 지키는 그림이다. 이 그림은 만물을 다스리시는 하나님의 통치에 대한 유일신론적 강조 또는 다른 유일신론적 텍스트에서 발견되는, 하나님은 어떤 조언자도 필요로 하지 않는다는 주장과 조금도 긴장을 일으키지 않는다(사 40:13; 집회서 42:21; 에녹1서 14:22; 참조. 지혜서 9:13, 17; 1QS 11:18-19). 왜냐하면 지혜는 하나님께 조언을 주는 하나님과 다른 존재가 아니라 그의 신적 정체성 안에 포함되어 있는 하나님 자신의 지혜이기 때문이다. 에녹2서 33:4(J)이 표현하듯이, 그는 "어떤 조언자도 없다.…나의 지혜가 나의 조언자다." 여기에는 전혀 모순이 없다.

우주의 보좌에 앉아 계신 하나님 옆에 앉아 있는 "지혜"에 대한 그림은 지혜서에서도 발견된다. 거기서 솔로몬은 "당신의 보좌에 당신의 조언자로 앉아 있는 지혜(tēn tōn sōn thronōn paredron sophian, 9:4)를 내게 주시고 그녀[지혜]를 당신의 영광의 보좌에서 보내사…내 옆에서 일할 수 있

---

36 Nickelsburg와 VanderKam은 여기서 텍스트를 수정했다.

37 이 번역은 다음의 책에서 발췌한 것임. George W. E. Nickelsburg and James C. VanderKam, *1 Enoch: A New Translation* (Minneapolis: Fortress, 2004), 119.

예수와 이스라엘의 하나님

게 하소서"라고 하나님께 요청한다(9:10). 이 그림도 최고의 식견을 갖춘 하나님의 조언자로서의 지혜에 관한 것이며, 지혜는 여기서 하나님의 지혜가 하나님에게 조언하듯이 솔로몬을 교육하고 조언하게 된다(9:9-12). 이러한 이미지가 에녹1서 84장과 지혜서와 같이 서로 다른 두 텍스트에 등장한다는 사실은 이것들이 아주 별난 텍스트가 아님을 암시한다. 이 텍스트들은 하나님의 지혜를 하나님의 독특한 정체성과 무관하지 않고 그 정체성 안에 내재되어 있는 것이라는 일반적인 견해를 대변한다고 할 수 있다.

4.2. 보좌에 앉은 모세

자기 자신이 하나님의 우주적 보좌에 앉아 있는 것을 본 모세의 꿈을 서술하는 비극작가 에스겔의 이야기는 널리 논의되긴 했지만, 내가 볼 때에는 거의 모든 해석자에 의해 잘못 해석되어왔다.[38] 따라서 나는 이 특정 텍스트를 좀 더 상세하게 다룰 것이다. 이 텍스트의 해석학적 난제는 꿈과 그 꿈에 대한 라구엘의 해석, 곧 꿈속에서 우주의 보좌로 높임을 받는 모세의 놀라운 승격과 성서 이야기에 기록된 보다 더 수수한 이야기(라구엘이 꿈의 의미로 제시하는) 간의 관계에 있다. 지금까지 제시된 해석 중 그 어

---

[38] 주요 연구는 C. R. Holladay, *Fragments from Hellenistic Jewish Authors: Volume II: Poets* (SBLTT 30; Atlanta: Scholars, 1989), 437-8에 열거되어 있지만, 다음의 글도 함께 참조하라. Pieter W. van der Horst, "Moses' Throne Vision in Ezekiel the Dramatist," *in Essays on the Jewish World of Early Christianity* (NTOA 14; Göttingen: Vandenhoeck & Ruprecht, 1990), 63-71; William Horbury, "The Gifts of God in Ezekiel the Tragedian," in *Messianism Among Jews and Christians* (London/ New York: T&T Clark, 2003), 65-82; Eskola, *Messiah*, 86-90; Jane Heath, "Homer or Moses? A Hellenistic Perspective on Moses' Throne Vision in Ezekiel Tragicus," *JJS* 58 (2007): 1-17.

느 해석도 다음 두 가지 문제를 제대로 설명하지 못한다. 즉 이 해석들은 모세가 자신의 꿈속에서 앉아 있던 보좌가 실제로 우주를 다스리는 하나님의 보좌임을 받아들일 수 없거나 또는 라구엘의 해석을 심각하게 불완전하고 부적절한 해석으로 볼 수밖에 없다고 본다.

이 해석들이 한 가지 간과한 것이 있다면 그것은 바로, 유대교 문헌에 나오는 대부분의 상징적 꿈이나 환상과 같이, 라구엘이 이 꿈을 비유적으로 간주한다는 명확한 증거다. 그 꿈이 의미하는 바는 그 꿈이 문자적으로 말하고 있는 것이 아니라는 것이며, 따라서 이 꿈은 해석을 요구한다. 라구엘은 모세가 하나님의 보좌에 앉아서 우주의 세 부분, 즉 사람이 거주하는 땅과 그 아래 있는 깊음과 그 위에 있는 하늘을 보고 있다는 사실을 그대로 인용한다. 그다음 그는 이것이 다른 무언가를 의미하는 것으로 해석한다. 즉 모세는 현재와 과거와 미래의 일—우주의 세 부분이 아니라 시간의 세 부분—을 보게 될 것이다(87-89장). 이것은 정확하게 모세를 성령의 감동으로 현재의 일뿐 아니라 과거와 미래의 일을 토라에 기록한 예언자로 보는 일반적인 유대교의 이해를 반영한다(참조. 희년서 1:4). 따라서 꿈에 등장하는 모세의 **우주적** 승격에 관한 이야기의 한 부분이 하나님의 백성의 **지상** 역사에서 모세가 수행한 역할의 한 측면으로 해석되고 있는 것이다. 일단 우리가 이 사실을 인정하면 우리는 라구엘의 해석의 다른 부분도 동일한 방식으로 해석될 수 있음을 보게 된다. "너는 큰 보좌를 세우고 너 자신이 사람들(mortals, brotōn)을 심판하고 다스릴 것이다"(85-86장). 그 꿈 자체에서는 사람들이 나타나지 않는다.[39] 거기서 보좌

---

39   에스겔이 동일한 단어를 하나님과 뚜렷하게 대조를 이루는 모세에게 사용하는 것에 주목하라(102).

예수와 이스라엘의 하나님

에 앉은 모세 앞에 무릎을 꿇은 이들은 수많은 별, 곧 불멸의 천상적 존재들이다(79장). 여기서도 모세의 **우주적** 승격(하늘 군대를 다스리는 그의 주권)에 대한 꿈의 이야기의 한 부분이 다시 한번 **지상** 역사에서 모세가 수행한 역할의 한 측면—이 경우에는 그의 이스라엘 통치—으로 해석된다. 라구엘의 꿈 해석은 사실상 매우 완벽하다. 즉 그의 해석은 꿈의 여러 주요 측면에 대해 해석을 제시한다. 그러나 이 해석은 성서 시대 이후의 유대인들이 이해했던 것처럼 우주 전체에 대해 주권을 행사하고 그것을 살피는 우주의 보좌로 높임을 받은 모세의 승격을 성서에 기록된 모세의 이력을 비유적으로 예언하는 것으로 간주한다. 즉 모세는 왕으로서 이스라엘을 다스리고 예언자적인 능력을 행사할 것이다. 오직 이러한 해석을 통해서만 꿈과 해석 간의 조화를 제대로 이루어낼 수 있을 것이다.

에스겔은 왜 하나님의 우주적 보좌에 앉은 모세에 대한 묘사를 지상의 왕과 예언자로서의 모세의 훨씬 더 제한된 역할에 대한 비유로 사용했어야 했을까? 이 질문에 답함에 있어 우리는 당대의 유대교 신학이 근본적으로 어느 정도나 석의에 근거했는지(심지어 명시적으로 그렇게 나타나 있지 않더라도) 기억할 필요가 있다. 유대교 텍스트를 석의하는 데 있어 우리가 직면하는 문제는 종종 성서 해석에 기초가 되는 것을 감지함으로써 해결할 수 있다. 따라서 이 경우 우리는 우선 에스겔이 모세에게 보여준 꿈에 대한 좋은 선례가 토라 안에 있었다는 것에 주목해야 한다. 족장 요셉은 해와 달과 별들이 자신에게 절하는 꿈을 꾸었다. 다른 말로 하면 그는 오직 하나님만이 받아 마땅한 절을 하늘의 천체로부터 받았다(창 37:9-10). 하나님의 통치와 대등한 우주적 통치가 꿈속에서 지상 통치에 대한 비유로 기능한다. 이것은 에스겔이 요셉의 꿈을 해석한 방식이다. 그러나 둘째, 우리는 그가 모세의 경우에도 왜 이와 비슷한 꿈을 그렸는지 그 특별한 이유를 파악할 수 있다. 유대교 해석자들이 볼 때 성서에서 모세에 대한 이야기 중 가장 주목할 만하면서도 또 가장 문제가 되는 본문은 바로 출애굽기 7:1일 것이다. "내가 너를 바로에게 신(히브리어 '*elōhim*, 그리스어 *theos*) 같이 되게 하였은즉[문자적으로는 '주었은즉']"(참조. 4:16).[40] 에스겔의 모세의 꿈 이야기와 이에 대한 라구엘의 해석은 바로 하나님이 모세에게 하신 말씀에 대한 해석이다. "내가 너를 하나님으로 만들 것이다."[41] 이 꿈은 단순히 이 이미지를 상세히 풀어놓는 것이다. 이 꿈은 모세를 **하나님**으로 **묘사하고** 우주 전체에 대한 고유한 주권을 행사하시는 하나님을 대신하는 인물로 묘사한다. 그리고 이 꿈에 대한 라구엘의 해석은 은유적으로 해석할 때 이 이미지가 **의미하는** 바를 설명해준다. 물론 모세는 문자적으로 우주의 보좌 위에서 고유한 신적 통치권을 실질적으로 행사하시는 하나님으로 이해되어서는 안 된다. 하나님으로서의 모세 **이미지**는 모세가 왕과 예언자가 될 것을 **의미하는** 것으로 해석된다. 이 꿈과 이 꿈에 대한 해석은 함께 모세에게 사용된 "하나님"이란 단어(출 7:1)가 어떻게 이스라엘에 대한 모세의 주권과 과거와 현재와 미래에 관한 그의 영감 받은 지식에 대한 은유가 되는지를 설명해준다. 모세는 오직 이러한 측면에서만 하나님과 같은 인물이다.

따라서 이 꿈은 상당히 문자적으로 모세를 하나님으로 묘사하지만, 그 꿈의 의미는 그것의 문자적 의미가 아니다. 이러한 읽기를 따르면 우

---

40 유대인 해석자들이 이 텍스트를 하나님이 이방인들은 각기 자신들의 신들을 숭배하도록 정하셨음을 의미하는 것으로 읽었다는 Horbury의 주장은 나에게는 전혀 설득력이 없어 보인다(Horbury, "Jewish," 16-44, 여기서는 33).

41 이 하나님의 진술을 문맥과 전혀 상관없이 일종의 모세의 탁월한 역할과 지위로 취급하고, 이로써 모세의 생애 초기에 주어진 그의 위대한 미래에 대한 예언에 암묵적으로 나타난 것으로 보는 견해를 보려면 아므람의 환상들(Visions of Amram) 3:1(4Q543)을 참조하라.

리는 꿈속에서 하나님이 실제로 자신의 보좌를 **비우시고** 모세를 그 지리에 앉히시는, 전례가 없고 기이한 사실과 직면하게 된다. 이것이 바로 출애굽기가 말하듯이 하나님이 모세를 "하나님"으로 "만드신다"는 것에 대한 문자적 의미다. 모세는 고유한 신적 통치권을 행사하시는 하나님을 대신할 수밖에 없다. 이 꿈의 다른 여러 요소도 고유한 신적 통치권을 명료하게 묘사하기 위한 것이다. 모세는 오직 하나님만이 그의 보좌 위에서 하시는 것처럼(예. 시 33:13-15) 만물을 바라보며 우주 전체를 살핀다. 그는 창조자만이 하실 수 있는 것처럼(시 147:4; 사 40:26) 별들의 수효를 헤아린다. 그는 오직 하나님만이 받으시는 것처럼(느 9:6) 이 별들의 경배를 받는다. 꿈속에서 나타나는 모든 것은 모세가 상당히 문자적으로 보좌에 앉아 계신 하나님을 대신하여 고유한 신적 통치권을 대신 행사하는 그림을 그리는 데 기여한다. 모세가 왜 이 시점에서 두려워하며 자신의 꿈에서 깨어났는지 이제서야 알 것 같다. 에스겔은 하나님의 우주적 보좌가 하나님의 독특한 정체성 안에 내재되어 있는 고유한 주권을 상징한다는 사실을 잘 알고 있다. 그는 오직 하나의 비유로서만 모세를 그 보좌에 앉힐 수 있다. 하나님과 우주의 관계처럼, 모세도 이스라엘과 그런 관계를 맺고 있다.

4.3. 보좌에 앉은 인자

에녹의 비유들에서 하나님은 의인(Righteous One), 선택 받은 자(Elect One), 메시아, 인자 등으로 알려진 인물, 즉 하나님이 종말론적 심판을 위임하신 인물을 자신의 보좌 위에 앉히신다. 이 인물 배후에 있는 텍스트는 다니엘 7:13이다. 그 문맥에서 하늘에 있는 이 인간적 존재는 이 땅에 있는 하나님의 백성을 대표하여 그들을 압제하는 자들로부터 구원하는 천상적 존재로 이해된다. 다니엘 7:14은 하나님이 인자에게 선택 받은 이들을 압제하는 나라들을 심판하는 역할을 맡기실 것을 의미하는 것으로 이해되어 왔다(참조. 70인역). 에녹의 비유들에서 종말론적 심판의 때까지 하늘에 감추어져 있던 인자는 그때까지는 아무런 역할도 하지 않는다. 그의 역할은 주로 그리고 중점적으로 천상의 영역(61:8-9)과 인간의 영역에서 종말론적 심판을 수행하는 것이다. 물론 그도 심판 이후에 선택 받은 이들과 함께 영광 가운데 거할 것이지만 말이다(45:4; 62:14).

하나님은 다니엘 7:9-10을 연상시키는 장면에서만 친히 그의 천상의 어전회의 참석자들과 더불어 심판의 보좌에 앉으신다(47:3). 이것은 아마도 심판의 때가 도래했다는 하나님의 예비적(preliminary) 결정으로서 이해되어야 할 것이다.[42] 그런 다음 심판 자체는 하나님이 심판자로 임명하신 인자에게 위임된다(42:9). 주권적 심판이라는 주제의 핵심적 위치 때문에 하나님의 보좌는 가장 중요한 상징이다. 이것은 "영광의 보좌"다(47:3; 55:4; 61:8). 이것은 하나님 자신이 앉아 계신 하나님의 영광의 보좌다(47:3; 60:2; 71:7). 그러나 이것은 선택 받은 자 또는 인자가 심판을 위해 앉을 영광의 보좌이기도 하다(62:2, 5; 69:27, 29; 참조. 51:3).[43] 이것이 하나님의 영광의 보좌라고도 불리고 "선택 받은 자"의 영광의 보좌라고

---

42 따라서 "최후의 심판 집행자와 관련하여 에녹1서 37-71장에서 변동이 있다. 하나님은 때로는 이 최후의 심판 집행자로 명시되기도 하지만, 또 때로는 메시아적 대리인이 그렇게 불리기도 한다"는 말은 엄격하게 말해 타당하지 않다(Larry J. Kreitzer, *Jesus and God in Paul's Eschatology* [JSNTSup 19; Sheffield: JSOT Press, 1987], 106).

43 이 본문들에서 "그의"가 에티오피아어 역본으로부터 유래했다고 주장하는 시도에 관해서는 Matthew Black, "The Messianism of the Parables of Enoch: Their Date and Contributions to Christological Origins," in *The Messiah*, ed. J. H. Charlesworth (Minneapolis: Fortress, 1992), 154-5를 보라.

도 불리는 동일한 보좌라는 사실은 하나님이 "선택 받은 자"를 영광의 보좌에 앉히셨다는 진술에 의해 분명해진다(61:8). 하나님이 자신의 보좌에 또 다른 인물을 앉히시는 이 그림은 당대의 유대교 문헌에서 오직 비극작가 에스겔이 쓴 모세의 꿈에서만 나타난다. 우리가 이미 살펴보았듯이 이 이야기는 문자적으로 읽도록 의도된 것이 아니다. 이 그림은 몇몇 학자가 제안했듯이[44] 시편 110:1에서 유래한 것 같지는 않다. 왜냐하면 에녹의 비유들에는 이 시편에 대한 암시(신약에서 시편 110:1에 대한 확실한 암시가 많듯이 에녹의 비유들에서 영광의 보좌에 앉아 있는 인자를 묘사하기 위해 쉽게 사용했을 만한 이 이미지, 특히 하나님의 우편에 앉아 있는 독특한 이미지에 대한 언급이 전혀 없다)나 또는 심지어 이 시편 나머지 부분에 나타난 주제들에 대한 암시조차도 전혀 없기 때문이다. 이보다 하나님이 자신의 보좌에 인자를 앉히시는 개념은 아마도 다니엘 7:14에서 인자의 주권을 묘사하는 용어들이 다니엘서 다른 곳에서(단 4:3; 4:34; 6:26) 하나님 자신의 주권을 묘사하기 위해 사용된 용어들과 매우 유사하다는 점에서 유래했을 것이다.[45] 저자는 이 본문들을 근거로 인자가 하나님의 고유한 주권에 참여한다고 결론내리고 이에 따라 그를 하나님의 보좌에 앉아 있는 모습으로 묘사한다. 인자는 종말론적 심판의 때가 도래하기 전에는 하나님의 주권에 참여하지 않는다. 그전까지는 단지 이 역할을 맡도록 예정되어 있을 뿐이다. 그러나 하나님의 보좌가 그의 것이라고 일컬음으로써 에녹의 비유들은 분명히 이러한 신적 주권 참여에 진지한 의미를 부여한다.

---

44 Hengel, *Studies*, 186; Black, "Messianism," 153-5. 이 두 학자는 모두 J. Theisohn, *Der auserwählte Richter* (SUNT: Göttingen: Vandenhoeck & Ruprecht, 1975), 94-8을 따른다.

45 에녹의 비유들에 들어 있는 이 본문들에 영향을 줬을 개연성이 있는 것에 관해서는 에녹1서 41:9의 단 4:35에 대한 암시와 에녹1서 46:5의 단 4:17에 대한 암시를 보라.

여기에 매우 진지한 의미를 부여했다는 것은 또한 인자가 심판자로
서 영광의 보좌에 앉아 있을 때 그를 경배하는 모습을 묘사하는 본문들
을 통해서도 확인할 수 있다(46:5; 48:5; 62:6, 9). 이 중 두 경우에서 악인
들은 그의 앞에 엎드려 그를 경배하는가 하면(48:5; 62:9), 다른 한 경우
에서는(불행하게도 모호한 본문) 그들이 "모든 것을 다스리는 그를 송축하고
영화롭게 하며 높인다"(62:6). 만약 7절의 순서가 그렇다고 말해주듯이
이 분이 바로 인자라면 여기서 인자를 경배하는 모습은 다른 곳에서 하나
님께 대한 경배를 묘사하는 데 사용된 용어를 통해 묘사된다(참조. 39:12;
48:5; 61:9, 11, 12; 69:24). 48:5과 62:9에서 사용된 언어는 반드시 신적
경배를 의미하지 않으면서도 통치자에 대한 복종을 나타내는 데 사용될
수 있다. 하지만 많은 경우에서 볼 수 있는 것처럼 인자가 오직 하나님께
만 드려져야 할 경배를 받고 있는지 아닌지를 판단하는 것은 사용된 몸짓
이나 용어가 아니라 그 문맥이다. 그가 고유한 신적 통치권의 상징인 신
적 보좌에 앉아 있다는 것은 그가 신적 경배를 받고 있다는 것을 입증하
기에 충분하다. 이러한 문맥 안에서 단순히 정치적 복종과 제의적 경배를
구별한다는 것은 잘못이다. 왕권(kingship)이나 주권(lordship)은 제2성전
기 유대교에서 하나님과 세상의 관계를 나타내는 매우 중요한 이미지였
다. 하나님에 대한 제의적 경배는 바로 모든 피조물에게 요구되는 하나님
의 통치에 대한 복종을 나타낸다. 만약 신적 보좌에 앉아 있는 인자가 경
배를 받는다면 그는 고유한 신적 통치권을 인정받는 것이다. 확실히 에녹
의 비유들의 강조점이 하나님께 대한 경배에 있는 것은 사실이지만, 인자
도 하나님께 대한 경배를 훼손시키지 않는 범위 안에서 어느 정도 하나
님께 대한 경배를 포함하는 경배를 받는다(참조. 48:5). 만약 그렇다면 인
자에 대한 경배는 적절하다. 왜냐하면 그가 신적 보좌에 앉는 것으로 상

예수와 이스라엘의 하나님

징되는 신적 주권에의 참여는 경배를 통해 인정되는 하나님의 독특한 정체성 안에 그를 포함시키기 때문이다. 왕들과 강력한 자들이 "그가 그의 영광의 보좌에 앉아 계신 것을 보고 그를 인정할 때" 비로소 그들은 그를 "만물을 통치하는" 자(62:3, 6), 즉 고유한 신적 통치권을 행사하는 자로서 그를 경배하게 되는 것이다.

따라서 에녹의 비유들에 나오는 인자는 제2성전기 유대교 문헌에 묘사된 높임을 받은 인간 혹은 천상적 인물 가운데 두 가지 측면에서 독특하다고 할 수 있다. 즉 그는 신적 보좌에 앉아 경배를 받는다. 그가 하나님의 독특한 정체성이라는 핵심적인 측면—만물 통치—에 참여하기 때문에 그는 제2성전기 유대교에서 바로 그 하나님의 독특한 정체성에만 허용되는 경배를 받는다. 비극작가 에스겔이 모세에게 단지 비유적으로만 적용했던 것을 에녹의 비유들은 비록 종말론적 미래에 일어날 일이긴 하지만 이를 문자적으로 인자에게 적용한다. 이러한 대비는 우리로 하여금 높임을 받은 인간과 천상적 존재 가운데 그 누구도 하나님의 독특한 정체성에 참여하지 않는다는 사실을 분명히 깨닫게 한다. 그들은 모두 이러한 신적 정체성 밖에 있다. 그들은 하나님의 뜻을 수행하지만, 신적 보좌에 앉는 것이 의미하는 것처럼 신적 주권에 참여하지는 않는다. 그들은 경배를 받지 않으며 그들은 이러한 경배를 거부하고 금한다. 에녹의 비유들에 나오는 인자는 일반적 규범에서 벗어난 예외다.

에녹의 비유들에 의하면 하나님의 보좌를 공유하는 것으로 묘사되는 지혜와 인자는 승귀하신 예수가 하나님의 하늘 보좌를 공유한다는 기독교의 주장에 부합하는 유일한 선례를 제공한다. 지혜와 인자는 아주 제한된 범위 내에서 유대교 사상이 어떻게 초기 기독론이 나아간 방향으로 발전할 수 있었는지를 보여준다. 나는 지혜와 인자가 기독론적 사고와 평행을 이루는 후대의 유대교적 사고—즉 메타트론(Metatron)이 하늘 보좌에 앉는 모습—가[46] 기독론에 미친 영향보다 더 많은 영향을 미쳤을 것이라고 생각하지 않는다.[47] 다른 여러 고려사항은 차치하더라도 기독론이 발전하는 데 있어 시편 110:1이 감당한 결정적인 역할은 이러한 유대교 선례에서는 전혀 찾아볼 수 없다. 유대교 선례의 가치는, 유일신론에 대한 제2성전기 유대교의 이해에 따르면, 하나님의 하늘 보좌에 앉는다는 것이 하나님의 독특한 정체성 안에 포함되는 것을 의미했으며 신적 경배로 인정될 수 있었다는 것을 우리에게 보여준다는 것이다.

5. 하나님의 하늘 보좌에 앉으신 예수

신약의 기독론을 우리가 개략적으로 서술한 제2성전기 유대교 유일신론에 대한 이해의 문맥에서 읽으면 초기 그리스도인들이 이스라엘의 한 분하나님의 독특한 정체성에 예수를 아주 명확하고 또 정확하게 포함시키기 위해 하나님의 독특한 정체성이라는 아주 잘 정립되고 잘 인식된 모든 특성을 예수에게 적용했다는 것을 쉽게 볼 수 있다. 이러한 다양한 특성

---

46   참조. D. Abrams, "The Boundaries of Divine Ontology: The Inclusion and Exclusion of Metratron in the Godhead," *HTR* 87 (1994): 291-8. 나는 에녹의 비유들에서 에녹과 동일시되는 인자와 에녹3서에서 에녹과 동일시되는 메타트론을 서로 직접적으로 연결하는 것이 가능하다고 생각하지 않는다. 인자의 즉위와 역할은 전적으로 종말론적이며, 메타트론의 즉위와 역할은 종말과는 전혀 무관하게 전적으로 현재적이다.

47   하나님의 보좌가 통상적으로 "영광의 보좌"로 불리는 것을 고려하면, 마 25:31이 에녹의 비유들의 영향을 반영한다는 주장은 설득력이 거의 없다(위의 각주 23번을 보라). 기껏해야 우리는 이 두 본문이 공통적으로 다니엘 7:13-14에 대한 해석 전통에 의존하고 있다고 주장할 수 있을 것이다.

가운데 가장 주요한 것은 만물을 다스리시는 하나님의 고유한 통치권이었다. 부활 이후 우리가 추적할 수 있는 가장 이른 시기의 기독론에서부터 예수의 승귀는 그가 하늘에 있는 신적 보좌를 공유하고 이로써 우주에 대한 신적 통치에 참여하는 것으로 이해되었다. 그리고 곧이어 다른 신적 특성들, 특히 예수가 창조사역에 참여했다는 개념이 신속하게 논리적으로 뒤따랐다. 배타적으로 오직 한 분 하나님께만 드려져야 할 유일신 경배 대상에 예수를 포함시키는 예수경배는 다시 그가 하나님의 하늘 보좌에 앉아 고유한 신적 통치권을 행사하는 것을 인정하는 것으로서 신적 정체성 안에 그를 포함시키는 것을 필연적으로 인정하는 것이 또 뒤따랐다. 따라서 이제 우리는 하나님의 보좌로 높임을 받으신 예수의 승귀에 대한 신약의 이해를 그 주요 특징에 국한시켜 살펴볼 생각이다.

5.1. 시편 110:1: 핵심 본문

초기 기독교 신학은 주로 유대교의 학문적 해석을 바탕으로 하는 전통적인 해석 방법과, 때로는 과거에 없었던 새로운 해석을 제시하는 방법을 겸비한 성서 주해를 통해 발전했다. 왜냐하면 초기 기독교 신학은 이스라엘의 하나님의 결정적인 종말론적 행위로 이해되는 사건들을 해석하는 데 활용되었기 때문이다. 그런데 이러한 사건들은 기존에 있던 유대교의 기대와 정확하게 일치하지 않았다. 초기 기독교의 석의적 발전에 있어서 아주 주목할 만한 현상 가운데 하나는 아마도 시편 110:1이 초기 기독교 문헌에서 가장 자주 기독론적 암시로 사용된 히브리 성서 본문이라는 점이다. 이 본문을 분명하게 암시하는 내용은 기독교 운동 첫 100년 사이에 매우 광범위하고 다양한 문헌 전반에 걸쳐 나타난다(공관복음, 사도행전,

주요 바울서신, 에베소서, 골로새서, 히브리서, 베드로전서, 요한계시록, 마가복음의 긴 결말, 클레멘스1서, 폴리카르포스, 바나바, 사도들의 서신, 베드로의 묵시, 이사야 승천기, 야고보 외경 등).[48] 신약 안에서만도 인용 또는 암시가 스무 군데나 있다.[49] 놀라운 것은 이 구절에 대한 광범위한 사용뿐만 아니라 이 구절에 관한 해석과 연관된 모티브들 및 이 구절과 다른 성경 텍스트 간의 연관성이 서로 관계가 없는 다양한 기독교 저서에서 반복적으로 나타난다는 사실이다. 따라서 이러한 기독교 저서들은 이 구절에 대한 해석 밑바닥에 깔려 있는 전승을 분명히 반영한다고 할 수 있다. 이 본문들 중에는 비교적 완전히 굳어져버리진 않았지만 그래도 케리그마적인 진술 내지는 신앙고백적인 진술이 일부 반영되어 있을 수 있어서, 심지어 폴리카르포스가 빌립보에 보낸 편지 2:1과 같이 후대의 텍스트조차도 더 이른 시기의 발전 단계를 이해하는 데 유용한 증거가 될 수 있다. 한 가지 분명한 사실은 시편 110:1이 단순히 인용되었을 뿐만 아니라 초기 기독교 운동에서 매우 일찍부터 그리고 매우 널리 신중하게 해석되었다는 것이다. 종종 서로 함께 결합되어 해석된 텍스트는 시편 8:6과 다니엘 7:13-14이다. 한 가지 주목할 만한 사항은 이 다른 본문들도 **시편110:1과 함께** 신약에서 매우 중요한 역할을 감당한다는 것이다. 이 본문들은 이 핵심 본문이 예수가 하나님의 우주적 통치에 참여하는 것을 가리키는 것으로 보는 기독교의 해석을 용이하게 했다.

---

48   Hay, *Glory*, 45-6에 열거된 인용 및 암시 목록을 참조하고 그 목록에 *Ep. Apos.* 3; *Ascen. Isa.* 10:14; 11:32 등도 추가하라. 계 3:21(개연성이 있음)만을 제외하고 다른 모든 암시는 확실하다고 할 수 있다.

49   21개로 집계된 Hengel의 목록(Hengel, "Sit at My Right Hand!" 133)에는 막16:19이 포함되어 있고 엡2:6; 히 12:2; 계3:21 등이 빠져 있다. 행 2:33과 2:34-35은 두 개로 집계되지만, 나는 이 본문들을 하나로 계산한다.

예수와 이스라엘의 하나님

5.2. 새로운 해석과 새로운 주장

초기 기독론과 관련하여 시편 110:1이 차지하고 있는 아주 분명한 위치
는 초기 기독론을 주요한 천사들 및 승격된 족장들과 관련하여 이미 잘
형성되고 또 널리 알려진 유대교 모델을 예수에게 전가한 것으로 보려는
다양한 학문적 시도에 커다란 걸림돌로 작용한다. 제2성전기 유대교 문
헌에는 욥의 유언 33:3을 제외하고는 시편 110:1(또는 이 시편의 다른 어
떤 부분이라도)에 대한 분명한 암시가 전혀 없다.[50] 욥의 유언에서는 시편
110:1이 상당히 다르게 사용되었으며[51] 어쩌면 이 저서는 신약성서의 영

---

50   미가엘-멜기세덱이 11QMelchizedek에서 그가 종말론적 역할을 수행하고 있는 것으로
묘사되고 있어서 시편 110편이 그에게 매우 적절하게 적용되었을 수도 있다(그러나 Joel
Marcus, *The Way of the Lord: Christological Exegesis of the Old Testament in the Gospel of
Mark* [Louisville: WJK, 1992], 133은 그가 멜기세덱이 "하나님의 우편으로 높임을 받았
다"고 말할 때 그 관계를 과장한다. 11QMelch에는 하나님의 우편에 대한 언급이 없다).
Eskola, *Messiah*, 130은 시편 110편에 의존했을 가능성을 가정하면서 11QMelch이 "유
대교 묵시문헌에서 시편 110편을 활용한 최초의 사례 중 하나로 간주될 수 있다"고 주장
한다(그렇다면 다른 사례는 어떤 것인가?). 그러나 시편 110편에 대한 암시는 현존하는
11Q13[11QMelch]의 단편들에서도 전혀 발견되지 않는다. 11QMelch 2:10에서 멜기세
덱은 천상의 어전 회의에 **서 있다**(시 82:1에 따라). 인자가 하나님 우편에 **서 있는** 수수께
끼와도 같고 논란의 많이 행 7:55-56의 장면을 과연 시 82:1이 설명해줄 수 있을까? 인
자는 엘로힘이 시 82:1-2에서 하는 것처럼 스데반에게 부당한 판결을 내리는 재판관들에
게 심판을 선언하기 위해 서 있다. 사법 판결을 선고하기 위해 서 있는 것에 관해서는 시
76:9; 사 3:13도 참조하라.

51   욥이 개진하듯이(욥의 유언 33:2-9) 욥이 하나님의 우편에 앉는다는 것은 욥이 그의 보
좌와 그가 이 세상에서 받을 광채―곧 지나가고 사라질(33:4)―대신에 하늘에서 그를 위
해 예비한 영원한 광채를 갖게 되는 것이다. 요점은 하나님이 이 세상을 통치하는 가운데
그에게 권위가 주어지는 것이 아니라 그가 받을 하늘의 상을 영원한 실재로 묘사하는 것
이다. 그의 이 세상 왕국은 단지 그 영원한 실재에 대한 아무런 쓸모없는 그림자에 불과하
다. 아마도 이 시편은 모든 의인들은 죽음 이후에 하늘에 있는 보좌를 받게 될 것이라는 개
념을 따라 해석되었을 것이다(에녹1서 108:12; 이사야 승천기 9:24-5; 11:40; 엘리야의
묵시 1:8; 4:27, 29; 참조. 4Q521 [4QMessAp] 2.2.7). 이러한 암시는 초기 그리스도인
들의 이 텍스트 사용에 그 어떤 선례도 제공해주지 않는다. 그들은 이 텍스트를 그리스도
가 하나님의 우편에 즉위하신 것은 단순히 그의 개인적인 하늘의 상이 아니라 그의 독특

향을 받은 기독교 작품일지도 모른다. 물론 이 사실은 시편 110편이 기독교 이전의 유대교에서 메시아적으로 읽히지 않았다는 것을 입증해주지는 못한다. 모든 제왕시를 메시아적으로 읽는 경향이 존재했다는 사실은 이 시편도 메시아적으로 읽혔을 가능성을 시사하지만, 이에 대한 암시의 부재는 이 시편이 제2성전기 유대교 사상에서는 전혀 **중요**하게 여겨지지 않았으며, 또 초기 그리스도인들이 읽었던 방식처럼 어떤 인간적 존재가 하나님의 고유한 우주적 통치권에 참여하는 것을 가리키는 것으로 읽히지 않았을 가능성을 보여준다.[52] 초기 기독교 신학을 포함하여, 제2성전기 유대교 신학이 주로 성서 해석과는 독립적으로 전수된 사상의 전통이 아니라 해석의 전통이라는 사실은 이것이 기독론의 기원을 밝히는 데 매우 중요하다는 사실을 보여준다. 이 시대의 선생들과 작가들은 주로 한 천상적 또는 종말론적 인물을 또 다른 인물에게 전가하는 모델을 활용하기보다는 특정 텍스트가 어떤 인물에게 적용되는지 또는 어떤 텍스트가 특정 인물에게 적용되는지, 그리고 그 텍스트가 문제의 인물에 관하여 무엇을 말하는지에 관한 질문을 던지곤 했다. 초기 기독론이 유대교 문맥에서 어느 정도 새로운 것이었는지는 예수의 역사라는 독특한 특징에 비추어볼 때 초기 기독론이 핵심 본문들의 특정 부분과 특기사항을 어느 정도 예수에게 적용했느냐에 따라 좌우된다. 핵심 본문 가운데 일부는 이미 어떤 천상적 또는 메시아적 인물을 묘사하는 데 사용되고 있었던 반면, 전에는 그렇게 사용되지 않았지만 일부 **특정한 부분과 특기사항**은 새로운

한 우주적 지위와 역할을 나타내는 것으로 보았다.

52 이 시편에 대한 일부 후기 랍비 해석은 그것이 장차 메시아로 등극하도록 지정된 자가 하나님께서 이 땅에 세워질 그의 나라에서 그를 왕으로 세우실 때까지 하늘에서 기다리면서 앉아 있는 것을 의미하는 것으로 받아들였다(Hay, *Glory*, 54-5).

예수와 이스라엘의 하나님

방식으로 사용되었다. 어쩌면 시편 110:1은 아주 참신한 선택이었으며, 이는 최초기 기독교 운동의 해석적·신학적(이 둘은 불가분의 관계다) 참신성 (novelty)의 증거이기도 하다. 시편 110:1이 제2성전기 유대교 문헌에서는 부재한 데 비해 초기 기독론에서는 활발하게 나타나는 현상에 대해서는 다음과 같은 설명이 가능하다. 초기 그리스도인들의 관점에서 이 시편은 다른 유대인들이 메시아나 다른 인물에 관하여 말하고 싶지 않았던 것을 예수에 관하여 말했다는 것이다. 즉 하나님이 예수를 이제는 하나님의 정체성에만 해당되는 우주적 통치권에 참여하도록 높이 들어 올리셨다는 것이다.

우리가 확인한 두 가지 부분적 선례 중에서 "지혜"가 하나님의 보좌를 공유한다는 개념은 예수를 지혜와 동일시한 것이 시편 110:1을 그에게 적용한 것보다 먼저 일어났을 경우에 한해서만 최초기 기독론 형성에 영향을 미쳤을 것이지만, 그랬을 개연성은 매우 희박하다. 에녹의 비유들 역시 초기 기독교에서도 사용한 동일한 핵심 텍스트 중 일부에 의존하면서 어느 정도 최초기 기독론과 동일한 방향으로 움직였지만, 시편 110편에 대한 암시는 없다. 이 사실은 이러한 유대교 용례가 최초기 기독론의 출처(source)라기보다는 이와 평행을 이루는 동시대의 산물이었음을 시사한다. 사실상 가장 중요한 차이점은 에녹의 비유들에 나오는 인자가 장차 하나님의 보좌에 앉을 것이라는 점이다. 초기 그리스도인들로 하여금 예수를 창조와 같은 다른 독특한 신적 특성에 포함시킬 뿐만 아니라 예수께 대한 신적 경배를 구상하고 실천한다는 측면에서 에녹의 비유들에 나오는 인자에 비해 예수를 하나님의 정체성에 포함시키는 것을 훨씬 더 진지하게 생각할 수밖에 없도록 만든 것은 바로 예수가 이미 현재 하나님의 고유한 주권에 참여하는 분이기 때문이다.

신약의 기독론에 관한 최근의 일부 연구는 우리가 고기독론이 유대교 유일신론적 틀 안에서 어떻게 발전할 수 있었는지 이해할 수 있는 유일한 길은 우리가 그와 같은 무언가가 이미 기독교 이전의 유대교 안에 존재했음을 입증할 수 있을 때에만 가능하다는 신념하에 진행되고 있는 듯 보인다. 그러나 이것은 잘못된 생각이다.[53] 초기 기독론이 어떻게 유대교 유일신론을 전혀 침해하지 않고서도 발전할 수 있었는지를 이해하려면 제2성전기 유대교 유일신론이 한 분 하나님의 독특성을 이해한 방식이 그 안에 예수를 포함시키는 것을 배제하지 않고서도 가능했다는 것을 보여주기만 하면 된다. 초기 기독론의 관심은 하나님께 예속된 중간적 존재라는 어떤 기존 모델에 예수를 부합시키는 것이 아니었다. 초기 기독론의 관심은 시편 110:1 및 관련 텍스트들에 대한 주해에 그 뿌리를 둘 때부터 예수와 하나님이 서로 동일시되는 것을 이해하는 데 있었다. 초기 유대교 유일신론은 비록 그러한 발전 단계에 어떠한 선례도 거의 제공해주지 않았지만, 그러한 발전에 부합할 수 있을 정도로는 열려 있었다고 할 수 있다.

5.3. 만물에 대한 신적 주권

예수가 하나님 자신의 하늘 보좌, 즉 영광의 보좌에 하나님과 함께 앉는다는 내용은 일부 텍스트에 명시적으로 나타나 있으며(히 8:1; 12:2; 계 3:21; 5:6 7:17; 22:3), 다른 나머지 본문에도 이 사실이 전제되어 있다고 보아야 할 것이다.[54] 이러한 하나님의 우주적 통치에의 참여는 부분적으

---

53   Eskola, *Messiah*, 383-4도 이에 동의한다.

54   폴리카르포스(Pol. *Phil*. 2:1)도 분명 하나님 보좌 옆에 예수를 위한 보좌가 있는 것을 상정하지만, 이러한 이미지는 분명 예수가 하나님 자신의 보좌를 공유하는 것, 즉 그가 만물

로 시편 8:6의 해석학적 도움을 받아 종종 "만물"[55] 또는 "하늘과 땅"(또는 더 구체적인 우주적 고정문구)[56]이라는 고정문구, 또는 강조하는 차원에서 이 두 고정문구 모두를[57] 사용하여 표현된다. 제2성전기 유대교 텍스트에서[58] 하나님과 그의 피조물의 관계를 나타내기 위해 지속적으로 사용되는 이 표현은 바로 이것이 유대교 유일신론에서 하나님을 만물의 창조주이자 통치자로서 다른 모든 실재("만물")와 구별하는 방식이기 때문에 매우 중요하다. 비록 다니엘 7:14과 시편 2:8이 메시아에 의해 이 땅이 다스려지는 우주적 통치에 대한 기초 사상을 제공해주긴 했지만(시빌의 신탁 5:416; 에녹1서 62:6), 그리스도의 주권이라는 우주적 범위가 그것을 하늘 가장 높은 곳에 있는 그의 신적 보좌로의 즉위를 상징하는 바로 이 독특한 범주 안에 위치시킨다. 제2성전기 유대교 텍스트에서는 그 어떤 주요한 천사나 승격된 인간도 만물 또는 하늘과 땅에 대한 권세를 가지고 있다고 말하지 않는다.[59]

에 대한 유일한 신적 주권을 행사하는 것과 다름이 없다는 것을 암시한다.

55   마 11:27; 눅 10:22; 요 3:35; 13:3; 16:15; 행 10:36; 고전 15:27-28; 엡 1:22; 빌 3:21; 히 1:2; 2:8; 참조. 엡 1:23; 4:10.

56   마 28:18; 빌 2:10; 계 5:13.

57   Pol. Phil. 2:1; 참조. 마 11:25-27; 눅 10:21-22; 엡 1:10; 골 1:20.

58   각주 6번과 7번을 보라.

59   4Q521(4QMessAp) 단편 2는 "[…]하늘과 땅은 그의 메시아(lmšyhw)의 말을 들을[또는 순종할] 것이다"(2.2.1)로 시작한다. 이 단편의 나머지 부분이 메시아에 대해 아무런 언급도 하지 않기 때문에 이 진술의 의미를 추측하기는 어렵다. Karl-Wilhelm Niebuhr는 (출판되지 않은 논문에서) 사실상 단일 메시아에 대한 언급이 전혀 없다고 제안한다. 그는 lmšyhw를 복수형(lmšyhyw, "그의 기름부음 받은 자들")으로서 2행의 "거룩한 자들"(qdwšym)과 대구법으로 사용된 것으로 읽고 다음과 같이 옮긴다. "하늘과 땅은 그의 기름부음을 받은 자들에게 순종할 것이며, 그 안에 있는 모든 것은 거룩한 자들의 계명에서 돌아서지 않을 것이다." 이 경우, 이는 자연세계의 천상적 통치자들에 대한 언급일 수 있고, 이 텍스트는 역사의 종말이 오기 이전에 자연이 하나님이 정하신 규칙과 질서에서 벗어난 이후에 자연세계의 올바른 질서를 다시 회복하는 것을 가리킬 것이다(참조. 에녹 1서 80:2-8; 에스라4서 5:4-9).

승귀하신 그리스도의 완전한 우주적 통치를 강조하는 또 다른 방법은 천상의 모든 권세가 그에게 복종한다는 것을 언급하는 것이다. 이 텍스트들은 모두 반역한 천상의 권세들의 복종(고전 15:24-28; 이사야 승천기 11:23)과 순종하는 천상의 세력들의 복종(엡 1:20-21;[60] 벧전 3:22; 이사야 승천기 11:24-32; 참조. 계 5:11-14; 사도들의 서신 3)을 묘사한다. 특정 계급에 속한 천사들이 하늘에서 높은 권세를 가진 자들, 즉 "통치"(*archai*: 고전 15:24; 엡 1:21), "권세"(*exousiai*: 고전 15:14; 엡 1:21; 벧전 3:22), "능력"(*dynameis*: 엡 1:21; 벧 3:22), "주권"(*kyriotētes*: 엡 1:21)[61]이라는 점은 주목할 만하다.

5.4. 하늘 높은 곳에

우리가 신적 보좌를 묘사하는 데 있어 중요하다고 여겼던, 높이를 나타내는 이미지도 예수가 하나님의 유일한 주권에 참여한다는 신약의 그림을 한층 더 강화시킨다. 그는 "모든 하늘 위에" 올라가셨고(엡 4:10), "모든 통치와 권세와 능력과 주권과…일컫는 모든 이름 위에" 뛰어나신 분이시다(엡 1:21). 그는 그가 기업으로 받은 이름이 천사들의 이름보다 더 뛰어나신 것과 같이 그들보다 훨씬 더 뛰어나게 되신 후에 지극히 크신 이

---

60 엡 2:2; 6:12의 관점에서 보면 반역하는 천상적 권세들이 아마도 여기에 포함될 것이지만, 벧전 3:22의 진술과 같이 엡 1:21의 매우 일반적인 진술도 하나님께 예속되고 순종하는 하늘의 권세들을 반드시 포함할 것이다.

61 이들은 에녹2서 20:1-3(J)에 열거된 가장 높은 천사 10계급 중 "위대한 천사장들" 다음으로 두 번째, 세 번째, 네 번째, 다섯 번째 계급을 속한다. 또한 "능력들"과 "주권들"이 그룹들(cherubim), 스랍들(seraphim), 바퀴들(ophanim)과 함께 등장하는 에녹1서 61:10과 "능력들"이 세 번째 하늘에 있고 "권세들"이 네 번째 하늘에 있는 레위의 유언 3:3, 8도 보라.

예수와 이스라엘의 하나님

의 우편에 앉으셨다(히 1:3-4). 하나님은 그를 지극히 높여 모든 이름 위에 뛰어난 이름을 주셨다(빌 2:9). 이 세 본문은 모든 하늘보다 더 높은 신적 보좌와, 다른 모든 이름보다 더 높은 이름에 적용되는 높음의 모티브에 의해 서로 연결된다. 아마도 이 세 가지 경우에 모두 모든 천상의 권세 위에 있는 신적 보좌에 앉으신 예수 역시 하나님의 이름을 받는 것으로 이해되어야 할 것이다. 그 이름은 다른 모든 이름보다 뛰어나며, 하나님만이 홀로 이 모든 천군을 이 이름으로 부르신다.[62] 이렇게 다른 모든 천사보다 뛰어난 예수의 절대적 우위를 나타내는 다양한 방식은 결코 논쟁을 위한 것으로 이해될 필요는 없다. 이러한 표현들은 단순히 하늘 보좌에 계신 하나님 자신을 그의 모든 천상적 피조물보다 절대적으로 뛰어나신 분으로 묘사하는 기존의 매우 익숙한 방식을 예수에게 적용한 것뿐이다.

5.5. 천사들과 모든 피조물에게 경배를 받음

예수가 하늘 보좌에 앉는 내용과 관련된 일련의 텍스트들은 구체적으로 모든 천상적 존재들이 그에게 올려드리는 경배를 묘사하는 반면(히 1:6; 이사야 승천기 10:15; 11:23-32; 야고보의 묵시 14:26-30), 다른 텍스트들은 모든 피조물이 그에게 올려드리는 경배를 묘사한다(빌 2:10-11; 계 5:12-14; Pol., *Phil*. 2.1). 이것이 하나님만이 홀로 받으시기에 합당한 경배라는 사실은 예수가 만물에 대한 하나님의 고유한 주권의 상징인 하나님 자신의 하늘 보좌에 앉으셨다는 문맥을 보면 분명해진다. 이것이 에녹의 비유들에

62　참조. 사 40:25-26; 에녹1서 43:1; 69:21; 요셉과 아스낫 15:11-12; 이사야 승천기 7:4. "일컫는"(엡 1:21)이라는 어구는 신적 수동태(divine passive)로서 "하나님이 일컬으시는"을 의미한다(참조. 에녹1서 48:3).

나오는 인자에게 드려진 아주 제한된 경배를 훨씬 더 뛰어넘는다는 사실은 주목할 만하다. 거기서 인자는 천사나 다른 인간이 아닌 피조물에게 경배를 받지 않고, 오직 심판의 날에 악인들에게만 경배 받는다. 기독교 텍스트들은 예수의 신적 보좌로의 승귀가 가져다준 모든 결과에 천착하여 이스라엘의 한 분 하나님과 나머지 실재 즉 그의 피조세계를 구분하는 선을 놓고 예수를 단연코 하나님 편에 두는 가장 강력한 유대교 신학의 방식을 의도적으로 선택하여 활용한다. 하나님과 그들을 절대적으로 구별하는 것은 바로 천사들이 올려드리는 경배다. 하나님과 다른 모든 실재를 절대적으로 구별하는 것은 바로 피조물 전체가 올려드리는 경배다. 우리가 제2성전기 유대교 일부에서 일종의 천사 숭배에 대한 증거를 어떻게 평가하든지 간에[63] 한 가지 확실한 것은 제2성전기 유대교 문헌에서는 그 어떤 천사도 다른 천사들의 경배를 받지 않는다. 이 텍스트들은 예수를 폭넓은 범위 안에서 다소 모호한 반신적(semi-divine) 위치에 두지 않는다. 제2성

---

63 Stuckenbruck, *Angel Veneration*, 45-203; Clinton E. Arnold, *The Colossian Syncretism* (Grand Rapids: Baker, 1996), 32-89; Loren T. Stuckenbruck, "'Angels' and 'God': Exploring the Limits of Early Jewish Monotheism," in *Early Jewish*, ed. Stuckenbruck and North, 45-70. Stuckenbruck, *Angel Veneration*, 50과 Gieschen, *Anthropomorphic Christology*, 35는 "다양한 수준"의 천사 숭배에 관해 언급한다. 심지어 "숭배"(veneration)가 제시된 모든 증거에 대한 적절한 용어로 받아들여지더라도, 나는 "서로 다른 다양한 종류"의 숭배에 관해 이야기하는 것이 더 좋다고 생각한다. 그들의 등급은 그리 쉽게 매겨지지 않는다. 그러나 가장 중요한 점은 제2성전기 유대교 자체가 천사나 인간에게 보이는 관심과 하나님께만 배타적으로 드려지는 경배 사이에는 단지 수준의 차이만 있는 것이 아니라 종류의 차이도 있음을 강하게 피력한다는 것이다. 왜냐하면 이것이 바로 독특한 신적 정체성을 인정하고 경의를 표하는 것이기 때문이다. 내 생각에는 제시된 증거 중에 이러한 견해와 모순되는 것이 전혀 없어 보인다. 나는 신적 경배가 특별히 창조와 섭리에 있어 하나님의 유일한 주권으로 특징지어지는 독특한 신적 정체성을 인정하는 것이라는 원칙이 제의적 경배(cultic worship)와 다른 유형의 경배를 서로 구별하려는 시도―일관되게 적용하기 어려운 구별―보다 훨씬 더 유용하다고 생각한다(예를 들어 유대인들은 성전에서 아침과 저녁 번제를 드릴 때 가정에서나 다른 곳에서 개인적으로 기도를 드렸다).

전기 유대교에는 발전 도상에 있던 기독론이 예수를 점진적으로 승격시켜 마침내 신적 정체성에 참여하도록 만들 만큼 다양하면서도 연속적인 스펙트럼이 존재하지 않았다. 거기에는 초기 기독론이 예수가 하나님의 보좌에 앉아 하나님처럼 그들의 경배를 받으며 모든 천상의 피조물을 훨씬 능가하는 분으로 봄으로써 오직 건널 수 있었던 깊은 강이 있었다. 이 텍스트들은 예수를 하나님의 독특한 정체성 안에 분명하게 위치시킨다.

5.6. 인간의 경배는 유일한 신적 주권을 인정하는 것

앞 단락(5.5)에서 논의된 텍스트들은 초기 기독교가 예수를 경배하는 모습을 직접적으로 묘사하지 않지만, 그것을 이해하는 데 매우 중요한 증거를 제시해준다. 초기 기독교의 예수경배가 하늘 보좌에서 만물을 통치하시는 분께만 드려져야 마땅한 유일신 경배 대상에 예수를 포함시킨 것으로 이해되었다는 것은 구체적으로 인간이 예수께 경배를 드렸다고 말하는 다른 두 본문을 통해 확인이 가능하다.

하나는 마태복음 28:17-18이다. 마태는 예수경배를 부활 이후의 상황에만 국한시키지 않는다. 그의 일관된 '프로스퀴네인'(proskynein, 2:2부터) 용법은 마가나 누가의 용법과는 달리[64] 그가 이 동사를 예수께 대

---

64 마태는 이 동사를 예수를 목적어로 하여 모두 열 번 사용한다(이에 비해 마가는 이런 방식으로 단 두 번 사용하고, 누가는 24:52 이문[異文]에서만 사용한다). 이 중 절반의 경우에는 공관복음의 평행본문이 없다(마 2:2, 8, 11; 28:9, 17). 마태는 세 군데에서 마가가 단어 없이 동작만을 묘사하는 곳에서 '프로스퀴네인'(proskynein)이란 단어를 추가하고(마 8:2//막 1:40; 마 9:18//막 5:22; 마 15:25//막 7:25). 나머지 두 경우에서도 마가의 평행본문이 동작 자체가 없는 곳에서도 이 단어를 추가한다(마 14:33//막 6:51; 마 20:20//막 10:35). 또한 마가가 이 단어를 사용하지만 마태가 심지어 동작까지 생략하는 경우가 두 번 있고, 마가가 그 동작을 묘사하지만 마태가 그것을 생략하는 경우도 한

한 경의의 동작을 나타내는 데에만 사용하고 있음을 보여준다. 그러나 예수께 마땅히 드려져야 하는 것이 신적 경배라는 것은 거의 대부분의 경우 분명하게 나타나 있지 않다. 마태복음 전반에 걸쳐 나타나는 마태의 용법은 그의 복음서에서 '프로스퀴네시스'(proskynēsis)가 이 동작의 온전한 의미가 분명하게 드러날 때를 미리 예고한다. 바로 이 경배의 행위(마 28:17)는 "하늘과 땅의 모든 권세를 내게 주셨으니"(28:18)라는 예수의 선언으로 이어진다. 이 장면은 마태의 시험 내러티브에서 세 가지 시험 가운데 절정에 해당하는 마지막 시험에 대한 일종의 대구법(antithesis)에 해당한다. 거기서 마귀는 예수에게 세상의 모든 나라를 다스리는 주권을 제시한다. "만일 내게 엎드려 경배하면(proskynēsēs) 이 모든 것을 네게 주리라"(마 4:9). 이에 예수는 쉐마와 함께 매일 암송되는 본문에 나오는 계명을 인용하면서 대답하시는데(신 10:20; 참조. 6:13), 이 계명은 십계명의 첫 두 계명을 다음과 같이 요약한다. "주 너의 하나님께 경배하고(proskynēseis) 다만 그를 섬기라(autō monō latreuseis)"(마 4:10).[65] 마태는 '프로스퀴네인'(proskynein)을 이 계명에서 인용하면서 이 동사가 예수에게 사용되는 것이 적절함을 보여준다. 즉 그는 만물을 다스리는 고유한 신적 주권—마귀가 줄 수 있는 것이 아니었다—이 그의 아버지에 의해 예수에게 주어

번 있다(마 8:29//막 5:6; 마 27:30//막 15:19; 마 19:16//막 10:17). 이 마지막 세 경우, 마태는 귀신들, 조롱하는 군인들, 부자 청년 등에게는 경배라는 표현이 적절하지 못한 것으로 여겼을 것이다. '프로스퀴네오'(proskyneō)에 대한 사복음서와 마태복음의 독특한 용법에 관해서는 Larry W. Hurtado, *How on Earth Did Jesus Become a God? Historical Questions about Earliest Devotion to Jesus* (Grand Rapids: Eerdmans, 2005), 134-51을 보라.

65 신 10:20과 6:13에 대한 70인역 텍스트와 비교해 보면 마태복음 텍스트는 '포베테세'(phobēthēsē) 대신 '프로스퀴네세이스'(proskynēseis)를 사용하고 '모노'(monō)를 추가한다. 후자는 NRSV도 신 10:20에 이 단어를 추가하는 것이 필요하다고 여겼던 것처럼 해석을 돕기 위한 추가다(참조. 삼상 7:3).

예수와 이스라엘의 하나님

지고, 이로써 하나님의 독특한 정체성 안에 그가 포함되어 오직 그에게만 '프로스퀴네시스'(*proskynēsis*)가 드려져야 함을 보여준다.

두 번째 본문은 요한복음 5:23인데, 요한복음에서 예수에 대한 경배를 가장 분명하게 언급하는 구절이다. 이 구절의 인접 문맥인 5:19-23은 아들의 활동을 그의 아버지 활동에 대한 정확한 복제로 묘사한다.

아버지께서 죽은 자들을 일으켜 살리심 같이 아들도 자기가 원하는 자들을 살리느니라. 아버지께서 아무도 심판하지 아니하시고 심판을 다 아들에게 맡기셨으니, 이는 모든 사람으로 아버지를 공경하는 것 같이 아들을 공경하게(*timōsi*) 하려 하심이라. 아들을 공경하지 아니하는 자는 그를 보내신 아버지도 공경하지 아니하느니라(요 5:21-23).

동사 '티마오'(*timaō*)는 한 분 하나님께만 배타적으로 드려져야 할 경배를 묘사하기에 적합해 보이지 않을 수도 있지만, 필론도 그런 의미로 사용하고(*Decal.* 65) 요세푸스도 동일한 목적으로 '티메'(*timē*)를 사용한다(『유대고대사』 1.156). 그러나 이보다 더 중요한 것은 바로 요한복음의 문맥이다. 인용 구절의 두 가지 신적 활동은 고유한 신적 주권을 행사하는 것이다. 토라에서 십계명과 쉐마 다음으로 중요한 유일신론 본문인 신명기 32:39은 생명에 대한 야웨의 고유한 주권을 종종 암묵적으로 언급하고, 후대에는 죽은 자들의 부활을 포함하는 것으로 이해된 관점에서 이야기한다(참조. 삼상 2:2; 왕하 5:7; 토빗서 13:2; 지혜서 16:12-14; 마카베오4서 18:18-19). 이와 동일한 문맥에서 야웨는 "복수는 내 것이라"(신 32:35, 개역한글)고 선언한다. 물론 신적 보좌의 독특성은 최종 심판을 선언하는 "온 땅의 심판자"(창 18:25; 참조. 시 94:2)의 독특한 역할을 포함했다. 요한

복음 5장의 쟁점인 하나님의 종말론적 주권의 관점에서는 생명을 주는 것과 최종 심판을 내리는 것이 서로 밀접하게 연결되어 있다(5:24; 참조. 계 20:12). 따라서 아들은 자신이 하나님의 고유한 주권을 행사하기 때문에 그의 아버지와 마찬가지로 공경 받을 것이며 또 공경 받아 마땅하다.

예수경배에 대한 신학적 근거를 제시해주는 신약 텍스트들은 우리의 주장이 옳음을 확인해준다. 예수께 경배를 드린다는 것은 제2성전기 유대교에서 한 분 하나님의 독특성을 드러내는 것으로 여겨졌던 신적 정체성의 여러 특성을 인정하는 것을 의미했다. 예수경배는 개념성 (conceptuality)에 초점을 맞출 뿐 아니라 예수가 유대교 유일신론의 한 분 하나님의 독특한 정체성 안에 포함되었다는 것을 분명하게 드러내는 역할을 한다. 예수경배는 유대 그리스도인들이 승귀하신 예수가 지니고 있다고 인식한 지위와 자신들의 종교적 경험과 삶에서 예수가 감당했던 역할에 대한 그들의 자연스러운 종교적 반응이었을 뿐만 아니라 유대교 유일신론의 맥락에서 하나님에 대한 생각이 반영된 것이기도 하다.

6장
바울의 신적 정체성 기독론

1. 초기 유대교 유일신론과 초기 기독론

1장에서 나는 초기 유대교 유일신론과 초기 교회 기독론의 관계를 설명하는 특정 논지에 대한 대체적인 윤곽을 제시한 바 있는데, 나는 거기서 가장 이른 시기의 기독론이 지닌 특성에 관해 비교적 새로운 이론 또한 제시했다. 나는 제2성전기 유대교의 유일신론은 매우 "엄격"했다고 주장했다. 이 시기의 대다수 유대인들은 유일신론에 대한 자의식이 대단했으며, 유일무이한 하나님에 대한 개념에 친숙했을 뿐 아니라 상당히 확실한 개념을 갖고 있었다. 다시 말하면, 그들은 한 하나님과 다른 모든 실재 간에 명확하게 선을 그었으며, 어떤 명확한 기준을 통해 하나님과 다른 모든 실재를 구분하는 데 익숙했다. 이른바 중간적 존재들은 하나님과 피조물의 경계선을 넘나드는 모호한 반신적 존재(semi-divinities)가 아니었다. 일부는 (지혜와 하나님의 말씀과 같이) 한 분 하나님의 독특한 실재에 대한 양상으로 이해되었다. 대다수는 분명한 피조물로서 관련 문헌에서 종종 유일하신 하나님의 참된 신적 실재와 명확하게 구별하고자 했던 높임 받은 하나님의 종으로 여겨졌다. 따라서 나는 두 번째 견해와는 달리 이러한 유대교의 중간적 존재들은 초기 기독론 연구에 매우 중요하다고 생각하지 않는다. (우리는 바울을 연구한 다음 초기 기독론의 유대교 선례 문제로 회귀할 것이다. 바울 연구는 우리로 하여금 이러한 선례 중 가장 개연성이 높은 것에 집중할 수 있도록 도와줄 것이다.)

　나는 고기독론이 유대교 유일신론이라는 맥락에서 가능했던 것은 예수에게 반(半)신적 중간적 지위라는 유대교 범주를 적용했기 때문이 아니라 예수를 이스라엘의 하나님의 독특한 정체성 안에 포함시킴으로써 예수를 바로 그 한 분 하나님과 직접적으로 동일시했기 때문이라고 생각한다. 나는 초기 유대교에서 일반적으로 생각하는 하나님의 독특성을 가장 잘 표현하는 방법으로서 "독특한 정체성"이란 용어를 사용한다. 유대교 유일신론을 이해하기 위한 주요 범주로서 신적 정체성(divine identity)이란 개념은 신성(divine nature)이란 개념보다 더 적절하다. 다시 말하면 유대교의 유일신 신앙에 있어 가장 중요한 것은 신성이 무엇인지보다는 그 한 분 하나님이 누구신지였다.

제2성전기 유대교가 믿었던 한 분 하나님의 독특성은 두 가지 특성을 통해 확인할 수 있었다. 첫 번째 특성은 그분과 이스라엘의 언약 관계였다. 그는 이스라엘 역사 가운데 행하신 일들과 그가 계시하신 그의 성품을 보여주심으로써 널리 알려지신 이스라엘의 하나님이었다(출 34:6). 그는 이스라엘에게 그의 이름 야웨를 계시하셨다. 그 이름은 그들의 하나님의 독특한 정체성을 정확하게 나타내기 때문에 제2성전기 유대인들에게는 매우 중요한 것이었다. 이스라엘과의 관계를 통해 나타난 그분의 특성 외에도 이 하나님은 특히 그가 만물의 유일한 창조주이자 만물의 유일한 주권적 통치자라는 점에서 다른 모든 실재와의 관계 속에서도 독특하신 분으로 특징지어졌다. 야웨의 이러한 특성은 제2성전기 유대교 문헌에서 지극히 일반적인 것이다.[1] 그의 이러한 특성들은 "무엇이 홀로 참되

1　만물의 창조주로서의 하나님: 예. 사 40:26, 28; 42:5; 44:24; 45:12, 18; 48:13; 51:16; 느 9:6; 호 13:4 LXX; 마카베오1서 1:24; 집회서 43:33; 벨과 용 5; 희년서 12:3-5; 시빌의 신탁 3:20-35; 8:375-6; 시빌의 신탁 단편 1:5-6; 시빌의 신탁 단편 3; 시빌의 신탁 단편 5; 에녹2서 47:3-4; 66:4; 아브라함의 묵시 7:10; 위(僞)소포클레스; 요셉과 아스낫 12:1-2; 욥의 유언 24. 만물의 통치자로서의 하나님: 예. 단 4:34-35; 벨과 용 5; 에

신 하나님인 야웨와 모든 다른 실재를 구별 짓는가?"란 질문에 가장 단순하고 분명한 답을 제시한다. 그의 독특성이란 과연 무엇인가? 이러한 특성들은 참 하나님과 다른 모든 실재 간의 절대적인 구별을 분명하게 해준다. 하나님만이 홀로 만물을 창조하셨으며, 이방인들이 신으로 숭배하는 존재들을 포함하여 다른 모든 것들도 그분에 의해 창조되었다. 하나님 홀로 만물을 다스리시며, 이방인들이 신으로 숭배하는 존재들을 포함하여 다른 모든 것들은 다 그에게 예속된다. 그들이 섬기는 하나님을 이렇게 독특하신 분으로 구별하는 방법은 제2성전기 말기에 거의 모든 회당에서 예배드리던 대다수의 유대인들에게는 너무나도 친숙한 것이었으며 그들이 경배하는 하나님의 독특성을 정의하는 방법으로 쉽게 자리 잡았다. 유대교가 다른 많은 면에서는 제아무리 다양했다 하더라도 오직 이스라엘의 하나님만이 경배 받기에 합당한 분이시라는 점에 있어서는 모두가 동의했다. 왜냐하면 그는 만물의 유일한 창조주이자 만물의 유일한 통치자이기 때문이다. 이 기준에 따르면 신으로 여겨질 수 있는 다른 존재들은 모두 하나님의 피조물이며 그분께 예속된 자다. (따라서 소위 중간적 존재들은 하나님의 독특한 정체성 안에 포함되거나 한 분 하나님에 의해 창조되었고 그들이 제아무리 높임을 받았다 하더라도 그 한 분 하나님께 예속될 수밖에 없다.)

우리는 이 초기 유대교 유일신론을 창조론적 유일신론, 종말론적 유일신론, 제의적 유일신론이라고도 부를 수 있을 것이다. 이러한 유일신론은 하나님 홀로―절대로 조언자나 협력자나 조력자 없이―다른 모든 것들을 창조하셨다고 주장했다(심지어 그가 무[無]에서 창조하신 것이 아니라 선재

스더 부록 13:9-11; 16:18, 21; 마카베오3서 2:2-3; 6:2; 지혜서 12:13; 집회서 18:1-3; 시빌의 신탁 3:10; 19; 시빌의 신탁 단편 1:7, 15, 17, 35; 에녹1서 9:5; 84:3; 에녹2서 33:7; 바룩2서 54:13; 요세푸스, 『유대고대사』 1.155-6.

한 혼돈[chaos]로부터 창조하셨다고 믿었음에도). 하나님이 만물의 유일한 창조주이자 만물에 대한 유일한 주(主)시라는 사실은 미래에 야웨가 그의 백성 이스라엘에게 하신 약속을 지키실 때에 야웨가 그의 우주적 왕국을 세우시고, 그의 이름을 우주적으로 알리시고, 또 모든 이들에게 이스라엘이 알고 있던 그 하나님으로 널리 알려지게 하시며 마침내 모든 민족에게 자신의 하나님 되심을 밝히 보여주시리라는 기대를 하게 한다. 나는 이것을 종말론적 유일신론이라고 부른다. 마지막으로 제의적 유일신론도 있다. 오직 만물의 유일한 창조주이자 만물의 유일한 주(主)만이 경배를 받아야 한다. 왜냐하면 유대교 전통에서는 이러한 한 분 하나님의 독특한 정체성을 인정하는 행위가 바로 경배였기 때문이다.

매우 의식적으로 이러한 유대교 신학의 틀을 사용하던 초기 기독교 운동은 이스라엘의 한 분 하나님의 독특한 정체성 안에 예수가 포함되어 있다고 봄으로써 일종의 기독론적 유일신론을 새롭게 고안해냈다. 우리가 접근할 수 있는 증거 중에 가장 오래된 것은 예수의 승귀를 시편 110:1의 시각으로 이해하는 것이었다고 말할 수 있다(그리고 이것은 최초기 기독교 공동체 안에서도 매우 이른 시기부터 사용된 것이 분명하다). 그들은 예수가 하나님의 종말론적 주되심(lordship)을 완성하고 그 안에서 한 분 하나님의 고유한 주권이 모든 이에 의해 인정받게 될 분으로서 하나님의 우주적 보좌에 앉아 계신다고 생각했다. 또한 그들은 예수가 만물을 다스리시는 하나님의 고유한 통치권을 공유하심으로써 유일하신 주권자와 모든 피조물을 나누는 절대적인 구분에서 분명하게 하나님 편에 계신 분으로 이해했다.[2] 만물에 대한 하나님의 통치권은 하나님이 누구신가를 규정한

---

2   유대교 유일신론과 최초기 기독론에 나타난 하나님의 우주적 보좌의 의미에 관해서는 본

다. 이 기능은 단순히 피조물에게 위임될 수 있는 것이 아니다. 따라서 최초기 기독론도 근본적으로(in nuce) 이미 최고기독론이었다. 그 나머지는 예수가 한 분 하나님의 독특한 정체성 안에 완전하게 포함되는 것이 의미하는 바를 가지고 지속적으로 숙고해나가는 것이었다. 초기 기독교의 관심은 주로 복음의 관심사, 즉 구원론과 종말론에 있었다. 따라서 신약에서는 주로 예수가 하나님의 종말론적 주되심에 참여하거나 실현하는 것을 예수가 하나님의 정체성에 속하는 것으로 이해되었다. 그러나 초기 그리스도인들의 이러한 사고는 그냥 거기에 머물러 있을 수 없었다. 유대교의 종말론적 유일신론은 창조론적 유일신론에 근거하여 세워졌다. 만약 예수가 하나님의 정체성에 속한 분이라면 그는 영원 전부터 그러셨어야 했다. 또한 예수를 하나님의 고유한 창조행위와 고유한 영원성에 포함시키는 것은 그가 하나님의 종말론적 정체성 안에 포함된 것에 대한 필연적인 결과였다. 이것이 바로 초기 그리스도인들이 어떤 종류의 양자 기독론(adoptionist Christology)이라도 수반될 수밖에 없는 이신론(ditheism)과 맞서 유일신론을 지킨 유대교적 방식이었다. 그들은 이스라엘의 하나님의 독특한 정체성 안에 예수를 추가한 것이 아니라 바로 그 독특한 정체성 안에 예수를 포함시킴으로써 유일신론을 보존한 것이다. 이것은 팔레스타인 유대 기독교에서 시작된 예수경배의 경우에도 적용된다.[3] 이것은 예수가 만물의 유일한 창조주이자 만물의 유일한 주권자이신 하나님의 독특한 정체성 안에 포함되었음을 표현해주었다.

초기 기독론은 친숙한 유대교의 창조론적·종말론적·제의적 유일신

서 제5장을 보라. 이 주제는 이제 나의 주장과 대부분 일치하는 방식으로 Eskola, *Messiah*에서 잘 전개되어 있다.

3 본서 제4장을 보라.

론의 틀 안에서 형성되었다. 최초기 그리스도인들은 이 세 가지 측면을 모두 갖춘 기독론적 유일신론을 발전시켰다. 모든 신약 저자의 기독론은 최초기 기독론에 뿌리를 두고 있다. 따라서 나는 모든 신약 저자의 기독론은 "기능적" 기독론과 "존재론적" 기독론으로 나누는 표준적인 구분의 한계를 뛰어넘는다고 주장하며 이러한 기독론을 신적 정체성 기독론이라고 부른다. 이러한 구분은 초기 유대교의 하나님의 대한 사고와 일치하지 않을 뿐 아니라 신약의 기독론에 대한 우리의 이해를 심각하게 왜곡시켰다. 신적 본성 또는 본질(유대교 신학의 주요 범주가 아님)이 아니라 신적 정체성의 견지에서 생각해보면 우리는 소위 예수가 수행한 신적 기능들은 하나님이 누구신가와 직결되어 있음을 알 수 있다. 이 신적 정체성 기독론은 예수 그리스도가 하나님의 독특하시며 영원한 정체성 안에 포함되어 있다는 점에서 이미 완전한 신적 기독론이다.

나는 본장 나머지 부분에서는 바울 서신에서 발견되는 이런 종류의 신적 정체성 기독론에 관한 일부 증거를 검토하고자 한다. 우리는 먼저 야웨에 관한 성서 본문이 기독론적으로 해석되는 현상을 검토할 것이다. 우리는 이러한 현상이 바울이 의도적으로 유대교 유일신론을 기독론적 유일신론으로 재설정하려는 시도와 아주 밀접하게 연관되어 있음을 발견하게 될 것이다. 그다음 우리는 바울 서신에서 유일신론을 사수하는 것과 예수를 하나님의 정체성 안에 포함시키는 것을 서로 결합시킨 세 가지 중요한 기독론적인 본문을 검토할 것이다(롬 10:13; 빌 2:6-11; 고전 8:5-6). 마지막으로 우리는 초기 기독론의 선례로 자주 인용되어왔던 제2성전기 유대교의 중간적 존재들의 두 가지 예로 돌아와서 이 존재들의 모습과 바울 서신에 나타난 신적 정체성 기독론이 얼마나 다른지를 보여줄 것이다.

예수와 이스라엘의 하나님

2. 성서에 나타난 야웨 본문의 기독론적 읽기

바울이 하나님의 이름 야웨(YHWH, 70인역에서는 *kyrios*)를 예수 그리스도를 가리키는 것으로 간주하고 야웨 관련 본문을 기독론적으로 해석한 현상은 그 범위와 중요성에 있어 종종 과소평가되어온 것이 사실이다. 한 가지 중요한 예외는 내가 본장의 마지막 교정 단계에서 발견한, 고든 피(Gordon Fee)가 집필한 『바울 기독론』(Pauline Christology)일 것이다.[4] 그는 이러한 현상이 얼마나 광범위하게 나타났으며 바울의 기독론을 이해하는 데 얼마나 절대적인 가치를 갖고 있는지를 잘 인식하고 있다.

이와 관련된 기본 자료를 정리하면 다음과 같다.[5]

---

4   Gordon D. Fee, *Pauline Christology* (Peabody: Hendrickson, 2007, 『바울의 기독론』[CLC 역간]).

5   나는 이 목록을 작성하면서 특히 David B. Capes, *Old Testament Yahweh Texts in Paul's Christology* (WUNT 2/47; Tübingen: Mohr [Siebeck], 1992), 3장의 연구에 빚을 졌다. 그러나 나는 이 자료를 크게 확장했고 또 때로는 그의 판단과 달리했다. 또한 그가 나중에 쓴 논문, "YHWH Texts and Monotheism in Paul's Christology," in *Early Jewish*, ed. Stuckenbruck and North, 120-37도 참조하라. 출판을 위해 본장을 최종적으로 교정하는 단계에서 내 손에 들어온 Fee, *Pauline Christology*는 내가 전에 미처 인지하지 못했던 몇 몇 암시에 대해 나를 납득시켰다. 그의 연구는 바울이 야웨 본문을 예수에게 적용한 것을 매우 진지하게 받아들이는 바울의 기독론 연구라는 점에서 특이할 만하다. 또한 Hurtado, *Lord Jesus Christ*, 110-11도 보라. Kreitzer, *Jesus and God*, 112-28은 "'주'의 지시대상이 하나님에서 그리스도로 바뀐 것"(113)에 대해 이야기하지만, 그는 단지 미래의 "주의 날"과 관련된 본문만 검토한다. "'주'의 지시대상이 하나님에서 그리스도로 바뀐 것"이라는 말은 오히려 바울이 이 본문에 대한 언급을 하나님에서 그리스도로 전환했다거나 또는 이 본문에서 신적으로 의도된 그리스도에 대한 언급으로 파악했다고 생각했는지에 관한 질문을 제기한다. Richardson, *Paul's Language*, 283-4는 분명히 Capes의 연구를 활용할 수 없었고, 따라서 바울 서신에서 야웨 본문이 그리스도에게 얼마나 광범위하게 적용되는 지에 대해 지나치게 과소평가한다.

2.1. 예수 그리스도가 지시대상인 야웨 본문[6]

(1) '퀴리오스'(*kyrios*)를 포함하는 다섯 인용문

롬 10:13	욜 2:32
고전 1:31	렘 9:24 (= 삼상 2:10)
고전 2:16	사 40:13
고전 10:26[7]	시 23(24):1
고후 10:17	렘 9:24 (= 삼상 2:10)

(2) 바울이 '레게이 퀴리오스'(*legei kyrios*)를 추가한 한 인용문

롬 14:11	사 45:23

(3) '퀴리오스'(*kyrios*)를 포함하지 않는 한 인용문[8]

롬 9:33	사 8:14[9]

(4) '퀴리오스'(*kyrios*)를 포함하는 열세 암시[10]

---

6 나는 이 논문에서만큼은 저작권과 관련하여 논쟁의 여지가 없는 바울 서신과 데살로니가 후서, 골로새서의 증거만을 채택한다. 에베소서와 목회서신의 경우에 관해서는 아래 단원 8을 보라.

7 나는 여기서 *kyrios*의 지시대상이 그리스도라는 Capes, *Old Testament Yahweh Texts*, 140-5; Fee, *Pauline Christology*, 133-4의 주장을 받아들인다.

8 롬 8:36에서 바울은 아마도 그리스도에게 말하는 것으로 보이는 시편 43(44):23을 인용한다. 70인역(LXX)에서는 이어지는 구절들이 *kyrie*라는 칭호를 사용하지만(43:24, 27), 이것은 *yhwh*가 아닌 '아도나이'('*adōnî*, MT 44:24; MT 44:27에는 *kyrie*에 상응하는 단어가 없다)를 옮긴 것이다. 따라서 나는 이 인용문을 이 목록에 포함하지 않았다.

9 사 8:14에서 돌(LXX: *lithou proskommati ... petras ptōmati*; 참조. 롬 9:33: *lithon proskommatos kai petran skandalou*)은 야웨(YHWH)다(8:13).

10 Capes와 Fee를 포함한 많은 학자들은 고후 3:16을 이 범주에 포함시킨다. 그러나 나의 견해로 볼 때 3:17은 바울이 유일하게 여기서만 본문(출 34:34)의 *kyrios*를 그리스도가 아닌 성령으로 취급했음을 보여준다. 나는 살전 4:6이, 예를 들어 Fee, *Pauline Christology*, 47이 주장하듯이, 시 94:1(LXX 93:2)을 암시한다거나 또는, Fee, *Pauline Christology*, 65가 주장하듯이, 살후 2:13이 신 33:12을 암시한다는 확신이 없다.

고전 8:6	신 6:4
고전 10:21	말 1:7, 12
고전 10:22	신 32:21 (LXX에는 *kyrios*가 없음)
고후 8:21	잠 3:4 (LXX에서는 *kyrios*, MT에서는 *'elōhîm*)
빌 2:10-11	사 45:23
빌 3:8, 12	호 6:3[11]
살전 3:13	슥 14:5[12]
살전 4:16	시 47:5 (LXX 46:6)[13]
살후 1:7	사 66:15
살후 1:9	사 2:10, 19, 21
살후 1:12	사 66:5
살후 3:5	대상 29:18[14]
살후 3:16	민 6:26[15]

(5) '퀴리오스'(*kyrios*)를 포함하는 열두 개의 상투적인 구약 어구

"주의 이름을 부르다"[16]

| 고전 1:2 (참조. 롬 10:13) | 욜 2:32; 습 3:9; 슥 13:9; 렘 10:25 등 |

"주의 이름" (다른 용법)

| 고전 1:10; 5:4; 6:11; 살후 1:12; 3:6; 골 3:17 | 창 12:8; 미 4:5 등 |

11　호 6:3의 도입부분("우리가 여호와를 알자. 힘써[LXX *diōxomen*] 여호와를 알자")에 대한 이 암시를 아직 인식하지 못했던 것으로 보이지만, 호세아서의 문맥이 초기 기독교 문헌에서 기독론적으로 해석되기 때문에(호 6:2; 고전 15:3; 호 6:3b: 약 5:7) 나는 그럴 가능성이 있다고 본다.

12　또한 살후 1:7에 슥 14:5에 대한 암시가 있을 수 있다. 참조. 디다케 16:7; 이사야 승천기 4:14.

13　이 암시에 관해서는 Fee, *Pauline Christology*, 44-5를 보라.

14　나는 살후 3:5에 나오는 *kyrios*가 그리스도를 가리킬 것이라고 보는 Fee, *Pauline Christology*, 65-6에 동의한다.

15　나는 바울 본문에서 *kyrios*가 나타나지 않는 야웨 본문에 대한 암시는 열거하지 않았다. 아마도 이에 대한 포괄적인 목록을 작성하는 것은 훨씬 더 고된 작업이 될 것이다. "그리스도 예수로 자랑하고"가 렘 9:23-24을 암시할 수도 있는(고전 1:31에서 인용됨) 빌 3:3이 한 예다.

16　Davis, *The Name*, 129-33, 159-60을 보라.

"주의 날"[17]

고전 1:8; 5:5; 고후 1:14;
살전 5:2; 살후 2:2

욜 1:15; 2:1, 11, 31; 암 5:18;
사 13:6, 9 등

"주를 섬기다"

롬 12:11; 16:18; 골 3:24

삼상 12:20; 시 2:11; 99(100):2;
101(102):22 등

"주의 말씀"

살전 1:8; 4:15; 살후 3:1

사 2:3 등

"주가 너희와 함께하시기를"

살후 3:16

룻 2:4; 삼상 17:37; 20:13 등

"주를 경외함"

고후 5:11; 참조. 3:22

사 2:10, 19, 21 등

"주의 영"

고후 3:17

삿 3:10; 6:34 등[18]

"주의 영광"

고후 3:18; 참조. 살후 2:14

출 24:16, 17; 40:34, 35 등[19]

"주를 경외함"

고후 5:11

사 2:10, 19, 21; 잠 1:7 등

"주의 명령"

17　Kreitzer, *Jesus and God*, 112-13, 161-3을 보라.
18　Fee, *Pauline Christology*, 179를 보라.
19　Fee, *Pauline Christology*, 180-2를 보라.

| 고전 14:37 | 신 11:27-28 등 |

"주께서 가까이 계시다"[20]

| 빌 4:5 | 시 34:18(LXX 33:19); 145:18(LXX 144:18); 참조. 119:151(LXX 118:151) |

2.2. 하나님이 지시대상인 야웨 본문

(1) '퀴리오스'(kyrios)를 포함하는 아홉 인용문

롬 4:7-8	시 31(32):1-2
롬 9:27-28	호 2:1 + 사 10:22-23[21]
롬 9:29	사 1:9 (kyrios sabaōth)
롬 10:16	사 53:1 (LXX에서 kyrios, MT에 상당어구가 없음)[22]
롬 11:3	왕상 19:10(kyrios가 LXX에 없음, MT에 상당어구가 없음)[23]
롬 11:34	사 40:13
롬 15:11	시 116(117):1
고전 3:20	시 93(94):11
고후 6:18	삼하 7:8, 25(kyrios pantokratōr)

(2) 바울이 '레게이 퀴리오스'(legei kyrios)를 추가한 세 인용문

---

20 나는 이것을 상투적인 어구로 본다. 왜냐하면 나는 시 34:18 또는 시 145:18 중 어느 하나를 선택할 만큼 분명한 이유를 발견하지 못했기 때문이다. 주석가들은 빌 4:의 '엥귀스'(engys, "가까운")가 공간적 의미인지 시간적 의미인지를 논하지만, 바울이 시편의 어구를 임박한 파루시아를 가리키는 것으로 읽었을 가능성도 없지 않다.

21 사 10:22-23: 70인역은 '호 테오스'(ho theos)로 되어 있지만, 바울이 '호 테오스'(ho theos)를 '퀴리오스'(kyrios)로 바꾼 것이 아니라 그의 원본(Vorlage)에서 '퀴리오스'를 발견했을 개연성이 높다는 견해에 관해서는 Christopher D. Stanley, *Paul and the Language of Scripture* (SNTSMS 74; Cambridge: CUP, 1992), 118을 보라.

22 70인역 사 53:1의 독자들은 확실히 '퀴리에'(kyrie)가 야웨를 의미하는 것으로 간주했을 것이다.

23 내가 이 경우를 여기에 포함시키는 이유는 바울이 '퀴리에'(kyrie)를 본문에 추가한 것이 아마도 다른 곳에서(70인역은 MT의 야웨를 '퀴리에'(kyrie)로 옮긴다; 왕상 17:20, 21; 18:36, 37; 19:4) 엘리야가 하나님을 부르는 호칭으로 사용하는 것을 모방한 것이기 때문일 것이다.

롬 12:19[24]	신 32:35
고전 14:21	사 28:11-12
고후 6:17	사 52:11 + 겔 20:34

(3) 화자("나")가 구약 문맥에서 야웨와 동일시되는 열두 인용문

롬 4:17	창 17:5
롬 9:9	창 18:14
롬 9:13	말 1:2-3
롬 9:14	출 33:19
롬 9:17	출 9:16
롬 9:25	호 2:25
롬 9:33	사 28:16
롬 10:19	신 32:21[25]
롬 10:20	사 65:1
롬 10:21	사 65:2
롬 11:26-27	사 59:20-21
고후 6:2	사 49:8

(4) 청자("당신")가 구약 문맥에서 야웨와 동일시되는 한 인용문

롬 15:9	시 18:49(LXX 17:50) = 삼하 22:50(LXX)[26]

---

24 여기서는 지시대상이 그리스도일 가능성이 있다. 참조. 살전 4:6; 살후 1:8.

25 바울은 고전 10:22에서 이 구절의 전반부를 암시하면서 하나님을 가리키는 "나"를 예수로 간주한다. 따라서 신 32:21b를 그가 이 구절을 롬 10:19에서 인용할 때와 동일한 방식으로 읽었을 가능성이 있다.

26 이것은 다소 당혹스러운 예일 수 있다. 왜냐하면 구약은 분명하게 야웨(LXX *kyrie*)를 포함하고 있지만, 바울의 텍스트는 이를 생략하고 있기 때문이다. 바울이 지시대상을 그리스도로 이해할 가능성도 있지만(참조. Käsemann, *Romans*, 386), 이 인용문의 '엑소몰로게오'(*exomologeō*)와 하나님이 목적어인 롬 14:11(=사 43:25)의 동사가 서로 일치한다는 사실은, 롬 15:8의 문맥과 더불어, 바울이 하나님을 지시대상으로, 그리고 그리스도를 화자로 이해했을 가능성을 강하게 시사한다(참조. 히 2:12). 그리스도는(여기서는 야웨와 동일시된) 15:10(신 32:43 LXX)에서는 화자이지만, 15:11에서는 분명히 아니다. 만약 바울이 시 18:19(롬 15:9)의 지시대상을 하나님으로 간주했다면, 그가 '퀴리에'(*kyrie*)를 여기서 생략했다는 것은 지시대상을 그리스도로 볼 수 있는 가능성을 의도적으로 배제한 것일 수도 있다. 15:11(시 116:1)에서는 이와 동일한 조치가 취해지지는 않았지만, 거기서 '톤 퀴리온'(*ton kyrion*)은 본문에 속했을 개연성이 높다.

　　　　　　　　　　　　　　　　　　　예수와 이스라엘의 하나님

바울의 이러한 용법을 우리는 어떻게 이해해야 할까? 우선 우리는 다음 두 가지 해석은 신속하게 무시해버릴 수 있다. (1) 바울이 70인역의 '퀴리오스'를 예수를 가리키는 것으로 간주하는 본문에서 그는 '퀴리오스'가 신의 이름에 대한 경의를 표하기 위한 대용어로서[27] 기능한다는 사실을 몰랐을 리 없다. 바울은 분명 그리스어 텍스트뿐만 아니라 히브리어 텍스트도 잘 알고 있었지만, 심지어 유대교 성서를 오직 그리스어로만 알고 있었던 그리스어를 구사하는 유대 그리스도인들까지도 '퀴리오스'가 신성사문자(Tetragrammaton)를 대신하여 사용된다는 사실을 모르고 있었을 리 없다. 많은 70인역 필사본에서는 사본에 적힌 문자가 '퀴리오스'가 아니라 히브리 문자의 신성사문자이거나 또는 이에 상응하는 그리스어이거나(ΠΙΠΙ) 또는 음역된 그리스어(ΙΑΩ)였다. 독자들은 이 문자를 읽을 때 이를 '퀴리오스'로 대체했다(혼자 읽을 때에는 자기 스스로. 왜냐하면 고대 독자들은 보통 혼자 읽을 때는 이 단어를 발음했기 때문이다). '퀴리오스'가 필사본에서 YHWH의 대용어로 쓰일 때에는[28] 보통 정관사를 사용하지 않으면서 '퀴리오스'의 다른 용법과 차별화되었다. 이는 그것이 고유명사로 사용되었음을 나타냈다. "주의 이름"과 같은 어구에서는 이것이 더욱 분명해졌다. 왜냐하면 그리스어 문법은 두 명사에 모두 정관사가 달리거나 두 명사에 모두 정관사가 탈락하는 것이 일반적이었는데, 70인역의 그리스어

---

27 신약학자들은 종종 '퀴리오스'를 종종 하나님의 이름을 "번역"한 것으로 이야기한다. 이것은 옳지 않다. 이 단어는 일반적으로 번역으로 이해되기보다는 하나님의 이름에 대한 통상적인 **대용어**로 이해되었다.

28 이것이 기독교 이전의 70인역 사본에 등장하는지를 놓고는 논란이 있었지만, 이것을 그리스어 번역가들의 관행으로 간주하는 가장 최근의 견해에 관해서는 Martin Rösel, 'The Reading and Translation of the Divine Name in the Masoretic Tradition and the Greek Pentateuch,' *JSOT 31* (2007): 411-28을 보라.

(*to onoma kyriou*)는 이러한 일반 문법에서 벗어났기 때문이다.[29]

우리는 또한 (2) 바울이 높으신 하나님(히브리어 *'el 'elōhim*[엘 엘로힘], 그리스어 *ho theos*[호 테오스])과 "두 번째 신"인 야웨(YHWH)[30]를 서로 구별하면서 유대교 성서를 "이신론적"으로 읽었다는 견해도 무시할 수 있다. 우리에게 제시된 증거의 요약을 보면 바울은 훨씬 더 자주 야웨가 하나님을 가리키는 것으로 간주하고, 이보다는 덜 자주 그리스도를 가리키는 것으로 간주했음을 알 수 있다. 바울은 설령 그런 경우가 있다 하더라도 본문에 나오는 "하나님"(히브리어 *'elōhim*[엘 엘로힘], 그리스어 *ho theos*[호 테오스])을 그리스도를 가리키는 것으로 본 적은 거의 없다.[31] 우리는 이 점에 대해서는 나중에 다시 살필 것이다. 그러나 그가 야웨를 단순히 그리스도와 동일시한 것이 아니라 때로는 심지어 동일한 텍스트를 다른 곳에서 인용할 때에도 하나님의 이름을 하나님을 지칭하거나 또는 그리스도를 지칭할 수 있었다는 것 역시 큰 의미가 있다(롬 11:34; 고전 2:16; 사 40:13).

바울이 야웨 본문을 하나님께 적용하기보다는 예수에게 적용하는 사례는 상당히 다양하며 한 가지 원칙으로 이 모든 용례를 다 설명할 순 없다. 하지만 이 가운데 다수의 본문은 종말론적 유일신론을 나타내는(또

---

29 참조. Davis, *The Name*, 90-2, 135.

30 Barker, *Great Angel*, 11장. Baker, *The Risen Lord: the Jesus of History as the Christ of Faith* (Edinburgh: T&T Clark, 1996), 4장에서 그녀는 예수 자신이 이러한 견해를 갖고 계셨고 자신을 두 번째 신인 야웨와 동일시했다고 주장한다.

31 슥 14:5은 부분적으로 예외로 간주된다. 왜냐하면 70인역이 '퀴리오스 호 테오스 무'(*kyrios ho theos mou*)로 읽기 때문이다. 또한 살후 1:10의 시 89:7(LXX 88:8)과 68:35(LXX 67:36)에 대한 암시도 만약 이것이 진정한 암시로 받아들여진다면 예외로 간주될 것이다(Fee, *Pauline Christology*, 60-1, n. 518을 보라). 나는 Kreitzer, *Jesus and God*, 124가 롬 9:33에서 사 28:16과 사 8:14이 결합된 인용문과 관련하여 "하나님에서 그리스도로 전환된 지시대명사"에 관해 언급하는지 잘 모르겠다. 사 8:13-14에서 돌은 야웨를 상징한다.

예수와 이스라엘의 하나님

는 바울에 의해 그렇게 읽혔을) 표현이라는 점은 그동안 거의 주목을 받지 못했다. 우리는 바울이 야웨 본문을 예수께 적용하는 데 있어 매우 중요하게 작용했던 요소가 바로 그의 유대교 성서에 담긴 종말론적 유일신론에 대한 기독론적 읽기라고 확실하게 주장할 수 있다.

3. 기독론적 야웨 본문에 나타난 종말론적 유일신론

우리가 바울이 예수께 적용한 야웨 본문들을 그 성서적 문맥 안에서 고려하면 이 가운데 얼마나 많은 본문이 그 자체로 유일신론적 주장을 펼치는 기능을 수행하거나 또는 인접 문맥에서 유일신론적 주장과 관련이 있는지는 상당히 주목할 만하다.[32]

요엘 2:32[롬 10:13; 참조. 고전 1:2]: 표준적인 유일신론 고정문구가 2:27에 나타난다, "그런즉 내가…너희 하나님 여호와가 되고 다른 이가 없는 줄을 너희가 알 것이라."

이사야 40:13[고전 2:15; 참조. 롬 11:34]: 이 구절은 이 세계를 창조할 때 야웨가 다른 어떤 존재로부터 그 어떤 조언도 필요로 하거나 받았다는 것을 부인하는 유일신론적 구절이다. 이 구절은 하나님이 홀로 세상을 창조하셨다고 주장하고 창조를 여러 신의 공동 프로젝트로 보는 그

---

32 다음의 번역은 70인역을 따른다(본서에서는 의미상 큰 차이가 없는 한 개역개정을 따름—역자주).

어떤 다신교적인 개념도 모두 부인하는 표준적인 유대교 방식의 근원이 었다(사 40:13은 이러한 의미로 집회서 42:21; 에녹2서 33:4aJ; 필론, *Opif.* 23 등에 반향되어 있다. 참조 에스라4서 6:6; 요세푸스, 『아피온 반박문』 2.192). 이사야 40장 자체의 문맥에서 13절은 그 장에 나타난 야웨의 비교 불가함에 대한 긴 설명에 해당하며, 또 이 구절은 다음 장에 나오는 종말론적 유일신론—야웨가 유일무이하신 창조주요 주(主)이시기 때문에 야웨가 모든 민족에 의해 마침내 비교할 수 없는 분으로 인정받게 될 것이라는 기대—과도 관련된다.

예레미야 9:24[고전1:31; 고후 10:17]: 이 구절은 야웨를 유일하게 자랑할 만한 대상으로 만들고 자신의 지혜나 능력이나 부를 자랑하는 오만한 자들의 자기신격화(*self-deification*)에 반대한다는 의미에서 암묵적으로 유일신론적 구절이다(9:23; 아래에서 논의될 이사야 2장 참조). 예레미야 9:23-24에는 종말론적 문맥에 대한 그 어떤 암시도 없다. 그러나 이 구절은 또한 초기 유대교에서 확실히 메시아적으로 읽혔을 어구와 관련하여 사무엘상 2:10에서 한나의 노래에 삽입되어 나타난다("여호와께서 땅 끝까지 심판을 내리시고…자기의 기름 부음을 받은 자[=메시아]의 뿔을 높이시리로다").

이사야 45:23[롬 14:11; 빌 2:10-11]: 유일신론적 주장이 이사야 45:18-25에 집중되어 있다는 사실은 이 본문을 이사야 40-55장에서 가장 집요할 정도로 유일신론적인 본문으로 만든다("나는 여호와라. 나 외에 다른 이가 없느니라"; "나 여호와가 아니냐? 나 외에 다른 신이 없나니"; "나는…하나님이라. 나 외에 다른 이가 없느니라"; "나는 하나님이라. 다른 이가 없느니라"). 또한 22-23절은 40-55장에서 종말론적 유일신론을 가장 확실하게 주장하는 구절이다. 이렇게 집중적으로 사용된 유일신론적 수사(rhetoric)는 결국에 가서는 만인이 자신만을 의롭고 구원을 베푸시는 하나님으로 인정할 것이라는 야웨의 맹세에서 절정을 이룬다.

신 32:21a[고전 10:22]: 이 반절(半節)은 우상들은 "신이 아니다"라는 유일신론적 주장(바울이 이 구절을 암시하는 문맥에 적절하게; 참조. 고전 8:4)이지만, 또한 하나님의 장엄한 자기선언으로 이끄는 본문에 속한다. "이제는 나 곧 내가 그인 줄 알라. 나 외에는 신이 없도다"(32:39). 모세의 노래(신 32장) 전체는 초기 유대교에서 장차 하나님께서 자기 백성을 이교도의 압제로부터 해방시킬 것에 대한 종말론적 예언으로 읽혔다. 바울의 몇몇 인용과 암시(롬 10:19[신 32:21b]; 롬 12:19[신 32:35]; 롬 15:10[신 32:43]; 고전 10:19[신 32:21a])는 그 역시 이것을 총체적으로 읽었으며 이것을 종말론적 예언으로 이해했음을 보여준다.[33]

스가랴 14:5b[살전 3:13; 참조. 살후 1:7]: 이 구절이 말하는 야웨의 오심은 다음과 같은 결과를 초래한다. "여호와[YHWH]께서 천하의 왕이 되시리니, 그날에는 여호와[YHWH]께서 홀로 한 분이실 것이요, 그의 이름이 홀로 하나이실 것이라"(14:9). 이것은 쉐마를 종말론적 형식에 맞춘 것이다. 즉 만인이 야웨의 통치를 인정할 때 비로소 야웨는 한 분—단지 이스라엘뿐만 아니라 만인의 눈으로도 유일한 하나님—이 되실 것이다.

---

33 Richard B. Hays, *Echoes of Scripture in the Letters of Paul* (New Haven/ London: Yale University Press, 1989, 『바울서신에 나타난 구약의 반향』[여수룬 역간]), 163-4; Bell, *Provoked*, 7장.

이사야 2:10, 19, 21[살후 1:9]: 마지막 날에 주께서 심판하러 오실 때 교만한 자들이 맞이할 운명을 가리키는 이 반복적인 후렴구("여호와[YHWH]의 위엄과 그 광대하심의 영광")와 함께 또 다른 반복적인 후렴구가 있다. "여호와[YHWH]께서 홀로 높임을 받으시리라"(2:11, 17).

이사야 66:5, 15[살후 1:7, 12]: 그의 대적에 대한 야웨의 종말론적 심판에 관한 이 언급은 모두가 야웨를 인정하고 경배하는 장면(66:18, 23)에서 절정에 이르는 예언의 연속 속에서 등장한다.

이와 대조적으로, 바울이 야웨[YHWH]를 하나님으로 간주하는, 상대적으로 적은 분량의 성서 본문만이 종말론적 유일신론과 관련이 있다고 볼 수 있다(사 10:22-23; 사 40:13; 신 32:35; 사 52:11; 신 32:21b; 사 59:20-21). 그리고 이 가운데 그 문맥 자체 안에서 명백하게 유일신론을 주장하는 본문(사 40:13; 신 32:35; 신 32:21b)은 거의 없는 반면, 야웨를 예수로 간주하는 방금 논의한 본문 가운데 거의 대부분은 그 문맥 자체에서 유일신론적 주장을 확실히 펼친다.

종말론적 유일신론은 바울이 이 본문들을 인용하고 암시하는 모든 문맥에서 명시적으로 나타나는 것은 아니지만, 일부 문맥에서 두드러지게 나타나며 이런 본문 모두 또는 대부분에 대한 바울의 기독론적 해석의 배후에 자리 잡고 있다고 볼 수 있다. 따라서 이것은 바울이 아주 자주 한 분 하나님의 독특한 정체성이 최종적이며 우주적으로 나타나는 것을 언급하는 성서 텍스트들에서 예수를 야웨로 이해한다는 것을 의미한다. 예수 자신이 종말론적으로 온 세상을 향해 야웨의 독특한 정체성을 나타내시며, 이로써 **예수**의 이름을 부르고 **예수**를 주(主)로 고백하는 자들은 이

예수와 이스라엘의 하나님

스라엘의 하나님 야웨가 홀로 참되신 하나님이심을 인정하게 되는 것이다. 이로써 하나님의 비(非)신적 대리인인 예수를 한 분 하나님 안에 추가하는 것이 아닌, 예수를 하나님의 독특한 정체성 안에 포함시키는 것이 바울의 의도였다는 것이 분명해진다. 왜냐하면 예수 자신이 하나님의 독특한 정체성 안에 포함될 때에만 예수가 한 분 하나님의 독특한 정체성을 드러낼 뿐만 아니라 유일한 주(主)로서 하나님만이 받으실 영광을 자신이 받으실 것이기 때문이다. (비록 여기서 이 문제를 더 전개할 공간은 없지만, 이 단원에서 우리가 논의한 성서 본문 중 다수가 야웨의 유일한 주되심의 종말론적 현현뿐만 아니라 야웨가 베푸시는 종말론적 구원도 가리킨다는 것을 지적할 필요가 있다. 야웨의 주되심을 나타내 보일 뿐만 아니라 야웨의 구원자로서의 역할을 실현하는 분으로서 예수는 하나님의 독특한 정체성 안에 포함된다.)

4. 기독론적 야웨 본문에 나타난 창조론적 유일신론

초기 유대교 신학에서 종말론적 유일신론은 창조론적 유일신론과 밀접하게 연관되어 있었다. 야웨 홀로 만물을 창조하셨다는 것이 만물에 대한 그의 유일한 주되심의 기초이며, 그의 이 주되심은 또한 마침내 모두가 그를 유일한 창조주이자 주(主)로서 인정할 때 비로소 완성될 것이다. 초기 유대교 유일신론의 성경적 근거 중에서 이러한 사실은 특히 이사야 40-55장에서 분명하게 나타나고, 이전 단원에서 논의되었던 이 장들에 속한 두 본문의 문맥 안에서 등장한다. 이사야 40:13은 창조론적 유일신론을 가장 단도직입적으로 주장하는 구절로서 야웨가 어떤 협력자나 조력자 없이 세상을 창조하셨다는 점에서 유일하신 분이라고 선언한다. 만물의 유일한 창조주로서 이와 같이 그 누구와도 비길 데 없다는 사실은 이사야 40-55장의 나머지 부분에서 그가 그의 고유한 신성을 모든 민족에게 널리 알리실 것을 기대하는 종말론적 유일신론과 밀접하게 연관되어 있다. 이사야 45:23이 속해 있는 이 신탁 본문(45:18-25)은 아마도 창조론적 유일신론과 종말론적 유일신론의 밀접한 관계를 가장 잘 보여주는 예라고 할 수 있을 것이다. 비록 이사야 45:23이 종말론적 유일신론을 강하게 주장하는 구절이긴 하지만, 이 본문은 창조론적 유일신론을 담은 진술로 시작하고("대저 여호와[YHWH]께서 이같이 말씀하시되 하늘을 창조하신 이 그는 하나님이시니 그가 땅을 지으시고 그것을 만드셨으며…나는 여호와라. 나 외에 다른 이가 없느니라"), 이어지는 구절들에 담긴 모든 유일신론적 수사는 바로 이 본문에 기초한다. 따라서 적어도 석의적으로는 유일한 종말론적 통치자로서의 하나님의 정체성 안에 예수를 포함시키는 것에서 유일한 창조자로서의 하나님의 정체성 안에 예수를 포함시키는 것으로 나아가는 데에는 그리 큰 어려움이 없었을 것이다. 하나님의 독특한 정체성의 이 두 측면은 불가분의 관계였다.

바울이 분명하게 야웨[YHWH]를 예수로 취급하는 이 두 이사야 텍스트의 창조 문맥에서 보면 그가 또한 시편 23(24):1(고전 10:26, "이는 땅과 거기 충만한 것이 주의 것임이라")의 야웨도 예수로 취급한다고 가정하는 데 전혀 어려움이 없다. 바울은 여기서 우상에게 바쳐진 고기에 관한 논의를 시작하면서 꺼냈던 창조론적 유일신론으로 다시 되돌아간다(고전 8:5-6). 하나님이 만물을 창조하실 때 그가 수행했던 역할 때문에 "주의 잔"과 "주의 식탁"(고전 10:21)뿐만 아니라 피조물의 전 영역이 모두 주 예수께 속한다.

이제부터 우리는 유일신론에 대한 관심이 특히 분명하게 나타나고 바울도 유대교 유일신론을 기독론적으로 해석하는 바울 서신의 몇몇 본문—로마서 10:13, 빌립보서 2:6-11(또한 롬 14:10-12과 관련하여), 고린도전서 8:5-6—을 더 자세히 살펴보고자 한다. 이 본문들은 단순히 개별적으로 다루기보다는 바울이 기독론적인 관점에서 예수를 성서 본문의 야웨와 동일시하는 보다 폭넓은 문맥에서, 특히 창조론적 유일신론 및 종말론적 유일신론과의 관계 속에서 다룰 때 훨씬 더 제대로 이해할 수 있을 것이다.

5. 로마서 10:13

최근 캐빈 로우(C. Kavin Rowe)는 로마서 10:13을 그 문맥 안에서 해석하는 훌륭한 연구서를 출간했는데, 그의 연구는 본장의 논증과도 아주 잘 조화를 이룬다.[34] 그는 로마서 10:13이 로마서 10:1-13에 나타나 있는 바울의 논증의 절정이라고 주장하며, 요엘 2:32 사용에 관해 다음과 같이 주장한다.

> [요엘 2:32 사용은], 일단 바울이 하나님과 그리스도의 관계에 대해 생각하는 방식에 도움이 되는 것으로 받아들인다면, 이스라엘의 하나님 야웨를 인간 예수와 별도로 생각할 수 있는 가능성을 제거해버린다. 이러한 단일적(unitive) 관계는 변증법적이며, 사실상 분명한 차별화뿐만

---

[34]   C. Kavin Rowe, "Romans 10:13: What is the Name of the Lord?" *HBT 22* (2000): 135-73. 나는 서로 간의 의견 차이(166-9)가 진정한 차이점이라고 생각하지 않는다.

아니라 서로를 무조건적으로 동일시하는 것에 달려 있다.[35]

나는 그가 제시한 중요한 관찰을 여기서 모두 반복할 수는 없다. 우리의 현재 논의의 관점에서 보면 바울이 이러한 야웨 본문을 그리스도에게 적용하는 것과 종말론적 유일신론의 관계는 중요한 의미를 담고 있다. 이 관계는 로마서의 문맥에서 아주 분명하게 나타난다. 거기서도 12절은 단연코 유일신론을 강하게 주장하는 구절이다. "유대인이나 헬라인이나 차별이 없음이라. 한 분이신 주께서 모든 사람의 주가 되사, 그를 부르는 모든 사람에게 부요하시도다." 여기서 "주"는 예수일 수밖에 없다. 이것은 마지막 절("그를 부르는 모든 사람"과 다음 구절("누구든지 주의 이름을 부르는 자는 구원을 받으리라")에 나오는 요엘서 인용과의 관계를 통해, 그리고 예수를 주로 시인하는 것(9절), 예수에 대한 믿음(11절), 그들이 믿은 이를 부르는 것(14절)에 대한 더 광범위한 문맥을 통해서도 분명하게 나타난다.

로마서 10:12의 유일신론적 진술을 로마서 3:29-30의 유일신론적 진술과 비교하는 것은 매우 유용하다. 이 두 경우에서 바울은 유대인과 이방인의 구원을 동일하게 오직 한 분 하나님만이 존재한다는 유대교 신앙에 기초를 둔다. 3:29-30에서 쉐마("하나님은 한분이시다")에 대한 명백한 암시는 동일한 **하나님**이 유대인과 이방인 모두의 **하나님**이시며, 따라서 그 하나님이 믿음을 통해 유대인과 이방인을 모두 동일하게 의롭게 하실 것이라는 바울 주장의 근거가 된다. 10:12에서 동일한 **주**(主)가 모두의 **주**(主)라는 주장은 유대인이나 헬라인이나 "차별이 없다"는 것과 그의 이름을 부르는 자는 모두 구원을 받으리라는 것을 의미한다. 한 경우에는

---

35   Rowe, "Romans 10:13," 136-7.

오직 유대인과 이방인 모두를 위한 한 분 하나님만 계시고, 다른 경우에는 유대인과 이방인 모두를 위한 한 주(主)가 예수라는 것을 제외하면 여기서의 주장은 모두 동일하다. 평행을 이루는 이 두 주장의 관계는, 우리가 곧 살펴보겠지만, 바울이 고린도전서 8:6에서 쉐마를 둘로 나누어 거기서 한 분 하나님 아버지와 한 주(主) 예수를 모두 발견했던 방식과 유사하다. 로마서 10:9-13에서 바울은 예수를 주로 시인하거나 주 예수의 이름을 부르는 것이 야웨를 유일하신 하나님으로 인정하는 것과 마찬가지라고 주장하면서 유대교의 종말론적 유일신론에 대한 기독론적 버전을 설파한다. 이 문맥에서는 바울이 요엘 2:32의 "야웨의 이름"을 예수의 이름과 동일시하는 것을 고려하지 않았다든지 또는 단지 임의적으로 나타난 것이라는 주장은 설 자리가 없다. 이 본문은 매우 진지하게 예수와 야웨를 동일시하는 분명한 기독론적 유일신론의 절정을 보여준다. 서로를 동일시하는 이 이름 야웨는 예수와 그의 아버지 하나님을 지칭하므로 그들이 두 신이 아님을 분명하게 밝혀준다. 로우는 이 사실을 다음과 같이 잘 표현해준다. "바울의 하나님과 이스라엘의 하나님은 오직 야웨가 예수와 이렇게 동일시되고 또 예수가 야웨와 동일시되어 첫 두 계명에 위배되지 않을 때에만 동일한 하나님이다."[36]

초기 그리스도인들이 **석의 과정을 통해** 이렇게 놀라운 결론에 도달하게 된 것은 바로 그들이 바울을 포함하여 그들의 신학을 발전시킨 초기 유대교의 이러한 전형적인 석의 방식을 통해서다. 우리는 이미 요엘 2:32 자체가 유일신론에 대한 통상적인 언급이 나타나는 문맥에서 등장한다는 것을 인지한 바 있다. "내가 이스라엘 가운데에 있어 너희 하나님 여호와

---

36   Rowe, "Romans 10:13," 171.

가 되고 다른 이가 없는 줄을 너희가 알 것이라"(2:27). 바울은 요엘서의 이러한 유일신론 문맥(종말론적 유일신론의 문맥으로)을 이미 인식하고 있었으며, 이는 그가 요엘 2:32을 그의 논증의 절정으로 사용한 것을 통해 잘 알 수 있다. 우리는 그가 인접 문맥에서 다른 성서 본문을 인용한 것을 통해서도 이에 대한 확신을 가질 수 있다. "누구든지 그를 믿는 자는 부끄러움을 당하지(*kataischynthēsetai*) 아니하리라"(사 28:16, 롬 10:11에서 인용됨). 이 구절은 유대교의 '게제라 샤바'(*gezera shawa*) 해석 원칙을 따라 요엘서 인용문과 연결되어 있다. 이 해석 원칙에 의하면 동일한 단어나 어구를 포함하는 본문들은 상호 본문 해석에 사용될 수 있다. 여기서 서로를 이어주는 연결고리는 요엘서에서 반복적으로 나타나는 약속이다. "내 백성이 영원히 수치를 당하지 아니하리로다"(2:26, 27: *kataischynthē, kataischynthōsin*). 이 두 차례 반복된 약속은 "내가…너희 하나님 여호와가 되고 다른 이가 없는 줄을 너희가 알 것이라"(2:27)라는 유일신론적 고정문구를 감싸 안고 있다. 이로써 우리는 바울이 자기가 인용한 요엘서 본문이 유일신론 문맥에 속해 있음을 이미 알고 있었고 이에 주의를 기울였다는 결론에 도달한다.

6. 빌립보서 2:6-11

당연히 여기서 우리가 이렇게 내용이 심오하고 또한 많은 논쟁의 대상인 이 본문을 여기서 마음껏 깊이 논의한다는 것은 거의 불가능하다.[37] 다만

---

[37] 이 주제와 관한 더 중요한 최근 연구를 몇 가지 꼽는다면 다음과 같다. Martin and Dodd ed., *Where Christology Began*; James D. G. Dunn, *The Theology of Paul the Apostle* (Grand Rapids: Eerdmans, 1998), 245-52, 281-93; Markus Bockmuehl, *The Epistle*

우리는 여기서 기독론과 유대교의 이스라엘의 하나님에 대한 유일신 신앙 및 이 세상 사이의 관계에 영향을 주는 측면에 초점을 맞출 것이다. 여기서 특히 중요한 것은 이 본문이 모든 피조물이 예수를 경배하는 것을 묘사하고(2:10-11), 이로써 바울 서신에서 일신숭배나 제의적 유일신론 (제2성전기 유대교 유일신론을 규정하는 특징 중 하나)과 관련하여 예수경배에 대해 가장 분명하게 언급하는 본문이라는 사실이다. 더 나아가 이 본문에서는 예수경배가 그리스도 안에서 나타난 하나님의 종말론적 목표로 묘사되기 때문에 우리는 여기서 종말론적 유일신론과 제의적 유일신론이 서로 하나로 통합되는 모습을 보게 된다.

이 본문에 나타난 예수경배에 관하여 우리는 세 가지를 관찰할 수 있다. 첫째, 모든 피조물에 의한 예수경배는 그가 여기서 모든 피조물을 신적 통치권을 가지고 다스리는 지위로 높임을 받으셨다는 것과 관련이 있다. 우리가 지금까지 이 책에 담긴 논문을 통해 주장해왔듯이 이것이 바로 초기 그리스도인들이 예수를 하나님의 독특한 정체성 안에 포함시키는 데 반드시 필요한 촉매제였다. 유대교 유일신론에 있어 만물에 대한 통치권은 **하나님이 누구신가**를 결정짓는 것이었다. 이 통치권은 하나님

---

to the Philippians (Black's NT Commentary; London: A. & C. Black, 1998), 114-48; Adela Yarbro Collins, "The Worship of Jesus and the Imperial Cult," in Jewish Roots, ed. Newman, Davila and Lewis, 234-7; Denny Burk, "On the Articular Infinitive in Philippians 2:6: A Grammatical Note with Christological Implications," TynBul 55 (2004): 253-4; Hurtado, How on Earth, 4장; Fee, Pauline Christology, 373-401; Joseph H. Hellerman, Reconstructing Honor in Roman Philippi: Carmen Christi as Cursus Pudorum (SNTSMS 132; Cambridge: CUP, 2005). 이 연구 중 일부는, 그중에서 특히 Bockmuehl, Collins, Hellerman 등의 것은 이 본문을 로마의 식민지였던 빌립보의 정치적·사회적 정황에서 올바르게 해석한다. 빌립보에서 암묵적으로, 그러나 불가피하게 카이사르의 종교-정치적 함의와 대비되는 만물에 대한 예수의 주권이 내포하고 있는 종교-정치적 함의는 상당히 중요했을 것이다. 나의 견해로 볼 때, 바울의 기독론적 유일신론은 반제국주의적 의의를 가지고 있었음에 틀림없고, 이것은 그것을 인정하는 핵심 구절이다. 참조 §4.6.

이외의 다른 존재에게 위임될 수 있는 것으로 볼 수 없었다. 예수가 하나님의 우주적 통치권에 참여한다는 것을 인정하는 것이 가져다주는 필연적 결과가 바로 예수경배였다. 왜냐하면 경배란 유일하게 모든 피조물을 다스리시는 하나님의 독특한 정체성을 인정하는 것이며 그에 반응하는 것이기 때문이다.

초기 기독교 문헌 중에는 시편 110:1(가장 이른 시기에 발전한 신적 정체성 기독론에 관한 가장 대표적인 본문)을 암시할 뿐만 아니라 예수가 하늘의 모든 천상적 권세들에 의해 경배를 받는 것을 언급하는 등 예수의 승귀에 관한 본문이 셋 있다(히 1:3-6; 이사야 승천기 10:14-15; 11:23-32; 야고보의 묵시 14:26-30). 거의 서로 독립적인 이 본문들은 예수의 신적 보좌로의 승귀를 분명하게 나타내기 위해 천사들을 부각시키는 공통된 주제를 선보인다. 거기서 예수는 모든 천상적 권세들보다 높은 곳에서 하나님께 시중드는 다른 천사들과는 달리, 만물들, 심지어 천사들까지도 다스리는 신적 통치권을 행사하신다. 또 다른 세 본문(Polycarp, *Phil.* 2:1; 계 5장; 빌 2:9-11)은 하늘과 땅의 모든 피조물이 예수를 경배하는 것을 묘사하는 데 천사들을 포함시킨다. 이 본문 가운데 단 하나만 시편 110:1을 암시한다.

우리 주 예수 그리스도를 죽은 자들 가운데서 일으키시고
그에게 영광과 그의 우편에 있는 보좌를 주신 그분을 믿는다.
하늘과 땅의 모든 것들이 그에게 복종하고
호흡하는 모든 것들이 그를 경배하며
그는 산 자들과 죽은 자들의 심판자로서 오실 것이다(Polycarp, *Phil. 2:1*).

이 본문은 분명히 전통적인 신조의 형태를 띠고 있다. 빌립보서

예수와 이스라엘의 하나님

2:9-11과는 상당히 독립적인 이 본문은 빌립보서 본문과 어휘를 공유하거나 다른 성서 본문을 암시하지 않는다. 빌립보서 2:9-11은 시편 110:1에 대한 암시보다는 이사야 52:13(예수의 승귀와 관련하여 다른 곳에서 시편 110:1과 관련이 있는 본문[행 2:23; 5:31])에 대한 암시를 통해 예수의 승귀에 대해 언급한다.

빌립보서 2:9-11과 요한계시록 5장의 관련성도 상당히 주목할 만하다. 이 두 경우 모두 십자가에 달리신 그리스도(요한계시록에서는 상징적으로 죽임 당한 어린양으로 묘사됨)가 명시적으로 높임을 받고 경배를 받는다. 빌립보서 2:9-11과 계시록 5:13에서는 그리스도가 모든 피조물에게 경배를 받는 놀라우리만큼 유사한 이야기가 나온다. 빌립보서 2:10-11은 이사야 45:23("내게 모든 무릎이 꿇겠고 모든 혀가 맹세하리라")을 암시하지만, 이사야서의 "모든 무릎…모든 혀"를 확대해 모든 피조물을 포괄하는 고정문구로 그리스도께 대한 경배의 보편성을 강조한다. "하늘에 있는 자들과 땅에 있는 자들과 땅 아래에 있는 자들로 모든 무릎을 예수의 이름에 꿇게 하시고"(빌 2:10). 요한계시록 5장은 승귀하신 그리스도를 하늘에 있는 신적 보좌 가운데 있는 어린양으로 묘사한 후(5:6; 참조. 7:17) 하늘 보좌에서 앉아 계신 하나님을 경배하는 데 어린양을 포함시키고, 이어서 모든 피조물을 포함시켜 경배하는 무리를 확대한다.

하늘 위에와 땅 위에와 땅 아래와 바다 위에와 또 그 가운데 모든 피조물이 이르되, "보좌에 앉으신 이와 어린 양에게 찬송과 존귀와 영광과 권능을 세세토록 돌릴지어다!"(계 5:13)

온 우주를 가리키는 이 고정문구들과 가장 유사한 본문 중 하나가 십계명의 제2계명에 들어 있다는 것은 결코 우연이 아니다(출 20:4; 신 5:8-9; 참조. 느 9:6; 시 146:6; 계 10:6["땅 아래"가 생략됨]). 경배 받는 것이 금지된 그 모든 피조물들도 오직 하나님께만 드려 마땅한 경배를 그의 보좌를 공유하시는 그리스도께 드리는 것으로 묘사된다. 아무튼 이러한 보편성에 대한 강조야말로 바로 이 승귀하신 예수가 모든 피조물에 대한 고유한 신적 주권을 행사하시고, 또 이로써 그 사실을 모든 피조물이 그를 경배함으로써 인정하게 됨을 분명하게 보여준다.

요한계시록 5장이 빌립보서에 의존하고 있을 개연성은 희박하다. 다른 본문들과 더불어 이 두 본문은 이미 널리 퍼져 있던-그래서 이른 시기의-기독론적 도식을 보여준다. 이 도식에 따르면 예수의 승귀는 만물에 대한 고유한 신적 통치권에 그가 참여하는 것과, 유대교 유일신론의 필연적인 결과로서 모든 피조물이 그의 신적 통치권을 인정하는 차원에서 그를 경배하는 것을 모두 의미했다.

우리가 살펴볼 빌립보서 2:9-11의 두 번째 측면은 모든 피조물에 의한 예수경배가 예수의 승귀 때 그에게 하나님의 이름이 주어진 것과 관련이 있다는 것이다. "모든 이름 위에 뛰어난 이름"(9절)이 야웨라는 것에는 의심의 여지가 없다. 유대인 저자가 하나님 자신의 유일무이한 이름이 아닌 다른 이름을 가리키기 위해 이 어구를 사용한다는 것은 결코 상상할 수 없기 때문이다.[38] 이 본문에 대한 많은 주석과는 달리, 이 이름은

---

38 "예수의 이름"(빌 2:10)이란 어구는 일부 학자들로 하여금 "예수"가 "모든 이름 위에 뛰어난 이름"(9절)임에 틀림없다고 생각하게 만들었다. 그러나 10-11절의 사 45:23에 대한 암시와 더불어(아래를 보라), "모든 이름 위에 뛰어난 이름"이란 어구는 모든 무릎이 꿇어야 할 대상이 하나님의 이름 야웨이어야 함을 요구한다. 따라서 "예수의 이름"은 예수라는 이름이 아니라 승귀하신 예수가 지니고 있는 이름 야웨로 보인다. 그러나 아직 미처 인식되지 못한 가능성도 열려 있다. 많은 유대인 이름처럼 예수라는 이름도 하나님의 이름을 포함하고 있다. 그것은 "야웨가 구원이시다"라는 의미다(그 이름의 완전한 형

"주"(kyrios, 11절)가 아니다. "주"는 하나님의 이름도 아니고, 심지어 이 이름에 대한 그리스어 번역도 아니다. 이것은 그 이름에 대한 경의를 표하는 그리스어 **대용어**(substitute)다.[39] 그러나 이것이 신성사문자를 대신하는 대용어였다는 사실은 분명히 이 본문의 의미와 깊은 관련이 있다. 이것은 하나님의 독특한 정체성(YHWH)을 그의 독특성을 밝히 드러내는 특징으로서 그의 주권(kyrios)과 밀접하게 연관시킨다. 예수에게 하나님의 이름이 주어지는 이유는 그가 하나님의 주권에 참여하기 때문이다. 따라서 "예수 그리스도는 주님이시다"(11절)라는 고백은 그를 그의 이름 야웨(YHWH)로 부르는 것을 대신할 뿐만 아니라 그의 주되심(lordship)을 고백하는 것이다.

고유한 신적 통치권에 참여하기 위한 예수의 승귀와 하나님의 독특한 이름을 그에게 수여하는 것을 서로 연관시킨다는 점에서 우리 본문은 예수의 승귀를 묘사한 또 다른 본문과 유사하다. 히브리서 1:3-4에 의하면 예수는 천사들의 이름보다 자신이 기업으로 받은 이름이 더 빼어남 같이 그들보다 훨씬 더 높임을 받으신 후에 지극히 높으신 이의 우편에 앉으셨다. 이 두 본문은 모두 높음이라는 이미지—하늘 높은 곳에 있는 하나님의 보좌로 높임을 받으신 예수—를 비길 데 없을 만큼 뛰어난 그의 이름과 연관

태 Yehôsua'[예호슈아] = YHWH yēša'). 이 이름은 특히 빌 2:10-11에서 사 45:23을 암시하는 문맥에서 아주 적절하다(사 45:21-22: "공의를 행하며 구원을 베푸는 하나님이라…내게로 돌이켜 구원을 받으라"). 예수라는 이름은 빌 2:10-11이 "'야웨는 구원이시다'(YHWH-is-Salvation)란 이름에 모든 무릎이 꿇고…모든 입으로 예수 그리스도를 주(즉 YHWH)라고 시인하도록"을 의미하는 것과 같이 그렇게 하나님의 이름에 대한 새로운 종류의 대용어 또는 형태로 간주될 수 있을 것이다.

39   J. A. Fitzmyer, "The Semitic Background of the New Testament Kyrios-Title," in *A Wandering Aramean* (SBLMS 15; Missoula: Scholars, 1979), 115-42; A. Pietersma, "Kyrios or Tetragram: A Renewed Quest for the Original Septuagint," *in De Septuaginta* (Mississauga, Ontario: Benben Publications, 1984), 85-102.

짓는다. 오직 모든 다른 이름보다 뛰어난 하나님의 이름(빌 2:9)만이 천사들의 이름보다 뛰어날 수 있다(히 1:4). 이러한 유사성은 히브리서도 빌립보서와 마찬가지로 야웨(YHWH)라는 이름을 가리킬 가능성을 극대화한다. 대다수의 주석가들은 히브리서에서 언급된 이름이 바로 "[유일한] 아들"(the Son)임에 틀림이 없다고 생각한다. 왜냐하면 5-7절에서 아들과 천사들의 지위를 서로 구별하는 것이 바로 이 용어이기 때문이다. 그러나 이것은 "그가 기업으로 얻은 이름"이란 표현의 의미를 거의 설명해주지 못한다. 아들은 "아들"이란 칭호를 물려받지는 않는다. 오히려 그의 아들 됨이 그가 그의 아버지로부터 다른 것들을 물려받게 될 근거가 된다. 이 본문의 의미는 예수가 [유일한] 아들로서 아버지의 만물에 대한 통치권을 물려받았기 때문에(2절) 그는 또한 만물에 대한 주권자로서 하나님의 독특한 정체성을 지칭하는 그의 아버지의 이름도 물려받았다.[40] 이렇게 하나님의 고유한 이름과 하나님의 고유한 통치권을 서로 연관 짓는 것은 빌립보서와 히브리서에서 예수의 승귀를 묘사하는 데 공통적으로 나타난다. 따라서 이러한 기독론적인 반추는 매우 이른 시기로 거슬러 올라간다고 할 수 있다.

유대교 유일신론에서 하나님의 독특한 이름인 야웨(YHWH)는 그의 독특한 정체성을 가리킨다. 이 이름은 "신"이라는 모호한 단어와는 달리 오직 한 분 하나님께만 배타적으로 적용된다. 따라서 승귀하신 예수가 이 하나님의 이름을 지닌다는 것은 그가 하나님의 독특한 정체성 안에 분명하게 포함되었음을 의미하며, 유대교 유일신론적 전통에서는 이러한 인식이 경배를 통해 표현된다.

---

40   본서 제7장을 보라.

예수경배와 관련하여 우리가 빌립보서 2:9-11에서 검토해야 할 세 번째이자 마지막 측면은 바로 모든 피조물에 의한 예수경배가 유대교 전통의 **종말론적** 유일신론을 나타낸다는 것이다. 이것은 제2이사야서의 예언들에서 아주 강력하게 표현되는데, 여기에 등장하는 위대한 유일신론적 주장들은 제2성전기 유대교 유일신론이 형성되는 데 밑거름이 되었고, 유대교 문헌에 끊임없이 반향되어왔다. 새 출애굽이라고도 할 수 있는 야웨의 위대한 종말론적 구원 행위는 모든 민족이 보는 앞에서 성취될 것이며(사 52:10), 모든 육체에게 그의 영광을 드러낼 것이며(40:5), 모든 민족으로 하여금 그를 단 한 분이신 하나님으로 인정하게 만들 것이다. 이것이 바로 이사야 45장의 주제인데(특히 5-6절, 14절을 보라), 이 본문은 야웨의 초대와 엄숙한 맹세로 절정에 이른다.

나 외에 다른 신이 없나니

　나는 공의를 행하며 구원을 베푸는 하나님이라.

　나 외에 다른 이가 없느니라.

땅의 모든 끝이여,

　내게로 돌이켜 구원을 받으라.

나는 하나님이라, 다른 이가 없느니라.

내가 나를 두고 맹세하기를

　"내 입에서 공의로운 말이 나갔은즉

　돌아오지 아니하나니

내게 모든 무릎이 꿇겠고

　모든 혀가 맹세하리라" 하였노라(사 45:21b-23).

첫 번째, 세 번째, 다섯 번째 행에서 반복되는 표준적인 유일신론적 고정문구[41]는 주목할 만하다. 이 본문의 주제는 단연코 유일무이한 하나님을 유일한 하나님이자 유일한 구원자로 인정하는 것이다. 따라서 하나님의 가장 엄숙한 맹세와 함께 예언된 이 보편적인 경배는 의심의 여지없이 유일신 경배에 관한 문제다. 그의 종말론적 구원 행위의 결과로 야웨의 고유한 신성은 보편적으로 인정을 받게 된다.

바로 이 이사야 45:23을 빌립보서 2:10-11이 분명하게 암시하는 것이다. 이 사실은 거의 모든 학자들이 동의하는 바이지만, 모두가 여기에 담겨 있는 의미를 깨닫는 것은 아니다. 이 사실은 또한 빌립보서 본문이 전형적으로 유대교 유일신론에 관심을 두고 있다는 점과 거기서 그리는 예수경배가 유대교 전통의 배타적인 유일신 경배의 문제라는 것을 보여준다. 빌립보서 2:9-11이 주장하는 바는 바로 예수가 야웨의 보편적 통치권 안에서 그분과 하나가 되고 또 그가 야웨임이 드러나는 사건, 즉 예수의 승귀 안에서 이스라엘의 하나님의 고유한 신성이 모든 피조물에 의해 인정받게 된다는 것이다. 야웨의 고유한 통치권과 고유한 신성은 승귀하신 예수가 그 통치권을 행사하고 야웨라는 이름을 지닐 때 온전히 인정받게 된다. 제2이사야서와 제2성전기 유대교의 종말론적 유일신론에 대한 기대는 하나님의 독특한 정체성 안에 예수가 포함되었다는 사실이 온 천하에 드러남으로써 성취된다. 바로 이때 종말론적 유일신론은 기독론적 유일신론으로 판명난다.

---

41 이 고정문구에 관해서는 신 4:35, 39; 32:39; 삼상 2:2; 삼하 7:22; 사 43:11; 44:6; 45:5, 6, 14, 18, 21, 22; 46:9; 호 13:4; 욜 2:27; 지혜서 12:13; 유딧서 8:20; 9:14; 벨과 용 41; 집회서 24:24; 36:5; 4Q504 [4QDibHam^a] 5:9; 1Q35 1:6; 바룩서 3:36; 에녹2서 33:8; 47:3; 시빌의 신탁 3:629, 760; 8:377; 오르피카 16; 필론, *Leg. 3.4, 82*를 보라.

따라서 빌립보서 2:9-11은 제2이사야에 담긴 종말론적 유일신론의 기독론적 버전인 셈이다. 우리는 이와 같은 결론을 다음의 네 가지 추가적인 관찰과 함께 마무리할 수 있다.

첫째, 다른 측면에서 이미 주목한 바와 같이 이 측면에 있어서도 요한계시록 5장과 유사한 점이 있다는 것에 주목할 수 있다. 거기서도 경배는 종말론적으로 모든 피조물이 신적 통치권을 인정하는 문제다. 어린양 경배는 "이긴" 자(5:5), 즉 하나님의 종말적 왕국을 설립하기 위한 결정적인 승리를 거둔 자를 하나님 경배에 포함시키는 것이다(5:13). 그 왕국에서 그는 하나님과 함께 신적 보좌 위에서 다스리실 것이다(11:15; 22:3). 요한계시록 5장에서 보좌에 앉으신 하나님과 어린양에 대한 경배는 새 예루살렘에서 이루어질 경배를 예고한다(22:3). 따라서 요한계시록 5장도 종말론적 유일신론에 대한 기독론적 버전을 제공한다.[42]

둘째, 빌립보서 2장과 요한계시록 5장 모두 예수를 그의 아버지 하나님에 대한 경배를 대신하는 인물로 소개하지 않고 예수를 하나님에 대한 경배에 포함시키려고 고심한다는 것은 주목할 만하다.[43] 이것은 만약 예수경배가 종말론적 유일신론의 표현이어야 한다면 반드시 필요한 것이다. 빌립보서 2:9-11에서 예수의 이름에 무릎 꿇고 그를 주로 시인하는 것은 "하나님 아버지께 영광"을 돌리는 것이다. 요한계시록 5장에서 쉬지 않고 하늘에서 하나님을 경배하는 이들(4:8-11)은 이제 수많은 천사들과

---

42 요한계시록 5장에는 빌 2:10-11의 암시와 비교할 만큼 제2이사야를 명시적으로 암시하는 구절이 없다. 그러나 요한계시록은 다른 곳에서 변형된 형태의 "알파와 오메가"와 "시작과 마침"과 더불어 유일신론적 고정문구인 "처음과 마지막"(사 44:6; 48:12)을 하나님뿐만 아니라(계 1:8; 21:6) 그리스도에게도 적용할 때(계 1:17; 2:8; 22:13) 제2이사야의 종말론적 유일신론을 명백하게 따른다.

43 요한계시록에 관해서는 Bauckham, *Theology*, 59-61; idem, *Climax of Prophecy*, 133-40을 보라.

함께 어린양을 경배하는데(5:11-12), 이 장면은 전 우주에 있는 모든 피조물이 하나님과 어린양께 올려드리는 예배에서 절정을 이룬다(5:13). 제의를 통해 예수를 하나님의 독특한 정체성 안에 포함시키는 방법에는 두 가지가 있다. 첫 번째 방법은 두 번째 방법에 결코 뒤지지 않는다. 이것은 단순히 예수를 "공경하는 것"(honouring)이 하나님을 **경배하는**(worshipping) 방법 가운데 하나라는 것을 의미할 수 없다.[44] 왜냐하면 이것이 바로 수준 높은 이교도들이 다신 숭배를 단일한 최고의 하나님을 인정하는 것과 연관시켰던 방식이었기 때문이다. 유대교 유일신론자들은 한결같이 이 사실을 거부했다(예. 필론, *Spec.* 1.31). 예수는 여기서 하나님의 종으로서 공경을 받고 있는 것이 아니다. 그는 그가 고유한 신적 통치권에 참여하고 독특한 신적 정체성을 가리키는 이름을 지니고 있기 때문에 경배를 받는다. 그는 그의 아버지의 아들로서 그의 아버지의 통치권을 놓고 경쟁하거나 쟁탈전을 벌이지 않고 오히려 이를 함께 공유하기 때문에, 예수를 경배하는 것은 또한 그의 아버지를 경배하는 것이다.

셋째, 빌립보서 2:9-11은 아담 기독론(Adam Christology)을 나타내는 것으로 이해될 수 없다. 예수는 여기서 창조 때 인간에게 주어진 다른 지상의 피조물을 지배하는 영역으로 높임을 받은 것(창 1:28)이 아니라 하나님의 고유한 신성이 유일하신 하나님으로서 모두에 의해 고백될 때 모든 피조물이 인정하게 될 하나님의 고유한 통치권으로 높임을 받은 것이다.

빌립보서 2장에 나오는 기독론 본문 전체를 아담 기독론의 관점에서 읽으려고 시도하는 제임스 던(James Dunn)은[45] 빌립보서 2:9-11에 대

---

44   참조. James D. G. Dunn, *The Partings of the Ways* (London: SCM, 1991), 194.
45   Dunn, *Christology*, 114-21.

한 평행본문으로서 아담과 하와의 생애(Life of Adam and Eve)의 한 본문을 인용했는데, 거기서 하나님은 천사들에게 아담에게 경배할 것을 요구하신다.[46] 이 본문에서(13-15장) 천사들이 아담에게 경배할 것을 명령받을 때 사탄은 아담에게 경배하기를 거부한다. 아담은 하나님으로부터 천사들에게 "우리의 형상과 모양"을 입은 이들로 소개되고(13:3), 마가엘은 천사들에게 "주 하나님께서 명령하신 대로 주 하나님의 형상을 경배하라"(14:1)고 명령한다. 악마는 경배하기를 거부한다. 왜냐하면 그는 "자기보다 열등하고 자기에게 종속된 자를 경배하지 않을 것"이기 때문이다(14:3). 여기서 한 가지 분명한 것은 경배가 아담이 하나님의 형상이라는 점에서 천사들보다 뛰어난 아담의 우월성을 천사들이 인정한 것을 나타내기 위함이라는 것이다. 여기서 한 가지 지적해야 할 것은 제2성전기 유대교 문헌에서 이 장면이 상당히 예외적이라는 점이며,[47] 아담 관련 문헌이 매우 불확실한 역사를 갖고 있다는 점을 고려하면 이 본문(이 본문은 그리스어 또는 슬라브어 역본에는 나오지 않으며, 오직 후대 발전 단계를 반영하는 라틴

---

46 Dunn, *Partings*, 194-5. 유대인들이 아담 숭배를 상상할 수 있었던, 또는 심지어 실천에 옮길 수 있었다는 증거로 이 본문을 제시하는 학자는 다음과 같다. A. Chester, "Jewish Messianic Expectations and Mediatorial Figures and Pauline Christology," in *Paulus und antike Judentum*, ed. Martin Hengel and U. Heckel (WUNT 58; Tübingen: Mohr [Siebeck], 1991), 17-89, 여기서는 64; D. Steenburg, "The Worship of Adam and Christ as the Image of God," *JSNT* 39 (1990): 77-93; Crispin H. T. Fletcher-Louis, "The Worship of Divine Humanity as God's Image and the Worship of Jesus," in *Jewish Roots*, ed. Newman, Davila and Lewis, 112-28, 여기서는 127-8.

47 이것은 아담에 관한 후기 기독교 텍스트에 나타난다. Jarl E. Fossum, *The Name of God and the Angel of the Lord* (WUNT 36; Tübingen: Mohr [Siebeck], 1985), 171-2. 하나님의 아담 창조에 반대하는 천사들의 불평에 관한 랍비 전승에 관해서는 Gary A. Anderson, *The Genesis of Perfection: Adam and Eve in Jewish and Christian Imagination* (Louisville: WJK, 2001), 30-5의 요약을 보라. 이러한 랍비 전승은 의미심장하게도 아담에게 순종 또는 아담 경배에 관하여 아무것도 말하지 않는다.

어, 아르메니아어, 조지아어 등의 역본에만 등장함[48])은 우리가 다루고 있는 시대의 유대교 텍스트라고 추정할 수 없다.[49] 그러나 어쨌든 아담에 대한 "경배"는 여기서 엄밀한 의미의 신적 경배와 구별될 수 있다. 라틴어 역본은 '아도라레'(adorare)를 사용하지만, 아르메니아어 역본과 조지아어 역본이 모두 "절하다, 꿇어 엎드리다"를 의미하는 단어를 사용하기 때문에[50] 우리는 그리스어 원문이 '프로스퀴네인'(proskynein)을 사용했을 것으로 어느 정도 확신할 수 있다. 이 단어는 그 자체로 오로지 신적 경배만을 나타내는 것이 아닌 동작을 묘사한다(그리고 이것은 실제로 유대교 예배에서 거의 사용되지 않는다).[51] 이것은 윗사람(예. 창 18:2; 19:1; 23:7, 12; 33:2; 삼상 28:14; 왕상 2:19; 왕하 2:15), 또는 심지어 고위급 천사의 지위(L.A.B. 18:9: adoravit eum in terra)를 인정하는 데 적절한 표현일 수 있다. 모두가 야웨의 주권을 보편적으로 인정하는 것을 모든 사람이 그 앞에 무릎을 꿇는 모습(45:23)으로 표현하는 이사야 45장에서 이스라엘 앞에 "엎드리는" 이방인 포로들은

---

48 Marinus de Jonge and Johannes Tromp, *The Life of Adam and Eve and Related Literature*(Guides to Apocrypha and Pseudepigrapha; Sheffield: Sheffield Academic Press, 1997), 2장.

49 사실상 우리는 어쨌든 아담 사이클 뒤에 (비기독교적인) 유대교 텍스트가 있다는 것을 확신할 수 없다. de Jonge and Tromp, *Life*, 4장.

50 Anderson and Stone ed., *Synopsis, 11-12.*

51 J. Lionel North, "Jesus and Worship, God and Sacrifice," in *Early Jewish*, ed. Stuckenbruck and North, 186-202, 여기서는 187-93은 '프로스퀴네오'(proskyneō)의 의미론적 스펙트럼이 넓다고 올바르게 주장한다. 그러나 그는 문맥(즉위나 신의 이름에 대한 언급과 같은)이 신약의 용례의 의미를 결정하는 데 도움이 된다는 사실을 충분히 고려하지 않는다. 그는 계속해서 신을 경배하는 의미로서의 '프로스퀴네시스'(proskynēsis)는 그것이 "그 신(deity)에게 드리는 희생제사를 포함하거나 희생제사가 뒤따를 때에만 완전"하며(198), 따라서 단순한 '프로스퀴네시스'보다는 오히려 희생제사가 신적 경배를 올바르게 구별하는 것이라고 주장한다. 그러나 그는 '프로스퀴네시스'가 신성의 시금석 및 기준이 아니었다는 의미에서 "신성의 시금석 및 기준이 되었던 것은 희생제사"였다는 것을 보여주는 **유대교의** 증거를 제시하지 못한다. 결국 십계명의 제2계명은 희생제물에 대해 어떤 언급도 하지 않는다.

분명히 경배 행위를 하고 있는 것이 아니다. 왜냐하면 그들은 "하나님이 과연 네게 계시고, 그 외에는 다른 하나님이 없다"고 말하고 있기 때문이다(45:14; 참조. 계 3:9). 각 본문의 문맥은 이러한 동작에 각각 다른 의미를 부여한다. 유대인들에게 있어 꿇어 엎드리는 동작은 신성을 주장하던 군주들에 대한 경의와 같이 우상숭배적인 의미가 담길 수 있는 문맥에서는 결코 수용될 수 없었다(참조. 에스더 부록 13:12-14; 필론, *Legat.* 116; 참조. 행 10:25-26). 그러나 문맥이 그 의미를 결정했다. 아담과 하와의 생애(Life of Adam and Eve)의 문맥에서는 아담이 하나님의 형상이기 때문에(이는 그가 천사들보다는 우월하고 하나님보다는 열등하다는 것을 시사한다) 천사들에게 이러한 동작이 요구된 것이 분명하다. 아담은 신적 보좌를 차지하지 않는다.

이 용례는 꿇어 엎드리는 동작이 중요한 것이 아니라 경배 대상이 어떤 존재인지가 중요하다는 것을 보여준다. 요한계시록에서 어린양 앞에 꿇어 엎드리는 동작(5:8, 14)은 경배를 나타낸다. 왜냐하면 이 동작이 모든 존재가 고유한 신적 통치권 앞에 엎드려야 하는 신적 보좌가 있는 하나님의 어전에서 이루어지고 있기 때문이며, 또 이 동작은 어린양에게, 그리고 또 하나님과 어린양 모두에게 드려지는 송영(유대교 용법에서는 오직 한 분 하나님을 예배하는 정황에서만 나타남)을 수반하기 때문이다(5:12, 13). 이와 마찬가지로 그리스도가 하나님의 우편 보좌에 앉으심과 그에 대한 하늘과 땅에 있는 만물의 복종은 폴리카르포스의 고백 시(*Phil.* 2:1)에 나오는 모든 피조물의 그리스도 경배를 승귀하신 그리스도가 고유한 신적 통치권에 참여하는 것을 인정하는 문제로 분명하게 규정한다. 따라서 이러한 유사한 본문들을 빌립보서 2:9-11의 장면과 구별하고 후자를 단지 아담 기독론만을 나타내는 것으로 취급하는 것은 임의적이라고 할 수 있다. 야웨(YHWH)라는 이름을 지닌 이가 이사야 45:23에서 묘사하는 것처럼 그의 주되심이 모두로부터 인정을 받는 것을 야웨의 고유한 통치에 대한 종말론적 성취로 받아들이는 경우는 분명히 경배를 묘사한다고 단정할 수 있다. 이것은 다른 피조물에 대한 인간의 통치권을 회복하는 문제가 아니라 모든 피조물에 대한 야웨 자신의 고유한 통치를 확립하는 문제다.[52] 이 사실은, 이 구절들 안에 아담에 대한 확실한 언급이 없다는 것과는 대조적으로, 이사야 45:23에 대한 명백한 암시에 의해 더욱 확실해진다.[53]

넷째, 비록 여기서 충분히 전개할 수는 없겠지만,[54] 빌립보서 2:6-11의 기독론적 본문 전체를 제2이사야의 예언에 대한 기독론적 해석으로 이해할 수 있음을 지적할 필요가 있다. 10-11절에 이사야 45:23에 대한 암시가 담겨 있다는 사실은, 비록 그것에 대한 온전한 의미를 모두 깨닫지 못한다 하더라도, 거의 모두가 이에 동의한다. 7-9절에 이사야 52-53장에 대한 암시가 들어 있다는 주장은 여전히 논쟁의 대상이지만,[55] 빌립보서의 이 본문에("오히려 자기를 비워…죽기까지…이러므로 하나님이 그를 지극히 높여"), 특히 이사야 52:13과 53:12에 대한 암시(고난받는 종에 관한 본문의 첫 부분과 끝 부분의 요약 구절들에 대한 암시)가 담겨 있다는 주장은 상당히 타당성이 있다. 빌립보서 2:6-9의 기본적인 개념 구조는 바로

---

52   비록 에스라4서 6:46, 54가 천체를 포함하고(참조. 바룩2서 14:18ff) 지혜서 10:2가 아담을 "만물"의 통치자로 만든다 하더라도(시 8:6을 따라), 이 고정문구는 아담의 통치를 가리키는 데에는 사용되지 않는다. 아담의 통치는 보통 이 땅에 국한된다(예. 희년서 2:14; 에녹2서 31:3).

53   N. T. Wright, *Climax of the Covenant*, 93-4는 양쪽 다 모두, 즉 아담 기독론과 이사야 45:23에 대한 암시의 유일신론적 의미를 모두 수용하려고 하지만 실패하고 만다. 이 둘은 양립하지 않는다. 빌 2:6-11의 아담 기독론에 반대하는 최근 연구로는 Hurtado, *How on Earth*, 88-101; Fee, *Pauline Christology*, 390-3을 보라.

54   1장도 참조하라.

55   Martin, *Carmen Christi*, rev. ed. (Grand Rapids: Eerdmans, 1983), 167-81, 82-90, 211-13, 240, 313-15; N. T. Wright, *Climax of the Covenant*, 60-2.

                        예수와 이스라엘의 하나님

그리스도께서 죽기까지 자기를 낮추었기 **때문에 그러므로** 하나님이 그를 높이셨다는 것이다. 이러한 기본 구조는 이사야 52:13에 의해 주어진 것이다. 이 구절에 의하면 고난받는 종이 죽기까지 자신을 쏟아 부었기 때문에 하나님께서 그를 존귀한 자들과 함께 몫을 받게, 즉 그를 지극히 높이셨다(참조. 53:12). 그러나 이사야 52:13에서 종의 승귀를 묘사하는 용어가 이사야 6:1과 57:15에서 보좌 위에 계신 하나님의 높은 위치도 묘사하기 때문에, 이사야 52:13은 고난받는 종이 하늘의 신적 보좌를 공유하기 위해 승귀하신 것을 의미하는 것으로도 쉽게 읽힐 수 있다(유대교의 '게제라 샤바'[gezera shawa] 해석 원칙에 의해).

심지어 빌립보서 2:7-9이 이사야 52-53장의 고난받는 종을 염두에 두고 있다는 데 동의하는 이들조차도 거의 주목하지 못한 것은 이사야 52-53장과 이사야 45장에 대한 암시들이 서로 조화를 이루는 방식이다. 초기 그리스도인들에게 있어 이사야 40-66장은 예수 그리스도의 사건과 그에게 장차 일어날 일의 의미에 대한 가장 **대표적인** 성서적 설명이었으며, 이 단원이 미친 영향력은 신약 전반에 걸쳐 나타나 있다. 그들은 소위 고난받는 종 본문들을 이사야 40-66장에 지배적으로 나타나는 종말론적 구원과 종말론적 유일신론이라는 전반적인 주제들과 따로 분리해서 읽지 않았다. 주의 종은 하나님이 그를 통해 모든 민족이 보는 앞에서 종말론적 구원 행위인 새 출애굽을 완성하시고, 이로써 그의 영광을 나타내시며 그의 고유한 신성을 온 민족에게 보여주실 분이시다. 따라서 빌립보서 2:6-11에서 바울은 제2이사야의 말을 고난, 수치, 죽음, 승귀라는 주의 종의 경력이 장차 참되신 한 분 하나님의 주권이 만인에 의해 인정받게 되는 길이라는 의미로 해석한다. 하나님께 대한 순종으로 죽기까지 자기 자신을 비하하심으로써 신적 보좌로 승귀하신 분이 하나님의 고유한 통치권을 행사하실 때 비로소 그 하나님의 통치권은 모두로부터 찬사를 받게 된다.

따라서 바울은 빌립보서 2:9-11에서 종말론적·제의적 유일신론의 기독론적 버전을 제시한다. 우리는 이제 6-11절에서 유일신론적으로 강한 반향을 일으킬 만한 두 가지 구체적인 표현에 대해 상세한 설명을 제시하고자 한다. 이 두 가지 표현은 '토 에이나이 이사 테오'(*to einai isa theō*, "하나님과 동등됨", 2:6)와 '호 테오스 아우톤 휘페륍소센'(*ho theos auton hyperypsōsen*, "하나님이 그를 지극히 높여", 2:9)이다. 이 어구를 제대로 이해하는 것이 이 본문이 단지 그리스도가 높임을 받으실 때 비로소 신적 정체성 안에 포함되었다는 것을 의미하지 않는다는 것을 보여주는 데 필수적이다. 그보다는 오히려 이미 신적 정체성 안에 포함된 분만이 이 종말론적 최고의 자리를 차지할 수 있었다. 이 본문의 도입부분(2:6)이 수행하는 기능의 한 부분이 바로 그가 처음부터 한 분 하나님과 하나였음을 분명하게 밝히는 것이었다. 나는 대다수의 학자들과 더불어[56] 이 구절이 그리스도의 선재성을 묘사하는 것으로 이해한다.

첫째, '토 에이나이 이사 테오'(*to einai isa theō*, "하나님과 동등됨", 2:6). 나는 가장 탁월한 언어학적 논증은 이 어구가 등장하는 절을 다음과 같이 이해하는 것이라고 생각한다. "그는 하나님과의 동등됨을 자신의 이익을 위해 사용될 무언가로 생각하지 않았다."[57] 여기서는 하나님과의 동등됨을 취득하거나 상실하는 문제를 다루지 않는다. 선재하신 그리스도는 이미 하나님과의 동등됨을 갖고 계신다. 문제는 이에 대한 그의 태도다. 그

---

56 선재성이 고려되고 있지 않다는 Dunn의 강력한 견해는 많은 이들의 동의를 얻어내지 못한 것으로 보인다.

57 N. T. Wright, *Climax of the Covenant*, 62-90.

는 하늘의 신적 지위라는 가시적인 광채인 "하나님의 본체"(morphē theou)를 지속적으로 향유함으로써가 아니라[58] 그의 영광스러운 형체를 이 땅의 인간의 형체(morphēn doulou)라는 비천한 지위와 맞바꿈으로써 하나님과의 동등됨을 표현하기로 작정하신다(2:7). 이 도입부에 대한 복잡하게 뒤얽힌 논의에서 놀라우리만큼 주목을 받지 못한 부분은 바로 '토 에이나이 이사 테오'(to einai isa theō)라는 어구 자체다. 학자들은 아담 기독론의 존재 가능성으로 인해 산만해졌다. 그러나 심지어 여기에 아담 기독론이 작용하고 있다고 하더라도, '토 에이나이 이사 테오'를 설명하기 위해 창세기 3:5을 거론하는 것은 충분해 보이지 않는다. 왜냐하면 비록 이것이 아담이 가로채려던 불경스러운 야망이라는 뉘앙스를 줄 수는 있지만, 이 어구를 그리스도에게 긍정적으로 적용시킬 경우 적절한 설명이 불가능해진다. 이 구절을 어떻게 이해하든지 간에 "하나님과의 동등됨"은 그리스도가 과거에 갖고 계셨거나, 현재 갖고 계시거나 또는 장차 갖게 될 것이지만,[59] 그에게 귀속시키더라도 불경스럽지 않은 무언가여야 한다.

이 어구는 "하나님의 형상으로" 창조된 인간에게 적용될 때 별스럽지 않다는 의미로 단순히 "하나님과 같이"(like God)라는 것을 의미하지 않는다. '에이나이'(einai)와 함께 사용된 부사 '이사'(isa)가 형용사 '이소스'(isos)보다 더 약한 의미를 갖고 있다는 좋은 증거는 없다.[60] 이것은 단순

---

58 Charles A. Wanamaker, "Philippians 2:6-11: Son of God or Adam Christology?" *NTS* 33 (1987): 183-7.

59 "하나님과의 동등됨"을 그리스도가 한 번도 가진 적이 없고 또 가질 수도 없었던 무언가로, 그러나 그가 가지려고 시도하는 것을 거부한 무언가로 보는 것은 이 본문을 제대로 해석한 것으로 보기 어렵다.

60 L. D. Hurst, "Christ, Adam and Preexistence," in *Where Christology Began*, ed. Martin and Dodd, 91-2 n. 17. 이 용법에 관해서는 BDF §434 (1)을 보라.

히 유사성(던의 호기심 끄는 표현을 빌리자면, "[아담이] 이미 향유하고 있던 하나님과의 동등함의 정도"[61])을 가리키기보다는 같은 수준에 있음을 나타내는 대등함(equivalence)을 의미한다.[62] 심지어 '이사'(isa)가 때로는 다소 느슨한 의미로 사용될 수 있다 하더라도, '토 에이나이 이사 테오'가 유대교 유일신론의 문맥에서 느슨한 의미로 사용되었을 가능성은 희박하다. 이러한 사실은 우리가 신약에서 이 어구가 유사한 방식으로 사용된 용례를 발견할 때 더욱 뚜렷해진다. 요한복음 5:18("자기를 하나님과 동등으로 삼으심이러라", ison heautou poiōn to theō)에서는 이 어구가 예수를 신성모독으로 정죄하는 문맥에서 사용된다. 하나님과의 동등됨은 이방 왕들이 주장하던 것이었으며[63] 유대인의 눈에는 신성모독으로 간주되었다. 제2이사야의 유일신론을 강하게 불러일으키는 '토 에이나이 이사 테오'는 빌립보서 2:6-11에서 강한 유일신론적 반향을 일으키지 않을 수 없다. "너희가 나를 누구에게 비교하여 나를 그와 동등하게 하겠느냐?"(사 40:25; 참조 40:18 LXX)라고 묻고, "내 영광을 다른 자에게 주지 아니하리라"(사 42:8; 48:11 LXX)"고 선언하고, "나는 하나님이라. 나 외에는 다른 이가 없느니라"(사 45:21 LXX)라고 강조하는 하나님에 비추어볼 때 "하나님과의 동등됨"은 오직 하나님 외에 "다른" 이가 아닐뿐더러 실제로 이 하나님의 독특한 정체성에 속하는 분에게만 상상할 수 있는 것이다.

---

61   Dunn, Christology, 116. Dunn이 70인역에서 인용한 사례에서(Theology, 285 n. 89) 히브리어 כ는 그리스어 isa로 번역되으며, 이는 모두 직유법으로 되어 있다(예. 욥 5:14, "대낮에도 더듬기를 밤과 같이 하느니라"; 70인역 욥기에는 직유법을 사용한 예가 10개 있다). 이것은 '토 에이나이 이사 테오'(to einai isa theō)와 직접적으로 비교될 만한 용법이 아니다. '톤 이손 아우투[즉 하나님]'(ton ison autou, 욥 41:4, LXX 41:12)는 히브리어 '에르코'('erekô)를 문자적으로 번역하려는 것이었다.

62   LSJ와 Lampe에 포함된 풍성한 증거를 보라.

63   BDAG 431의 예(isa theou, isotheos 등).

둘째, '호 테오스 아우톤 휘페립소센'(ho theos auton hyperypsōsen, "하나님이 그를 지극히 높여", "하나님이 그를 가장 높은 영예의 자리로 올리셨다", 빌 2:9). 이 동사는 하나님이 그가 전에 차지했던(선재할 때이든 인간의 삶에서든) 것보다 더 높은 지위로 그를 높이셨다는 것을 가리키는 것이 아니라 하나님이 다른 그 누구 또는 그 어떤 것보다도 더 높은 지위로, 즉 전 우주에서 가장 탁월한 위치로 그를 높이셨다는 것을 가리킨다. 이 의미는 뒤따라오는 어구("모든 이름 위에[hyper] 뛰어난 이름을 주사")와도 너무나 잘 부합하기 때문에 '휘페립소센'(hyperypsōsen)의 의미를 결정하기에 충분하다. 하나님은 그에게 다른 어떤 이름보다도 "더 높은" 이름, 즉 자신의 고유한 신의 이름을 주신다. 왜냐하면 하나님은 예수를 다른 어떤 것보다도 더 높은 지위, 즉 자신의 고유한 신적 지위로 높이셨기 때문이다. 나는 이 진술이 이사야 52:13의 "보라, 내 종이 이해할 것이고 높이 들릴 것이고 (hypsōthēsetai) 크게 존귀하게 될 것이다"(LXX)를 반향한다고 생각한다. '게제라 샤바'(gezera shawa) 원칙에 의해 하나님 자신이 하늘의 높은 보좌에 앉아 계신 분으로 묘사하는 본문들(사 6:1[LXX: hypsēlou]; 57:15[LXX: hypsistos, en hypsēlois])과 연결되어 있는 이 구절은 이 주의 종이 하늘 보좌 위에 앉아 계신 하나님의 최고 높은 위치로 높임을 받는 것을 의미하는 것으로 이해되어왔다.[64]

비록 내가 이사야 52:13을 빌립보서 2:9에 대한 가장 중요한 성서적 배경으로 간주하지만, '휘페립소오'(hyperypsoō) 동사에 대한 70인역의 용법을 살펴보는 것 또한 유익하다. 이 동사는 하나님과 경쟁하면서 스스로를 높이는 교만한 악인을 가리키는 데 한 차례 사용되고(시 36[37]:35;

---

64   본서 제1장을 보라.

또한 단 12:11 이문), 시편에서 야웨를 가리키는 데 한 차례 사용된다.

> 주님[YHWH 대신에 *kyrios*]은 온 땅을 다스리는
> 가장 높으신 분이시고[*hypsistos*],
> 어느 신들보다 더 높으신[*sphodra hyperypsōthēs*] 분이십니다(시
> 96[97]:9, 새번역).

이 밖에 다른 곳에서는 이 동사가 오직 "세 젊은이의 노래"(다니엘서 그리스어 추가부분에 나옴)에서만 나타나는데, 거기서 이 동사는 후렴에서 "영원히 찬양 받으시고 높임을 받으소서", "영원히 그를 찬양하고 높이 들어 올려라"(*hymneite kai hyperypsoute auton eis tous aiōnas*) 등 모두 35회 등장한다. 후자의 후렴이 모든 피조물에게 하나님을 찬양하고 그를 주(主)로 인정할 것을 촉구하는 데 사용된다는 점은 주목할 만하다. 바로 이것이 빌립보서 2:10-11에서 예수에 관해 이야기하고 있는 것이다.

빌립보서 2:6-11에 대한 마지막 해설로서 우리는 이 구절 배후에 있는 이사야 45:23에 대한 해석이 바로 그 구절에 나오는 두 신적 주어를 따로 구분했을 가능성에 주목할 필요가 있다. 70인역(MT는 다름)은 다음과 같다. "내가 나를 두고 맹세하노니 의가 내 입에서 나갈 것이며 나의 말은 좌절되지 않을 것이다. 곧 모든 무릎이 내게 꿇을 것이요 모든 혀가 하나님께 자백하리라(*exomologēsetai … tō theō*; 이문은 *omeitai … ton theon*)." 화자는 야웨(18절)이지만, 이 구절에서 그는 자신에 대해 말씀하실 뿐만 아니라("모든 무릎이 내게 꿇을 것이요") "하나님"이라는 3인칭으로도 말씀하신다("모든 혀가 하나님께 자백하리라"). 바울이 로마서 14:11에서 이 구절을 인용할 때 그는 "주"(YHWH)는 예수를, "하나님"은 아버지를 각각 가리키

예수와 이스라엘의 하나님

는 것으로 보고 이 두 신적 주어를 서로 구분하는 방법을 선택한 것으로 보인다. 그는 "주께서 이르시되"를 인용문 첫머리에 삽입함으로써 이 사실을 명료하게 만든다.

> 주께서 이르시되, "내가 살았노니 모든 무릎이 내게 꿇을 것이요,
> 모든 혀가 하나님께 자백하리라" 하였느니라(exomologēsetai tō theō).

이와 동일한 해석이 빌립보서 2:10-11 배후에도 있을 수 있다. 사실 거기서 첫 번째 부분은 "모든 무릎을 예수의 이름에 꿇게 하시고"로 해석되고, 두 번째 부분도 예수를 가리키는 것으로 해석되지만, 이어서 예수를 주로 고백하는 것이 아버지 하나님께 영광을 돌리게 하는 것임을 분명히 한다. "모든 입으로 예수 그리스도를 주라 시인하여 하나님 아버지께 영광을 돌리게 하셨느니라."

또한 25절(LXX)이 두 개의 평행 진술―하나는 주(YHWH 대신 kyrios)에 관한 것이고 다른 하나는 하나님(tō theō)에 관한 것―로 되어 있다는 사실은 이러한 이사야 45:23 읽기를 부추겼을 가능성이 있다. 하지만 우리는 또한 이 구절에서 다음과 같은 일련의 유일신론적 주장을 분명하게 펼치시는 분도 다름 아닌 야웨(kyrios)라는 사실을 주목해야 한다. "나는 여호와(kyrios)라. 나 외에 다른 이가 없느니라"; "나는…하나님이라. 나 외에 다른 이가 없느니라"; "나는 하나님이라. 다른 이가 없느니라"(18-22절 LXX). 초기 기독교의 해석이 두 신적 주어를 따로 구분하고 야웨(YHWH)를 예수와 동일시했다면, 여기에 담긴 함의는 분명 예수가 이스라엘의 한 분 하나님께 덧붙여진 것이 아니라 바로 그 하나님의 독특한 정체성 안에 포함되었다는 것이다. 모리스 케이시(Maurice Casey)는 빌립보서 2:10-11

배후에 이사야 45:23-25의 두 인물이 있다는 해석을 제시하는데, 그의 이러한 해석은 이 본문의 저자에게 있어 "예수는 완전한 신적 존재가 아니었다"고 주장하면서 이 구절에 담긴 함의를 완전히 놓치고 만다.[65]

7. 고린도전서 8:5-6

우상에게 바친 고기를 먹고 신전 만찬에 참여하는 문제를 다루는 이 본문의 문맥은 분명히 유일신론과 직접적으로 연관되어 있다. 여기서 다루어지는 문제는 이교도들의 다신숭배라는 문맥에서 참되신 한 분 하나님께만 충성을 요구하는 매우 전통적인 유대교 유일신론과 관련이 있다. 바울은 여기서 참되신 한 분 하나님께 대한 충성은 주 예수 그리스도에 대한 충성을 의미한다는 기독교적인 해석을 제시하면서도 그 안에 유대교 유일신 사상을 그대로 유지하고자 노력한다.

우선 우리는 바울이 이어지는 구절에서 설명하려고 4절에서 내세운 진술에 주목할 필요가 있다. "우리가 우상은 세상에 아무것도 아니며 또한 하나님은 한 분밖에 없는(oudeis theos ei mē heis) 줄 아노라." 이 진술은 고린도 교인들이 보낸 편지에 등장하지만, 어쩌면 이것은 그들이 바울이 그들에게 가르쳐준 것을 재차 인용한 것일 수도 있다. 아무튼 이 진술은 전형적인 유대교 유일신론을 대변한다. 물론 다른 신들을 "우상"으로 지칭하는 것은 오로지 유대교에서만 가능한 것이다.[66] 이 진술은 야웨 외에

---

65   Casey, *Jewish Prophet*, 114.

66   '엔 코스모'(*en kosmō*)는 여기서 '에이돌론'(*eidōlon*)이 그런 물체(물론 당연히 존재하는)가 아니라 유대인들이 자주 우상**으로** 간주하는 이교도 신을 의미한다는 것을 보여준다.

다른 하나님은 없다고 주장하는 매우 일반적인 유대교 유일신론적 고정 문구,[67] 특히 바울이 바로 이어지는 구절에서 '에이테 엔 우라노 에이테 에 피 게스'(*eite en ouranō eite epi gēs*, "하늘에나 땅에나")를 통해 암시하는 고린도 전서 8:4의 '엔 코스모'(*en kosmō*, "세상에")와, 그리고 또 하나님의 유일성 을 강조하는 쉐마에 대한 암시와 깊은 관련이 있는 여러 고정문구 버전을 연상시킨다. 예를 들면,

> 여호와는 하나님이시요, 그 외에는 다른 신[은 없다]…그런즉 너는 오늘 위로 하늘에나 아래로 땅에 오직 여호와는 하나님이시요 다른 신이 없 는 줄을 [안다](신 4:35, 39).

> 이는 하늘에도 땅에도 가장 깊은 곳에도 한 기초에도
> 주 외에는 다른 이가 없음이라(에녹2서 47:3J).

> 그에 관한 고대의 격언이 하나 있다. "그는 한 분이다.…그리고 다른 이 는 없다"(Ps-Orphica, 9-10, 17행).

> 하나님은 한 분이시요 그 외에 다른 이가 없다(막 12:32).[68]

---

67 신 4:35, 39; 32:39; 삼상 2:2; 삼하 7:22; 왕상 8:60; 대상 17:20; 사 44:6; 45:5, 6, 14(2회), 18, 21(2회), 22; 46:9; 욜 2:27; 지혜서 12:13; 유딧서 8:20; 9:14; 벨과 용 41; 집회서 18:2; 24:24; 36:5; 1QHª 15:32; 18:9; 20:11, 31; 1Q35 1:6; 4Q377 frg. 1r 2:8; 4Q504 [4QDibHamª] frg. 1-2 5:9; 에녹2서 33:8; 36:1; 47:3; 시빌의 신탁 3:629, 760; 8:377; 아브라함의 묵시 19:3-4; 아브라함의 유언 A8:7; 오르피카 16; 필론, *Opif.* 23, 46; *Leg.* 3.4, 82; 참조 단 3:29; 에스더 부록 13:14.

68 이것은 29절에서 예수가 쉐마를 인용한 것에 대한 서기관의 해석으로 되어 있다.

이것은 바울이 이어지는 고린도 교인들과의 토론에서 다루게 될 엄격한 유대교 유일신 신앙의 배경을 설정한다. 그는 4절의 진술을 완전히 받아들인다(물론 고린도 교인들이 이것으로부터 유추해낸 행동이 내포하고 있는 함의는 받아들이지 않았지만 말이다). 하지만 그는 6절에서 더 완전한 유일신론적 진술을 제시하는데, 이는 이것이 유대교가 내세우는 유일신론의 기본 구조를 따르면서도 예수 그리스도를 하나님의 독특한 정체성 안에 포함시킨다는 점에서 주목받을 만하다. 이것은 아마도 우리가 기독론적 유일신론이라고 부르는 것에 대해 바울이 가장 분명하게 제시한 진술일 것이다. 바울이 여기서 쉐마의 기독교 버전을 고안해냈다는 사실은 이제 꽤 널리 받아들여지고 있지만,[69] 그가 여기서 유대교에서 정의하는 한 분 하나님의 독특한 정체성 안에 예수를 포함시켰다는 사실은 오직 우리가 본장의 첫 단원에서 제시한 유대교 유일신론의 관점에서 바라볼 때에만 올바로 이해될 수 있다.

5절에서 바울은 그가 견지하는 유대교 유일신론이 논쟁적으로 반대하는 이교들의 다신론을 이 본문의 배경으로 인정한다. 그의 요점은 많은 신과 많은 주(主)가 존재한다는 것을 긍정하는 데 있지 않으며, 그들이 신과 주로서 존재한다는 것을 긍정하는 것은 더더욱 아니다. 그의 요점

---

69   예. Frederick F. Bruce, *1 and 2 Corinthians* (NCB; London: Oliphants, 1971), 80; Douglas R. de Lacey, "'One Lord' in Pauline Christology," in *Christ the Lord*, ed. Rowdon, 191-203(놀랍게도 이 연구는 중요하고도 선구자적인 연구임에도 다른 저자들의 주목이나 인정을 받지 못했다); Dunn, *Christology*, 180; Hurtado, *One God*, 97; Wright, *Climax of the Covenant*, 128-9; Donald A. Hagner, "Paul's Christology and Jewish Monotheism," in M. Shuster and R. Muller ed., *Perspectives on Christology* (Grand Rapids: Zondervan, 1991), 28-9; Richardson, *Paul's Language*, 300; Ben Witherington III, *Jesus the Sage* (Edinburgh: T&T Clark, 1994), 316; Anthony C. Thiselton, *The First Epistle to the Corinthians* (NIGTC; Grand Rapids: Eerdmans/Carlisle: Paternoster, 2000), 636-7.

은 이교도들이 신과 주(主)라고 부르는 많은 것들에 대한 이교도들의 **충성**(allegiance)과 6절에 명시되어 있는("그러나 우리에게는") 그리스도인들의 배타적·유일신교적 충성을 서로 대조하는 데 있다. 사실상 그는 본 논의의 주안점을 단순히 신들이 존재하는지 마는지의 문제(4절에 인용된 고린도 교인들의 진술이 강조하는)에서 충성과 헌신과 경배의 문제로 전환한다. 이러한 전환에는 유대교 유일신론에 부합되지 않는 것이 전혀 없다. 쉐마에 표현된 유일신론은 단순히 오직 한 분 하나님만 존재한다고 믿는 문제가 아니라 바로 이 하나님("야웨 우리 하나님")께 그분의 유일성이 요구하는 배타적인 헌신을 전심을 다해 드리는 문제다. 따라서 6절에서 바울이 쉐마의 새로운 버전으로 기독교적 유일신론을 선언한 것은 전적으로 적절한 행위였다. 그럼에도 5절은 쉐마의 다른 버전을 또 다른 방식으로 제시하고자 준비한다. 바울이 이 구절에서 이교도의 수많은 신들(deities)을 "신"(gods)이라고 부르는 것에서 그것들을 "신"(gods)뿐만 아니라 "주"(lords, *kyrioi*)라고 부르는 것으로 전환할 때 사실 그는 많은 이교 종파에서 이미 사용하던 용어를 도입한다. 하지만 그가 이 용어를 도입하는 이유는 그가 6절에 나오는 새로운 쉐마 버전과 보다 더 완벽한 대조를 나타내기 위함이었다. 이교도들이 수많은 신과 수많은 주에게 충성을 고백하지만, 그리스도인들은 오직 한 하나님 **그리고** 한 주께만 배타적인 충성을 맹세한다.

신중하게 구성된 6절의 진술은 다음과 같다.

all' hēmin heis theos ho patēr

ex hou ta panta kai hēmeis eis auton,

kai heis kyrios Iēsous Christos

di' hou ta panta kai hēmeis di' autou

그러나 우리에게는 한 하나님 곧 아버지가 [계시니]

만물이 그에게서 [났고] 우리도 그를 위하여 [있고]

또한 한 주 예수 그리스도께서 [계시니]

만물이 그로 말미암고 우리도 그로 말미암아 [있느니라].

한 하나님과 한 주가 있다고 말할 때 바울은 의심의 여지없이 쉐마의 유일신론적 진술("야웨 우리 하나님, 야웨는 한분이시다")을 반향하고 있다.[70] 쉐마에 대한 70인역 그리스어 버전은 다음과 같다. *kyrios ho theos hēmōn kyrios heis estin.* 사실상 그는 이 진술에 담긴 모든 단어를 다 사용하지만,[71] 한 하나님 아버지와 한 주 예수 그리스도를 모두 긍정하는 진술을 만들어내기 위해 이 단어들을 다시 배열했다. 만약 이것을 바울이 쉐마가 말하는 한 하나님에 한 주를 **덧붙인 것**으로 이해한다면, 유대교 유일신론의 관점에서 볼 때 그는 분명히 기독론적 유일신론이 아닌, 철저한 이신론(ditheism)을 만들어낸 것이라고 보아야 한다. 그 당시의 유대교는 쉐마를 야웨의 절대적인 유일성에 대한 고백으로 이해하며 그분 외에는 다른 이가 없다고 믿었다. 이교도들이 숭배하던 많은 신과 많은 주(5절)에 비해 쉐마는 유일하신 하나님께 배타적인 충성을 요구했다. 심지어 6절의 "주"가 5절의 "주들"보다 더 낮지 않다 하더라도(사실 적어도 이 정도의 의미는 된

---

70   제2성전기 유대교 문헌에서 "하나님은 한분이시다"의 형태를 갖고 있는 쉐마에 대한 많은 암시는 이것이 ("야웨 우리 하나님은 한분 야웨이시다" 또는 "야웨는 우리 하나님이다. 야웨 홀로"보다) 그 당시 쉐마가 일반적으로 이해되던 방식이라는 것을 시사한다.

71   '헤몬'(*hēmōn*)은 바울의 진술에 나오는 '헤민'(*hēmin*)과 반복적으로 등장하는 '헤메이스'(*hēmeis*)로 나타난다.

예수와 이스라엘의 하나님

다), 쉐마의 유일하신 하나님께 유일하신 주(Lord)를 **덧붙이는 것**은 하나님의 유일성을 정면으로 **부인하는 것**과 전혀 다를 바가 없다는 데에는 의심의 여지가 전혀 없다. 만약 그렇게 했다면 바울은 유대교 유일신론을 기독교 방식으로 거듭 강조하거나 쉐마를 수정 또는 확대한 것이 아니라 [72] 유대교를 거부하고 쉐마를 근본적으로 뒤엎은 것이 된다. 바울이 유일신론을 유지한 것으로 이해할 수 있는 유일한 방법은 그가 쉐마에서 주장하는 한 분 하나님의 독특한 정체성 안에 예수를 포함시킨 것으로 이해하는 것이다. 그런데 이러한 이해는 여기서 예수에게 적용된 "주"(Lord)라는 용어가 쉐마에서 가져온 것이라는 사실을 통해 분명하게 확인된다. 바울은 쉐마의 한 하나님에 쉐마가 언급하지 않는 "주"(YHWH)를 덧붙이고 있는 것이 아니다. 오히려 그는 예수를 쉐마가 한 분이라고 단언하는 "주"(YHWH)라고 밝히고 있는 것이다. 따라서 실로 전례가 없는 바울의 쉐마 재구성에서 한 분 하나님의 독특한 정체성은 한 하나님 아버지와 **그리고** 한 주이신 그의 메시아(암묵적으로는 그 아버지의 아들로 간주됨)로 **구성되어 있다.** 제2성전기 유대교에서 하나님의 독특한 정체성을 어떻게 이해했는지 제대로 알지 못했던 많은 해석자들과는 달리, 바울은 바로 이 독특한 정체성 안에 예수를 포함시켰는데, 그는 이를 통해 유대교 유일신론을 전면으로 거부한 것이 **아니다.** 왜냐하면 만약 그가 예수를 단순히 유일하신 하나님과 연관시킨 것이라면 이것이 유대교 유일신론을 거부한 것일 수도 있지만, 사실은 그렇지 않기 때문이다.

바울은 하나님과 예수를 모두 하나님의 독특한 정체성 안에 포함시키기 위해 쉐마를 다시 쓴다. 하지만 만약 그가 야웨의 독특한 정체성

72　Richardson, *Paul's Language*, 300.

을 특징짓는 또 다른 방식을 쉐마와 결합시키지 않았다면 그가 말하고자 하는 바가 충분히 전달되지 못했을지 모른다. 하나님의 독특성을 특징짓는 유대교 방식 가운데 가장 분명한 방법은 창조에 관한 언급을 통해서다. 만물을 창조하시는 하나님의 유일무이한 역할과 관련하여 하나님 외의 다른 존재가 하나님께 도움을 준다는 것은 유대교 유일신론에서 결코 상상조차 할 수 없는 것이었다(사 44:24; 집회서 42:21; 에스라4서 3:4; 6:6; 요세푸스, 『아피온 반박문』 2.192; 필론. *Opif. 23*).[73] 그런데 바울은 예수를 쉐마에 포함시키는 데 이어 이제는 예수를 하나님의 창조 활동에 포함시킨다. 이 두 가지는 모두 실로 전례가 없던 일이었다. 제2성전기 유대교 유일신론의 틀 안에서 이보다 더 분명하게 예수를 하나님의 독특한 정체성 안에 포함시킬 수 있는 방법은 상상하기 어렵다.

바울이 쉐마의 어휘를 하나님과 예수로 나눌 뿐 아니라 하나님을 만물의 창조주로 묘사하는 데 있어서도 하나님과 예수로 나눈 것에 대해서는 아직까지 학자들로부터 충분한 인정을 받지 못하고 있다. 바울은 나뉘거나 수정된 형태의 하나님 묘사를 로마서 11:36a에서 사용한다. "이는 만물이 주에게서 나오고 주로 말미암고 주에게로 돌아감이라"(*ex autou kai di' autou kai eis auton ta panta*).

다양한 전치사를 통해 "만물"(*ta panta*)을 하나님과 연관시키는 표현이 비유대교 그리스 문헌에 일부 등장하는 것이 사실이다. 가장 좋은 예로는 Pseudo-Aristotle, *Mund. 6*(*ek theou panta kai dia theou sunestēke*); Marcus Aurelius, *Medit. 4.3*(*ek sou panta, en soi panta, eis se panta*); Asclepius 34(*omnia*

---

[73] *Opif.* 72-5에 등장하는 필론의 창 1:26 해석조차도 이러한 신념을 약간 수정한 것에 불과하다. 그는 하나님이 만물을 창조하실 때 인간을 **제외하고는** 홀로 행동하셨다고 주장한다.

enim ab eo et in ipso et per ipsum) 등을 꼽을 수 있다.[74] 이러한 표현의 요점은 이 표현들이 하나님을 만물의 원인으로서 묘사하고(고대 철학에서 표준적으로 인정된 바와 같이) 다양한 전치사를 통해 하나님과 세계의 관계를 다양한 종류의 인과관계, 즉 작용적 인과관계(efficient causation, *ek*), 도구적 인과관계(instrumental causation, *dia* 또는 *en*), 목적적 인과관계(final causation, *eis*)로 나타낸다는 것이다.[75] 그러나 이러한 표현들은 분명히 유대교 용법에도 매우 적절했을 것이다. 왜냐하면 유대인들은 어떤 경우에서든 하나님을 "만물"의 창조주로 묘사하는 경향이 지배적이었기 때문이다.[76] 요세푸스(『유대전쟁사』 5.218)는 전치사를 사용하지 않고도 비유대적 헬레니즘에서 말하는 바를 동일하게 표현한다. "만물은 하나님으로부터 말미암고 하나님을 위하여 있다"(*tou theou panta kai tō theō*). 필론은 인과관계를 나타내는 표준적인 철학적 진술을 가지고 다음 세 가지 유형을 하나님과 세계의 관계에 적용한다. 하나님 자신은 작용인(efficient cause)이며("그에 의해[*hyph'*

---

74   Dunn, Christology, 329; idem, *Romans 9-16* (WBC 38; Dallas, Word, 1988), 701에서 제시된 *Seneca, Ep.* 65.8 인용문은 단지 이것이 넷 또는 다섯 유형의 인과관계가 서로 다른 전치사에 의해 표현될 수 있었다는 의미에서만 관련이 있는 반면, *Philo, Spec.* 1.208에 대한 언급은 거의 전혀 관련이 없다.

75   질료적·형식적 인과관계는 하나님과 우주 사이의 관계를 적절하게 묘사할 수 없었다. 엡 4:6은 다른 종류의 고정문구를 사용한다. 이것 역시 서로 다른 세 개의 전치사를 사용하여 하나님을 만물과 관련시키지만, '판타'(*panta*, "모든 것")를 지배하는 전치사를 사용한다. "하나님은 모든 것의 아버지시요, 모든 것 위에(*epi*) 계시고 모든 것을 통하여(*dia*) 계시고 모든 것 안에(*en*) 계시는 분이십니다"(새번역성경).

76   예. 시 44:24; 렘 10:16; 51:19; 유딧서 16:14; 마카베오2서 1:24; 7:23; 마카베오3서 2:3, 21; 마카베오4서 11:5; 집회서 18:1; 24:8; 43:33; 51:12 iv; 지혜서 1:14; 9:1; 1QS 11:18; 1QHᵃ 8:16; 희년서 2:31; 11:17; 12:4, 19; 17:3, 26; 22:4; 23:27; 시빌의 신탁 3:20; 8:376; 에녹1서 9:5; 84:3; 에녹2서 33:8; 66:4; 아브라함의 묵시 7:10; Aris. Ex. 16; 요셉과 아스낫 12:1; *Pr. Jac. 1-2*; *Aristob. frg. 4 13:4*; *Aristob. frg. 5 12:12*; 요세푸스, 『유대고대사』 8.280; 『유대전쟁사』 5:218; 『아피온 반박문』 2.190; 필론, *Opif.* 28, 88, 135; *Decal.* 64; *Spec.* 1.20, 30, 62.

hou] 만들어졌다"), 그의 말씀은 도구인(instrumental cause)이고("그것을 통해[*di' hou*] 만들어졌다"), 목적인("그것 때문에/그것을 위하여"[*di' ho*]은 "창조주의 선하심의 표명"(*Cher. 127*)이다.[77] 히브리서 2:10에서 하나님은 그의 창조의 목적인이자 도구인이다. "만물이 그를 위해(*di' ho*) 있고 또한 만물이 그로 말미암아(*di' hou*) 있느니라."[78]

따라서 우리는 바울의 이러한 표현─"이는 만물이 주에게서 [나오고] 주로 말미암고 주에게로 [돌아감이라]"(롬 11:36)─이 바울 자신의 것도 아니고 비유대교 자료로부터 직접 차용한 것도 아니며 이미 그가 잘 알고 있었던 하나님과 다른 모든 실재의 독특한 관계를 나타내던 유대교식 표현이었음을 확신할 수 있다. 하나님이 만물의 동인(agent) 또는 작용인(*ek*)일 뿐만 아니라 도구인(*dia*)이라는 사실은 하나님이 그의 창조사역을 수행하기 위해 그 누구도 활용하지 않으셨으며 다만 오직 자신의 말씀과/또는 지혜를 통해 그 일을 홀로 성취하셨다는 유대교 유일신론의 주장을 잘 대변해준다.

바울이 로마서 11:36에서 이 표현을 사용할 때에는 기독론에 관한 언급이 전혀 없었지만, 그가 고린도전서 8:6에서 쉐마의 기독교 버전에 통합시킬 때에는 쉐마의 어휘를 하나님과 그리스도로 나눈 것과 같이 이 표현을 하나님과 그리스도로 나눈다. 세 전치사 중 첫 번째와 세 번째 전치사(*ek*와 *eis*)를 통해 표현되는 하나님과 만물의 관계는 한 하나님 곧 아

---

[77] 롬 11:36과 고전 8:6의 전치사 용법을 설명하기 위해 Dunn, *Christology, 329*; idem, *Romans 9-16, 701* 등에서 *Cher. 125*를 인용한 것은 다소 오해의 소지가 있다. 왜냐하면 필론은 여기서 작용적 인과관계(efficient causation)가 아니라 질료적 인과관계(material causation)를 나타내기 위해 '에크'(*ek*)를 사용하기 때문이다. 창조와 관련하여 그것은 세상을 구성하는 네 가지 요소를 가리킨다(*Cher. 127*).

[78] 롬 11:36과 유사한 이 평행본문이 Dunn, *Romans 9-16, 701*의 목록에서 누락된 것은 매우 놀라운 일이다.

버지게 적용되고("만물이 그에게서 났고 우리도 그를 위하여 있고"), 두 번째 전치사(*dia*)를 통해 표현되는 관계는 한 주(主) 예수 그리스도께 적용된다("만물이 그로 말미암고 우리도 그로 말미암아 있느니라"). 로마서 11:36에서 세 전치사가 하나님께 적용되고, 고린도전서 8:6에서는 이 중 하나만 그리스도께 적용된다는 사실은 이 모두가 더 이상 창조주와 피조물 전체의 관계를 묘사하는 것이 아니라는 것을 의미하지 않는다.[79] 오히려 정반대로 이 사실은 그리스도가 창조의 도구인(instrumental cause)으로서 이 관계에 이미 포함되어 있다는 것을 의미한다.[80]

고린도전서 8:6에서 "만물"과 "우리"가 교차적으로 나타나는 것은 자신과 독자들을 창조주와 이렇게 관계를 맺고 있는 "만물" 안에 위치시키려는 바울의 바람 때문이다. 이렇게 해서 바울은 쉐마를 개작하면서 사용하기 시작한 '헤민'(*hēmin*, "우리에게는")을 계속 강조하고 "주 **우리** 하나님"에 대한 쉐마의 언급을 반영한다. 바울은 만물의 창조주라는 정체성을 지닌 바로 그 하나님이 단지 전반적으로 만물을 위할 뿐 아니라 보다 더 구체적으로 바로 이 하나님께 배타적 충성을 다해야 하는 **우리를 위해** 그 정체성을 소유하고 계시다는 사실을 분명히 하고자 했다. 바울이 "만물"을 한 전치사와 연결하고("만물이 그에게서 났고") "우리"를 또 다른 전치사와("우리도 그를 위하여 있고"), 그리고 "만물"과 "우리"를 마지막 전치사와("만물이 그로 말미암고 우리도 그로 말미암아 있느니라") 연결시킨 것은 언어상의 대칭을 위한 수사학적 변화를 준 것뿐이다. 바울은 "우리"도 "하나님에게서" 난 것이 아니라든지 또는 "만물"도 "하나님을 위하여" 있는 것이

---

79   이에 반대하는 견해는 Richardson, *Paul's Language, 297*을 보라.

80   골 1:16은 한걸음 더 나아가 그리스도를 창조의 도구인이자 목적인으로 본다.

아니라는 것을 의미하지 않는다. 이 전체 문장은 하나의 응축된 문장으로서, 만약 그렇지 않았다면 다음과 같이 훨씬 더 복잡하고 덜 대칭적인 문장을 낳았을 것이다.

> 한 하나님 곧 아버지가 계시니
> 만물이 그에게서 나고 우리도 그에게서 나고
> 만물이 그를 위하여 있고 우리도 그를 위하여 있고
> 또한 한 주 예수 그리스도께서 계시니
> 만물이 그로 말미암거 우리도 그로 말미암아 있느니라.

고린도전서 8:6의 진술 전부 또는 일부가 창조사역보다도 구원 사역을 가리키는지에 대한 광범위한 학문적 논의는 불필요하다. 로마서 11:36에서처럼 세 전치사는 모두 하나님과 창조된 모든 실재와의 유일한 관계를 묘사한다. 이 전치사들이 하나님을 창조의 기원(*ek*)과 도구인(*dia*) 뿐만 아니라 목적인 곧 창조의 목표(*eis*)로 표현하기 때문에 전체 진술은 하나님이 만물을 존재하게 하는 목적뿐만 아니라 하나님이 새 창조에서 스스로 만물의 최종적 완성을 성취하는 것을 포함한다. 바로 이런 의미에서 창조뿐 아니라 구원이 상정되지만, 구원도 창조 못지않게 우주적 의미와 범위를 갖는다. 사실 고린도전서 8:6이 창조에 관한 언급보다는 구원에 관한 언급에 더 가깝다며 바울이 *ta de panta ek tou theou*("모든 것이 하나님에게서 났느니라")를 언급했을 때에는 하나님의 창조사역(고전 11:12) **또는** 하나님의 구원 사역(고후 5:18) 어느 하나만을 가리킨다고 주장한다면 이 사실은 간과될 수밖에 없다.[81] 사실 고린도후서 5:18은 하나님의 구원 사역을 정확히 **새 창조**(참조. 5:17)라고 말한다. 바울이 *ta panta*를 언급할 때 유대인 작가들이 일반적으로 이 어구를 사용하면서 의미했던 것—하나님에 의해 창조된 실재 전체, 창조주 하나님 외의 모든 것—에 미치지 못하는 것을 의미했다는 증거는 없다.

고린도전서 8:6이 예수 그리스도에 관해 말하고자 하는 것은 대체적으로 예수를 하나님의 창조사역 또는 하나님의 구원 사역의 "중재자"(엄격히 말해서 이 문맥에서 적절하지는 않지만 그래도 자주 사용되는 용어)로 묘사하는 것이 아니라 한 분 하나님의 독특한 정체성 안에 그를 포함시키는 것이다. 예수는 만물과 창조자 하나님의 유일무이한 관계에 포함된다. 이 구절 전체의 목적은 그 문맥에서 철저하게 유일신론적이다. 이 구절이 말하고자 하는 바는 그리스도인들이 배타적인 충성을 다해야 하는 하나님과 이교도들이 섬기는 수많은 신과 수많은 주를 구별하는 것이다. 제2성전기 유대교 안에서 흔히 볼 수 있는 유일신론적 주장처럼, 하나님에 관한 모든 진술은 하나님이 **유일하신 분임을 확인시키는** 수단이었다. 예수 그리스도에 관한 모든 진술도 만약 이것이 **예수를 하나님의 독특한 정체성 안에 포함시킨다면** 이 목적을 수행한다고 할 수 있다. 바울은 쉐마가 고백하는 한 하나님 야웨의 독특한 정체성 안에 예수를 포함시키려고 쉐마의 어휘를 예수와 하나님으로 나눈다. 이와 마찬가지로 그는 한 창조주의 독특한 정체성 안에 예수를 포함시키려고 만물과 창조주 하나님의 유일무이한 관계를 묘사하는 삼중적 표현을 예수와 하나님으로 나눈다.

창조주와 만물의 유일무이한 관계를 특징짓는 세 전치사 중에서 바울

---

81   Richardson, *Paul's Language*, 297-8.

이 예수 그리스도와 만물의 관계를 나타내기 위해 "~을 통해"(dia)를 선택한 것은 부차적인 문제일지 몰라도 그 선택 자체는 분명히 임의적인 것은 아니다. 바울은 창조에 관한 유대교 용어가 관례적으로 창조의 동인(agent)으로서의 하나님과 창조의 도구인(instrumental cause)으로서의 하나님을 구별했음을 알고 있었다. 이 도구인─하나님의 말씀과/또는 하나님의 지혜─은 하나님 외의 다른 어떤 분이 아니라 자신의 말씀 또는 자신의 지혜처럼 하나님의 독특한 정체성 안에 포함되어 있었다. 예를 들면,

주께서 그의 능력으로(en) 땅을 지으셨고
그의 지혜로(en) 세계를 세우셨고
그의 명철로(en) 하늘을 펴셨다(렘 28:15 LXX[=51:15 히브리 성서]).

만물을 당신의 말씀으로(en) 만드시고
또 인간을 당신의 지혜로 빚으시어(지혜서 9:1-2, 공동번역).

주께서 지혜로(en) 그들을 다 지으셨으니(시 103:24 LXX [=104:24 히브리 성서]).

당신은 당신의 말씀을 통하여 계획하시고 말씀하셨습니다(바룩2서 14:17).

하나님의 말씀 또는 하나님의 지혜를 인격적 주체로서 행동하는 인물로 의인화하는 언어를 발전시킨 다른 텍스트들도 있다(이 중 일부는 분명히 바울에게도 알려졌을 것이다). 고린도전서 8:6을 기록할 때 바울이 하나님의

예수와 이스라엘의 하나님

말씀이나 하나님의 지혜 또는 이 둘 모두를 염두에 두고 있었는지는 알 길이 없다. 더 나아가 마지막 수단으로서, 그가 알고 있던 텍스트들이 과연 이 두 개념 또는 그중 하나를 문학적 장치로 의인화했는지 아니면 하나님의 이러한 속성들이 이미 어느 정도 하나님의 위격으로 간주되었는지는 그리 중요하지 않다. 바울의 사고는 유대교의 창조 관련 기사들이 말하는 하나님 안에 구별이 있다는 것으로부터 **시작**하지 않았다. 그의 목적은 예수 그리스도를 유대교에서 특징짓는 하나님의 독특한 정체성 안에 포함시키는 것이었으며, 이는 그를 하나님의 창조 활동에 참여한 자로 포함시키는 것을 의미했다. 그는 이미 이러한 신학적·기독론적 목적을 가지고 이 텍스트들에 임했다. 그가 유대교의 창조 묘사에서 확실히 발견한 것은 하나님과 창조의 **관계** 안에 있던 구별이었다. 그는 한편으로는 창조의 동인으로서의 하나님과, 다른 한편으로는 창조를 계획하시는 하나님 자신의 지혜나 창조사역을 완성하시는 하나님 자신의 말씀 사이에 존재하는 구별을 발견했다. 하나님의 고유한 창조사역에 하나님 외의 다른 동료를 끌어들이지 않고도 바울이 하나님 아버지와 주 예수 그리스도 사이에 창조 언어를 분배하는 것이 용이할 수 있었던 것은 바로 이 구별 때문이었다. 유대교의 창조에 대한 언어 및 관념은 바울이 예수 그리스도를 창조의 도구인으로서 하나님의 독특한 정체성 안에 포함시킬 수 있는 여지를 남겨두었다고 할 수 있다. 왜냐하면 하나님의 독특한 정체성은 창조주와 피조물의 관계에 의해 특징지어지기 때문이다.

닐 리처드슨(Neil Richardson)은 바울 서신에서도 널리 찾아볼 수 있고 고린도전서 8:6의 전치사 사용과 관련된 특별한 문법적 표현으로도 나타나는 교차배열구조(chiastic pattern)를 가리키는 "신학적 **인클루지오**"라는 적절한 용어를 사용한다. 이 구조는 하나님 〉 그리스도 〉 그리스도 〉

하나님으로 되어 있다. 이것은 "하나님은 근원이자 목적이며 그리스도는 중재자이자 도구라는 많은 주석가들의 관찰과도 부합한다."[82] 하지만 이것은 또한 바울의 사고가 하나님으로 시작해서 하나님으로 끝나는 문학적 패턴을 형성하기도 한다. 그러나 "하나님으로부터 시작해서 하나님께로 다시 돌아가는 '움직임' 사이에는 그리스도가 있다. 따라서 하나님에 관한 바울의 언어는 그리스도에 관한 언어에 의해 시작되고, 확장되고, 설명되고, 정당화된다."[83] 이 패턴에 대한 리처드슨의 관찰과 이에 대한 그의 견해는 중요하며 상당한 통찰을 제공한다. 그러나 그는 이것이 지니고 있는 온전한 의미, 즉 바울은 단순히 그리스도에 관한 언어를 그의 하나님에 관한 언어 **사이에** 집어넣고 있는 것이 아니라 그리스도를 하나님의 정체성 **안에** 포함시키고 있다는 사실을 제대로 감지하지 못한다. 이러한 문학적 **인클루지오**는 바울이 신학적인 관점에서 유대교 유일신론의 한 분 하나님의 독특한 정체성 안에 예수 그리스도를 **포함**시키고 있음을 보여준다. 이것이 바로 리처드슨이 "하나님에 관한 바울의 언어와 그리스도에 관한 바울의 언어 사이의 상호작용"이라고 부르는 것의 신학적 토대이며, 이는 바울이 "그리스도를 해석하고 '규정하기' 위해 하나님 언어를 사용할" 뿐만 아니라 "그리스도에 관한 언어가 하나님의 정체성을 재규정하는" 것을 의미한다.[84] 우리의 표현으로 하자면, 만약 예수 그리스도가 하나님의 정체성 안에 포함된다면, 그것은 반드시 하나님의 정체성이 이해되는 방식에 영향을 미쳐야 한다. 이 마지막 요점은 매우 중요한 의미를 갖고 있지만, 본 논문에게 주어진 임무는 여기까지인 것 같다.

---

82   Richardson, *Paul's Language*, 301.
83   Richardson, *Paul's Language*, 304.
84   Richardson, *Paul's Language*, 307.

예수와 이스라엘의 하나님

8. 바울 서신 밖에서 발견되는 야웨 본문의 기독론적 읽기

야웨 관련 본문의 기독론적 읽기는 바울뿐 아니라 다른 다수의 초기 기독교 교사와 저자에 의해 실시되었다. 이 단원에서 제시되는 증거는 분명 완벽하지는 않지만, 바울이 이러한 해석을 고안해냈을 가능성은 매우 낮고, 오히려 초기 기독교 안에 이미 널리 퍼져 있었음을 보여준다. 바울 서신 밖에서 야웨 본문을 기독론적으로 읽는 현상은 바울 서신에 비해 훨씬 적은 학문적 관심을 받았다. 개별 사례들이 간혹 논의되긴 했지만,[85] 이런 사례들을 한 자리에 모으려는 시도조차 없었던 것이 사실이다. 다음 목록은 제2단원에서 바울의 자료를 분류했던 것과 동일한 방식으로 분류한 것이다. 이 자료는 세밀한 검토를 받을 만한 가치가 있지만, 여기서는 그럴 만한 여력이 없다.

---

85   William L. Schutter, *Hermeneutic and Composition in 1 Peter* (WUNT 2/30; Tübingen: Mohr Siebeck, 1989)는 특히 베드로전서 본문을 유용하게 논의한다. 복음서에 인용된 사 40:3에 관해서는 Davis, *The Name*, 3장을 보고, 막 1:3에 인용된 사 40:3에 관해서는 Joel Marcus, *Way of the Lord*, 2장과 Rikki E. Watts, *Isaiah's New Exodus in Mark*, 2nd ed. (Grand Rapids: Baker, 200), 3장을 보라. 계 1:17; 22:13에 관하여는 Bauckham, *Theology*, 25-8, 54-8을 보라. 신약의 구약 야웨 본문 사용에 견줄 만한 유다서 14절의 용법에 관해서는 Richard Bauckham, *Jude and the Relatives of Jesus in the Early Church* (Edinburgh: T&T Clark, 1990), 288-95를 보라.

8.1. 예수가 지시대상인 야웨 본문

(1) '퀴리오스'(kyrios)를 포함하는 인용문

마 3:3	사 40:3
막 1:3	사 40:3
눅 3:4	사 40:3
요 1:23	사 40:3
행 2:21	욜 2:32
딤후 2:19	민 16:5[86]
히 1:10-12	시 102:25-27(LXX 101:26-28)
	(kyrie는 오직 LXX에만)
벧전 2:3	시 34:8(LXX 33:9)
벧전 3:10-12	시 34:12-16(LXX 33:13-17)

(2) 저자들이 '퀴리오스'(kyrios)를 추가한 인용문

벧전 1:24-25	사 40:6-8
유 14	에녹1서 1:9[87]

(3) '퀴리오스'(kyrios)를 포함하지 않는 인용문

엡 4:8	시 68:18(LXX 67:19)[88]
벧전 2:8	사 8:14[89]
계 1:17; 22:13	사 44:6; 48:12

(4) '퀴리오스'(kyrios)를 포함하는 암시

---

86   민 16:5 MT는 YHWH로 되어 있지만, 70인역은 '호 테오스'(ho theos)로 되어 있다.

87   에녹서는 여기서 히브리 성서와 동등하게 취급된다.

88   저자는 이 구절을 읽을 때 주어(LXX에서 3인칭 남성 단수)를 야웨로 보지 않았을 가능성이 있지만, 그렇게 봤다고 보는 견해에 관해서는 예를 들어 Timothy Gombis, "Cosmic Lordship and Divine Gift-Giving: Psalm 68 in Ephesians 4:8," *NovT* 47 (2005) 367-79; Fee, *Pauline Christology*, 356-9를 보라.

89   사 8:14에서 돌은 야웨다(8:13).

예수와 이스라엘의 하나님

눅 1:76	말 3:1
엡 6:19	시 27:6(LXX 26:6)[90]
딤후 4:14	시 62:12(LXX 61:13); 잠 24:12[91]
딤후 4:17	출 34:5[92]
약 5:7	호 2:3

(5) '퀴리오스'(kyrios)를 포함하지 않는 암시

요 12:41	사 6:1(LXX)
딤후 4:17-18	시 22:20-21(LXX 21:21-22)[93]
벧전 3:14-15	사 8:12-13
계 2:23	렘 17:10
계 22:12	사 40:10[94]

(6) '퀴리오스'(kyrios)를 포함하는 상투적인 구약 어구

"주의 이름을 부름"(to name the name of the Lord)

행 19:13; 딤전 2:19[95]	사 26:13; 레 24:16; 암 6:10 등등

"주의 이름을 부름"(to call on the name of the Lord)

행 9:14;[96] 22:16; 딤후 2:22	욜 2:32; 습 3:9; 슥 13:9; 렘 10:25 등

---

90 이 암시에 관해서는 Margaret Daly-Denton, "Singing Hymns to Christ as to a God (Cf. Pliny, *Ep.* X, 96)," in Newman, Davila and Lewis ed., *Jewish Roots*, 277-92, 여기서는 280-1을 보라.

91 Fee, *Pauline Christology*, 459-60.

92 Fee, *Pauline Christology*, 461.

93 Fee, *Pauline Christology*, 461-4.

94 이 본문에 대한 기독론적 읽기에 관해서는 또한 클레멘스1서 34:3; *Barn.* 21:3도 보라.

95 여기서 이 어구는 알 수 없는(아마도 혼합된) 성서 인용에서 사용된다. 아마도 이것은 민 16:26-27과 사 26:13에 기반을 둔 것으로 보인다. 그리스도를 '퀴리오스'(kyrios)로 언급 한 것에 관해서는 Fee, *Pauline Christology*, 455-8을 보라.

96 참조. 9:21.

"백성에게 적용된 [주의] 이름"

약 2:7; 참조. Hermas, *Sim.* 8.6.4 　　　암 9:12(행 15:17에 인용됨)
　　　　　　　　　　　　　　　　　　대하 7:14; 렘 14:9 등

"주의 이름"(다른 용법들)

행 9:29; 10:48; 19:17; 21:13; 　　　창 12:8; 미 4:5 등
엡 5:20; 약 5:14

"주의 날"

벧후 3:10 　　　　　　　　　　　　욜 1:15; 2:1, 11, 31; 암 5:18;
　　　　　　　　　　　　　　　　　　사 13:6, 9 등

"주의 길"

행 18:25; 참조. '길/도'의 절대 용법 　사 40:3
(행 9:2; 18:25-26; 19:9, 23; 22:4;
24:14, 22)

"주의 말씀"

행 8:25; 13:44, 48, 49; 15:35, 36; 　사 2:3 등
16:32; 19:10

"주를 섬김"

행 21:19 　　　　　　　　　　　　　삼상 12:20; 시 2:11;
　　　　　　　　　　　　　　　　　　99(100):2; 101(102):22 등

"주의 종"

딤후 2:24 　　　　　　　　　　　　수 7:14; 24:29; 삿 2:8 등[97]

97　Fee, *Pauline Christology*, 459.

"주를 경외함"

행 9:31	사 2:10, 19, 21; 잠 1:7 등

9. 바울의 신적 정체성 기독론의 유대교 전례?

우리가 논의한 바울의 기독론 일부 자료와 유사한 것으로 자주 인용되는 소위 두 명의 중간적 존재는 11QMelchizedek에 등장하는 멜기세덱과 아브라함의 묵시에 나오는 천사 야호엘이다. 예를 들어, 칼 데이비스(Carl Davis)는 11QMelchizedek이 신약에서 하나님에 관한 텍스트를 예수에게 적용한 것과 가장 유사하다고 제안한다. 하지만 그는 동시에 그 의미를 다음과 같이 축소한다. "여기에 등장하는 두 번째 인물[멜기세덱]의 성격이 너무도 불분명하기 때문에 이 텍스트를 가지고 신약에서 하나님에 관한 본문을 예수에게 적용한 사례를 설명하기에는 많은 어려움이 있다."[98] 모리스 케이시(Maurice Casey)는 빌립보서 2:10-11과 관련하여 하나님의 이름을 가진 천사 야호엘을 언급한 다수의 학자 가운데 하나다. "이러한…유사성은 어떤 존재가 신으로 간주되지 않으면서도 얼마나 높임을 받은 존재로 인식될 수 있었는지를 잘 보여준다."[99] 우리가 논의해볼 만한 세 번째 가능성은 제2성전기 유대교 문헌에서 메시아에 관한 특정 묘사가 과연 바울이 예수에게 적용한 야웨 본문의 선례가 될 수 있는지의 여부다.

---

98 Davis, *The Name*, 47.

99 Casey, *Jewish Prophet*, 113.

(1) **멜기세덱**: 11QMelchizedek에서 멜기세덱은 한 주요한 천사의 이름으로서, 쿰란 문서에서 종종 이스라엘의 수호천사로 등장하는 미가엘의 또 다른 이름으로 간주되기도 한다. 이 텍스트는 일련의 성서 본문을 인용하고 해석하는 것으로 시작되는데, 이 성서 본문은 멜기세덱이 하나님을 대신하여 장차 구원과 심판을 수행하게 될 종말론적 사건에 관해 언급하는 것으로 이해되고 있다. 그는 하나님의 택함을 받은 자들의 종말론적 구원을 성취할 대리인으로서, 다른 선한 천사들(쿰란 문서에서 자주 그렇게 불리듯이, 2:14에서는 '엘림'['ēlim']으로 불림)의 도움을 받아 그들을 벨리알의 세력과 그의 악한 천사들로부터 구원할 임무를 띠고 있다. 이렇게 해서 그는 포로들을 해방시키고 하나님의 복수를 실행함으로써 이사야 61:1-2의 예언을 성취한다. 우리의 논지와 관련하여, 우리의 관심사는 '엘로힘'('elōhîm)이 멜기세덱을 가리키는 것으로 간주되는 성서 본문을 멜기세덱에게 적용한다는 데 있다.

첫 번째 본문은 시편 82:1이다.

> '엘로힘'['elōhîm]은 '엘'['ēl']의 모임 가운데 서 계시며
> 그는 '엘로힘'['elōhîm] 가운데서 심판하신다(11QMelch 2:10에 인용됨).

이 텍스트를 작성한 주석가는 '엘로힘'('elōhîm)이 두 경우에 모두 동일한 의미를 가질 수 없다고 보았다. 왜냐하면 첫 번째 경우에 그 단어를 단수로 취급했고, 두 번째 경우에는 복수로 취급했기 때문이다. 따라서 그는 두 번째 용례를 모임을 구성하는 천사들을 가리키는 것으로 본 것이다. 그러나 그는 또한 첫 번째 진술("엘로힘['elōhîm]은 엘['ēl]의 모임 가운데 서 계시며")에서 '엘로힘'이 '엘'과 다른 인물이어야 한다고 생각했다. 왜냐하

면 이 모임—심판을 위한 천상회의—이 '엘'의 모임이라고 기록되어 있기 때문에 그는 자연스럽게 '엘'이 야웨라고 생각했고, '엘로힘'은 천사 멜기세덱이며, 그는 벨리알과 그의 악한 천사들을 정죄하기 위해 천상회의에 서게 된다(시 82:2, 11QMelch 2:11-12에서 해석하는 것처럼). 따라서 '엘로힘'의 단수 용법을 천상적 존재를 가리키는 것으로 보는 특이한 해석은 엄밀히 말해서 석의에 의한 것이다. 그러나 이 단어가 석의상의 이유로 야웨를 가리킬 수 없기 때문에 이 단어는 주요한 천사를 가리킬 수밖에 없다.

그다음으로 인용된 본문은 시편 7:8b-9a[개역개정 7:7b-8a]인데, 이 역시 멜기세덱을 가리킨다.

> 그[모임] 위 높은 자리로 돌아오라.
> '엘'[*ēl*]이 만민을 심판하실 것이다(11QMelch 2:10-11에 인용됨)

이 본문이 인용된 이유는 이 본문 역시 심판의 문맥에서 천상회의를 언급하기 때문이며,[100] 또한 야웨와 그 모임에서 높은 자리를 차지하고 있는 인물을 서로 구별하고 있는 것으로 이해되기 때문이다. 여기서 '엘'은 필사자들이 신성사문자를 대신하여 삽입한 대용어로서 쿰란 텍스트에서는 일반적인 관행이었다. 그리고 (특히 우리 주석가가 시편 82:1의 '엘'을 야웨로 취급한 사실에 비추어 볼 때) 이것은 여기서 멜기세덱을 가리킨다기보다는 야웨를 가리키는 것으로 이해되어야 한다. 그러나 인용된 첫 번째 행(시 7:8b[7b])이 명령인 반면, 두 번째 행(시 7:9a[8a])은 야웨를 3인칭으로

---

100 시 82:1과 시 7:8a의 '에다'(*ēdāh*) 사용은 두 본문 간의 석의적 연결고리('게제라 샤바'[*gezera shawa*] 원칙)를 제공한다.

언급하기 때문에, 우리 주석가는 첫 번째 행에 언급되고 있는 대상은 야웨 외의 다른 누군가이어야 한다고 가정하고 그가 멜기세덱으로 간주한다. 따라서 이 성서 본문의 인용과 거기에 내포된 해석은 멜기세덱과 야웨 사이에 아무런 혼동이 없음을 매우 분명하게 밝혀준다. 우리 주석가가 이 두 본문에서 멜기세덱을 발견한 이유는 단지 그가 이 두 본문이 단순히 야웨뿐만 아니라 야웨와 구별되면서도 심판 과정에서 중요한 역할을 수행하는 그의 천상회의의 한 일원도 가리키는 것으로 읽었기 때문이다. 두 본문에서 멜기세덱은 야웨의 어전회의에 참여하는 이 고위급 인물로 간주된다. 두 번째 텍스트에서는 비록 멜기세덱이 야웨의 심판을 실행에 옮기지만, 실제로 심판하시는 분이 야웨라는 점은 분명하다.

마지막으로, 이사야 52:7("…시온을 향하여 이르기를 네 하나님이 통치하신다")이 인용되는데(11QMelch 2:15-16, 23), 비록 이 텍스트가 단편적이어서 이름을 복원해야 하지만, 본문에 있는 "네 하나님"도 멜기세덱을 가리킬 개연성이 높다. 이러한 해석이 가능한 이유는 시편 82:1을 통해 멜기세덱이 '엘로힘'으로 불릴 수 있다는 것이 이미 성립되었고, 또 그가 다스린다는 것을 의미하는 그의 이름("의의 왕")이 이 본문에서 그에게 적용되는 것을 적절하게 만들기 때문이다. 재차 강조하지만, 요점은 멜기세덱이 어떤 의미로든 야웨와 동일시되거나 또는 그의 정체성 안에 포함된다는 것이 아니라, 바로 이 특정 본문에서 "네 하나님"이란 용어가 야웨를 가리키지 않고 이스라엘의 천상적 왕인 멜기세덱을 가리킨다는 것이다.

성서에 나타난 '엘로힘'이 멜기세덱을 가리키는 것으로 보는 이러한 해석은 바울이 "하나님"(히브리어 *ʾēl*[엘], *ʾelōhîm*[엘로힘], 그리스어, *ho theos*[호 테오스])에 관한 성서 본문에 대한 기독론적 적용을 제시해 주지 **않고** 단지 야웨[YHWH]에 관한 본문의 기독론적 적용만을 제시한다는 사실

예수와 이스라엘의 하나님

(우리가 이미 살펴본)의 중요성을 부각시켜준다.[101] 비록 한 분 하나님 야웨 외의 천상의 존재들에 대한 "신적" 용어(신들, 신들의 아들들, 하나님의 아들들) 사용이 쿰란문서와 (그리고 다른 이유에서) 필론을 제외한 다른 제2성 전기 유대교 문헌에서 거의 사라졌지만, 주석가들은 '엘림'('ēlim)과 '엘로 힘'('elōhîm)이 때로는 성서에서 한 분 하나님 외의 다른 존재들을 가리키는 데 사용되었다는 사실을 잘 알고 있었다(출 7:1; 15:11; 시 82:1, 6; 86:8; 97:9 등은 매우 명백한 사례 중 일부다). 그들은 이 용어가 이러한 천상적 존재들을 마치 한 분 하나님과 모든 다른 실재를 명확하게 구분하는 선 중간에 걸쳐 있는 반신적(semi-divine) 존재로 만들었다고 생각하지 않았다. 오히려 그들은 이 단어들이 단순히 유일한 창조주요 주이신 야웨에 의해 창조되었고 그분께 예속된 천상의 존재들을 가리키는 데 사용될 수 있었다고 생각했다. 이것은 이러한 성서 용어를 천사들에 대해 훨씬 더 많이 사용했던 쿰란 공동체에서도 마찬가지였다. "신"이란 단어가 간헐적으로 제2성전기 말기 유대교 안에서 천사들에 대해 사용되었다고 해서 유일신론에 변화가 일어나는 것이 아니었다. 유일신론을 규정하는 결정적인 문제는 "신"이라는 **단어** 사용 여부의 문제가 아니라 야웨의 절대적 유일성을 어떻게 이해하느냐의 문제였다.

만약 바울이 "신"에 관한 성서적 진술을 예수에게 적용했다면, 우리는 11QMelchizedek이 예수에게 적용한 것,[102] 즉 이 특별한 경우에 성서

---

101 여기서 나는 롬 9:5의 '호 온 에피 판톤 테오스'(ho ōn epi pantōn theos)가 예수인지에 관한 난제는 일단 차치해두지만, 심지어 그렇다고 해도 이것은 하나님에 관한 성서 본문을 예수에게 적용한 경우는 아니다.

102 Barker, *Risen Lord*, 86-93이 11QMelch이 예수를 멜기세덱이라는 신적 인물과 동일시하는 것의 배경을 제공해준다고 가정할 때 그녀는 자신이 엘로힘과 야웨를 이신론적으로 구별했다는 사실과 예수가 자신을 야웨라고 밝혔고 또한 그렇게 밝혀졌다는 자신의 주장을 망각한 듯하다. 11QMelch에서 멜기세덱은 야웨와 **구별되고** 그 대신 시편 82편의 엘(El)

본문에서 언급하는 "신"을 유일한 창조주요 만물의 주이신 야웨가 아니라 야웨에 의해 창조되고 그의 지배를 받은 천상적 존재로 해석하는 것을 그도 똑같이 하고 있다고 이해했을 것이다. 이러한 석의적 관행은 우리가 신적 정체성 기독론이라고 부르는 것에 해당하지 않았을 것이다. 하지만 예수를 일부 야웨 성서 본문과 동일시하는 것은 완전히 다른 문제다.[103] YHWH는 유일한 창조주요 만물의 주가 누구인지를 밝혀주는 이름이다. 그렇다면 야호엘—신의 이름을 지닌 자-의 경우가 예수를 야웨와 동일시하는 것에 대한 일종의 전례를 제공해주지 않을까?

(2) **야호엘**: 아브라함의 묵시(Apocalypse of Abraham)에 나타나는 이 천사의 모습은 분명히 그를 출애굽기 23:21에 나오는 천사로 묘사하기 위한 의도를 담고 있다. 거기서 하나님은 이스라엘 백성이 약속의 땅으로 들어갈 때 그들을 인도하고 보호할 천사에 대해 "내 이름이 그에게 있음이니라"고 말씀하신다(참조. *Apoc. Ab.* 10:8). 따라서 그의 특징은 신의 이름이 지닌 능력이 그를 통해 작동한다는 것이다(10:3, 8). 그의 특수 기능은, 비록 그가 하늘에서 하나님께 드리는 경배를 인도하거나 감독한다 하더라도(12:4; 17:2-6; 18:11), 출애굽기 23장에 기록된 기능(참조. *Apoc. Ab.* 10:13-14, 16) 외에도 신의 이름의 특별한 능력이 요구되는 기능인 것으로 보인다(10:9-12; 18:9-11). 그의 외모(11:2-3)는 그가 천상의 대제사장이라면 가장 잘 어울릴 것이다. 그는 두건을 착용하는데, 이는 다른 어떤 본문에서도 천상의 존재에게 적용된 적이 없는 품목이다. 여기서 슬라브

및 엘로힘(Elohim)과 동일시된다.

103   Capes, *Old Testament Yahweh Texts*, 167은 이 차이점을 정확하게 강조한다.

어 역본을 통해 보존된 그리스어 단어(*kidaris*)는 70인역에서 13회 등장하고, 이 가운데 11회는 아론계열의 제사장들이 사용하는 머리장식을 가리킨다(또한 *Aris. Ex.* 98; 필론, *Mos.* 2.116, 131을 보라). 예루살렘 성전의 대제사장은 머리장식에 신의 이름을 달았다(참조. 집회서 45:12; *Aris. Ex.* 98; 지혜서 18:24). 그는 야호엘이 "하나님의 이름으로 너[아브라함]를 축복하러"(*Apoc. Ab.* 10:6) 보냄을 받는 것과 같이 당대에 축복을 내릴 때 신의 이름을 발음하도록 허용된 유일한 인물이었다(집회서 50:20). 아브라함의 묵시의 저자는 하나님의 이름을 지닌 천사(출 23:21)를 오직 대제사장만이 신의 이름을 착용하고 인간들 사이에서 홀로 신의 이름을 사용한다는 사실과 연결시켜 문제의 천사가 천상의 대제사장이라는 결론에 도달한 것으로 보인다.

후대에 내려오는 전승은 미가엘을 하늘 성전의 대제사장으로 만들지만, 아브라함의 묵시에서는 미가엘이 야호엘과 나란히 나타난다(10:17). 아마도 저자는 미가엘을 이스라엘을 보호하는 하늘 군대의 사령관으로 생각하고(참조. 단 8:11 LXX, Theod.; 요셉과 아스낫 14:8; 에녹2서 22:6; 33:10; 71:28; 72:5; 바룩3서 11:6; 아브라함의 유언 1:4; 2:1) 야호엘은 이스라엘을 보호하기 위한 축복기도에서 신의 이름을 사용하는 천상의 대제사장으로 생각한 것으로 보인다. 이로써 미가엘은 왕관을 쓰고 왕의 홀을 가지고 있는 것으로 묘사되는 반면(요셉과 아스낫 14:9), 야호엘은 두건과 왕적 권위가 아닌 대제사장의 권위를 상징하는 황금 홀을 가지고 있는 것으로 묘사된다(*Apoc. Ab.* 11:3). 여기서는 미가엘이 야호엘보다 지위가 낮거나 그에게 예속된다는 암시는 전혀 없다.

이름 야호엘(*Yahō'ēl*, *yhw*[*h*]와 *'ēl*의 합성어)은 신의 이름의 한 형태이며 아브라함의 묵시뿐만 아니라(17:13)[104] 다른 곳에서도(야곱의 사다리 2:18; 모세의 묵시 29:4; 33:5) 하나님 자신에게 적용된다. 그럼에도 이 이름(yhwh 자체나 일부 다른 형태의 신의 이름)이 신의 이름을 지닌 천사에게도 주어진다는 것은 전혀 우연이 아니다. 그것은 보통 '-엘'(-el)로 끝나는 천사의 이름의 일반적인 패턴을 따른다. 또한 이것은 천사의 이름으로서 사람의 이름 엘리야('ēliyâh 또는 'ēliyāhû)처럼 "야웨[YHWH]가 하나님이시다"라는 진술로 쉽게 이해될 수 있다.[105] 엘리야의 이름이 "야웨가 하나님이시다"를 의미하는 것처럼 말이다. 야호엘이란 이름은 엘리야라는 이름의 동일한 두 요소가 서로 순서가 바뀐 것뿐이며, 유대인들은 이 두 이름이 같은 이름의 서로 다른 버전으로 쉽게 인식했을 것이다.[106] 이미 기원후 1세기에 나타난 한 유대교 전승(L.A.B. 48:1)에 따르면, 엘리야는 대제사장 비느하스(아론의 손자)와 동일시되었고, 이스라엘의 종말론적 대제사장으로서 다시 돌아올 것으로 기대되었다.[107] 따라서 천상의 대제사장 야호엘이 이

---

104   Capes, *Old Testament Yahweh Texts*, 171은 하나님의 이름과 속성 중에서 야호엘에 대한 이 언급이 실제로는 천사 야호엘(비록 야호엘이 이 찬송을 하나님께 부르는 것으로 기록되어 있는 데도 말이다[17:7])을 가리킨다는 아주 특이한 견해를 제시한다.

105   이런 식으로 이해될 수 있었다는 사실은 이 진술이 '세페르 하라짐'(Sefer haRazim)에 등장한다는 것을 통해 입증된다. 거기서 이 진술은 둘째 하늘의 세 번째 계단에 서 있는 열네 명의 천사 가운데 첫 번째 천사의 이름이다(또한 두 번째 하늘의 열 번째 계단에 서 있는 천사의 이름 가운데 한 이름인 야호엘과도 비교하라). 이것은 세페르 하라짐에서 이름이 있는 수백 명의 천사들 가운데 그리 중요하지 않은 위치이며, 분명히 하나님과 동일한 이름을 지닌 것으로 이해되는 천사에게는 이 이름이 주어지지 않았을 것이다. 또한 마법 용기 텍스트에 등장하는 가브리엘과 관련된 천사 야호엘도 보라(J. Naveh and S. Shaked, *Amulets and Magic Bowls* [Jerusalem: Magnes Press/ Leiden: Brill, 1985], 161).

106   같은 뜻의 이름이 서로 짝을 지어 나오는 이름(두 이름의 서로 순서가 바뀐 상태로)이 심지어 동일한 사람에 대해 사용되기도 한다. 여호야긴 왕(예. 왕하 24:8)은 여고냐(예. 렘 24:1)로도 불리고, 여호아하스(대하 21:17)는 아하시야(대하 22:1)로도 불리며, 엘리암(삼하 11:3)은 암미엘(대상 3:5)로도 불린다.

107   Martin Hengel, *The Zealots*, trans. David Smith (Edinburgh: T&T Clark, 1989), 162-8을 보라. 종말론적 대제사장으로서의 엘리야는 또한 Justin, *Dial.* 8:4; 49:1; Tg. Ps.-J. Exod.

상적인 인간 대제사장인 엘리야로서 동일한 이름의 또 다른 버전을 지니고 있다는 것은 상당히 의도적이다.[108] 따라서 천상의 대제사장에게 주어진 이 이름은 하나님의 하늘군대를 지휘하는 천사장 미가엘("누가 하나님과 같은가?"라는 의미, 참조. 출 15:11)에 비견될 만한 이름이다.

야호엘이란 이름의 다중적인(polyvalent) 성격을 감안하면 이 이름은 확실히 아브라함의 묵시가 묘사하는 천사에게 아주 적합해 보인다. 많은 사람의 이름이 하나님의 이름을 포함하는 반면, 야호엘은 그 시대에 확인된 이름 중에 하나님의 이름 야웨를 포함하는 유일한 천사의 이름인 것으로 보인다.[109] 따라서 "야호엘"은 하나님의 이름을 지닌 천사의 이름으로서 적합해 보인다. 이 이름은 하나님에 대해 사용된 하나님의 이름의 한 형태와 동일하지만, 한 천사의 이름으로 사용된다고 해서 이것이 실제로 그 천사를 하나님의 이름으로 지칭하는 것으로 이해할 필요는 없다. 오히려 이것은 "야웨가 하나님이시다"라는 확언으로 받아들여질 수 있다. 이 이름은 야호엘을 하나님과 동일시하지 않고(같은 뜻의 이름 엘리야가 그 예언자를 하나님과 동일시하지 않는 것과 같이), 오히려 그를 하나님의 이름을 지니고 제사장의 축복에 그 권위를 사용하는 천상의 대제사장으로 지칭한다.

따라서 이 인물을 주의 깊게 살펴보면 야호엘이 하나님의 영광의 체현, 하나님의 성품에 참여한 자 또는 심지어 하나님의 이름의 의인화라는

6:18; 40:10; 신 30:4에서도 발견된다(참조. 출 4:13; 민 25:12). 이 개념은 아마도 엘리야를 비느하스와 동일시하는 것뿐만 아니라 말 2:7; 3:1; 4:5을 서로 함께 읽는 것에 기초했을 것이다.

108 비록 한 랍비 전승이 엘리야가 하늘 성전에서 대제사장으로서 직무를 수행하는 것으로 말하고 있지만, 이미 아브라함 시대에 활동한 야호엘이 나오는 아브라함의 묵시에서 야호엘이 실제로 높임을 받은 비느하스-엘리야일 수는 없다.

109 심지어 세페르 하라짐(Sefer haRazim)에 나오는 수백 가지 천사의 이름 가운데 오직 열 한 이름만이, 야호엘을 포함하여, 하나님의 이름을 담고 있는 것으로 보인다.

학계의 다양한 사변을 완전히 무색하게 만든다.[110] 야호엘은 전적으로 주
요한 천사(적어도 둘 중의 하나)로 이해될 수 있다. 그는 예루살렘 성전의 아
론 계열의 대제사장에 상응하는, 하늘과 우주의 천사 대제사장으로서 하
나님을 대신하여 위임된 권력을 행사한다. 그는 당시 유대인들이 이해한
바와 같이 야웨의 독특한 정체성 안에 포함되지 않을뿐더러 그 정체성을
제한하거나 위협하지도 않는다. 그의 사역 전반에 걸쳐 그는 당연히 하나
님과 구별되며 하나님과 절대로 혼동되지 않는다. 그는 하나님을 경배한
다(17:3). 하지만 자기 자신도 경배를 받을 수 있다는 암시는 그 어디에도
없다. 하나님의 독특한 정체성의 일반적인 특성은 모두 오직 하나님께만
해당된다. 즉 하나님은 만물의 창조주(7:1-9:3)이시며, 만물보다 앞선 영
원하신 분이며(9:3; 12:4, 9; 14:2, 13; 17:8 등), 역사의 모든 사건을 주관하
시는 위대하신 분(9:3; 14:13; 17:8; 20-32)이시며, 그분 외에 "다른 이가
없는" 분(19:3-4)이시다. 야호엘은 이 특성 가운데 그 어떤 것도 공유하지
않는다. 야호엘을 하나님의 이름의 의인화 또는 위격화로 보려는 학자들
이 있고, 또 당대의 유대교 문헌에서 가끔 하나님의 이름을 하나님의 창
조 도구로 취급하는 경향이 있음에도 불구하고, 그가 하나님의 창조사역
과 무관하다는 것은 매우 주목할 만한 일이다(희년서 36:7; 에녹1서 69:13-
26; 므낫세의 기도 3; 참조. 에녹3서 13:3).[111] 또한 하나님이 일단 아브라함에
게 창조와 역사와 종말에 대한 계시를 나타내기 시작하시면 야호엘은 그
책에서 사라져 그 나머지 부분에서는 완전히 자취를 감춘다(19-32장). 하
나님이 창조와 역사에 대한 자신의 주권을 어떻게 행사할 것인지에 대해

---

110 Rowland, *Open Heaven*, 101-3; Fossum, *The Name*, 318-21. 이 주장에 반하는 견해를
     보려면 Hurtado, *One God*, 87-9를 보라.

111 Fossum, *The Name*, 245-56.

이야기할 때에도 야호엘은 아무런 역할을 맡지 않는다. 아브라함의 묵시는 그를 그저 하나님을 시중드는 특별한 한 천사로 묘사한다. 그는 그 이상도 이하도 아니다.

야호엘이 등장하는 아브라함의 묵시의 본문(10-17장)은 창세기 15장에 나오는 아브라함의 환상을 보다 더 상세하게 설명하는 내용을 담고 있다. 창세기 15장과 비교해보면 성서에 나오는 야웨의 역할을 야호엘에게 부여하기는커녕, 저자는 창세기 15장에서 야웨가 하시는 일과 야호엘이 자신의 이야기에서 하는 일이 서로 중첩되지 않도록 신중을 기하는 모습을 볼 수 있다. 창세기 15:8에서 야웨가 아브라함에게 하신 말씀은 아브라함의 묵시 9:5에서 야웨 자신의 말씀으로 그대로 재현된다. 단지 아브라함이 이 하나님의 음성을 직접 듣고 의식을 잃었을 때에서야 비로소 야웨는 야호엘을 보내 하나님의 이름의 능력으로 아브라함을 강하게 하고 그를 일곱 번째 하늘에까지 데리고 올라가도록 하신다(*Apoc. Ab.* 10). 야호엘은 아브라함에게 어떻게 희생제물을 드리는지에 대해 추가 지침을 주는데(*Apoc. Ab.* 12:8), 이는 창세기 15:10에서 아브라함에게 하셨던 말씀에 해당한다. 그러나 이 지침은 정확히 아브라함이, 창세기 15:10을 따라, 야웨가 자기에게 분명하게 명령하신 것 외에 자기가 해야 할 것이 무엇인지를 어떻게 알았는지 설명하기 위해 저자가 추가로 삽입한 것이다. 아브라함에게 주신 앞날에 대한 야웨의 계시 역시—창세기 15:13-21의 본문을 따라 아브라함의 묵시에 길게 전개된 바와 같이—야호엘이 이 이야기에서 완전히 자취를 감춘 이후에 하나님이 다시 아브라함에게 직접 보여주신 것이다(*Apoc. Ab.* 19-32). 이와 같은 사실은 모두 이 묵시서의 저자가 얼마나 성서의 야웨 본문을 바울이 그리스도에게 적용한 것과는 거리가 먼 방식으로 야호엘에게 적용하고 있는지를 보여준다.

따라서 우리는 멜기세덱과 야호엘이라는 추론적 전례가 바울이 그의 신적 정체성 기독론을 어떻게 고안해내고 발전시켰는지를 이해하는 데 아무런 도움이 되지 않는다는 것을 인정해야 한다.

(3) 윌리엄 호버리(William Horbury)는 예수경배를 포함하여 "신적" 기독론의 배경은 적어고 어떤 특정한 경우에는 "신적 특성들을 부여받은 메시아"를 상정하는 유대교의 메시아사상에 있다고 주장했다. 그러한 특성들은 오로지 야웨에게만 해당되는 것이 아니고 다른 "신들", 즉 천사들에게도 해당되었다. 그러나 호버리는 또한 "성서에 나오는 일부 신의 현현은 하나님을 대신하여 행동하는 천상적 메시아에 대한 언급으로 이해될 수 있었다"는 증거를 제시한다.[112] 더 정확히 말하자면, 그는 제2성전기 유대교 문헌에서 "성서의 신현 본문들"이 "두드러지게 메시아적 인물에게 적용되는" 세 가지 본문, 즉 에녹1서 52:6, 에스라4서 13:3-4, 솔로몬의 시편 17:31 등을 제시한다.[113] 그는 이 본문들이 "원 문맥에서 하나님을 가리키는 성서 본문을 그리스도에게 적용하는 매우 친숙한 신약의 현상을 보여주는 선례를 제공할 수 있다"고 제안한다.[114]

그러나 솔로몬의 시편 본문은 설득력이 없다.[115] 나머지 두 본문은 다

---

112 William Horbury, *Jewish Messianism and the Cult of Christ* (London: SCM, 1998), 103-4.

113 Horbury, *Jewish Messianism*, 103.

114 Horbury, *Jewish Messianism*, 104.

115 Horbury, *Jewish Messianism*, 103은 "그의[메시아의] 영광을 보는 것"과 "주의 영광을 보는 것"이 모두 사 66:18의 "그들이 나의[야웨의] 영광을 볼 것이다"를 암시한다고 생각한다. 그러나 (1) 첫 번째 행에 대한 정확한 읽기는 "그녀의[예루살렘의] 영광"(*tēn doxan autou* 보다는 *tēn doxan autēs*)이며 사 60:1-3을 암시할 수 있다. 31b-32절의 맥락에서 볼 때 예루살렘의 영광에 대한 언급은, 비록 31절을 유의어 반복으로 만들지는 몰라도, 더 적절해 보인다. (2) 만약 이것이 메시아적 왕의 영광에 관한 언급이라면 두 번째 어구 "주

음과 같다(나는 개연성 있는 본문 수정을 받아들여 에녹1서 52:6에 가까운 에녹1서 53:7을 추가했다).

> 너의 눈이 본 이 **산들**— 철의 산들과
>
> 구리 산들과 은의 산들과
>
> 금의 산들과 부드러운 금속의 산들과
>
> 납의 산들—
>
> 이 모든 것들은 불 앞에 있는 **밀랍처럼**
>
> 그리고 **위로부터 이 산들에 흘러내리는 물 같이 선택받은 자** 앞에 있게
>
> 될 것이며
>
> 이것들은 그의 발 앞에서 약해질 것이다(에녹1서 52:6).[116]

> 그리고 이 **산들은** 그의[선택 받은 자의] 의의 면전에서
>
> 〈**밀랍**〉 같을 것이며[117]
>
> 그의[선택받은 자의] 의의 면전에 있게 될 것이며
>
> 언덕들은 **물** 분수 같을 것이며
>
> 의인들은 죄인들의 억압으로부터 쉼을 얻을 것이다(에녹1서 53:7).[118]

³그리고 나는 보았다. 보라, 이 바람이 사람의 모습과 같은 무언가가 바다 가운데서 올라오게 하였다. 그리고 나는 보았다. 보라, 그 사람은 하

의 영광을 보는 것"이 확실히 사 66:18을 반향하듯이 이 어구도 이 구절을 반향하는 것으로 생각할 이유는 없다.

116 번역문은 Nickelsburg and VanderKam, *1 Enoch*, 67에서 발췌한 것임.

117 "밀랍"은 수정된 것이다(사본은 "땅"으로 되어 있다).

118 번역문은 Nickelsburg and VanderKam, *1 Enoch*, 67에서 발췌한 것임.

늘의 구름과 함께 날아갔다. 그리고 그가 얼굴을 돌려 보는 곳마다 그의 시선 아래 있는 모든 것이 **떨었다**. ⁴그리고 그의 입의 음성이 나가는 곳마다 그의 음성을 듣는 자들은 밀랍이 **불**을 느낄 때 **녹듯이** 모두 녹어버렸다(에스라4서 13:3-4).¹¹⁹

이 두 텍스트에서 암시할 가능성이 있는 히브리 성서 본문은 다음과 같다.

³여호와께서 그의 처소에서 나오시고
강림하사 땅의 높은 곳을 밟으실 것이라.
⁴그 아래에서 **산들이** 녹고
골짜기들이 갈라지기를
불 앞의 **밀초 같고**
비탈로 쏟아지는 물 같을 것이니(미가 1:3-4).

⁴그의[여호와의] 번개가 세계를 비추니
땅이 보고 **떨었도다**
⁵**산들이** 여호와의 앞
곧 온 땅의 주 **앞에서** 밀랍 같이 녹았도다(시 97:4-5).

연기가 불려 가듯이 그들[하나님의 원수들]을 몰아내소서.
불 앞에서 밀이 녹음 같이 악인이 하나님 앞에서 망하게 하소서(시 68:2).

---

119   번역문은 Stone, *4 Ezra*, 381에서 발췌한 것임.

그가 땅을 보신즉 땅이 **진동하며**

산들을 만지신즉 연기가 나는도다(시 104:32).

이 히브리 성서 본문 중 첫 세 본문만이 녹는 밀랍이라는 직유를 담고 있지만, 다른 두 제2성전기 텍스트도 신의 현현 앞에서 밀랍처럼 녹는 산들의 이미지를 사용한다는 것은 주목할 만하다(유딧서 16:15;[120] 에녹1서 1:6[121]). 아무래도 이러한 생생한 이미지가 유대인 작가들의 관심을 사로잡은 것으로 보인다.

나는 히브리 성서 텍스트와 연관이 있는 후대 유대교 텍스트의 단어를 볼드체로 표시했다. 흥미롭게도, 비록 에녹1서와 에스라4서 모두 녹는 밀랍의 이미지를 사용하긴 하지만, 이 두 텍스트는 각각 이 이미지를 서로 다른 성서 본문에서 가져온 것으로 보인다. 에녹1서 53:7은 밀랍의 이미지뿐만 아니라 물의 이미지를 제공하는 미가 1:3-4에 의존한다. 밀랍 이미지를 사용하는 다른 성서 본문들(시 68:2; 97:5)은 에녹1서 53:7의 저자가 미가 1:3-4에서 발견할 수 없었던 다른 이미지를 전혀 제공해주지 않는다. 한편 에스라4서 13:4에서는 녹는 밀랍 이미지가 산들이 아닌 사람들에게 적용되고 있어 오히려 시편 68:2에 더 가깝다. 메시아의 목소리가 이러한 효과를 낸다는 개념은 이 성서 본문 중 그 어디에서도 찾아볼 수 없지만, 어쩌면 이사야 11:4b(다윗 혈통의 메시아에 관한 본문)에서 유

---

120 "산들이 그 밑바닥부터 바다와 함께 뒤흔들리고 바위들이 당신 앞에서 밀초처럼 녹을 것입니다"(유딧서 16:15a, 공동번역).

121 "높은 산들은 흔들리고 떨어지고 쪼개질 것이며, 높은 언덕들은 낮아지고 불 앞의 밀랍처럼 녹을 것이다"(에녹1서 1:6; 번역문은 Nickelsburg and VanderKam, *1 Enoch*, 20에서 발췌한 것임). 이 본문은 에녹1서의 첫 부분(1-36장)에 속한 것이며, 본래 비유들 부분(37-71장)과 분명히 구별되었다.

래했을 수도 있다. 어쨌든 이 본문은 확실히 나중에 에스라의 이 환상이 암시하는 본문이다(에스라4서 13:10-11). 모든 것이 메시아의 시선 아래에서 떨고 있다는 진술은(13:3) 시편 97:4 또는 시편 105:32를 암시할 수 있다(후자는 야웨의 시선을 언급한다는 장점이 있지만, 전자는 녹는 밀랍의 이미지에 아주 가깝다는 장점이 있다).[122]

이와 비슷한 종류의 암시가 에녹1서 46:4에서도 발견되는데, 이 구절은 또 다른 생생한 심판의 이미지를 시편으로부터 차용한다.

그[인자]는 강한 자들의 고삐를 풀어주며,[123]
그는 죄인들의 이를 부술 것이다(에녹1서 46:4b).[124]

주[하나님]께서 나의 모든 원수의 뺨을 치시며
악인의 이를 꺾으셨나이다(시 3:7b).

하나님이여, 그들의 입에서 이를 꺾으소서(시 58:6a).

우리는 이러한 암시를 어떻게 이해해야 할까? 이러한 암시는 래리 크라이처(Larry Kreitzer)가 에녹1서와 에스라4서를 가리켜 "메시아적 대리인과 하나님 사이에 존재하는 기능적 중첩(functional overlap)"이라고 부르는 것과 관련이 있어 보인다.[125] 이 두 경우에서 메시아는 하나님의 심

---

122 떠는 것(trembling)은 신의 현현에 대한 반응일 수도 있지만, 단순히 천상적 존재의 밝게 빛나는 얼굴에 대한 자연스러운 반응에 불과할 수도 있다(Stone, *4 Ezra*, 385).

123 참조. 사 45:1.

124 번역문은 Nickelsburg and VanderKam, *1 Enoch*, 60에서 발췌한 것임.

125 Kreitzer, *Jesus and God*, 90; 바울과의 비교는 156을 참조하라.

판의 대리인으로 행동한다.[126] 우리는 에녹의 비유들과 에스라4서 13장에서 이사야 11:1-5의 메시아가 종종 이 땅에서 마지막까지 남아 있는 악한 왕국에 대한 하나님의 심판을 수행할 대리인으로 간주되는 다니엘 7장의 "인자와 같은 이"와 동일시된다는 점에 주목해야 한다. 이사야 11:1-5의 메시아에 대해서는 "그는 그의 입의 회초리로 땅을 칠 것이며, 그의 입술의 호흡으로 악인들을 죽일 것이다"라고 기록되어 있다(11:4. 에녹1서 62:2; 에스라4서 13:10-11에서 암시됨). 악인들에 대한 메시아의 심판이 어떻게 하나님의 심판으로 보일 수도 있었는지를 파악하는 것은 그리 어렵지 않으며,[127] 따라서 초기 유대교 문헌에서는 유일하게 에녹의 비유들만이 하나님이 메시아를 영광의 보좌, 곧 자신의 심판 보좌에 앉히는 모습을 그린다.[128] 크라이처는 메시아와 하나님 간의 이러한 "기능적 중첩"은 "하나님과 그의 대리인을 구분하는 경계선을 무너뜨려 이 두 분을 동일시하는 방향으로 흐르는 경향이 있다"고 판단한다.[129]

이 텍스트들이 이 방향으로 나아가는 경향이 있다는 것은 분명하지만, 우리가 바울과 다른 초기 기독교 문헌에서 발견하듯이 하나님과 예수 그리스도가 서로 동일시되는 데까지 나아가지 않는다는 것도 분명하다. 이러한 기능적 중첩은 이 땅의 악인들에 대한 심판에 국한되는 반면, 바울 서신에서는 예수가 하나님의 창조사역, 우주적 통치, 세상의 구원 및 심판에 참여하는 등 그에게 신적 특권이 훨씬 더 광범위하게 부여된다.[130]

---

126 위의 §9 (1)의 11QMelch에 관한 논의도 참조하라.

127 또한 Stone, *4 Ezra*, 386-7도 보라.

128 §5.4.3을 보라.

129 Kreitzer, *Jesus and God*, 90.

130 이에 관해서는 Fee, *Pauline Christology, passim*을 보라.

에녹의 비유들과 에스라4서 등 이 두 유대교 텍스트 안에는 하나님과 메시아가 서로 동일시되는 경향을 그 안에서 실제로 일어나고 있는 것보다 더 강하게 밀어붙일 만한 그런 신학적 논리가 없다. 이 두 텍스트에서 야웨에 관한 성서 언어를 메시아에게 전가하는 현상이 극소수의 경우로 한정된 반면, 바울 서신에는 널리 만연해 있다는 사실은 그리 놀라운 일이 아니다.

이러한 실질적인 차이점은 우리가 본장에서 이미 살펴본 바울 및 다른 여러 초기 기독교 작가의 관행에 비해 이 두 유대교 텍스트에서 야웨 본문이 어떤 방식으로 메시아에게 적용되었는지를 고려하면 더더욱 분명해진다. 에녹의 비유들과 에스라4서에서 발견되는 이러한 암시에는 "주"라는 칭호(또는 야웨라는 이름을 대체하는 다른 이름)가 포함되지 않는다. 하지만 바울이 인용하고 암시하는 야웨 본문에서 크게 주목할 만한 것은 그가 그 본문의 '퀴리오스'(kyrios, YHWH)를 예수로 분명히 간주한다는 것이다. 이 두 유대교 텍스트에는 기능적 중첩이 나타나는 반면, 바울 서신에서는 인격적 동일시(personal identification)가 나타난다.

따라서 우리는 바울의 신적 정체성 기독론의 유대교 전례는 거의 찾아볼 수 없다고 결론지을 수밖에 없다. (일반적으로 초기 기독교 운동 안에서 모두 공유한) 바울의 이러한 기독론은 극도로 혁신적인 것이었다. 비록 어떤 석의적 관행 사이에 존재하는 연속성이 석의 과정을 통해 발전한 바울의 기독론을 어느 정도는 설명해줄 수 있다지만, 다수의 야웨 본문을 예수와 동일시하는 현상은 단순히 이것이 유대교의 메시아적 석의 관행과 맞닿아 있다는 것만으로는 모두 설명될 수 없다. 또한 우리가 제2성전기 유대교 문헌에서 발견하는 중간적 존재들도 바울이 예수를 하나님의 독특한 정체성 안에 포함시킨 것에는 결코 미치지 못한다. 바울이 다른 많은 초기 기독교 작가들과 공유한 신적 정체성 기독론은 초기 기독교 운동을 탄생시킨 독특한 사건에 대한 반응이었음에 틀림없다. 하지만 그러한 반응이 어떻게 일어났는지는 추가적인 탐구와 숙고를 요하는 질문이다.

1장
히브리서에 나타난 예수의 신성[1]

---

1. 신적 정체성의 기독론

본서의 다른 장들에서 나는 신약의 기독론은 신적 정체성 기독론으로 가장 잘 표현된다고 주장한 바 있다. 이것이 바로 모든 또는 대다수의 신약 문서가 공유하는 기독론 모델이며, 이 모델은 이 텍스트들에 담겨 있는 보다 구체적인 기독론적 특징의 다양성의 기반이 된다. 히브리서도 여기서 예외가 아니기에, 나는 본장을 통해 히브리서가 어떻게 이 공통된 모델을 기반으로 하여 독창적인 변형을 시도하는지를 보여주고자 한다.

근본적으로 신적 정체성 기독론은 예수를 제2성전기 유대교에서 이해한 하나님의 독특한 정체성 안에 포함시킨다. 신적 정체성 기독론은 이스라엘의 하나님을 유일무이한 존재로 이해하는 유대교 유일신론을 규정하는 특성을 취하여 이것을 예수에게 적용한다. 우리는 이러한 신적 특성을 제시하는 것으로 논의를 시작할 필요가 있다.

우리는 유대인들이 자신들의 하나님을 유일하신 분으로 인식하는 방식, 곧 그들이 자신들의 하나님을 다른 모든 실재로부터 구별하는 방식에 관심을 둔다. 나는 여기서 독특한 정체성이라는 범주가 신적 본성이라는 범주보다 우리가 다루는 자료를 더 잘 설명해준다고 믿는다(물론 후자도 정체성이라는 주개념 안에서 종속적인 지위를 점하겠지만 말이다). 유대교 유일신 신앙에서 가장 중요했던 것은 신성이 무엇인지보다는 하나님이 누구신지였던 것이다.

하나님의 독특한 정체성이 지닌 핵심적인 특성은 다음과 같다.

하나님은 만물의 유일한 창조주시다.

(다른 모든 존재는 하나님에 의해 창조되었다.)

하나님은 만물을 다스리시는 유일한 통치자시다.

(다른 모든 존재는 하나님의 통치에 예속된다.)

하나님은 자신의 서사적 정체성을 통해 알려지신다.

(즉 그분이 창조세계와 열방과 이스라엘을 다루시는 이야기 속에서 하나님이 누구신지가 알려진다.)

하나님은 자신의 종말론적 통치를 완성하실 것이다.

(모든 피조물이 야웨를 유일한 신으로 인정할 때)

야웨라는 이름은 하나님의 독특한 정체성을 나타낸다.

오직 하나님만 경배 받으실 수 있으며, 경배 받으셔야 한다.

(경배는 하나님의 유일한 신성을 인정하는 행위이기 때문이다.)

오직 하나님만 전적으로 영원하시다.

(예로부터 장차 영원에 이르기까지 자존하신다.)

위에 열거한 요소들 가운데 마지막 항목에서만 우리는 소위 신성의 속성이라 불릴 수 있는 특성과 조우하게 된다. 이것은 우리가 유대교 문헌에서 가장 빈번하게 발견할 수 있는 하나님의 형이상학적 속성이다. 이

속성은 하나님을 참으로 영원하신 유일한 존재라고 규정한다. 오직 하나님만 본유적으로 영원하시며, 영원부터 영원까지 존재하신다. 우리는 이미 제2이사야서에서 유일신론에 대한 고전적 선언을 발견할 수 있다. "…나는 처음이요 또 나는 마지막이라(사 48:12).[2] 바로 이러한 신적 속성이 "하나님이 만물의 유일한 창조주이시며 통치자"시라는 주장 속에 실질적으로 내포되어 있다. 만물은 오로지 그분의 의지에 따라 존재하게 되었고 오로지 그분의 의지에 따라서만 존속할 수 있다.

또한 신적 정체성에 대한 유대교 이해에서 신에 관한 헬레니즘적 논의와 아주 명백하게, 그리고 자연스럽게 공명하는 지점은 바로 "충만한 영원성"이라는 특유한 신적 속성이다. 따라서 유대교 저자들은 하나님의 영원성과 관련하여 그리스 철학의 용어들을 사용하는 것을 불편해하지 않았는데, 앞으로 우리가 보게 되겠지만 이 점은 히브리서와 관련해서도 중요하다.

초기 기독교는 예수가 이스라엘의 한 분 하나님의 독특한 정체성 안에 포함되는 것으로 이해함으로써 일종의 기독론적 유일신론을 창안해 냈는데, 그들은 이것이 유대교 신학의 틀을 차용한 것이라는 점을 분명히 인식하고 있었다. 이러한 신학을 표현한 것 가운데 우리가 접근할 수 있는 가장 이른 용례는 아마도 예수의 승귀를 시편 110:1에 비추어 이해한 부분일 것이다. 이것은 확실히 초기 기독교 공동체의 역사에서 가장 이른 시기부터 사용되고 있었다. 하나님의 종말론적 주권을 성취하실 분으로서 천상의 보좌에 앉으시고, 한 분 하나님의 고유한 주권이 그분 안에 있

---

[2]   "유일하게 영원하신 분"으로서의 하나님에 관한 초기 유대교 문헌으로는 모세의 유언 10:7; 마카베오2서 1:25; 시빌의 신탁 단편 1:16을 보라.

음을 모두가 인정하게 될 예수는 만물에 대한 하나님의 고유한 통치에 참여하시는데, 유일하신 통치자 하나님과 만물 사이를 나눌 때 예수는 명백하게 하나님 편에 서신다. 하나님이 만물을 통치하신다는 사실이 곧 그분이 누구신지를 규정해주는데, 하나님의 통치는 단순히 피조물에 위임할 수 있는 기능이 아니다. 따라서 최초기 기독론도 이미 **근본적으로**(*in nuce*) 최고기독론이었다. 이제 그들에게 남겨진 과제는 계속해서 예수를 한 분 하나님의 독특한 정체성에 완전하게 포함시키는 방식으로 이 기독론을 전개해나가는 것이었다. 초기 기독교의 주요 관심사는 구원론과 종말론, 곧 복음이었고, 따라서 신약에서는 하나님의 종말론적 주권을 공유하거나 실행한다는 의미에서 예수는 하나님의 독특한 정체성 안에 속한 분으로 이해되었다. 그러나 초기 기독교의 사고가 계속 거기에만 머물러 있을 수는 없었다. 만일 예수가 하나님의 정체성 안에 완전히 포함된다면 그도 마찬가지로 영원한 분이어야만 했다. 따라서 요한복음 서문, 골로새서 1장, 히브리서 1장 등 원형론적 기독론(protological Christology)을 담고 있는 유명한 본문은 예수를 하나님의 고유한 창조행위와 고유한 신적 영원성에 포함시킨다. 이것이 바로 모든 형태의 양자 기독론의 원흉이 되는 이신론(二神論; ditheism)에 대항하여 유일신론을 고수하기 위해 초기 그리스도인들이 채택한 유대교적 방식이었다.

이처럼 신적 정체성 기독론은 기능적 기독론 혹은 존재론적 기독론이라는 그릇된 대안들을 넘어서는 길을 제시한다. 어떤 신적 "기능들"(부득이 이 용어를 사용해야만 한다면)은 단순한 기능이 아니라 누가 하나님인지와 직결되어 있다. 만일 예수가 위와 같은 기능들을 수행함에도 초기 기독교에서처럼 유일신론이 유지되려면 그는 한 분 하나님의 정체성에 속해야만 한다. 예수가 하나님이 아니면서 하나님 역할을 할 수는 없기 때

예수와 이스라엘의 하나님

문이다. 이 점은 우리가 창조와 주권적 통치라는 신적 기능에 포함된 명백한 존재론적 양상들을 인식할 때 더욱 분명해질 것이다. 오직 영원하신 한 분만이 온전한 의미에서 만물의 창조자요 만물에 대한 주권적 통치자가 되실 수 있다. 초기 그리스도인들은 유대교 신학의 용어를 사용하여 신적 영원성을 예수에게 돌렸는데, 그들은 확실히 그것이 무엇을 의미하는지 정확히 알고 있었다. 그들은 예수가 한 분 하나님의 창조사역과 종말론적 통치에 참여하는 것으로 이해했다.

또 짚고 넘어가야 할 기초적인 사실이 한 가지 있는데, 초기 유대 그리스도인들에게 있어 신학의 발전을 위한 일차적인 도구는 석의(exegesis), 곧 동시대 유대교 학자들의 정교한 주해 기법을 활용하여 성서 본문을 세심하면서도 숙달된 방식으로 주해하는 것이었다. 따라서 몇몇 성서 텍스트는 예수의 고양된 신분을 이해하는 데 처음부터 핵심적인 중요성을 갖고 있었는데, 일부 텍스트는 표제어나 혹은 다른 연결고리를 통해 이 주제와 밀접하게 연결되었다. 이미 언급한 것처럼 시편 110편은 시편 2편 및 8편과 함께 독보적인 위치를 차지하고 있었으며,[3] 히브리서는 특히 시편을 기독론적으로 조명하는 데 고유한 역할을 감당하면서 특정 시편에 대한 보다 전통적인 기독론적 해석을 발판으로 삼아 동일한 시편이나 다른 시편에 대한 해석을 창의적으로 발전시킨다. 잘 알려진 것처럼 히브리서는 시편 110:1에 대한 기독교 해석에서 이미 친숙한 신적 정체성 기독론에 담겨 있는 함의를 활용하여 그 석의를 4절에까지 확대해나간다. 히브리서의 논증이 시편 110편에 대한 광범위한 석의로 구성되어 있고 히

---

3   시 110:1과 8:7이 빈번하게 상호관계 속에서 사용되는 용법에 관해서는 Hengel, *Studies*, 163-72를 보라.

브리서에 인용된 다른 텍스트들은 이러한 석의를 보조하는 역할을 한다는 점에서 어떤 학자들은 히브리서 자체가 시편 110편에 대한 주석이라고 말하기도 한다.[4]

2. 히브리서에 나타난 예수의 정체성의 구조

본장의 주요 논지는 히브리서가 예수 그리스도에게 세 가지 주요 범주의 정체성—즉 아들, 주, 대제사장—을 적용하며, 각각의 범주는 예수로 하여금 한편으로는 하나님의 독특한 정체성을 공유하고 다른 한편으로는 동료 인류와도 인간의 정체성을 공유할 것을 요구한다는 것이다. 각각의 범주에서 히브리서는 예수를 참되신 하나님인 동시에 참된 인간으로, 다시 말하면 모든 면에서 자신의 아버지와 같고, 또한 모든 면에서 인간과도 같으신 분으로 묘사한다.

여기서 가장 기본적인 것은 하나님의 아들로서의 범주다. 예수는 성부의 독특한 정체성, 곧 이스라엘의 하나님이자 모든 실재의 하나님으로서의 독특한 정체성을 영원히 공유하는 하나님의 아들이시다. 하지만 또한 하나님의 아들 되심은 예수가 동료 인류와 공유하는 인간적 연대성을 특징짓는 요소이기도 하다. 성육신을 통해 그가 받은 사명은 하나님의 수많은 아들딸을 영광으로 인도하는 것이었다(2:10-12). 따라서 히브리서에서 하나님의 아들 되심은 배타적인 신적 범주(성부에 대한 예수의 독특한 관

---

4   예. George Wesley Buchanan, *To the Hebrews* (AB 36; New York: Doubleday, 1972), 23; Eskola, *Messiah*, 202. 한편 이러한 주장에 반대하는 견해로는 Harold W. Attridge, *The Epistle to the Hebrews* (Hermeneia; Philadelphia: Fortress, 1989), 23, n. 188을 보라.

계)인 동시에 포괄적인 인간적 범주(예수가 자신이 구속하신 이들과 공유하는, 성부와의 관계의 한 형태)이기도 하다.

영원히 선재하신 하나님의 아들로서 예수 그리스도는 하나님의 종말론적 구원 행위에서 두 가지 주된 역할을 감당하도록 예정되었으며 그럴 만한 자질을 갖추고 있었다. 그는 성부의 유일한 아들로서 만물에 대한 상속자로 지명되었기 때문에(1:2), 그는 주님으로서 만물에 대한 하나님의 종말론적 통치권을 행사하실 수 있으며, 또한 천상의 대제사장으로서 모든 죄를 완전히 대속하실 수 있다.[5] 하지만 두 경우 모두 그는 또한 완전한 사람이셔야만 했다.

신약의 다른 곳에서와 마찬가지로 히브리서에서도 다윗 계열의 메시아가 이스라엘과 열방을 통치하실 것이라는 전통적인 기대는, 하나님의 천상의 보좌에 좌정하여 모든 창조세계로 하여금 하나님의 주되심을 시인하게 하시는 승귀하신 주님의 우주적 역할에 포함되었다. 이렇게 그는 하나님의 이름, 곧 신성사문자(Tetragrammaton)를 이름으로 지니게 되었고, 오직 하나님께만 합당한 주권을 스스로 행사하신다. 히브리서는 예수의 주되심의 역할을 그의 인성과 거의 연결시키지 않고 오히려 대제사장은 완전한 인간이어야 한다는 사실을 논증하는 데 더 관심을 갖는다. 그럼에도 히브리서는 예수의 인성을 부인하지는 않는다. 우주의 주님은 또한 유다 지파에서 나신 메시아적 왕이시다(7:14).

기독론과 관련하여 히브리서의 가장 큰 공헌은 예수를 멜기세덱의

5 　히 5:5의 의미는 "그리스도의 하나님 아들 되심이 시편 110:4에 언급된 대제사장의 자격을 부여한다"는 것이다(Donald A. Hagner, "The Son of God as unique High Priest: The Christology of the Epistle to the Hebrews," in *Contours of Christology in the New Testament*, ed. Richard N. Longenecker [Grand Rapids: Eerdmans, 2005], 247-67, 여기서는 257).

반차를 따른 대제사장으로 이해한 점이다. 히브리서가 가장 분명하게 보여주는 것은 아마도 예수가 동료 인간들을 대신하여 그들과 연대하여 사명을 감당하기 위해 완전한 사람이 되실 필요가 있었다는 점일 것이다. 그런데 우리가 곧 보게 되겠지만, 히브리서는 또한 예수가 천상의 대제사장으로서 우주적 보좌에 좌정하신 한 분 하나님의 독특한 정체성에 참여하는 것도 필수적인 요소로 간주한다.

3. 아들의 내러티브 정체성(1:2b4)

히브리서는 성자의 완전하고도 영원한 신성을 압도적으로 부각시키면서 시작한다. 성자의 신성은 먼저 그의 정체성에 대한 함축적인 일곱 가지 묘사로 이루어진 개요의 형태(1:2b-4)로, 그다음에는 성자의 완전한 신성을 확증하고 설명하기 위한 일곱 개의 성서 본문 모음집(1:5-14)으로 아주 신중하게 제시된다. 이 두 섹션은 시편 110:1이라는 핵심 구절로 서로 연결되어 있다. 히브리서 1:2b-4의 서사적 묘사는 시편 110:1에 대한 암시("높은 곳에 계신 지극히 크신 이의 우편에 앉으셨느니라", 히 1:3b) 및 이것이 주는 의미, 곧 천사들에 대한 성자의 우월성을 지적하는 것으로 결말을 맺는다. 그런가 하면 1:5-14의 모음집은 13절에서 시편 110:1을 직접 인용하는 것으로 마무리되는데, 여기에 적용된 **수미상관 구조**(inclusio)는 본 섹션에 인용된 텍스트 전체의 목표가 시편 110:1에 대한 신학적 석의라는 점을 보여준다. "모음집" 역시 서사적 묘사와 마찬가지로 천사들에 대한 예수의 우월성을 드러내는 데 관심을 가진다.

서론적 개요(1:2b-4)의 구조는 다음과 같다.

예수와 이스라엘의 하나님

아들을

[그를] "만유"의 상속자로 세우시고,	(1) 만물에 대한 종말론적 통치(시 2:8; 8:6)
또 그로 말미암아 모든 "세계"를 지으셨느니라.	(2) 만물에 대한 창조의 대리인
이는 하나님의 영광의 광채시요 그 본체의 형상이시라.	(3) 영원한 신적 존재(참조. 지혜서 7:26)
그의 능력의 말씀으로 "만물"을 붙드시며,	(4) 만물에 대한 섭리적 주권
죄를 정결하게 하는 일을 하시고,	(5) 대제사장적 속죄
"높은 곳"에 계신 지극히 크신 이의 우편에 "앉으셨느니라."	(6) 천상의 하나님 보좌로의 승귀(시 110:1)
그가 "천사보다" 훨씬 "뛰어남"은 그들보다 더욱 아름다운 이름을 기업으로 얻으심이니.	(7) 야웨로 밝혀짐 (이름)

개요의 내용은 대체적으로 전통적이며, 원형적·우주적 기독론에 관한 광범위한 신약 기사(빌 2:6-11; 골 1:15-20; 엡 1:20-23; 요한복음 서론)와 밀접한 평행관계를 이룬다. 오직 다섯 번째 진술만이 상당히 예외적이며 히브리서가 나중에 창의적으로 발전시킬 기독론의 한 측면, 곧 대제사장적 속죄라는 개념을 여기서 일찍부터 소개한다. 이 다섯 번째 진술을 제외한 나머지 진술은 모두 바로 유대교 유일신 신앙에서 발견되는 하나님의 독특한 정체성 안에 아들을 포함하기 위해 고안된 것이다. "만물"이라는 특징적인 용어(1항과 4항)와 그 변형인 "세계"(2항)는 하나님을 그가 창조하시고 다스리시는 다른 모든 실재와 구별하기 위해 고안된 유일신론 용어이며,[6] 여기서는 하나님의 아들인 예수를 위와 같은 구분에서 하나님 편에 위치시키는 역할을 한다. 이러한 칠중 내러티브에서 예수의 인성은 암묵적으로 나타나며, 모든 항목이 하나님의 아들에 관한 진술이면서도

---

6   예. 사 44:24; 렘 10:16; 51:19; 집회서 43:33; 지혜서 9:6; 12:13; 에스더 부록 13:9; 마카베오2서 1:24; 마카베오3서 2:3; 에녹1서 9:5; 84:3; 에녹2서 66:4; 희년서 12:19; 아브라함의 묵시 7:10; 시빌의 신탁 3:20; 8:376; 시빌의 신탁 단편 1:17; 요세푸스, 『유대전쟁사』 5.218; 1Qap Gen^{ar} 20:13; 4QD^b 18:5:19; 마 11:27; 눅 10:22; 요 3:35; 13:3; 16:15; 행 10:36; 고전 15:27-28; 엡 1:22; 빌 3:21.

또한 동시에 아들이 말세에 감당하게 될 주와 대제사장의 역할도 함께 소개한다. 아들은 종말론적 주권을 위임받을 것이며("만유의 상속자로 세우시고"), 그 주권을 행사하기 위해 하나님의 우편으로 높임을 받으셨다. 이 아들은 또한 대제사장적 속죄를 수행하실 분이시다.

본 서론적 개요에서 구체적으로 다루어지지 않은 아들의 인성은 성육신하신 성자에게 주어진 아들이라는 신분이 갖는 인간적 포괄성을 설명하는 2장에서 보충된다. 하지만 히브리서는 성자의 아들 됨에 내포된 신적 배타성의 중요한 한 가지 측면을 밝혀준다. 다수의 학자들은 히브리서에서 말하는 예수의 아들 됨을 그가 그의 내러티브의 어떤 특정 단계—그것이 성육신, 부활, 승귀 중 어느 것이든지 간에—에서 지명된 신분으로 간주하고 있으며, 이로 인해 이 점에 관한 히브리서의 이른바 비일관성에 관한 논의는 이미 광범위하게 전개되어왔다.[7] 그러나 내가 보기에 히브리서에 나타난 하나님의 아들은 영원토록 하나님의 아들일 뿐 아니라 영원 전부터 하나님의 아들이기도 하다. 그의 아들 됨은 그의 존재 자체의 영원한 진리이며, 하나님이 단순히 특정 시점에 그에게 주신 역할이나 지위가 아니라는 것이다. 이 점이 충분히 인지되지 못한 이유는 두 가지다. 첫째 이유는 히브리서에서 두 번(1:5; 5:5) 인용된 시편 2:7, 곧 "너는 내 아들이라. 오늘 내가 너를 낳았도다"에 있다. 우리는 히브리서에서 이 구절을 이해한 방식을 본장 뒷부분에서 다시 다룰 것이다. 예수의 아들 됨에 어떤 시간적 제약을 둔 또 다른 이유는 바로 위에서 다룬 서론적 개요의 일곱 번째이자 마지막 진술, 곧 "그가 천사보다 훨씬 뛰어남은 그들보다

---

7   예. Attridge, *Hebrews*, 25-6, 54-5; Kenneth Schenck, "Keeping His Appointment: Creation and Enthronement in Hebrews," *JSNT* 66 (1997): 91-117.

더욱 아름다운 이름을 기업으로 얻으심이니"(1:4) 때문이다. 뒤에 이어지는 "모음집"(catena)에 비추어 대다수의 주석가들은 여기서 언급된 이름이 "아들"을 의미하는 것으로 보았다. 하지만 이것은 착오다. 천사들보다 뛰어난 이름은 히브리어 하나님 이름인 야웨(YHWH)일 수밖에 없으며,[8] 빌립보서 2:9에서는 승귀 때 예수에게 주어진 것으로 설명한다("이러므로 하나님이 그를 지극히 높여 모든 이름 위에 뛰어난 이름을 주사").[9] 히브리서 본문에서 아들은 그의 아버지로부터 이름을 물려받은 자이지, 그가 물려받은 유산을 가리키지 않는다. "아들"은 아들의 고유한 칭호인 반면, 그가 물려받은 것은 그의 아버지에게 속한 유산일 수밖에 없다. 다시 말하면 천사들은 물려받지 못했지만 아들이 아버지의 이름을 물려받은 이유는, 그는 아들이지만 천사들은 아들이 아니기 때문이다.

4. 히브리서 1-2장에 담긴 천사들의 중요성

히브리서의 이 부분에 나타난 천사들의 두드러진 역할(이러한 역할은 대체

---

8   Rowland, *Open Heaven,* 113; Gieschen, *Angelomorphic Christology,* 197; Margaret Barker, "The High Priest and the Worship of Jesus," in *Jewish Roots,* ed. Newman, Davila and Lewis, 93-111, 여기서는 99.

9   히 1:4-15이 빌 2:6-11을 확장, 발전시킨 것이라는 주장에 관해서는 Martin Hengel, *The Son of God: The Origin of Christology and the History of Jewish-Hellenistic Religion,* trans. John Bowden (London: SCM, 1976), 878을 보라.

10 다른 곳에서는 오로지 12:22과 13:2에서만 나타나는데, 이 구절들이 1-2장의 천사들의 역할과 연결되는지는 분명하지 않다. 2:16 이하에서 더 이상 천사에 대한 언급이 나타나지 않는다는 사실은 Kenneth L. Schenck, "A Celebration of the Enthroned Son: The catena of hebrews 1," *JBL* 120 (2001): 469-85의 논지, 즉 1-2장의 천사들은 옛 언약의 중보자로서 새 언약의 중보자인 그리스도와 대비되어 등장한다는 주장에 반하는 것이다. 아들에 대한 천사들의 종속성을 보여주는 2:2이 저자의 논증을 강화시키는 데 기여할 수

적으로 이 부분에만 국한되어 나타난다[10])은 종종 저자의 비판 대상으로,[11] 또는 저자 자신의 기독론을 위한 근거로[12] 소위 천사 기독론 혹은 천사 형태적 (angelomorphic) 기독론과 연관된다. 나는 이 핵심적인 기독론 문맥에서 천사의 역할을 이해하는 데에는 훨씬 더 나은 방법이 있다고 생각한다.[13] 먼저 이 단락은 시편 110:1이 다른 텍스트들과 함께 승귀하신 그리스도가 천사들보다 월등하게 우월하신 분이심을 보여주는 것으로 설명한다. 히브리서 저자는 곧이어 그리스도가 승귀에 앞서 잠깐 동안 천사들보다 낮아지셨음을 보여주기 위해 시편 8:5-7로 눈을 돌린다. 성육신의 낮아지

있을지 모르지만, 그것만을 1:5-14의 유일한 논점으로 제시하려면 Schrenk는 아들과 천사 간의 대비가 갖는 존재론적 요소들을 무시해야만 한다. 예를 들어 1:10-12에 대한 그의 주해(475-6쪽)는 아주 불만족스럽다. "특정 구절을 인용한 저자가 그 구절이 원 문맥에 포함되어 있던 모든 요점을 전달하려고 의도했을 것이라고 가정할 수는 없다"(476)라는 그의 설명은 히브리서가 채택하고 있는 유대교적 석의가 갖는 고유한 특성과 특히 이 "모음집"의 정교한 구성을 간파하지 못한다. 만일 시편 102편에 대한 히브리서 저자의 인용이 그리스도를 창조의 대행자 정도로 제시하기 위해 고안된 것이 아니라면, 그는 아주 잘못된 구절을 선택한 것이며, 첫 단어들을 이해하지 못할 정도로 수정해버린 셈이다.

11 이러한 관점을 취하는 학자로는 다음을 보라. William L. Lane, *Hebrews 1-8* (WBC 47A; Dallas: Word, 1991), 8; Attridge, *Hebrews*, 52 n. 33; Stuckenbruck, *Angel Veneration*, 124-5 n. 98. L. K. K. Dey, *Patterns of Perfection in Philo and Hebrews* (SBLDS 25; Missoula: Scholars, 1975), 4장은 비판의 대상이 그리스도를 필론의 로고스와 같은 중재적 존재와 동일시하려는 시도였다고 생각한다. 필론은 그런 로고스적 존재를 천사라고 불렀다. Darrell D. Hannah, *Michael and Christ: Michael Traditions and Angel Christology in Early Christianity* (WUNT 2/109; Tübingen: Mohr [Siebeck], 1999), 137-9는 히 1장이 천사 기독론에 반대한다는 견해가 설득력이 있음을 인정하면서 천사 기독론은 "그의 독자들을 설득시키기 위한 것이 아니라…그저 공허한 수사에 불과"하며, 히브리서 저자는 그리스도를 천사와 혼동하는 그 어떤 오류에 대해서도 반대한다는 점에서 그의 독자들과 견해를 같이한다는 사실을 강조함으로써 독자들과의 신뢰관계를 쌓아가는 것이라고 주장한다. 다른 이들은 여기서 비판의 대상이 천사 숭배라고 주장한다. 이러한 견해를 취하는 학자들로는 Lane, *Hebrews 1-8*, 8; Stuckenbruck, *Angel Veneration*, 124 n. 197을 보라. Randall C. Gleason, "Angels and the Eschatology of Heb 12," *NTS* 49 (2003): 90-107은 히브리서가 천사에게 도움을 요청하는(특히 로마의 통치로부터의 임박한 구원과 관련하여) 유대교의 관습에 반대한다고 생각한다.

12 Rowland, *Open Heaven*, 113; Gieschen, *Angelomorphic Christology*, 295-303, 314.

13 참조. Attridge, *Hebrews*, 523.

예수와 이스라엘의 하나님

심은 시편 110편이 묘사하는 승귀에 이르는 데 필수적인 수순이었다. 저자는 유대교 우주론에 입각하여 지위와 신분을 암시하기 위해 "높이"라는 심상을 활용한다. 전통적으로 하나님의 우주적 보좌는 하늘 위에(참조. 7:26), 곧 천상에 거하는 모든 계급의 천사들이 점유하는 자리보다 월등히 높은 우주의 정점에 위치한다.[14] 하나님의 보좌가 공간적으로 천사들보다 높은 곳에 위치한다는 사실은 창조된 모든 실재에 대한 하나님의 고유한 초월성을 암시한다. 천상의 영광스런 존재인 천사들은 비록 신들로 오인되기도 하지만, 그럼에도 실상은 유일하신 하나님의 통치에 예속된 피조물일 뿐이다. 승귀하신 그리스도는 높은 곳에 있는 그의 아버지의 보좌를 공유함으로써 천사들에 대한 하나님의 우월성도 획득하시는데, 이러한 사실은 그가 하나님의 고유한 이름을 얻으셨다는 사실을 통해서도 암시된다. 그러나 아들이 인간으로 성육신하셨을 때 그는 천사들보다 낮은 지상의 피조물들에게 속한 비천함과 필멸의 상태를 취하셨다. 여기서 사용된 높이, 낮아짐, 높임 받음과 같은 심상은 빌립보서 2장과 유사한 방식으로 사용되는데, 히브리서의 천사들은 이러한 그림에 정교함을 더해준다. 천사들은 우주의 경계를 구분하는 존재들이다. 다시 말하면 그들은 존재론적 지위의 척도 역할을 한다는 것이다. 천사들보다 높은 곳에 위치한다는 것은 하나님이 된다는 것이고, 천사들보다 낮은 곳에 위치한다는 것은 사람이 된다는 의미다. 천사들보다 높은 곳에 거하시는 예수는 모든 창조세계를 초월하시며, 심지어 천사들에 대해서도 창조자와 통치자로서의 신적 정체성을 공유하신다. 천사들보다 낮아지신 예수는 출생과 고통과 죽음을 통해 땅 위에 거하는 인간들이 공통으로 지니고 있는 정체성을

---

14 본서 제5장을 보라.

공유하신다.

5. 주님의 완전한 신성(1:5-14)

일곱 개의 성서 텍스트 모음집인 히브리서 1:5-14은 단지 텍스트들을 선택·배열하고 간략한 서론적 설명만 덧붙이는 것만으로도 정교한 신학적 주해 작업을 수행할 수 있음을 보여주는 탁월한 예다. 이 모음집의 기본적인 구조는 다음과 같다.

하나님께서 어느 때에 천사 중 누구에게 "너는 내 아들이라. 오늘 내가 너를 낳았다" 하셨으며(시 2:7)	(1) 아들로서 [천사들보다] 월등하심.
또다시 "나는 그에게 아버지가 되고 그는 내게 아들이 되리라" 하셨느냐? (삼하 7:14)	(2) 아들로서 [천사들보다] 월등하심.
또 그가 맏아들을 이끌어 세상에 다시 들어오게 하실 때에 "하나님의 모든 천사들은 그에게 경배할지어다" 말씀하시며(신 32:43)	(3) 천사들에게 경배를 받으심.
또 천사들에 관하여는 "그는 그의 천사들(angelous)을 바람으로, 그의 사역자들(leitourgous)을 불꽃으로 삼으시느니라" 하셨으되(시 104:4)	(4) 그분이 천사들을 창조하셔서 그들로 그의 일꾼을 삼으셨으며, 하늘에서 그를 위한 예배를 인도하게 하심.
아들에 관하여는 "하나님이여 주의 보좌는 영영하며, 주의 나라의 규는 공평한 규이니이다. 주께서 의를 사랑하시고 불법을 미워하셨으니, 그러므로 하나님 곧 주의 하나님이 즐거움의 기름을 주께 부어 주를 동류들보다 뛰어나게 하셨도다" 하였고(시 45:67)	(5) 그분은 하나님의 우주적 보좌에서 영원토록 하나님으로서 다스리심(모든 만물에 대한 신적 통치).

예수와 이스라엘의 하나님

또 "주여, 태초에 주께서 땅의 기초를 두셨으며, 하늘도 주의 손으로 지으신 바라. 그것들은 멸망할 것이나 오직 주는 영존할 것이요, 그것들은 다 옷과 같이 낡아지리니, 의복처럼 갈아입을 것이요, 그것들은 옷과 같이 변할 것이나 주는 여전하여 연대가 다함이 없으리라" 하였으나(시 102:25-27)

어느 때에 천사 중 누구에게 "내가 네 원수로 네 발등상이 되게 하기까지 너는 내 우편에 앉아 있으라 하셨느냐?"(시 110:1)

(6) 그분은 영원부터 영원까지 전적으로 영원하신 반면, 모든 창조세계(천사들을 포함하여)는 창조된 것이며 일시적임.

(7) 하나님의 우주적 보좌와 종말론적 통치를 공유하시도록 높임을 받으심.

이 단락은 지면상 우리가 여기서 전부 다룰 수 없을 만큼 많은 미묘한 문제를 담고 있다. 여기서는 단지 우리의 주제와 관련하여 가장 중요한 점들만 간략히 거론하겠다.[15]

첫째, 모든 텍스트들은 예수의 메시아적 통치와 연관되어 있으며,[16] 이것은 정당한 신적 주권행사로 이해된다. 그런데 이 가운데 일부는 이 점이 인용된 구절의 전후 맥락을 살펴보아야만 분명히 드러난다.[17] 다윗 계열의 메시아에 대한 전통적인 텍스트들은 만물에 대한 하나님의 통치를 묘사하는 텍스트들을 비롯해 창조사역과 통치에 대한 하나님의 주권을 언급하는 텍스트들과 밀접하게 연결되어 있다. 하나님의 우주적 보좌

---

15   이 단락에 대한 보다 자세한 연구로는 Richard Bauckham, "Monotheism and Christology in the Hebrews 1," in *Early Jewish and Christian Monotheism*, ed. Loren T. Stuckenbruck and Wendy E. S. North (JSNTSup 263; London/New York: T&T Clark [continuum], 2004), 167-85를 보라.

16   참조. Kiwoong Son, *Zion Symbolism in Hebrews: Hebrews 12:18-24 as a Hermeneutical Key to the Epistle* (Paternoster Biblical Monographs; Milton Keynes: Paternoster, 2005), 111-24.

17   세 번째 인용(1:6; 신 32:43)에서는 메시아적 통치라는 주제가 시 89[88]:27에 대한 암시를 통해 함축적으로 표현된다. 인용문의 첫머리에 등장하는 단어들이 시 89편과의 관계를 시사한다.

에 대한 이미지는 시편 110편의 인용을 통해 암시적으로 환기될 뿐 아니라 다섯 번째 인용(시편 45편)에서도 명시적으로 표현된다. 이 "모음집"은 승귀하신 주 예수가 만물의 창조 및 만물에 대한 주권이라는 두 가지 중요한 측면에서 하나님의 정체성을 공유하시는 분임을 아주 확실하게 밝혀준다.

둘째, 천사들에 대한 주님의 우월성은 모든 피조물에 대한 하나님 자신의 초월성에 참여하게 해주는 그의 아들 됨에만 근거를 두는 것이 아니라, 그분 자신이 천사들을 창조했으며(4번 텍스트), 그들이 주님의 종들로서(4번 텍스트) 주님을 경배하는 자들이라는 사실(3번 텍스트)에 의해서도 지지를 받는다. 따라서 이 주요한 세 가지 측면, 곧 창조, 주권, 경배라는 측면에서 아들과 천사들의 관계는 하나님이 그들과 맺으시는 관계와 정확하게 일치한다. 천사들 자신이 그분의 고유한 신성을 인정하고 그분을 경배한다. 셋째, 나는 특히 여섯째 인용에 주의를 환기시키고자 하는데, 이는 앞으로 펼치게 될 논의에서 이 구절이 중요한 역할을 감당하기 때문이다. 히브리서 저자는 70인역 텍스트에서 첫 세 단어의 어순을 변경하는데,[18] 결과적으로 이 인용문은 문자적으로 "당신은, 처음에, 주님"(*su kat' archas kyrie*; "주여 태초에 주께서"[개역개정])의 순서를 따른다. 따라서 여기서 소개되는 인물(예수 그리스도)은 창세기의 처음과 동일한 시작점, 곧 하늘과 땅이 창조되기 이전의 태고적 영원에 위치하고, 이 천지 창조 역시 그의 책임 하에 이루어진다. 신중하게 선택된 이 텍스트들은 이제 새로운 문맥에서 창세기 첫 절에 대한 기독론적 해석이 되며, 이는 또한 요한복음 서론의 첫 절에 대한 기독론적 해석에 비견될 만하다. 하지만 히

---

18   시 101:26 LXX: *kat' archas su, kyrie*.

브리서는 창세기나 요한복음의 시작과는 달리 영원한 과거에서의 아들의 선재에만 관심을 갖는 것이 아니라 영원한 미래에서의 불변하는 아들의 정체성에도 관심을 갖는다. 본문에 사용된 단어들은 한 분 하나님을 모든 창조세계로부터 구분 짓는 그 속성, 곧 오직 하나님만 소유하고 계시는 완전한 영원성을 아들에게도 돌린다. 그것은 모든 피조물의 피조성, 가변성, 그리고 찰나성과 대비되는 속성이다. 만물은 그 자체가 소멸할 운명에 처한 반면, 오직 하나님만이―여기서는 그리스도를 포함하여―파멸되지 않는 생명을 자신 안에 소유하고 계신다. 따라서 시편 저자는 "주는 한결같으시고"(즉 "영원하시고")라고 고백할 수 있었던 것이다.

6. 대제사장의 완전한 인성(2:5-18)

본장에서 내가 다루고 있는 주제는 그리스도의 인성이 아니라 그의 신성이기에 나는 여기서 히브리서에서 예수를 대제사장으로 어떻게 묘사하는지를 언급하는 것으로 만족하고자 한다. 예수는 인간의 모든 조건을 전적으로 공유하시고, 모든 면에서 그의 형제자매처럼 되셨으며, 고난과 죽음을 통해 모든 면에서 시험을 받으셨고, 그로 말미암아 인간의 모든 연약함을 이해하시고, 이제는 그의 천상의 보좌에서 죄인들에게 자비와 은총을 베푸신다. 아마도 (제1장의 주제인) 예수의 주권(lordship)과 (제2장에서 다루기 시작하는) 그의 대제사장직 간의 관계는 비교적 덜 알려진 내용이지만, 저자는 이 둘의 관계를 시편 8편을 통해 엮어낸다. 여기서 대제사장직 개념은 아들이 오직 성육신과 자기비하, 그리고 필멸하는 인성이 의미하는 모든 것을 통해서만 자신의 종말론적 주권을 성취하실 수 있었음을 보여주기 위해 사용된다. 이는 그가 자신의 주권을 그의 인간 형제자매를 위해 행사하기 때문이다. 이것은 더 이상 단순히 그가 영원 전부터 성부와 공유하던 주권이 아니며, 사람들과의 인간적 유대관계 속에서 행사하는 주권이다. 따라서 이제 우주적 보좌는 죄인들이 담대하게 그의 앞에 나아갈 수 있는 은혜의 보좌이며(4:16), 대제사장의 속죄 사역은 그가 자신의 주권을 대속적인 방식으로 행사하는 방식이라 할 수 있다.

7. 대제사장의 완전한 신성(7:3, 16)

히브리서의 기독론은, 만약 저자가 단순히 그리스도의 주되심과 그의 신성을 서로 연결시키고, 그의 대제사장직을 그의 인성과 연결시켰다면, 훨씬 단순해졌을 텐데, 그는 실제로 그렇게 하지 않는다. 방금 살펴본 바와 같이 대제사장이 백성들과 인성을 공유한다는 사실은 대제사장직에 대한 히브리서의 이해에 있어 필수 불가결할뿐더러 매우 두드러지는 요소이며, 대제사장직의 기능은 주로 하나님 앞에서 인류를 대표하는 것이다. 즉 대제사장은 백성을 대신하여 희생제사를 드리며(5:1), 그들을 대신하여 하나님의 존전에 들어가서(6:20; 9:24) 그들을 위해 간구하신다(8:25).[19] 게다가 대제사장직은 우주적 주권과는 달리 하나님의 독특한 정체성에 속하지 않는다.[20] 하나님의 보좌에서 만물을 다스린다는 것은 곧 하나님

---

19   하지만 백성을 축복하는 행위에서는(7:1, 67) 대제사장이 백성들 앞에서 하나님을 대변한다는 점을 주목하라.

20   하지만 필론이 로고스에게 우주적 대제사장직을 부과한다는 점을 주목하라(Barker, *Great Angel*, 121-2).

이 된다는 것을 의미하지만, 지상이나 천상에서 대제사장이 된다는 것은 전혀 그런 의미를 함축하고 있지 않다. 위대한 대제사장, 곧 마지막까지 제 역할을 감당하게 될 대제사장이 과연 하나님이 되어야 할 필요성이 있는가? 이는 앞으로 살펴보게 될 것이다.

히브리서의 신학적 방법론은 시종일관 석의적이다. 출발점은 시편 110:4인데, 1절에서 천상의 보좌에 좌정하신 하나님의 우편으로 높임을 받으신 바로 그 동일한 인물이 4절에서는 "너는 멜기세덱의 서열을 따라 영원한 제사장이라"고 불린다. 히브리서 1장에서와 마찬가지로 시편 110:1에 함축된 의미는 그와 관련된 다른 성서 구절들을 통해 설명되고 있기 때문에 히브리서 7장에서는 시편 110:4의 모호한 의미가 다른 성서 구절, 곧 히브리 성서에서 이곳을 제외하고 유일하게 멜기세덱이라는 이름이 등장하는 창세기 14:17-20에 비추어서 설명된다. 이 두 텍스트는 최소한 두 본문에서 모두 멜기세덱이 왕이자 제사장으로 소개된다는 공통점을 갖고 있다. 그런 점에서 그는 예수의 대제사장적 역할을 그의 메시아적 주권과 나란히 배치하고 또 서로 이 둘을 연결시키는 히브리서의 기독론적 목적에 잘 부합한다.[21] 지면 관계상 이 문제를 더 자세히 논할 수는 없지만, 나의 견해로는 히브리서의 멜기세덱이라는 인물은 쿰란 문서에 등장하는 멜기세덱이라는 인물과는 별다른 공통점이 없는 듯하다.[22]

---

21 참조. Deborah W. Rooke, "Jesus as Royal Priest: Reflections on the Interpretation of the Melchizedek Tradition in Heb 7," *Bib.* 81 (2000): 81-94.

22 Eskola, *Messiah*, 263; James W. Thompson, *The Beginnings of Christian Philosophy: The Epistle to the Hebrews* (CBQMS 13; Washington, D.C.: Catholic Biblical Association of America, 1982), 119-20. Anders Aschim, "Melchizedek and Jesus: 11Q Melchizedek and the Epistle to the Hebrews," in *Jewish Roots*, ed. Newman, Davila and Lewis, 129-47은 일반적으로 인정되는 것보다 더 많은 유사성을 주장하지만, 그의 논증은 히브리서에서 멜기세덱을 소개하는 방식이 그가 천상의 (천사적) 전사-제사장으로 간주되는 전통을

실제로 우리는 히브리서 텍스트의 배후에 놓인 멜기세덱에 관한 기존의 전승[23]을 상정할 필요가 전혀 없다.[24] 비록 저자가 이 인물이 성서 최초의 제사장으로서 창세기에서 신비하고 비범한 방식으로 등장한다는 사실에 자극을 받아 다른 주석가들과 함께 이 인물에 대한 관심을 공유했을 수도 있겠지만 말이다. 그는 자신의 신분을 증명해줄 수 있는, 이스라엘 내에서 유전적 계보가 없는 비레위인 제사장이었다. 하지만 히브리서 저자가 멜기세덱에게 관심을 갖는 진정한 이유는 그가 최초기 그리스도인들에게 가장 중요한 기독론적 시편이었던 시편 110편에 등장한다는 사실 때문이다. 실제로 히브리서 저자는 멜기세덱 자체에 관심을 두고 있는 것이 아니라, 단지 시편 110편의 메시아가 멜기세덱의 서열을 따른 제사장이라는 사실이 지니고 있는 의미를 이해하기 위해 창세기 14장으로 눈을 돌린 것뿐이다.[25] 중요한 것은 멜기세덱이 아니라 멜기세덱의 서열을 따른 제사장직이다. 따라서 히브리서 7장에서 멜기세덱에 관한 내용은 창세기의 역사적 인물에 관한 진술로 진지하게 받아들일 필요가 없다. 요점

따른 것이라는 견해에 지나치게 의존하고 있다. 내가 보기에 이것은 사실이 아니다.

23　내가 보기에 에녹2서 71-72장(후대에 첨가된 부분에 속하며, 소수의 사본에만 보존되어 있다)에 등장하는 멜기세덱의 출생에 관한 이야기는 그러한 전승이라기보다는 멜기세덱이 어떻게 "아버지도 없고 어머니도 없고 족보도 없"으면서(히 7:3) 여전히 제사장일 수 있는가라는 의문에 대답하기 위한 후대 기독교의 시도인 것 같다. 이 이야기는 아마도 히브리서에서 기원했을 것이다. 나는 Andrei Orlov, "The Heir of Righteousness and the King of Righteousness: The Priestly Noachic Polemics in 2 Enoch and the Epistle to the Hebrews," *JTS* 85 (2007): 45-65에 동의하지 않는다. 그는 멜기세덱 이야기가 에녹2서의 필수 불가결한 요소로서 그 연대는 제2성전기 말기이며, 에녹2서와 히브리서가 공히 노아 전승을 논박하기 위해 멜기세덱이라는 인물을 활용한다고 생각한다.

24　참조. Hay, *Glory*, 153: "[저자는] 아주 충격적인 간결함 혹은 단호한 침묵으로 [멜기세덱]에 관해 아무것도 알지 않기로 마음을 정했다. 그는 창세기 14:18-20이나 시편 110:4을 통해서는(특히 후자를 통해서는) 결코 추론될 수 없다."

25　Thompson, *Beginnings*, 117-8.

은 이를 예수에게 적용하는 것이다.

특히 우리는 멜기세덱을 묘사하는 히브리서 7:3을 고찰할 때 이 점을 염두에 둘 필요가 있다.

> 아버지도 없고
> 어머니도 없고
> 족보도 없고
> 시작한 날도 없고 생명의 끝도 없어
> 하나님의 아들과 닮아서
> 항상 제사장으로 있느니라.

우리는 위의 구절이 창세기에서 유래했으며 시편 110편의 "너는…영원한 제사장이라"라는 문장을 설명하기 위해 사용되었다는 사실을 기억할 필요가 있다.

제롬 네이리(Jerome Neyrey)는 1991년에 발표한 소논문에서 이것이 헬레니즘적인 "참된 신에 관한 언어"(true-god-language)라는 점을 보여주었는데, 나는 그의 주장이 결정적이었다고 생각한다.[26] 다시 말하면 이것은 철학적인 성향을 가진 저자들이, 예를 들어 신격화된 영웅과 구별되는 존재로서의 참된 신이 무엇인지 정의하는 데 사용하곤 했던 언어라는 것이다. 참된 신이란 과거에 시작이 없으며 미래에도 끝이 없는, 온전한 의미에서 영원한 존재다. 참된 신은 영원히 소멸하지 않을 뿐 아니라, 태어

---

26   Jerome H. Neyrey, "Without Beginning of Days or End of Life (Heb. 7:3): Topos for a True deity," *CBQ* 53 (1991): 439-55; idem, *Render to God: New Testament Understandings of the Divine* (Minneapolis: Fortress, 2004), 8장도 보라.

나거나 발생하지 않았으며(*agennētos*, 부모가 없으며), 유래도 없다(*agenētos*, 어떤 종류의 기원도 없다). 부정 접두사 "알파"(alpha privative)로 시작하는 히브리서의 세 단어(*apatōr, amētōr, agenealogētos*)는 헬레니즘의 신-언어에서 사용되는 부정적 묘사의 전형이다.[27]

특히 중요한 것은 헬레니즘 문화에서 이러한 표현이 바로 참된 신을 반신적(semi-divine) 존재들과 구별하기 위해 사용되었다는 점이다.[28] 히브리서가 여기서 멜기세덱의 비시원성(un-originatedness)을 그토록 강조하는 이유도 바로 거기에 있다. 그는 아버지도 없고, 어머니도 없고, 족보도 없으며, 시작한 날도 없다. 영원성의 과거적 측면은 시편 110:4의 표현들에 대한 설명으로는 불필요해 보이는데, 거기서 왕-제사장은 미래적으로만 영원한 것으로 묘사된다. 하지만 히브리서는 미래적인 불멸성이 시작도 끝도 없는 신적 존재, 곧 완전한 영원성을 소유한 참된 신에 근거를 두고 있다고 이해한다.

네이리의 주장에 덧붙여서, 우리는 히브리서 저자가 헬레니즘적 철학 용어를 차용했음에도 그가 유대적 배경을 가지고 있었다는 점을 더욱 분명히 강조할 필요가 있다. 첫째, 그런 용어들은 창세기 텍스트에 대한 전형적인 유대교적 주해와 밀접한 관계 속에서 사용되었다. 창세기 텍스트에서 멜기세덱은 특정 시점에 잠깐 나타났다가 곧바로 사라져버리고, 성서 내러티브에서 다시 나타나지 않는데, 멜기세덱이 시작도 없고 끝

---

27   Neyrey, "Without Beginning," 440-1.

28   Neyrey, "Without Beginning," 441-6, 449-50. 예를 들어 Neyrey는 시칠리아의 디오도루스를 인용한다(6.1.2). "신들과 관련하여 고대인들은 후세에게 두 가지 서로 다른 개념을 전수해주었다. 그들은 말하기를 어떤 신들은 영원하고 소멸되지 않는데…그들의 기원과 지속은 영원부터 영원까지다. 그러나 어떤 신들은 지상의 존재이며 다만 인류에 대한 그들의 자선행위로 인해 불멸의 영예와 명성을 획득했을 뿐이라고 말해진다."

도 없다는 결론은 "침묵으로부터의 논증"에 기초한 것이다. 시작과 끝이 있었다면 성서가 분명히 우리에게 말해주었을 것이라는 주장이다.[29] 한편 제사장은 자신의 제사장직을 입증하기 위해 계보를 밝힐 것으로 기대되었다는 점을 고려하면 우리는 위와 같은 논증이 전적으로 작위적인 것만은 아니라고 생각할 수도 있을 것이다.[30] 이것은 히브리서 저자가 "족보도 없다"라는 표현을 특정해서 사용한 이유를 설명해준다. 저자는 일반적인 신-언어의 용례를 따르면서도 자신의 텍스트가 의도하는 바를 정확히 드러내기 위해 이런 표현을 고안해낸 것으로 보인다. 그럼에도 불구하고 이런 논증은 고도로 작위적이며, 사실상 텍스트에 묘사된 멜기세덱이 하나님의 아들과 방불하다고 말하는 것이나 마찬가지다. 시편에서 말하는 멜기세덱의 제사장직이 과연 무엇인지를 설명해주는 것은 역사상의 멜기세덱이 아니라 텍스트상의 멜기세덱이다.

둘째, 히브리서 저자 외에도 참된 신의 특징을 묘사하기 위해 그런 언어를 사용한 다른 유대교 저술가들도 있다. 우리는 필론뿐만 아니라[31](그의 용례가 유대교를 대변한다고는 결코 말할 수 없다), 요세푸스(예. 『아피온 반박문』2.167, 190), 유대 묵시문학인 시빌의 신탁(3:11-12; 단편 1:7-17), 그리고 유대교적 배경을 가진 위(僞)오르페우스(짧은 버전 10-11) 시구들에서도 이러한 요소를 발견할 수 있다. 보다 주목할 만한 것은 아브라함의 묵

---

29 석의적 장치에 관한 논의로는 예를 들어 다음을 보라. Thompson, *Beginnings*, 118. Ben Witherington이 적절히 표현했듯이, 성서의 침묵은 "보이지 않는 많은 의미를 포함하고 있는 것으로(to be pregnant) 간주되어야 한다"(Ben Witherington III, *The Many Faces of the Christ* [New York: Crossroad, 1998], 219).

30 Joseph A. Fitzmyer, "Melchizedek in the MT, LXX, and the NT," *Bib.* 81 (2000): 63-9, 여기서는 66.

31 필론의 용례에 관해서는 다음을 보라. Neyrey, "Without Beginning," 442-4, 446.

시인데, 만일 우리가 슬라브어 텍스트를 신뢰할 수 있다면 우리는 천사들
이 하나님께 드린 찬가에서도 히브리서와의 밀접한 평행관계를 발견할
수 있다.

> 영원하신 이, 전능하신 이, 거룩하신 엘, 전제 군주이신 하나님,
>
> 스스로에게 기원을 두시고, 부패하지 않으시고, 무죄하시며,
>
> 태어나지 않으시고, 흠이 없으시고, 불멸하시며,
>
> 스스로 완전하시고, 스스로 계획하시며,
>
> 어머니도 없으시고, 아버지도 없으시고, 발생하지도 않으신 이(17:8-10).[32]

우리는 위의 문맥에서 헬레니즘 철학 언어와의 관련성을 기대하기
는 어려울 것이다. 유대교 전통에서도 하나님은 언제나 영원하시며, 따라
서 우리는 여기서 유대교와 헬레니즘 사상이 신성을 정의하는 방식에서
서로 진정한 합의점을 가진다고 설명할 수 있을 것이다. 그러한 헬레니즘
적 신-언어는, 필론처럼[33] 유대교 신학을 정교한 방식으로 플라톤 철학에

---

32   번역은 R. Rubinkiewicz, "Apocalypse of Abraham," in *The Old Testament Pseudepigrapha*,
      vol. 1, ed. James H. Charlesworth (London: Darton, Longman & Todd, 1983), 697에서
      발췌한 것이다. 마지막 행은 히 7:3("아버지도 없고 어머니도 없고 족보도 없고")과 놀랍
      도록 유사한 평행 관계를 보여준다. Rubinkiewicz, "Apocalypse of Abraham," 697은 슬
      라브어의 "*bezrodine*"가 아마도 그리스어의 "*agenētos*" 혹은 "*agenealogētos*"에 해당하는
      듯 보인다고 지적한다. 아브라함의 묵시에 나타나는 세 단어는 히 7:3을 연상시키는 기독
      교 필사자의 손길이라고 추정할 수 있을 것이다. 하지만 이러한 추론이 필연적인 것은 아
      니다. "어머니도 없으시고, 아버지도 없으시고"라는 아브라함의 묵시 17:10의 순서가 히
      7:3과는 정반대이며, 필사자가 히 7:3의 구절을 하나님께 적용할 만한 것이라고 생각했는
      지는 그리 분명하지 않다는 점을 기억할 필요가 있다.

33   히브리서와 필론 간의 (논란의 여지가 있는) 관련성에 관해서는 다음을 보라. Kenneth L.
      Schenck, "Philo and the Epistle to the Hebrews: Ronald Williamson's Study after Thirty

동화시키지 않고서도 유대교적인 방식으로 하나님을 이해하고자 하는 관심 때문에라도 기꺼이 활용되었을 것이다.

셋째, 하나님에 대한 유대교 이해라는 문맥에서 이와 같은 헬레니즘적 신-언어는 의미심장한 "역할 수정"(re-functioning)을 거쳐 유일신론적 언어로 변모한다.[34] 비유대교 저술가가 "하나의" 참된 신을 규정하기 위해 사용한 용어들을 유대교 저술가들은 "유일하신" 참된 신을 규정하는 데 사용했다. 이런 사실은 바로 앞에서 "세 가지 용어"를 사용한 것으로 예시된 문헌, 곧 요세푸스(『아피온 반박문』 2.167), 시빌의 신탁(3.11-12), 위(僞) 오르페우스(10-16), 아브라함의 묵시(17:8-15; 참조. 19:3) 등을 통해 쉽게 확인할 수 있다. 상기 문헌은 주어진 문맥에서 유일신 사상을 강하게 확증해주고 있다. 홀로 완전하게 영원하신 이는 바로 한 분 하나님이시다. 유일신 사상을 지지하기 위해 "역할 수정"된 이러한 헬레니즘적 용어들은 사실상 하나님이 "처음이시요 나중이시라"(사 41:4; 44:6; 48:12)는 제2이사야의 선언에 대한 문화적 번역(cultural translation)과 크게 다르지 않다.

우리는 히브리서 저자가 7:3에서 멜기세덱에 관해 했던 말이 1장에서 시편 102편의 용어를 사용하여 그리스도에 관해 했던 말과 정확히 일치한다는 것을 알 수 있다. 두 경우 모두 유일하신 참 하나님의 완전한 영원성에 대해 말하고 있다. 하나님의 모든 피조물이 소멸해도 하나님은 여전히 계시는 것처럼, 필멸의 존재인 레위 계열의 제사장들이 왔다가 사라져도 대제사장 멜기세덱은 여전히 제사장으로 남아 있다. 이와 관련하여 히브리서 7:16 역시 중요하다. 예수는 "육신의 후손에 관한 법적 요구

Years," *Studia Philonica Annual* 14 (2002): 112-35.

34   참조. Michael Mach, "Concepts of Jewish Monotheism during the Hellenistic Period," in *Jewish Roots*, ed. Newman, Davila and Lewis, 21-42, 여기서는 27-32.

를 통해서가 아니라, "파멸되지 않는"(akatalutos; 부정 접두사 "α"를 포함한 또 하나의 형용사) 생명의 능력을 통해 제사장이 되셨다." 예수는 그의 다함이 없는 제사장직을 수행하기 위한 자격을 갖추셨는데, 이는 그가 파멸되지 않는 생명, 곧 하나님의 충만히 영원한 존재를 공유하시기 때문이다.[35] 그의 미래의 영원성—시편 110:4의 "영원한"—은 단지 우발적인 끝이 없음을 의미하는 것이 아니라, 본유적인 불멸성을 가진 그의 생명으로 말미암은 것이다. 이 생명은 정의상 영원부터 영원까지 존재한다. 단순히 생명의 끝이 없음을 의미하는 것이 아니라 시작하는 날도 없음을 의미한다. 이제는 히브리서에서 예수의 대제사장직이 참된 신성과 참된 인성을 동시에 수반한다고 확언해도 별 무리가 없을 것 같다. 이 대제사장은 하나님이시기에 아버지나 어머니 혹은 족보도 없지만, 또한 그는 동시에 사람이시기에 동료 인간들과 동일한 종류의 기원을 공유하시며(2:11), 그들과 동일한 혈과 육의 필멸하는 본성을 취하신다(2:14). 여기서 드러난 양단간의 모순은 두 본성 개념을 통하지 않고서는 결코 설명될 수 없는데, 이러한 개념은 최소한 배아와 성체의 관계로라도 후기 교부 기독론과 연관된다.

8. 보좌에 앉은 대제사장

하나님의 우주적 보좌는 한 분 하나님, 그리고 그분과 모든 실재의 관계에 대한 유대교적 이해에 있어 주요한 상징이었다.[36] 이것은 또한 초기 기독

---

35   히브리서에서 하나님은 전형적으로 "살아 계신 하나님"으로 묘사된다는 점에 주의하라 (3:12; 9:14; 10:31; 12:22).

36   위의 4장을 보라; Eskola, *Messiah*, Part II.

론에서도 주요한 상징이 되었는데, 이는 시편 110:1이 환기시키듯이, 승귀하신 그리스도가 전혀 전례 없이 하나님 곁에 있는 우주적 보좌에 앉으시기 위해서는 그가 반드시 한 분 하나님의 독특한 정체성 안에 포함되어야만 했기 때문이다. 그리스도가 보좌에 앉으셨다는 것은 그가 만물에 대한 하나님의 고유한 주권에 참여하신다는 것을 의미한다.[37] 하지만 히브리서는 시편 110:1뿐 아니라 4절 역시 기독론적으로 해석하여 예수가 왕으로서만이 아니라 또한 대제사장으로서 보좌에 앉으셨다고 선언한다.[38] 초기 기독론에서 지상의 메시아가 행사하는 다윗 왕권을 하늘로 승귀하신 그리스도의 우주적 주권에 포함시킨 것처럼, 히브리서는 종말론적 대제사장 개념을 하늘로 승귀하신 그리스도의 우주적 대제사장직에 포함시킨다.

하지만 예수가 "대제사장으로서" 천상의 보좌에서 하나님의 우편에 좌정하신다는 것은 무슨 의미인가? 확실히 여기서는 하나님의 보좌라는 상징에 정치적이고 제의적인 의미들이 통합되어 있다는 점을 기억할 필요가 있다. 땅에서는 지성소 내의 법궤가 하나님의 지상의 보좌인 것처럼, 하늘에서는 하나님의 보좌가 놓인 방, 곧 그분이 우주를 통치하시는 장소가 바로 그분이 경배 받으시는 천상의 성소다.[39] 따라서 히브리서에서 그리스도의 속죄 사역이 대체적으로 레위 계열 대제사장의 사역 방식을 따르는 것은 충분히 납득할 만하다. 대제사장이 대속죄일에 지상의 성소 내실에 들어가서 언약궤 앞에 희생의 피를 뿌린 것처럼, 예수는 자신을 속

---

37 위의 4장을 보라; Eskola, *Messiah*, Part III.
38 특히 1:8에 비추어볼 때 히브리서에서 하나님 우편에 앉으신 그리스도에 대한 언급은 그리스도가 하나님 곁에 있는 두 번째 보좌를 차지하신 것이 아니라 그가 하나의 천상적 보좌에 하나님과 나란히, 하나님의 오른편에 앉으신 것으로 이해된다. 참조. Hengel, *Studies*, 148-9.
39 Eskola, *Messiah*, 251-8.

죄 제물로 드리시고, 자신의 희생의 피를 취하셔서 천상의 하나님의 존전에 들어가 하나님의 보좌 앞으로 나아가셨다.[40] 하지만 예수가 보좌에 앉으심으로 말미암아 이 둘은 서로 결별하게 된다. 물론 레위 계열의 대제사장은 보좌에 앉지 않았을 뿐더러, 그가 앉는다는 것은 상상조차 할 수 없는 일이었다.

히브리서는 이러한 차이를 그리스도의 속죄제사가 갖는 최종적이고 영구적인 특성이라는 관점에서 이해한다. 그는 레위 계열의 대제사장처럼 그의 백성에게 돌아가서 해마다 동일한 의식을 반복할 필요가 없었다. 따라서 히브리서 10:12에 의하면 그는 "죄를 위하여 한 영원한 제사를 드리시고 하나님 우편에 앉으[셨다.]" 하지만 여기서 초점은 단순히 그가 모든 죄에 대해 일회적이고 최종적으로 유효한 제사를 드리신 후에 천상의 성소에 머무셨다거나 혹은 그의 희생제사에 근거하여 그의 백성들을 위해 간구하기 위해 계속 머무셨다는 데 있지 않다(7:25). 이런 목적이라면 그도 다른 천사들처럼 하나님의 존전에 기립해 있는 것으로도 충분했을 것이기 때문이다. 우주적 보좌에 앉으셨다는 강력한 심상은 오로지 한 가지 중요한 의미만을 담고 있다. 그의 앉으심은 바로 그가 세상에 대한 하나님의 고유한 주권에 동참하신다는 것을 시사한다. 예수가 왕으로서만 아니라 또한 대제사장으로서(히브리서가 명백하게 보여주는 것처럼) 보좌에 앉으신다는 사실은 그의 완료된 속죄사역이 영구적으로 세상에 대한 하나님의 통치를 구성하는 일부가 되었음을 보여준다. "이러한" 대제사장은 레위 지파의 대제사장과는 달리 하나님의 독특한 정체성 안에 포함된

---

40   히브리서가 토라의 다양한 제의들을 자유롭게 통합하는 방식에 관해서는 다음을 보라. Daniel Stökl Ben Ezra, *The Impact of Yom Kippur on Early Christianity* (WUNT 163; Tübingen: Mohr Siebeck, 2003), 187-90.

다. 이러한 대제사장은 완벽한 중보자이시다. 그는 하나님 앞에서 희생제사와 간구를 통해 그의 백성을 대변할 뿐 아니라, 그의 희생제사를 통해 영구적으로 표현되는 하나님의 은혜와 자비를 구현한다. 따라서 하나님의 백성에게는 천상의 보좌야말로 **은혜의 보좌**이며(4:16), 거기서 그들은 하나님의 자비를 발견한다.

9. 아버지가 낳으신 아들(1:5; 5:5 = 시 2:7)

본장의 주요 논증은 이제 마무리가 되었다. 하지만 우리는 한 가지 질문, 곧 히브리서에서 두 번 인용된 시편 2:7이 하나님의 아들 됨에 있어 성자의 시간상의 기원을 암시하는지에 관한 질문으로 되돌아갈 필요가 있다. 나는 이 질문을 우리가 7:3에서 사용된 헬레니즘적 신-언어를 인지하기까지 미뤄두었는데, 이제 나는 그러한 신-언어가 히브리서 저자의 시편 2:7 해석에 실마리를 제공해준다고 제안하고자 한다.

헬레니즘 철학의 어법에 따르면 참된 신은 기원이 없고(agennētos) 출생하지도 않았다(agenētos). (그리스어에서 이 두 단어는 자음 "n"의 개수만 다르며, 여러 사본에서 종종 혼동되곤 한다.) 또한 참된 신은 스스로에게 기원을 두며(self-originated), 스스로 출생한다(self-begotten)고 할 수 있다. 이러한 용어들은 신성이 시간상의 기원을 가지고 있음을 암시할 수도 있다. 그 기원이 외부에서 타자에 의해 주어지는 것이 아니라 자발적으로 만들어내는 것이라 하더라도 말이다. 하지만 이런 사고는 모순적이며, 그 용어가 일반적으로 의미했던 것은 아니다. 사실 "기원이 없다"는 표현과 "스스로에게 기원을 둔다"는 말은 혼용될 수 있으며, 서로 모순되는 것으로 간주되지 않는다. "출생하지 않았다"와 "스스로 출생했다"라는 표현도 마찬가지다. 스스로에게 기원을 둔다는 것은 영원하다는 의미다. 유대교의 용례로 우리는 시빌의 신탁을 꼽을 수 있는데, 세 번째 예언은 영원하신 한 분하나님을 "스스로 생산하시는 분"(autophuēs: 3:12)으로 묘사하며, 단편 중하나는 영원하신 한 분 하나님에 대해 "그는 홀로이시며, 대대로 존재하시며, '스스로에게 기원을 두시고'(autogenēs), 출생하지 않으셨다(agenētos)"라고 설명한다(단편 1:16-17; 참조. 7). 우리가 이미 앞에서 살펴보았던 아브라함의 묵시의 한 본문은 영원하신 한 분 하나님의 속성을 열거하면서그분은 "스스로에게 기원을 두시고", "태어나지 않으시고", "기원이 없으시다"라고 말한다. 이러한 신-언어와의 친숙함은 히브리서 저자로 하여금 시편 2:7을 성부에 대한 그리스도의 아들 됨이 시간적 기원을 가진다는 주장이 아니라, 스스로 출생하시는 영원한 신성에 대한 소위 이위일체적 변형으로 아무 거리낌 없이 해석하도록 만들었을 것이다. "오늘 내가너를 낳았다"(히 1:5)라는 구절에서 "오늘"은 신적 영원에 속하는 영원한오늘을 가리킬 것이다.[41]

10. 어제나 오늘이나 영원토록 동일하신 예수 그리스도(13:8)

이 마지막 단원에서 우리는 위와 같은 예수에 대한 묘사가 예수 그리스도의 온전한 신적 영원성에 대해 일반적으로 생각해왔던 것보다 훨씬 더 강

---

41   이것은 3:7, 13의 인간적인 "오늘", 곧 심판 때까지 인류에게 남아 있는 기회의 시기와는
     다르다(3:14-15).

력한 주장임을 보게 될 것이다.[42] 첫째, 우리는 이런 묘사가 히브리서 1장에 인용된 시편 102편(그리스도를 소개하는 것으로 이해된)과 얼마나 밀접하게 연관되어 있는지 인지할 필요가 있다. 위의 인용은 하나님이신 그리스도의 충만한 영원성—과거의 영원성과 미래의 영원성—을 확증하는데, 여기서 그리스도의 "동일하심", 즉 그분이 영원토록 자신의 정체성을 유지하신다는 것을 확증하기 위해 히브리서 13:8과 동일한 표현(ho autos)을 사용한다는 사실은 상당히 특이할 만하다.

둘째, 과거와 현재와 미래의 신적 영원성을 표현하는 삼중문구는 고대 헬레니즘, 유대교, 기독교 문헌에서 상당히 광범위하게 발견된다.[43] 이것 역시 히브리서 7:3에서 사용된 표현과 마찬가지로 참된 신성을 정의하는 구성요소로서의 고유한 신적 영원성을 표현하기 위한 하나의 방편이다. 고대 그리스의 한 송가는 "제우스는 존재하셨으며, 제우스는 존재하시고, 제우스는 존재하실 것이다"라고 노래하는데,[44] 이와 유사하게 요세푸스도 유대교의 하나님이 "만물의 처음이자, 중간이자, 마지막이다"(『아피온 반박문』 2.190)라고 설명한다.

아래 인용된 엘레우시스의 비문에 새겨진 아이온이라는 신에 대한 묘사는 이와 관련하여 특히 주목할 만하다.

아이온, 신적 본성으로 인하여 언제나 동일하시고(ho autos),
전적으로 유일무이한 우주시며,
존재하시고, 존재하셨으며 존재하신다는 것이 그의 본성이며,

---

42   하지만 Neyrey, *Render*, 239-41도 참조하라.
43   McDonough, *YHWH*, 41-57, 187-92.
44   Pausanias, *Desc. Graec.* 10.12.10. Neyrey, "Without Beginning," 453에서 인용됨.

시작도, 중간도, 끝도 없으시고,

변화를 겪지 않으시며,

절대적이고 영원한 신적 본성을 발현하시는 이.[45]

우리는 위의 비문에 주목할 필요가 있다. 이 묘사는 두 개의 삼중문구("존재하시고, 존재하셨으며 존재하신다", "시작도, 중간도, 끝도 없으시고")를 통해 "아이온"이라는 신의 충만한 영원성을 확증할 뿐 아니라, "동일하시고"(ho autos)라는 표현을 사용한다는 점에서 히브리서 13:8과 일치하기 때문이다("아이온, 신적 본성으로 인하여 언제나 동일하시고[ho autos]"). 히브리서 1:12도 동일한 표현(개역개정은 "주는 여전하여")을 사용하는데, 이것은 시편 102:28의 히브리어 원문을 충실하게 번역한 그리스어 텍스트에서 그대로 가져온 것이다. 따라서 이것은 특별히 하나님의 영원성이라는 주제에 있어 유대교 전통과 헬레니즘의 신-언어가 서로 어떻게 수렴되는지를 보여주는 탁월한 예다.

셋째, 유대교 유일신론의 맥락에서 사용될 때 이 삼중문구는 유일하신 하나님을 가리킬 뿐 아니라 히브리어의 하나님의 이름에 대한 해석으로도 이해될 수 있다. 확실히 타르굼(예. Tg. Ps.-J. 신 32:29)[46]과 타르굼의 용례가 고대의 것임을 보여주는 요한계시록(1:4, 8; 4:8; 참조. 11:17; 16:5),[47] 그리고 아마도 유대교 문서인 시빌의 신탁 3:16("그러나 그분 자신은 영원하시며, 현재에도 과거에도 그리고 또한 미래에도 존재하시는 분으로 자신을 계시하신

---

45   McDonough, *YHWH*, 51-2의 번역임.

46   McDonough, *YHWH*, 183-5.

47   McDonough, *YHWH*, 4장.

다")[48]에서 이러한 현상을 볼 수 있다. 그렇다면 히브리서 13:8도 여기에 해당될까? 히브리서 1:4에서 하나님의 이름이 예수의 승귀 때 그분에게 수여되었다는 사실을 고려하면 충분히 타당해 보인다.

주석가들은 종종 히브리서 13:8이 형이상학적 불변성을 의미하기 보다는 목적과 신뢰성과 약속에 대한 신실함의 불변함을 의미한다고 주장한다.[49] 하나님의 신실하심에 대해 말하는 본 문맥과[50] 하나님의 맹세에 특별한 관심을 보이는 히브리서의 다른 본문은 하나님의 신실하심을 두드러지게 강조한다(특히 6:17-18을 보라). 하지만 히브리서의 강조점이 하나님의 고유한 속성인 완전한 영원성에 있음을 고려할 때 우리는 불변성과 신실하심을 첨예하게 대비시킬 필요는 없다. 예수는 하나님의 독특한 정체성에 참여하심으로써 영원히 "동일"하시다. 다시 말해 그분의 정체성은 변하지 않으신다. 예수는 스스로 영원히 계시며, 따라서 과거에 그러하셨던 것처럼 현재에도 그리고 미래에도 우리가 신뢰할 수 있는 분이시다.

---

48   McDonough, *YHWH*, 156-7.

49   예. Floyd V. Filson, *"Yesterday": A Study of Hebrews in the Light of Chapter 13* (SBT 2/4; London: SCM, 1967), 31-2; Philip E. Hughes, *A Commentary on the Epistle to the Hebrews* (Grand Rapids: Eerdmans, 1977), 570; William L. Lane, *Hebrews 9-13* (WBC 47B; Dallas: Word, 1991), 528.

50   하지만 주석가들은 13:7의 "인도하던 자들"이 13:8의 예수와 비교되는지 혹은 대조되는지에 관해 의견을 달리한다. 전자의 견해를 따르는 주석가로는 예를 들어 Filson, *Yesterday*, 31을, 후자의 견해를 따르는 주석가로는 Robert P. Gordon, *Hebrews* (Readings: A New Biblical Commentary; Sheffield: Sheffield Academic Press, 2000), 166-7을 보라.

8장
마가복음에 나타난 버림받은 자들과 하나가 되신 하나님[1]

---

1   본장은 제5회 조직신학의 루뱅 만남(Leuven Encounters in Systematic Theology V)에서
     발표한 논문을 모아 출간될 예정인 논문모음집에 게재될 것이다.

본장은 십자가상에서 "나의 하나님, 나의 하나님, 어찌하여 나를 버리셨나이까?"(막 15:34; 마 27:46)라고 부르짖으신 예수의 외침에 대한 석의적·신학적 연구다. 20세기 후반에 여러 신학자들, 그중에서도 특히 위르겐 몰트만(Jürgen Moltmann)[2]은 이 예수의 외침에 담긴 신학적 의미를 매우 진지하게 취급했다.[3] 그러나 이들은 마가복음의 인접 문맥 안에서든 마가복음 내러티브의 더 넓은 문맥 안에서든 혹은 구약의 간본문과의 관계에서든 이 외침에 대한 석의에는 많은 관심을 두지 않았다. 한편 이 황량함의 외침에 대한 해석은 주로 신학적으로 깊이가 없었으며 마가복음 내러티브 안에서의 절정적인 의미와 중요성을 제대로 인식하지 못했다. 하지만 이 두 영역에 대해 예외가 있다면 그것은 바로 철저한 석의와 신학적 반추가 결합된 제라르 로제(Gérard Rossé)의 탁월한 연구일 것이다.[4] 그러나 심지어 로제의 연구조차도 마가복음 안에서 예수의 외침의 위치 내지 마가가 예수의 이러한 외침을 배치한 구약의 암시의 간본문적 연결망에 관해서는 충분한 관심을 보이지 못한다. 이 두 측면을 보다 더 깊이 탐구한다면 우리는 신학적 의미가 풍부한 석의적 결실을 맺게 될 것이다.[5]

---

2   Moltmann, *Crucifed God*, 4-6장. 또한 Richard Bauckham, *The Theology of Jürgen Moltmann* (Edinburgh: T&T Clark, 1995), 4장도 보라.

3   For Hans Urs von Balthasar's treatment of the cry, see Gérard Rossé, *The Cry of Jesus on the Cross*, trans. S. W. Arndt (New York/Mahwah: Paulist, 1987), 91-5.

4   Rossé, *Cry of Jesus*.

5   지면상 우리는 마태복음 내러티브 안에서의 예수의 외침의 위치 내지는 사복음서 안에 나타난 예수의 외침 기사 간의 관계를 다루지 못한다.

1. 성서적 맥락에서 본 황량함의 외침(마가복음 15:34)

1.1. 탄원시의 맥락에서 본 마가복음 15:34

마가는 예수가 크게 외친 말씀을 시편 22:1[6]의 도입문구를 인용해 소개하는데, 처음에는 예수 자신의 아람어를, 그다음에는 그리스어의 문자적 번역(70인역을 따르지 않음)을 제시한다. "나의 하나님, 나의 하나님, 어찌하여 나를 버리셨나이까?"

1.1.1. 마가복음의 수난 내러티브에 나타난 탄원시[7]

우리는 이 인용문만을 별개로 보지 않고 마가복음의 수난 내러티브 안에서 시편 22편과 다른 탄원시에 대한 암시의 연결망의 문맥에서 읽을 때 비로소 이 인용문의 진정한 의미를 올바르게 파악할 수 있다.[8]

마가복음	시편
14:18	41:10
14:34	42:5, 11; 43:5
14:55	37:32?
14:57	27:12; 35:11; 69:4
15:24	22:18

---

6   히브리 성서는 22:2; 70인역은 21:1. 편의상 나는 시편 장절의 표기를 70인역이 아닌 현대역본을 따르고자 한다.

7   이 주제에 관해서는 다음을 보라. Loren R. Fisher, "Betrayed by Friends: An Expository Study of Psalm 22," *Int.* 18 (1964): 20 – 38; John Reumann, "Psalm 22 at the Cross," *Int.* 28 (1974): 39 – 58; Marcus, *Way of the Lord*, 174 – 86.

8   또 다른 가능한 암시에 관해서는 Marcus, *Way of the Lord*, 174 – 86을 보라.

15:29	22:7
15:30-31	22:8?
15:32	22:6; 69:9
15:34	22:1
15:36	69:21
15:40	38:11

이러한 암시의 패턴은 예수의 황량한 외침을 읽는 것과 관련하여 두 가지 중요한 함의를 담고 있다. 첫째, 시편 22편과 관련하여 우리는 예수의 말씀을 시편 전체의 맥락에서 읽을 수 있다는 정당성을 확보한다. 왜냐하면 마가복음 내러티브 자체가 시편의 다른 부분들을 암시하고 있기 때문이다. 그러나 이것은 마치 오직 예수가 인용하신 말씀만 중요한 것인 양(예수의 말씀이 시편 전체의 도입문구에 해당하므로) 생각하고 예수의 말씀이 이 시편 전체를 대변한다고 주장하는 견해를 정당화하지 않는다.[9] 이러한 견해는 마가가 예수의 이 말씀을 시편 본래의 히브리어를 인용하지 않고(만약 그럴 의도였다면 우리는 그가 시편 전체를 암송할 것을 기대했어야 한다) 아람어(그는 아람어를 네 차례 사용하는데, 이것은 그중에 하나임; 참조. 6:41; 7:34; 14:36)로 기록했다는 사실에 의해 반박을 받는다.[10] 마가는 예수가 시편의 이 구체적인 말을 인용하기보다는 개인적으로 전유했음을 보여주려고 한다. 우리는 여기서 예수가 죽음을 맞이하면서 바로 이 시편의 말씀을 외쳤다는 사실을 진지하게 받아들임과 동시에 시편 전체가 예수의 말씀을 이해하는

---

9 이 견해에 반대하는 입장을 보려면 Rossé, *Cry of Jesus*, 103-5를 보라.

10 예수가 기도 가운데 성서를 인용하시면서 아람어를 사용하신 것이 주는 함의에 관해서는 P. Maurice Casey, *Aramaic Sources of Mark's Gospel* (SNTSMS 102; Cambridge: CUP, 1998), 84, 88을 보라.

데 있어 가장 적절한 문맥이라는 마가의 암시를 신중하게 따라갈 필요가 있다.

둘째, 다른 탄원시에 대한 암시를 통해 마가는 예수의 말씀을 시편 22편 전체의 문맥에서뿐 아니라 탄원시의 일반적인 문맥 안에(시편에는 약 40편의 탄원시가 들어 있다) 배치한다.[11] 시편 22편은 단순히 마가와 다른 초기 그리스도인들에 의해 메시아의 고난과 그 이후의 신원을 예언한 메시아 시편으로 읽힌 것이 아니다. 마가는 예수의 고난과 죽음을 일반적으로 탄원시와 연관시키는 가운데 예수의 고난과 죽음을 이 시편들을 쓰고 사용한 모든 이들의 상황에, 즉 이 시편들이 묘사하는 절망적인 상황에서 하나님께 부르짖었던 이들과 연관시킨다. 이 시편들은 지속적으로 사용되고 있었기에 마가는 이 시편들이 **오직** 메시아 시편, 즉 오직 메시아의 경험만을 언급하는 시편으로 간주할 수 없었다. 오히려 이 시편들에 대한 메시아적 읽기는 **포괄적인** 메시아 시편, 즉 메시아의 경험이 이 시편들에 묘사된 바로 그 고난을 직접 당하고 있는 모든 이들의 경험을 포괄하는 의미에서의 메시아 시편일 수밖에 없다.

1.1.2. "버림받은"(히브리어 'āzab, 그리스어 *enkataleipō*)

탄원시는 하나님을 주어로 하고 시편 저자를 목적어로 하여 이 동사를 상당히 자주 그 자체로 사용할 뿐만 아니라 다른 동사 및 표현과 함께 대구법으로 사용하기도 하고 또 어느 정도 유의어로 사용하기도 하는데, 그 의미는 "던져버리다", "거절하다", "[~부터] 멀리하다", "[하나님의] 얼굴을

---

11   애가서 5장도 탄원시 중의 하나다.

[~부터] 감추다", "노하여버리다", "잊어버리다" 등 이다.[12] 이러한 표현
과 그 문맥은 하나님으로부터 버림을 받는다는 강렬한 의미를 한층 더욱
강화한다. 이는 곧 그의 은혜로우신 개입을 중단하시고 시편 저자를 고난
당하고 죽게 내버려두시는 하나님으로부터 버림받고 거절당하는 것이다.
하나님과 시편 저자의 관계에 대한 이러한 신학적 진술들이 상당히 구체
적인 고난의 상황과 연관되어 있다는 사실에 주목하는 것은 중요하다. 시
편 저자들은 극도로 위험하고 고통스러운 상황 가운데 그들의 원수로부
터 억압과 모욕을 당하면서 거의 죽음을 목전에 둔다.[13] 하나님으로부터
버림을 받는다는 것은 곧 그분이 이런 일이 일어나도록 허용하셨고 아무
런 도움도 주시지 않는다는 것을 의미한다. 따라서 (시편 저자의 말과 그 말을
인용하는 예수의 말씀에 대해) 마치 이것이 이해될 만한 실수인 것처럼 그는
하나님으로부터 버림받았다고 **느낀다**고 말하는 것은 이 말을 왜곡하는
것이다. 예수가 경험한 것은 그가 고난당하고 죽임당하도록 버림받았다
는 구체적인 사실이다. 그런 의미에서 하나님은 그를 버리셨다. 단순히 심
리적인 차원에서가 아니라 예수가 경험하신 구체적인 상황에서 말이다.

---

12   동사 ʿāzab와 대구법으로 사용되는 동사가 두 개 있는데, 하나는 "던져버리다"(nāṭaš:
     시 27:9; 94:14; šālak: 시 71:9)라는 의미로 갖고 있고 다른 하나는 "[~부터] 멀리하
     다"(rāḥaq: 시 22:1b; 38:21)라는 의미를 갖고 있다. 또한 "노하여버리다"(nāṭāh bĕʾap:
     시. 27:9)와 "[하나님의] 얼굴을 [~부터] 감추다"(sātar pānîm: 시 27:9)이란 어구와도 함
     께 사용된다. 시편에서 이와 유사한 방법으로 사용되는 다른 동사는 "던져버리다"(zānaḥ:
     시 88:15; 89:39), "거절하다"(māʾas: 시 89:38), "잊어버리다"(šākaḥ: 시 42:9; 참조.
     애 5:20) 등이 있다. 이러한 표현에 관해서는 Samuel E. Balentine, *The Hidden God: The
     Hiding of the Face of God in the Old Testament* (Oxford: Oxford University Monographs,
     1983), 136-57을 보라.
13   E. H. Gerstenberger, "'Where is God?' The Cry of the Psalmists," in *Where is God? A Cry
     of Human Distress*, ed. Christian Duquoc and C. Floristan, Concilium 1992/4 (London:
     SCM, 1992), 13-16. 시편 저자들이 겪은 다른 유형의 폭력에 관해서는 David G. Firth,
     Surrendering Retribution in the Psalms: Responses to Violence in Individual Complaints
     (Paternoster Biblical Monographs; Carlisle: Paternoster, 2005)도 보라.

시편 저자들이 종종 하나님으로부터 버림을 받았다고 말할 때 그들은 하나님이 그들을 버리지 말아 달라고 애원하거나[14] 하나님이 그들을 버리시지 않았거나 버리시지 않을 것이라는 확신을 받는다.[15] 이보다는 훨씬 더 드물게 그들은 이미 하나님으로부터 버림을 받았다고 말한다.[16] 따라서 예수의 말씀도 탄원시의 극도로 어려운 상황을 반영한다. 즉 이는 시편 저자가 단순히 하나님으로부터 버림받는 것을 두려워할 뿐만 아니라 이미 실현된 사실로 그 현실을 경험하고 있는 상황을 말한다.

1.1.3. "어찌하여?"

예수의 말씀은 단순히 그가 버림받았다는 사실을 진술하지 않는다. 그의 말씀은 왜라는 질문을 던진다. 이러한 질문은 탄원시에서 수차례 나온다.[17] 이 질문은 자신의 현 상황에서 역사하시는 하나님을 볼 수 없는 시편 저자의 고통을 대변해준다. 이 질문은 또한 하나님의 부재를 이해하지 못한다. 이 질문은 오직 하나님만이 답하실 수 있는 실질적인 질문을 던진다.[18] 탄원시에는 하나님의 무행동의 원인으로 볼 수 있는 죄에 대한 언급은 아주 드물게 나타난다.[19] 대다수의 탄원시는 부당한 고난에 대해 항변

---

14   ʿāzab 동사를 사용하여(시 27:9; 38:21; 71:9, 18; 119:8)

15   ʿāzab 동사를 사용하여(시 9:10; 37:28, 33; 94:14).

16   ʿāzab 동사를 사용하여(시 71:11[시편 저자의 원수의 입을 통해]; 88:5; 애 5:20).

17   시 10:1; 42:10; 43:2; 44:23-24; 74:1, 11; 88:14. 애 5:20은 유일하게 ʿāzab이라는 동사를 사용한다. 이러한 왜라는 질문은 욥기에서도 발견된다(7:20-21; 13:24). 탄원시에서 발견되는 또 다른 형태의 이러한 질문은 "언제까지?"다. 이러한 질문에 관해서는 Balentine, *Hidden God*, 116-35를 보라.

18   Balentine, *Hidden God*, 121-4는 이러한 질문은 단순히 찬양과 감사의 표현을 위한 예비적인 표현이며 어느 정도 후자에 의해 상쇄된다고 보는 견해에 반대하는 주장을 펼친다.

19   시 38:4; 39:8, 11; 69:5; 79:8; 참조. 애 5:7. 히브리 성서와 다른 70인역 시 22:1(21:1)은 시편 저자의 죄를 언급한다. 그런 의미에서 마가가 70인역을 인용하지 않고 히브리 성

한다.[20] 이 시편들은 탄원시일 뿐만 아니라 불만과 항변의 시들이다.[21]

1.1.4. "나의 하나님, 나의 하나님"

시편 저자들은 심지어 하나님을 향해 자신들의 불만을 토로하고 항변한다. 하나님을 향해 부르짖는 "나의 하나님"[22]과 같은 표현은 하나님이 자신과의 관계를 끊어버리는 것처럼 느끼는 시편 저자의 심정을 표현한다. 시편 22편은 하나님이 지금까지 국가 선조들(22:4)과 시편 저자 자신(22:9-10; 참조. 71:6)과의 관계에서 신실하게 행하셨음을 강조한다는 점에서 주목할 만하다. 이러한 신뢰와 확신이 배경으로 깔려 있는 것에 비하면 시편 저자가 현재 처해 있는 상황은 너무나도 혼란스럽다. 시편 22편의 이러한 강조는 하나님을 향해 부르짖는 시편 특유의 도입부분("나의 하나님"을 두 번 반복)과 잘 부합한다. 이러한 이중적 표현은 그 어디에서도 찾아볼 수 없으며,[23] 시편의 도입 어구라는 두드러지는 위치와 함께 시편 저자와 하나님의 인격적인 관계와, 심지어 하나님으로부터 버림받으면서까지도 하나님을 "나의 하나님"으로 부르는 그의 집념을 강조하는 역할을 한다. 시편 저자는 모든 증거에도 불구하고 항상 자신을 보호해주신 하나님을 계속해서 신뢰하지 않는 한 그렇게 하지 않았을 것이다. "나의 하나님"이라는 외침은, 비록 믿음이 극단적인 공격을 당할지라도, 절망의 외침이 아니라 믿음의 외침임을 보장해준다. 심지어 "어찌하여 나를

서를 사역하여 옮긴 것은 큰 의미가 있다.

20 Balentine, *Hidden God*, 175.

21 항변에 관해서는 Balentine, *Hidden God*, 144-5를 보라.

22 시 22:1 - 2, 10; 31:14; 38:21; 59:1, 10; 63:1; 71:12.

23 이에 근접하는 경우에 관해서는 시 35:23; 63:1을 보라.

버리셨나이까?"라는 고통에 찬 질문조차도 하나님의 신실하심을 향한 (거의 필사적인) 호소다. 이 질문은 이러한 극도로 어려운 상황 속에서도 하나님이 자신의 신실하심을 나타내시고 시편 저자를 구원하실 것이라는 가능성을 붙잡는다.

따라서 하나님을 "아버지"로 부르는 예수의 통상적인 호칭과 "나의 하나님"이라는 그의 황량함의 외침을 서로 대조하여, 마치 이 시점에서는 그가 더 이상 하나님을 그의 '아바'(Abba)로 간주할 수 없는 양 생각하는 것은 잘못이다.[24] 여기서 이 표현이 사용된 이유는 이 칭호가 '아바'에 대한 적절한 대체어로서, 예수가 하나님과의 친밀하고도 서로 책임 있는 관계를 지속해나간다는 의미를 나타내기 때문이다. 버림받아 항변하는 상황에서조차도 예수는 하나님에 대한 신뢰를 그만두지 않는다.[25]

1.1.5. 어두움

마가복음 15:33-34에서 예수의 황량함의 외침은 하나님의 부재(不在)를 상징하는 세 시간의 어두움 끝에 나온다. 이 외침과 함께 예수는 그 어두움으로부터 빠져나오는 것이 아니다. 오히려 이 외침은 어두움에 대한 그의 끔찍한 경험의 절정을 보여준다. 그는 이제 이 시점에서는 하나님이 자신을 실제로 죽게 내버려두시고 더 이상 개입하지 않으실 것을 알고 있다. 마가의 어두움에 대한 언급은 아모스 8:9을 암시할 개연성이 매우 높지만,[26] 우리는 또한 구약에서 어두움이 죽은 상태(욥 10:21-22; 시 23:4)를 특

---

24   이 견해에 관해서는 예컨대 Raymond E. Brown, *The Death of the Messiah* (New York: Doubleday, 1994), 1046을 보라.

25   예수의 외침이 절망을 표현한 것이라는 견해에 반대하는 견해를 보려면 Rossé, *Cry of Jesus*, 101-2, 108을 보라.

26   "그날에 내가 해를 대낮에 지게 하여 백주에 땅을 캄캄하게 하며." 대낮에 대한 언급은 마

징적으로 나타내는 표현이며, 그런 의미에서 시편 저자들은 하나님이 자신들을 죽게 내버려두셨다고 항변하면서도 자신들은 현재 죽은 자들처럼 어두움에 처해 있다(시 88:6, 12, 18; 143:3; 애 3:2, 6; 참조. 시44:19; 애 3:2)고 말할 수 있다는 사실에 주목할 필요가 있다.[27] 이 사실은 마가복음 15:33-34에서 세 시간이라는 어두움 끝에 마침내 예수가 왜 하나님이 자신을 버리셨다고 고백했는지를 이해할 수 있도록 해준다. 어두움과 버림받은 상황 속에서 그는 이미 죽음의 문 앞에 서 있었다.

1.1.6. 버림 이후의 구원

무자비할 정도로 어두운 시편 88편을 제외하면[28] 다른 모든 탄원시에서는 시편 저자가 하나님께 부르짖는 고난의 상황 너머에 하나님의 구원에 대한 확신 또는 경험이 기다리고 있다. 하나님에 대한 시편 저자의 신뢰는 심지어 불만과 항변 가운데서도 마침내 신원된다. 시편들의 이러한 측면은 그 어디에서보다도 시편 22편에서 가장 단호하게 그리고 광범위하게 나타난다. 따라서 초기 그리스도인들이 이 시편의 두 번째 부분을 기독론적으로[29] 읽으면서, 특히 이 시편의 장차 올 하나님의 우주적인 나라(22:27-28)와 일반 부활(22:29)에 대한 언급의 관점에서 예수의 부활과 승귀에 대한 언급(참조. 시 22:22을 인용하는 히 2:12)으로 읽었다는 것은 그

가복음에서처럼 이것이 어두움을 하나님의 심판의 형태 내지 상징으로 보는 다른 텍스트들(출 10:22; 사 8:22; 13:10; 60:2; 겔 32:7-8; 욜 2:10; 암 5:20)보다 막 15:33에 더 가깝다는 것을 말해준다.

27 이 죽음의 어두움이 하나님의 부재의 어두움이기 때문에 하나님을 자신들의 빛으로 보는 시편 저자들의 경험(시 27:1; 43:3; 44:3)과 대조를 이룬다.

28 애가서의 거의 절망적인 결론(5:20-22)도 참조하라.

29 Reumann, "Psalm 22," 41-2.

리 놀랄 만한 일이 아니다. 이 시편은 이 부분에서 버림받은 상태에 대한 불평을 다음과 같이 대신한다.

> 그는 곤고한[고통 받는] 자의 곤고[고통]를
> 멸시하거나 싫어하지 아니하시며
> 그의 얼굴을 그에게서 숨기지 아니하시고
> 그가 울부짖을 때에 들으셨도다(시 22:24).

이것은 시편 저자가 하나님으로부터 버림받았다고 스스로 생각한 것이 잘못이라는 것이 아니라 하나님이 그의 버림받은 상태에서 외친 그의 부르짖음을 듣고 응답하셨다는 것을 의미한다. 버림받음 너머에 계신 하나님은 그를 구원하기 위해 개입하셨다.

비록 마가가 이 시편의 두 번째 부분을 암시하지는 않지만, 이 시편 첫 부분에 대한 여러 가지 암시는 유능한 독자라면 분명히 이 시편 전체를 연상할 수 있도록 유도한다. 예수의 경우, 그의 버림받음의 외침은 하나님에 의해 그의 죽음 너머에서(부활을 통해) 응답된다. 그러나 이것은 이 버림받음을 비현실적이거나 또는 **단순히** 예수가 어떻게 느꼈는지를 나타내는 것으로 만들지 않는다. 하나님은 그를 죽게 내버려두셨다. 그의 죽음의 외침은 하나님으로부터 버림받음을 표현하며, 그것은 곧 죽음이었다. 따라서 죽음으로부터 구원을 받은 시편 저자들과는 달리, 예수를 신원하시는 하나님의 개입은 죽음을 뒤집어엎는 죽음에 개입하시는 창조적인 행위였다.[30]

---

30   참조. Rossé, *Cry of Jesus*, 109.

1.1.7. 개인의 탄식과 공동체의 탄식

대다수의 탄원시에서는 한 개인이 자신의 고통을 호소하지만,[31] 일부는 이스라엘 공동체 전체가 하나님으로부터 거절당하거나 버림받은 국가적 운명을 한탄한다(시 40, 60, 74, 79, 80, 83장; 애 5장). 이와 동일한 고통과 불평의 표현들은 개인적인 탄원시와 공동체적인 탄원시에 모두 등장한다. 따라서 예수의 죽음의 외침은 이 시편의 말을 자기 자신의 것으로 받아들인 개인들뿐만 아니라 백성 전체의 외침과도 일치한다. 시편 22:1의 한 개인과 마찬가지로, 이스라엘도 하나님께 "어찌하여…우리를 이같이 오래 버리시나이까?"(애 5:20)라고 부르짖는다. 이스라엘과 온 세상을 위해 시편 저자가 대신 신원을 받는 특별한 내용(22:22-28)을 담고 있는 시편 22편은 이 둘—버림받은 개인과 버림받은 백성—을 이어주는 중재적 역할을 한다고도 볼 수 있다. 시편 22편의 메시아적인 포괄적 읽기에 따르면 화자가 이사야서의 고난받는 종처럼 그의 백성의 버림받음을 담당하는 것으로도 볼 수 있다.

이렇게 이사야서의 고난받는 종과 연결하는 것은 이사야서의 뒷장들이 지속되는 유배생활 가운데 하나님으로부터 버림받은 것을 탄식하는 이스라엘을 탄원시(애 5장을 포함하여)의 표현에 가깝게 묘사한다는 점에 미루어 볼 때 더더욱 매혹적이다. 이스라엘은 "여호와께서 나를 버리시며 주께서 나를 잊으셨다"(사 49:14; 참조. 40:27)라고 말하고 하나님은 자신은 결코 버리거나 잊을 수 없다며 "내가 잠시 너를 버렸으나 큰 긍휼로 너를 모을 것이요"(54:7)라고 대답하신다. 여기서 이스라엘의 구원은

---

31   비록 Marcus가 이것을 탄원시에 대한 마가의 암시를 메시아적인 포괄적 이해와 연결시키기를 원하지만(Marcus, *Way of the Lord*, 184 - 6), 나는 여기서 "나"가 이스라엘을 대변하는 집단적 자아라는 주장을 고려하지 않는다.

탄원시들의 패턴, 특히 현실이 되어버린 버림받음을 경험한 후 하나님께 부르짖는 패턴과 일치한다. 버림받음의 순간은 실제적이지만 일시적이다. 이것은 그의 백성을 향한 하나님의 신실하심을 부정하지 않는다. 이사야 52-53장은 이러한 패턴에 고난받는 종이라는 인물을 끼어 넣는데, 그는 그의 백성의 죄와 함께 그들이 겪는 죽음에 버림받음을 실제로 담당하신다. 이 관점에 따르면 마가의 수난 내러티브의 탄원시, 특히 시편 22편 인용은 이사야서의 고난받는 종에 대한 인용과 일치한다(막 14:24[사 53:11-12], 14:61[사 53:7]; 14:65[사 50:6]; 15:27[사 53:12]).[32]

1.1.8. 하나님으로부터 버림받은 모든 자와 하나가 되신 예수

일부 주석가들은 예수의 황량함의 외침에서 시편 22:1이 인용된 것은 예수를 극심한 고통 가운데서도 하나님에 대한 믿음을 지킨 모범적인 의인(무고하게 고난받는 자)으로 묘사하려는 마가의 의도라고 주장한다. 우리는 이미 황량함의 외침의 의미가 이것보다는 더 심오하다고 제안한 바 있다. 예수는 메시아적으로 보다 더 포괄적인 의미를 갖고 있는 외침을 통해 자기 자신을 버림받은 이스라엘과 동일시하며 또 이 시편의 말을 자기 자신의 것으로 받아들이는 이들 모두와도 동일시한다. 마가복음 15:33-34에 담긴 두 가지 요소가 이러한 독법을 지지한다.

첫째, 어두움이 온 땅을 뒤덮는다(15:33).[33] 예수는 십자가상에서 죽

---

32   이러한 암시와 일부 다른 암시에 관해서는 Marcus, *Way of the Lord*, 186-90을 보라.

33   여기서 그리스어는 다소 모호하다. *holēn tēn gēn*은 [그 지역의] 온 땅(the whole land)을 가리킬 수도 있고 전 지구(the whole earth)를 가리킬 수도 있다. 주석가들은 종종 역사적 사건으로 간주하기가 더 수월하기에 전자를 더 선호한다. 우리가 제안하는 독법에 의하면 "땅"(land)은, 대다수의 이스라엘 백성이 그 지역 밖에서 살았다는 사실을 감안하지 않는다면, 예수가 온 이스라엘 백성과 하나가 되는 것을 나타낼 수 있다. 베드로복음 5:15는 이 어두움이 "온 유대"를 덮었다고 말하지만, 예수를 십자가에 못 박은 유대인들에 대한

음이라는 우주적 어두움,[34] 곧 하나님으로부터 고난과 죽임을 당하기까지 버림받은 이들이 모두 경험하는 버림받음으로 들어가신다.

둘째, 하나님께 던진 "왜"라는 질문과 같이, 만약 우리가 황량함의 외침을 진지하게 받아들인다면 마가복음의 예수는 자기 자신 때문에 이러한 질문을 던지는 것처럼 보이지는 않는다. 마가복음의 예수는 자기가 죽는 것이 하나님의 뜻 일뿐만 아니라(막 8:31; 9:31; 10:34, 38) 또한 왜 그래야 하는지도 잘 알고 있다(막 10:45; 14:24). 그는 자신이 다른 이들을 위해 죽는 것이 아버지의 뜻임을 알고 있다. 물론 예수가 자신이 죽는 극심한 상황 가운데서도 이 "앎"에 의문을 제기하고 심지어 그 "앎"을 잃어버리는 것이 심리학적으로 더 그럴듯해 보일 수 있다. 하지만 심리학적인 설명이 마가의 매우 신학적인 텍스트를 제대로 설명해 줄지는 의문이다. 이 외침을 신학적인 수준에서 이해한다면 예수가 던진 이 질문은 자기 자신을 위한 것이 아니라 자신의 말을 각자의 것으로 받아들이는 이들을 대신해 던진 것일 수밖에 없다. 그는 그들의 항변하는 목소리를 대신하여 목소리를 내신 것이다. 이것이야말로 왜 예수의 외침의 언어를 탄원시에서 가져왔는지에 대한 온전한 의미를 진정으로 밝혀준다.

1.1.9. 예수의 시편 인용에서 새것과 옛것

예수의 황량함의 외침의 말에 담긴 의미는 시편들 안에서의 구약의 문맥보다는 예수의 생애의 종말이라는 문맥에서 한층 더 분명해진다고 말할 수 있다.[35] 다른 말로 하면, 예수의 이 시편 인용은 과연 새로운 의미를 부

하나님의 심판의 표시로 읽는다.

34   사 26:7에서 죽음을 모든 민족을 덮는 장막으로 묘사한 이미지도 참조하라.

35   Moltmann의 견해를 따르는 Rossé, *Cry of Jesus*, 109도 참조하라.

여해주는가? 이 질문에 대한 가장 좋은 답변은 옛 의미를 대체할 수는 없 겠지만 그래도 이 옛 의미를 전제로 하는 새로운 의미가 있다는 것이다. 하나님과 유일하게 하나가 된 이, 즉 메시아이신 예수가 자기 자신을 다른 모든 하나님으로부터 버림받은 사람들과 동일시하면서 배타적으로가 아 니라 포괄적으로 이 말로 기도한다는 사실 자체는 하나님으로부터 버림 받은 다른 이들과 자기 자신을 동일시한다는 새로운 의미를 그들에게 부 여한다. 그러나 이러한 새로운 의미는 오직 이 말이 이미 예수가 자신과 동일시한 이 다른 사람들의 버림받은 상태를 대변하기 때문에 가능하다.[36]

1.2. 마가복음의 내러티브 구조 안에서의 마가복음 15:34-39

마가복음은 예수의 신적 정체성에 대한 내러티브임과 동시에 그의 하나 님 나라 도래에 대한 내러티브다. 그는 그의 아버지의 신적 정체성에 참 여하는 사랑하는 하나님의 아들이시며 하나님의 통치가 임하게 하시는 메시아적 왕이시다. 이 복음서에서 그가 누구신가와 그가 무엇을 하시는 가는 서로 불가분의 관계에 있다. 그가 하시는 일은 그가 누구신지를 계 시해주고, 그가 누구신지는 그가 하시는 것을 의미한다.

　　예수의 황량함의 외침이 어떻게 마가복음 내러티브의 절정을 이루 는지를 온전히 이해하기 위해서는 전체 내러티브를 구성하는 가장 중요 한 두 가지 요소에 주목할 필요가 있다.

36　Michael Jinkins and Stephen Breck Reid, "God's Forsakenness: The Cry of Dereliction as an Utterance within the Trinity," *HTB* 19 (1997): 37. Jinkins와 Reid는 이 시편을 수난 내러티브를 통해 다시 읽고 탄원시에 대한 새로운 이해를 통해 수난 내러티브로 다시 돌 아오는 이중적 해석 과정에 대해 언급한다.

1.2.1. 권위와 수난

예수가 누구신가와 하나님 나라를 향해 나아가는 그의 길에 관한 마가복음의 이야기는 두 부분으로 나뉜다. 베드로의 신앙고백(8:29)은 일반적으로 이 둘 사이의 전환점으로 알려져 있지만, 사실 이 두 부분은 서로 중첩되어 전반부는 9:29에서 끝나고 후반부는 8:30에서 시작하는 것으로 보는 것이 더 좋다. 이 두 부분은 각 부분을 지배하는 주제에 의해 구별된다.

전반부에서 예수는 신적 권위를 가지고 말씀하시고 행동하시는 분으로 묘사된다. 예수의 치유와 축귀 이야기는 거의 모두 광풍을 잠잠케 하시고 물 위를 걸으시는 장면과 함께 복음서 전반부(10:46-52는 유일한 예외임)에 나온다. 이러한 예수의 권위 있는 가르침과 기적과 같은 능력 행사에 관한 내러티브는 베드로가 그분이 메시아임을 인식하는 것(8:29)의 기초가 된다.

하지만 베드로의 신앙고백은 그가 예수의 수난과 죽음에 대한 첫 번째 예고에 반대할 때 부적절하다는 것이 당장 밝혀진다(8:31-33). 그 이후로부터는 예수가 필연적으로 고난을 받고 죽어야 하는 것이 이 복음서의 주된 주제가 되고 이 주제가 수난 내러티브로 이어진다. 하나님 나라를 향한 길은 예수의 신적 권위 행사뿐만 아니라 그의 배신과 거절과 수치와 죽음을 통해 나아간다.

복음서의 이러한 이중 구조가 예수가 십자가에 달리실 때 대제사장들과 서기관들이 내뱉은 조소 섞인 말에 의해 상기된다는 사실은 매우 의미심장하다. "그가 남은 구원하였으되 자기는 구원할 수 없도다"(15:31). 마가복음의 독자들에게 이 말은 아이러니다. 왜냐하면 예수는 자기 자신을 구원하지 않음으로써 다른 이들을 구원하고 있기 때문이다. 그러나 이 말은 또한 예수가 복음서 전반부에서 분명한 신적 능력을 통해 다른 이들을 구원한 반면, 죽음을 향해 가는 그의 길은 다른 방향을 향하고 있기 때문이다.

우리가 다음 단원에서 곧 살펴보겠지만, 변형 사건이 이 두 부분이 중첩되는 곳에 배치된 것도 의미심장하다.

1.2.2. 세 가지 계시 사건

복음서 내러티브의 이 두 부분은 세 가지 핵심적인 계시 사건이라는 구조 안에 들어 있다. 이 계시 사건들은 각각 하나는 전반부 첫머리에서, 또 하나는 이 두 부분의 전환점에서, 그리고 마지막 하나는 후반부의 결론 부분이자 전체 내러티브의 절정에서 나타난다. 이 세 가지 사건은 서로 상당히 유사한 점이 많다.[37]

마가복음 1:9-11	마가복음 9:2-8	마가복음 15:34-39
요한(=엘리야)이 베푼 세례	모세와 엘리야가 나타난 변형 사건	황량함의 외침 엘리야가 오지 않음 예수가 죽음(exepneusen)
하늘이 찢어짐(schizomenous) 성령(pneuma)이 예수 위에 내려옴	구름이 가림	성전 휘장이 찢어짐(eschisthē)
하늘로부터 음성이 들림: "너는 내 사랑하는 아들이라 내가 너를 기뻐하노라."	구름 사이로 음성이 들림: "이는 내 사랑하는 아들이니 너희는 그의 말을 들으라."	백부장이 고백함: "이 사람은 진실로 하나님의 아들이었도다."

하나님 나라가 권능으로 다시 오는 것을 보게 될 것에 관한 예수의 말씀(9:1)에 이어 나오는 변형 사건은 그의 메시아적 통치를 의미하는 신

---

37 나의 분석과는 일부 차이점이 있긴 하지만, Chad Myers, *Binding the Strong Man: A Political Reading of Mark's Story of Jesus* (Maryknoll, New York: Orbis, 1988), 390 – 1도 이러한 유사성을 발견한다.

예수와 이스라엘의 하나님

적 영광으로 나타나신 예수의 계시 사건이다. 이 사건은 이 복음서 내러티브 전반부를 자연스럽게 마무리하는 부분이며, 베드로도 처음에는 그렇게 생각했을 수 있다. 하지만 예수는 이미 제자들에게 하나님 나라를 향한 길은 자신이 거부당하고 죽임당하는 것에 있다고 가르쳤다. 변형 사건은 실제적으로 하나님 나라가 권능으로 도래한 것이 아니라 단지 그의 수난과 죽음이 일어나기 전에는 결코 일어날 수 없는 사건의 예고편이다. 하늘로부터 들린 음성은 제자들에게 복음서 내러티브 전반부에서 예수가 권능을 통해 자기 자신이 누구인지를 보여준 것을 확인해줄 뿐만 아니라 그들 자신도 여전히 배울 것이 많다는 것("그의 말을 들으라!")을 보여준다.

첫 번째와 세 번째 사건이 서로 어휘적으로 유사한 점은 각기 두 번째 사건과 연결되는 부분에서 나타나는 것보다 더 두드러지지만, 상당히 주목할 만한 차이점도 있다. 수세 사건과 변형 사건에서는 하늘로부터 들린 음성이 아버지의 말씀을 전달하면서 방금 계시된 것의 의미를 선포하는 반면, 십자가 사건의 경우에는 백부장이 그 의미를 전달한다. 그럼에도 불구하고 예수를 하나님의 아들로 부르는 이 세 가지 사건은 분명히 순차적으로 일어난다.

이 사건들이 모두 공유하는 한 가지 공통점은 오직 우리가 세 번째 계시 사건─황량함의 외침─을 예수가 하나님으로부터 버림받은 이들과 동일시하는 행위로 볼 때에만 그 의미를 온전히 깨달을 수 있다. 회고적으로, 우리는 수세 사건도 바로 그런 사건이었음을 깨달을 수 있다. 회개와 죄 사함을 상징하는 행위에 자신을 굴복시킴으로써 예수는 그것을 필요로 하는 자기 백성과 하나가 되었다. 한편 변형 사건은 그의 신적 정체성이라는 영광스런 모습의 예수를 계시한다.

1.3. 마가복음에서 계시된 예수의 신적 정체성

이 복음서에 나타난 예수의 신성을 순전히 기능적인 이야기로만 이해하는 것은 부적절하다. 오히려 마가는 내가 다른 곳에서 신적 정체성 기독론이라고 부른 것을 다른 초기 기독교 작가들과 공유한다.[38] 이것은 마가복음 내러티브의 서문에 해당하는 예언자들의 말을 신중하게 혼합해 인용한 부분(1:2-3)에서 분명하게 확인할 수 있다. "네[즉 예수의] 길"과 "주의 길"(여기서 "주"는 이사야 40:3에 나오는 하나님의 이름 야웨를 가리킴) 간의 대구법은 하나님의 이름을 사용하는 구약 텍스트들을 예수에게 적용하는 초기 그리스도인들의 일반적인 관행의 한 사례다.[39] 하나님의 이름은 신적 기능을 가리키는 것이 아니라 독특한 신적 정체성을 나타낸다. 마가복음에 의하면 예수는 바로 이 이스라엘의 하나님의 독특한 정체성에 참여한다. 마가는 종종 메시아적 비밀을 고안해낸 사람으로 알려져 있지만, 그의 내러티브는 사실상 이보다 더 심오한 비밀, 즉 예수의 신적 정체성을 담고 있다.

내러티브 전반에 걸쳐 마가는 예수가 단순히 메시아적 왕에게 기대하는 것처럼 하나님을 대신하여 행동하시는 분이 아니라 실제적으로 신적 정체성에 속해 있음을 독자들에게 알리는 이정표를 제공한다.[40] 내러티브 안에서 마귀 외에 다른 이가 또 이 사실을 파악했을지는 의구심이 들며, 따라서 서문 이후부터 마가는 이 사실을 단도직입적으로 말하기보다는 예수나 또는 다른 이들의 말에 진정한 의미가 담겨 있음을 독자들에게

---

[38]   특히 본서 제1장을 보라.

[39]   본서 제5장을 보라.

[40]   특히 2:7; 4:41; 6:50; 10:18; 11:27-33; 12:37; 14:62.

예수와 이스라엘의 하나님

암시한다.[41] 이러한 암시는 예수가 대제사장을 향해 하신 말씀(14:62)에서 절정에 이른다. 거기서 만물을 통치하시는 하나님의 우주적 보좌에 앉을 것이라는 예수의 주장은 유대교 신학의 관점에서는 홀로 만물을 다스리시는 하나님의 독특한 신적 정체성을 공유한다는 주장일 수밖에 없다.

"하나님의 아들"이라는 칭호는 마가복음에서 드물게 나타나며 단순히 "메시아"와 동의어가 아니다. 물론 그는 다른 이들도 이 칭호를 그런 의미로 사용할 수 있음을 알고 있다(14:61).[42] 마가에서 있어 이 칭호는 신적 정체성에 참여하는 자로서 예수와 하나님의 독특한 관계를 암시한다. 이 칭호는 수세 사건과 변형 사건에서 하늘에서 들린 음성에 포함되어 있고, 귀신들도 예수의 하나님 아들 되심을 인정하지만(3:11; 5:7), 대제사장을 제외하고는 그 어떤 사람도 이 용어를 백부장이 예수가 어떤 죽음을 맞이하는지를 보면서 "이 사람은 진실로 하나님의 아들이었도다"라고 선언하기 전까지는 사용한 적이 없다. 그리스어 원문은 다소 모호하며, 백부장은 이방인으로서 예수를 유일한 하나님의 아들로가 아니라 단순히 한 아들로 인식했다고 볼 수도 있다. 하지만 마가는 단순히 이 이방인이 갖

---

41 예수는 자신의 가르침과 축귀와 치유 사역 중에 자기보다 위에 있는 권위에 호소한 적이 없다(참조. 1:27; 2:10, 28). "오직 하나님 한 분 외에는 누가 능히 죄를 사하겠느냐?"(2:7)와 "그가 누구이기에 바람과 바다도 순종하는가?"(4:41)라는 거의 수사적인 질문만 있을 뿐이다. 예수가 바다를 잠잠케 하시고 자기 자신의 정체성을 드러내는 "나다"(egō eimi)라는 표현을 사용하시는 장면도 있는데, 이 무해한 어구는 사실 구약에서 하나님이 자신의 정체성을 드러내는 데 사용하신 고정문구이기도 하다(6:50; 참조. 14:62). "네가 어찌하여 나를 선하다 일컫느냐? 하나님 한 분 외에는 선한 이가 없느니라"라는 예수의 말씀도 어쩌면 신적 정체성을 부인하는 것처럼 보일 수 있지만, 사실상 능숙한 독자에게는 정반대의 의미를 전달한다(10:18). 또한 자신의 권위의 출처를 밝히는 것을 우회적으로 거부하는 예수의 기발한 발언(11:27-33)도 있고 "다윗이 그리스도를 주라 하였은즉 어찌 그의 자손이 되겠느냐?"(12:37)라는 메시아에 관한 석의적 질문도 있다.

42 심지어 여기서도 마가는 의심의 여지없이 그의 독자들이 대제사장이 의도한 것보다 더 심오한 의미를 이 칭호에서 발견할 수 있기를 의도한다. 이는 또한 아마도 15:39에서도 마찬가지일 것이다.

고 있던 미약한 신성의 의미를 부각시키기 위해 이 기독론적 고백을 그의 내러티브 절정에 배치한 것이 아니다. 백부장이 실제 역사적 정황에서 어떤 의미로 말했든지 간에, 복음서 전체의 시각에서 보면 그의 말은 독자들에게 훨씬 더 깊은 의미를 전달한다.

세 가지 핵심 계시 사건의 상호 유사성과 함께 "하나님의 아들"의 중요성은 예수의 신적 정체성이 신적 권위를 가진 그의 행위에서뿐만 아니라, 또 단순히 그의 하나님의 우주적 통치에의 참여에서뿐만 아니라, 그가 하나님으로부터 버림받는 죽음에서도 계시되었다는 것을 의미한다. 전체 내러티브와 마찬가지로 이 마지막 사건은 (서로 불가분의 관계인) 하나님 나라로 향하는 예수의 길과 예수가 누구인지를 계시한다(사실 계시한다기보다는 그 자체다). 하나님의 부재 가운데 고난을 받고 죽음을 맞이하는 이들과 근본적으로 하나가 되는 이 시점이 바로 그의 신적 정체성이 계시되는 절정이다. 마가복음의 예수는 그가 그의 신적 권위를 행사하거나 장차 그의 신적 영광을 드러내실 때에 비해 버림받은 이들과 하나가 될 때 덜 신적이지 않다. 또한 그가 그의 죽음을 통해 하나님으로부터 버림받은 이들과 하나가 되는 순간 마침내 한 인간은 그의 신적 정체성을 비로소 인식한다.

1.4. 예수의 죽음에 관한 마가의 내러티브

예수의 죽음에 관한 마가의 이야기는 하나님으로부터 버림받는 예수에 전적으로 초점을 맞춘다는 점에서 주목할 만하다. 수난 내러티브 전체에서 최후의 만찬 이후부터는 이러한 예수의 죽음 이야기를 예비하는 버림받음이 점차적으로 부각된다.[43] 그의 친구들과 제자들로부터 버림을 받자 이 버림받음의 신학적 핵심과도 같은 유대교 및 로마 당국자들이 예수의 십자가 처형에 직접적으로 개입한다. 마가의 이야기 첫 세 시간 동안 진행된 조롱(15:29-32)이 예수의 목전에서 하나님으로부터 버림받음의 상태로 몰아넣는다. 그다음에는 세 시간 동안의 어두움이 이어지는데(15:33), 그때에는 구경꾼들도 침묵하고 예수는 하나님의 부재와 함께 홀로 남아 있다. 마침내 예수는 남아 있는 힘을 다 모아 황량함의 외침을 크게 부르짖는다(15:34, 37).[44] 그의 큰 외침은 어쩌면 어두움의 우주성과 일치한다. 예수 자신이 모든 사람들이 듣도록 그의 버림받은 상태를 스스로 인정하심과 동시에 그는 또한 그 상태에서 꺼내어 줄 것을 하나님께 기도한다. 혹자가 그가 엘리야를 부르는 것으로 생각할 때(15:35-36) 바로 이어지는 사건은 예수의 버림받음을 한층 더 부각시킨다. 하나님은 응답하지 않으신다. 그는 이 아슬아슬한 순간에 예수를 죽음으로부터 구출하기 위해 엘리야를 보내지 않으신다.

성전의 휘장이 찢어진 사건도, 우리가 마가의 예수 수세 사건에서 하늘이 찢어진 것(1:10)과 병행적으로 읽는다면, 계시의 의미가 들어 있다. 이 사건도 하나님으로부터 버림받은 이러한 죽음이 복음서 내러티브의 절정적인 계시 사건임을 의미한다. 그보다도 이 사건은 하나님의 임재의 장소를 지성소라는 감추어진 장소에서 모두에게 열린, 죽은 예수의 버림받은 십자가로 옮기는 역할을 한다.[45] 물론 백부장은 그가 보지 못한 찢어

---

43 참조. Rossé, *Cry of Jesus*, 64-5.

44 나는 일부 주석가들과 함께 37절에서 예수가 큰 소리로 외치신 것이 두 번째 외침이 아니라 황량함의 외침 자체를 재차 언급한 것으로 해석한다.

45 Christian Duquoc, "'Who is God?' becomes 'Where is God?' The shift in a Question," in *Where is God?*, ed. Duquoc and Floristan, 8. Duquoc은 하나님의 이러한 "재배

진 휘장에 반응하지 않지만, 그것이 대변하는 것에는 반응한다. 즉 하나님의 임재는 이제 예수가 어떻게 죽었는지(15:39), 즉 그의 죽음이 하나님으로부터는 버림받았지만 그의 하나님께는 충성스런 죽음이었다는 사실을 밝히 드러낸다. 백부장은 버림받은 자들과 하나가 된 예수 안에서 하나님의 임재를 발견하는 모든 버림받은 자들을 대변한다.

2. 짧은 신학적 반추

(1) 예수의 하나님 아들 되심의 관점에서 볼 때 십자가는 하나님이 인간의 극심한 상태를 경험하며 또 모든 고난의 중심인 하나님의 부재를 경험하는 모든 사람들과 하나가 되는 하나님의 행위다. 이것은 성육신을 통해 나타난 하나님의 자기를 내어주시는 사랑이 미칠 수 있는 최원점이다. 우리는 십자가를 단순히 하나님의 버림받은 자들과의 하나됨의 예시 또는 그 한 경우 정도로 봄으로써 이 진술의 의미를 약화시켜서는 안 된다. 십자가상에서 이 인간 예수가 경험한 버림받음의 죽음의 특수성 안에서 이루어진 이 사건은 하나님으로부터 버림받은 자들과 하나가 되신 하나님의 독특한 행위다. 이 사건은 단순히 버림받은 자들을 향한 하나님의 열정적인 사랑을 드러내지 않고, 그 자체가 무엇인지 즉 버림받은 자들을

치"(relocation)의 함의를 제시한다. "신약은 하나님의 처소를 성전에서 예수의 몸으로 이전하면서 하나님의 장소를 옮긴다. 그러나 그는 십자가상에서 죽어가는 바로 그 사람, 즉 버림받은 자다. 이 버림받은 자는 이때로부터 하나님의 임재를 가리키는 이정표가 된다. 이것은 이 버림받은 자가 완전한 증인이라는 것을 의미하지 않는다. 그는 이 세상이 하나님 나라가 아님을 암시하는 표지다…. [하나님은] 한 구체적인 존재가 아직 도래하지 않은 하나님 나라를 가리키는 곳에 계신다. 그는 한 구체적인 존재가 모든 욕망을 채워준다는 우리 사회의 주장을 모두 무너뜨리는 곳에 계신다."

예수와 이스라엘의 하나님

향한 하나님의 독특하고도 특별한 자기 내어주기 사랑을 계시한다.[46]

(2) 십자가가 하나님으로부터 버림받은 자들을 향한 하나님의 사랑의 행위가 되려면 예수의 버림받음이 아주 구체적으로 실제적임과 동시에 예수와 아버지가 모두 서로에 대해 신실해야 한다는 사실을 인정하는 것이 필수적이다. 버림받은 상태에서 하나님께 울부짖으면서도 예수는 (필사적으로, 그렇지만 진정으로) 하나님이 여전히 자신의 하나님, 곧 "나의 하나님, 나의 하나님"의 외침의 그 하나님이심을 믿는다.[47] 예수를 향한 하나님의 신실하심은 사실상 예수의 죽음으로 인해 모순을 일으키지만, 예수를 죽은 자 가운데서 다시 살리시면서 재확인된다. 하나님이 버림받은 자들과 하나가 되고 하나님의 부재를 경험하는 그들의 고난에 참여하시기 위해서는 이러한 모순은 필요하다. 이것은 하나님의 자기를 내어주는 사랑의 근본적인 성격을 형성한다. 그러나 예수와 아버지가 서로에 대해 신실하시기 때문에 예수의 버림받음은 **하나님의** 버림받은 자들과의 하나 되심이 될 수 있는 것이다.

(3) 하나님은 인간의 역경의 가장 깊은 곳까지 깊이 들어가심으로써 인류를 속량하시고 새롭게 하신다. 그곳이 바로 하나님의 부재다. 탄원시의 관점에서 볼 때 우리는 인류를 하나님으로부터 버림받은 자들로 볼 수 있다. 이는 인간이 죄인으로서 하나님으로부터 버림받는 고난을 경험할

---

46 Richard Bauckham, "Jesus the Revelation of God," in *Divine Revelation*, ed. Paul Avis (London: Darton, Longman & Todd/Grand Rapids: Eerdmans, 1997), 174-200을 보라.

47 Rossé, *Cry of Jesus*, 67. 그는 "하나님의 사랑(love)을 위한 하나님의 상실(loss)"에 관해 이야기한다.

뿐만 아니라 이러한 고난을 받는 자들은 어떤 이유에서든 하나님에 의해 그러한 고난을 받도록 내버려지기 때문이다. 구원론은 이러한 인간의 버림받음의 다양한 측면을 모두 포괄해야 한다.

(4) 나는 마가의 내러티브에 나타난 예수의 신적 정체성의 비밀에 관해 이야기했다. 우리는 또한 이 이야기에 담긴 하나님의 숨겨짐에 관해서도 이야기할 수 있다. 이 이야기가 그 잠정적 종말(예수의 죽음)에 점점 더 다가갈수록 하나님의 모습은 점점 덜 드러나는데, 그럼에도 예수의 버림받으시는 죽음은 역설적으로 이 복음서 이야기에서 절정의 계시의 사건이 된다.[48] 이러한 역설은 하나님이 인류를 위한 자기를 내어주는 사랑을 통해 버림받은 자들과 하나가 됨으로써 가장 진정한 하나님이 되기로 작정하신 것을 의미한다.

(5) 비록 백부장은 예수의 버림받으시는 죽음에서 이미 하나님의 구원하시는 임재를 인식했지만, 우리는 부활이 아니었다면 이 사실을 제대로 깨닫지 못했을 것이다. 이 사실은 십자가를 하나님 나라가 권능으로 도래하기까지는 아직 끝나지 않은 종말론적인 이야기의 문맥에서 보게 해준다.

---

48 따라서 대제사장은 예수의 버림받음을 그의 주장의 잘못이 입증된 것으로 본 반면, 백부장은 이를 예수의 주장이 사실로 인정된 것으로 본다.

예수와 이스라엘의 하나님

성서, 외경 그리고 구약 위경 색인

예수와 이스라엘의 하나님

예수와 이스라엘의 하나님

7:13 299
7:13-14 304, 306
7:14 300-301, 311
7:9 287-288, 292,
7:9-10 300
8:11 (LXX) 391
12:11 364

호세아
2:1 331
2:3 383
2:25 332
6:3 329

요엘
1:15 330, 384
2:1 330, 384
2:10 447
2:11 330, 384
2:13 29
2:26 344
2:27 32, 164, 220, 344, 352, 367
2:31 330, 384
2:32 57, 232, 328-329, 335, 341, 343,
    382-383

아모스
5:18 330, 384,

미가
1:3-4 398-399,
4:5 329, 384

스바냐
3:9 57, 329, 383,

스가랴
13:9 57, 329, 383
14 176
14:5 329, 334

14:5b 337
14:9 175, 337
14:16-19 176

말라기
1:2-3 332
1:7 329
1:12 329
2:10 189
3:1 383

신약성서

마태복음
2:2 234, 236, 315
2:8 234, 236, 315
2:11 236, 315
3:3 42, 72, 382
4:9 235, 316
4:10 316
8:2 235, 315
8:29 235, 316
9:18 235, 315
14:33 235, 315
15:25 235, 315
18:20 235
18:26 235
19:16 235, 316
19:28 288
20:20 235, 315
21:9 245
22:41-46
25:31 304
27:30 316, 235
27:46 439,
28:9 235
28:17 316
28:17-18 315
28:18 109, 311

예수와 이스라엘의 하나님

9:25 332
9:27-28 331
9:29 331
9:33 328, 332, 334
10:1-13 341
10:9 232
10:9-13 57, 343
10:11 344
10:12 342
10:12-14 232
10:13 232, 326, 328-329, 335, 341-343
10:16 331
10:19 332, 337
10:20 332
10:21 332
11:3 331
11:26-27 332
11:34 331, 334-335
11:36 64, 186-7, 374-376
11:36a 63, 185, 372
12:11 330
12:19 332, 337
14:10-12 341
14:11 328, 332, 336, 364
15:8 332
15:9 246, 332
15:10 332, 337
15:11 331-332
16:18 330
16:20b 231
16:27 238, 256

고린도전서
1:2 57, 232, 329, 335
1:8 330
1:10 329
1:31 328-329, 336
2:15 335
2:16 328, 334
3:20 331

5:4 329
5:5 330
6:11 329
8:1-6 176
8:3 182
8:4 177, 179, 337, 367
8:4-6 252
8:5 182
8:5-6 326, 340-341, 366
8:6 55, 60, 63-65, 177, 182, 186-187,
    252, 329, 343, 374-377, 379
10 178, 180
10:4 181
10:14 178
10:18 181
10:19 179, 337
10:19-20 179
10:22 180, 329, 332, 337
10:21 340
10:26 328, 340
11:12 376
12:3 232
12:13 189
14:21 332
14:26 244
14:37 331
15:24 312
15:24-28 312
16:22 230
16:23 231

고린도후서
1:14 330
1:20 238
3:17 330
3:18 330
3:22 330
5:11 330
5:17 377
5:18 377

예수와 이스라엘의 하나님

예수와 이스라엘의 하나님

예수와 이스라엘의 하나님

"십자가에 달리신 하나님"과
신약에 나타난 신적 정체성 기독론에 관한 연구

Copyright © 새물결플러스 2019

1쇄 발행	2019년 5월 7일
지은이	리처드 보컴
옮긴이	이형일, 안영미
펴낸이	김요한
펴낸곳	새물결플러스
편 집	왕희광 정인철 박규준 노재현 한바울 정혜인 이형일 서종원 나유영 노동래
디자인	이성아 이재희 이새봄
마케팅	박성민 이윤범
총 무	김명화 이성순
영 상	최정호 조용석 곽상원
아카데미	차상희
홈페이지	www.holywaveplus.com
이메일	hwpbooks@hwpbooks.com
출판등록	2008년 8월 21일 제2008-24호
주 소	(우) 07214 서울특별시 영등포구 양평로 11, 4층(당산동5가)
전 화	02) 2652-3161
팩 스	02) 2652-3191

ISBN 979-11-6129-108-6 93230

책값은 뒤표지에 있습니다.

이 도서의 국립중앙도서관 출판예정도서목록(CIP)은 서지정보유통지원시스템 홈페이지(seoji.nl.go.kr)와 국가자료공동목록시스템(nl.go.kr/kolisnet)에서 이용하실 수 있습니다. CIP2019016886